主编◎马卫红
副主编◎冯元粤　潘彩云
编委◎丁夏齐　陈雪　罗文恩　陈星宇

我们重负的责任

——深圳大学管理学院教学研究文集（6）

WOMEN ZHONGFU DE ZEREN
SHENZHEN DAXUE GUANLI XUEYUAN JIAOXUE YANJIU WENJI

暨南大學出版社
JINAN UNIVERSITY PRESS
中国·广州

图书在版编目（CIP）数据

我们重负的责任：深圳大学管理学院教学研究文集（6）/马卫红主编. —广州：暨南大学出版社，2015. 12

ISBN 978－7－5668－1701－3

Ⅰ. ①我… Ⅱ. ①马… Ⅲ. ①高等学校—学校管理—深圳市—文集
Ⅳ. ①G647－53

中国版本图书馆 CIP 数据核字（2015）第 294026 号

出版发行：暨南大学出版社

地　址：中国广州暨南大学
电　话：总编室（8620）85221601
　　　　营销部（8620）85225284　85228291　85228292（邮购）
传　真：（8620）85221583（办公室）　85223774（营销部）
邮　编：510630
网　址：http：//www. jnupress. com　http：//press. jnu. edu. cn

排　版：广州市天河星辰文化发展部照排中心
印　刷：湛江日报社印刷厂

开　本：787mm×1092mm　1/16
印　张：19
字　数：450 千
版　次：2015 年 12 月第 1 版
印　次：2015 年 12 月第 1 次

定　价：38. 00 元

（暨大版图书如有印装质量问题，请与出版社总编室联系调换）

序

我们正处在一个不断变革、推陈出新的伟大时代，社会急剧变化、组织递进演化、理念认知多元。这对培养未来组织管理者的管理学院来说，将带来前所未有的发展活力和巨大挑战。对管理教育的使命认知如何？对适应社会转型的管理教育的责任认知如何？这些都将成为现代中国高校管理学院必须认真思考的战略问题。

深圳大学管理学院幸运地与中国改革开放最前沿的深圳这座以创新著称的城市同行，管理学院迎接变革的愿景是什么？道路在哪里？我们提出了“改变源于成长与责任”，这里的责任是基础，是教书育人的本分，是无论外界如何变化始终专注于教学工作的重要使命。知识的传授，学生心智的开发，情操的培养，问题界定能力的增强和解决问题能力的提升则是管理学院教师的天责。追问管理教学价值、关注学生成长、展现课堂灵气、重视课程剧本、追求创新旨趣、营造协作效应、倾听学生心声，是也必须是管理学院教师应固守之为。

本书是深圳大学管理学院的教师们近年在辛勤教学过程中对管理教育教学的一些思考与实践，收录的47篇文章松散中见灵气、柔弱中见坚韧，一份份责任的真情跃然纸上。我们期待，更多心中有责任的教师将责任传给学生，让他们成为将来负责任的管理者和领导者。愿与管理教育界同仁们共勉。

2015年11月20日

目 录

序 …………………………………………………………………………(1)

第一编　价值追问

不确定性之美 ……………………………………………… 杨龙芳（2）
专业扩展阅读的缺失及其补救 ……………………………… 高　梁（6）
从“自上而下”向“创业本质”的回归
——以日本的创新创业教育为例 …………………………… 潘燕萍（9）
地方性普通大学转型发展的思维范式选择 ………………… 曾锡环（19）
美国本科教育的核心价值 …………………………………… 柳　茜（26）

第二编　学生成长

国际视野下管理人才的实践能力培养模式探索 …………… 潘燕春（32）
大学生营销策划能力培养的思考
——基于深圳大学 App 游戏营销策划大赛的探析 ………… 杨翩翩　刘世雄（36）
过程化考核与成绩细化在提高大学生学习效果中的作用
——以“销售管理”一课为例 ……………………………… 贾　芳（41）
“市场营销”本科毕业设计改革：探索与思考 …………… 贺和平（46）
通用性专业与特殊性专业的就业情况对比
——以深圳高校人力资源管理、小语种专业 2013 届毕业生为例
…………………………………………………………… 丁夏齐　庄淑琳（51）
大学生自杀影响因素研究 …………………………………… 柯年满（57）

第三编　课堂灵气

课堂教学的三个关键 ………………………………………… 马卫红（64）
将研究理论引入课堂教学的探讨 …………………………… 韦　夏（68）
微案例优化课堂教学的探索
——以“酒店管理概论”课程为例 ………………………… 金元吉（72）

基于翻转课堂的小微企业员工管理课教学方案设计 ………… 王　忠　龚怡宇（77）
“生产与运作管理”课堂教学模式探讨 ………………………… 马建华（93）
论学习投入度与活力课堂建设 ………………………………… 邹树彬（97）

第四编　课程剧本

结果导向、过程控制、持续优化
——“演讲与口才”课程教学实践总结报告 …………………… 张万坤（104）
“创业营销”课程的教学改革实践与反思 ……………………… 陈星宇（111）
本科研究型课程教学的内涵、实施与实践探讨
——以供应链物流类课程为例 ………………………………… 马利军（115）
“统计分析与 SPSS 应用”课程建设研究 ……………………… 杨翩翩（123）
对“科研项目短课”的实践与思考
——以“卡通形象对品牌的价值”课程为例 …………………… 张　宁（128）
提高大学课程案例教学趣味性的探讨
——以“新产品开发”课程为例 ………………… 张　蕾　刘世雄（132）
关于推进高校本科研究性教学的几点思考
——以科研短课为例 ………………………………………… 刘　筱（137）
香港大学本科课程体系特色及启示
——以社会科学学院为例 ……………………………………… 罗文恩（141）
对电子商务案例分析教学的探讨 ……………… 张灵莹　冯元粤　王　辉（145）

第五编　创新旨趣

管理类专业大学生毕业论文三个问题的前置思考 ……………… 刘　军（152）
创新性教学改革教学模式研究
——以“聚徒教学”“创新研究短课”为例 …………… 牛　奔　张芳芳（156）
浅谈设计科学与“数据库原理及设计”的应用型教学
…………………………………………… 杨　辰　牛　奔　冯元粤（161）
基于多元智能理论的人力资源开发教学反思 …………………… 苏方国（165）
MOOC：大数据时代的教学变革 ……………………………… 赵　洋（169）
MOOC 会如何影响我们的学习世界 …………………………… 张树剑（174）
微信工具在“资本投资学”课程教学中的应用 ………………… 林瑞基（178）
大众创新下的商业模拟实训探索 ……………………………… 黄凯珊（182）

第六编 协作效应

大学课堂师生互动有效性影响因素及提升途径
——以“战略外包管理”课程为例…… 冯元粤 黄怡瀚 牛 奔 杨 辰（194）
在创业研讨类课程中建立“O2O”学习社群的教学实践探索 …………… 陈 雪（199）
香港高等教育体系现状探析 …………………………………………… 梁雨晴（203）
新加坡智库组织发展战略及其启示 …………………………………… 李淑飞（207）
宾夕法尼亚大学学生评教系统及其对我国大学教学评价的启示 ………… 蒋建武（211）
国内外校企协同育人模式比较研究 …………………………… 崔世娟 李郁君（215）
高校国际合作办学的探索与思考
——以深圳大学与比利时列日大学“2+1+1+1”电子商务专业
国际合作办学项目为例 ……………………………………… 冯元粤 牛 奔（223）
芝加哥大学、纽约大学、伊利诺伊香槟分校创新创业考察报告 ………… 李 彤（232）
高校协同创新模式研究
——以深圳大学为例 ………………………………………… 崔世娟 付汀汀（242）

第七编 学生心声

MOOC 在地方高校参与者体验的调研与优化推广建议
——以 UOOC 联盟部分高校为例 …………………………………… 巫晓威等（254）
国际商业模拟实践教学平台对新型管理人才培养模式的探讨
……………………………………………………………… 李加彬 谭丽莹（275）
商业模拟竞赛对学生实践创新的重要性 ……………………………… 谢康强（283）
深圳大学学生微信公众号平台创业实践的调研分析 ………………… 黄美玲等（289）

第一编

价值追问

教育说到底是一个言说问题，重在言说价值、职业本质与组织理念。

不确定性之美

杨龙芳
（管理学院人力资源管理系）

【摘　要】管理学在演化途中被深深地刻上了不协调、冲突和多样性的烙印，至今难以形成统一的范式，甚至潜藏着被文化肢解的消亡风险。本文将管理学内在的实践和理论之间的不协调关系称为不确定性关系，将其延伸到管理教育之中，并对管理教育中的理论范式、概念和知识流动问题进行探讨，指出管理学内在的不确定性派生出了管理教育的不确定性。

【关键词】理论演化　范式多样性　管理概念　管理教学

同其他学科不太一样，从实践来看，管理学从诞生之时已呈现出一种全球化态势，自成体系的中国在当代改革开放中也不得不对它抱以极大的开放情怀。就理论而言，管理学在演化途中被深深地刻上了不协调、冲突和多样性的烙印，至今难以形成统一的范式，甚至潜藏着被文化肢解的消亡风险。本文将管理学内在的实践和理论之间的不协调关系称为不确定性关系，将其延伸到管理教育之中，并对管理教育中的理论范式、概念和知识流动问题进行探讨，指出管理学内在的不确定性派生出了管理教育的不确定性。最终得出一个基本的结论，这就是管理学教育的不确定性之美。

一、道可道非常道

这是一个涉及管理学理论范式的大问题。用中国传统话语来说，这是一个与“道”有关的大问题。

管理学存在多种范式，人们对这点几乎已达成共识，而范式之间的多元竞争，却没有引起人们的注意。这是管理学学术思想极为不正常的表现。管理学诞生百余年，历经多次学术论战事件，形成了自己独有的历史路径，呈现出多元多线发展态势，极大地张扬了管理之道的不确定性，管理之道非常道。

管理之道非常道首先体现为古典与现代之冲突。古典管理学，即泰罗、法约尔、韦伯等人确立的管理学经典传统。这条传统路径由厄威克高度条理化，形成传统的知识谱系。透过古典传统和谱系，折射出权威、官僚和计量的光芒，在当下已成为久久不落的夕阳。“夕阳无限好，只是近黄昏。”现代管理学，即德鲁克、卢桑斯、明茨伯格等人开创的新精神，形成管理学知识的新地图，在这张地图上，使命、责任、隐喻高峰屹立，迎着朝霞，美丽无比。管理学源头之境和流变之境，不仅突显了管理学演化中存在的大断裂，还极大地预示着管理之道的不确定性之美。

管理之道非常道更体现为管理学之自大和行政学之傲慢的理性危机。管理学固然同私企经营相关，其经营理论易于体验、感知和理解，而顾客、利润和绩效，这些是管理学之所以成为显学的标识符。相反，行政学诚然同政府运行相联系，其智识的历史累积远远早于管理学。行政理论往往需要领悟、意会和启示，公共、服务、伦理，这些构成了行政学之所以成为基础学科的基石。行政学比管理学有更多的“经学味”。换言之，行政学远比管理学更具有法学传统。一旦放弃公私二分之法，行政学与管理学就会靠得更近，不似朦胧胜似朦胧，不是模糊胜似模糊，这是管理之道不确定性的意境之美。告别了行政学的管理学必定会丧失想象力。泰罗、福莱特、韦伯、德鲁克、明茨伯格等大师的学术思想无时不在昭示着这个常被人们遗忘的常识。无论是管理学，还是行政学，它们都挣扎在人类合作竞争之道的困惑之中！

管理之道非常道还体现在质量管理与绩效管理的直接冲突之中，前者太重视环境的影响，后者太高估人的能力。管理之道非常道也存在于管理思想大家的内在理论结构之中，麦克雷戈管理企业人性面中的 X 理论和 Y 理论是这个论题的最好证明。

二、名可名非常名

另一个大问题同管理之道非常道相关，这个问题就是管理之名非常名的大问题。借西方之话语来说，这涉及管理学的概念问题。

所有的管理学研究，特别是要从事有建树的管理学研究，都不能不归结为管理学的概念研究。泛科学主义的局限、实证主义的倒塌都证明了这一点。正是基于这一点，管理概念的清晰、整理和系统化成为当代管理学前行路上不可或缺的工作。深圳大学图书馆珍藏着令人难忘的四部重要的管理学工具书，第一本是由经济科学出版社出版的美国学者罗森堡（Rosenberg，J. M.）编的《工商与管理词典》；第二本是由商务印书馆出版的美国学者尼斯伯格（Nisberg，J. N.）编的《最新经营管理词典》；第三本是由辽宁教育出版社出版的英国学者摩根·威泽尔（Morgen Witzel）主编的《工商管理辞典》；第四本就是中国金融出版社出版的乔纳森·萨瑟兰德（Jonathan Sutherland），黛安·坎威尔（Diane Canwell）著的《英汉帕尔格雷夫管理词典》。这四部书都有一个共同的旨趣，那就是初步尝试管理词汇的标准化。这是一个宏大的企图，若能实现，它将会深远地影响管理教育的国际化，这无疑是一种历史性的影响。正是这样一个宏大的企图，显示出管理学教育的苍白无力。还是乔纳森·萨瑟兰德和黛安·坎威尔比较理性，他们两人在《英汉帕尔格雷夫管理词典》中用箴言般的语言警醒管理学的研究者：“（管理的）发展过程伴随着大量的讨论，但是相互理解中的未知障碍常常妨碍它的进展，有时甚至使进展停滞。这些障碍从来不是因为词汇的缺乏……障碍往往悄悄地产生于不被察觉的用法差异上。”[①] 这意味着管理学概念的用法差异是管理教育内在理解中的最大障碍。说得透彻些，管理概念不仅会受到特定国家文化和特定群体亚文化的影响，还会受到地方知识的限制。管理概念甚至会遭遇特定的国家文化、特定的群体亚文化、特定的地方知识三者合力围剿的消亡风险。

① ［英］E. C. 艾尔．管理基础（第2版）．蓝伯雄等译．北京：高等教育出版社，1999. 1.

管理之名非常名首先会受到特定的国家文化的影响。特定的国家文化是一种历史的沉淀现象，是特定民族心灵深处的密码，这是外人很难破解的。正是基于这一点，中国文化相对世界其他文化，对管理概念具有更强的排斥倾向，中国文化体系相对具有完整性。如近代以来的选择技术拒斥制度倾向，当今的治国重于理政倾向，管理就是执行力的思想时尚等等。亚文化对管理概念的影响也是极其深远的，国外体现为团体和利益集团为主体的多元性亚文化所影响，这可以说对管理概念的影响是带有开放性的不确定之美。反观中国，中华文明沉淀下的官僚文化是一种典型的亚文化，极大地彰显了中国人的圈子和关系。对于圈子和关系之外的人来说，这比西方团体所显示出来的不确定性复杂得多，而对于圈子和关系内的人来说，这的确类似林语堂先生所说的潜宪法，这使管理之名非常名从不确定性之美走到了不确定性之恶。这是值得人们认真深思的！

管理之名非常名在更多的情况下体现在地方知识之中。地方知识的存在同问题的解决路径有联系，也同对“行”的过度重视相关。一个问题往往有多种解决途径，这是无可非议的。重视“行”也是无须辩论的。但一个更为重要的问题是离开问题发现、离开知来理解行，这是有大问题的，甚至可以说是方向性的错误。出于防范这种方向性错误的考量，正确运用地方知识，管理概念才会有丰富的外延，管理之名非常名也才会彰显出不确定性之美。正是因为这种管理之名非常名的不确定性之美，管理工作才最终成为一门艺术，从而使管理学达到了智识的境界，也就是人们常言的“转识成智”。

三、教可教非常教

论述了管理之道非常道，分析了管理之名非常名，现在该谈论管理之教非常教这个大问题了。这个大问题，不仅涉及管理知识流动过程中的不确定性，还涉及个体的管理知识自主生长过程中的不确定性。

知识的流动过程绝不是一个乘积效应，只会发生倍增和叠加，而从不会发生递减和流失。事实上，知识的流动是一个断裂与承续的过程，如光之波粒之构成一样。一旦明白这样一个隐喻，教学问题就会得到明确的界定。管理教学不是一个简单的传播问题，也就是说，教学并非一个完全意义上的传授问题。“言传”仅仅是很小的一部分，而很大部分是靠学生去“意会”。管理教学也不是一个简单的接受问题，这就是说，教学并非一个完全意义上的学习问题。“学习”仅仅是很小的一部分，而很大部分是靠老师去“启发”。

从管理教学问题的本质出发，一个有个性的优秀教师在心灵深处必定有两个同时存在的精神世界，即“言传”的世界和“意会”的世界。“言传”的世界决定了教师同学生之间存在一种直接的认知反应，而“意会”的世界决定了教师同学生之间存在一种间接的心灵共鸣，后者往往比前者显得更重要，因为它与学生的反思思维有更深层的联系。正是这种不确定性意义上的反思性的存在最终决定了管理教学的深度和管理教育的有效性。这也是管理教学不确定性之美绽放出来的智慧花朵，有朝一日，它必定结出丰硕的果实。

"意会"世界的存在是一个有个性的优秀教师的生命活力之所在。这就要求教师是一个个性自由的人、一个思想自由的人，甚至是一个文化自由的人。更重要的是它还要求将这些精神世界的多重自由变成心灵深处的习性。这些心灵深处的自由从根本上保障了一位有个性的优秀教师的管理知识的生长是一个自主生长的过程。管理知识的自主生长过程由三个基本环节构成，即从事实中磨砺信念、从结果中汲取思想、从研究中归纳观点。这三个基本环节本身就是教师个体管理知识自主性生成的基本路径。一个有个性的优秀教师总是在这三条路径上徘徊，不断呼唤自己心灵深处的声音，创新自己独有的话语结构，清晰地阐释自明之理，道出些旧话新说之论。一个有个性的优秀教师会在自己的话语中改变自己，更新个体性的管理知识，也会深深地影响学生，甚至是一句话可能会诱发世界发生改变。

一位有个性的优秀管理学教师，即使做到了这三点，他或她仍然是有局限的，甚至说仍然是有缺陷的，之所以如此是因为管理知识内在的高度艺术性构成和属性。一位有个性的优秀管理学教师不可能将所有的管理知识内在的艺术消解为"言传的知识"和"可学习的知识"。

与其他任何一门艺术一样，管理知识内在的艺术也并不是什么都可以传授，也不是什么都可以学会的。这就从根本上显示出管理教学最大的不确定性之所在。管理教学的不确定性昭示出一个深刻的见解：管理教学越是个性化，管理教育就越是国际化。个性化的管理教学是国际化的管理教育的前提条件，管理教育国际化是管理教学个性化的自然展现的结果。离开管理教学个性化，关于管理教育国际化的谈论就会成无源头之水。管理教学个性化内在的源头之水，是流动的水，是管理教育国际化的活性之水。

管理知识如光。"流动"，这两个神圣的字眼，它们是管理教育的一个美丽象征，一个彩虹般的象征。这个象征在终极意义验证了一句流行语："说什么不重要，重要的是看谁说。"这说明管理的理论范式、基本概念和基本知识都同管理的言说者有极大的关联性，这种关联性简单来说就是：管理之道非常道、管理之名非常名、管理之教非常教。

参考文献

［英］E.C. 艾尔．管理基础（第2版）．蓝伯雄等译．北京：高等教育出版社，1999.

专业扩展阅读的缺失及其补救

高　梁
（管理学院公共管理系）

【摘　要】专业扩展阅读的缺失是造成目前高等教育视野狭窄的重要原因。目前的教育理念、制度规范和教学方式是造成这一现象的真正原因。唯有树立正确的大学理念，从制度规范的角度加以纠偏，才能真正补救。

【关键词】专业扩展阅读　大学理念　制度规范

在教育国际化的今天，不管我们如何掩饰，与国外的高等教育相比较，中国的高等教育有一个明显的短板是我们无法忽视的，那就是：今天的大学生逐渐丧失了专业阅读的兴趣和能力。造成这种局面的原因很复杂。我们可以简单地怪罪于中学应试教育，也可以归咎于浮躁的社会风气，还可以责备社会对于高等教育的功利主义态度等。但有一点我们不能为自己开脱：我们的教育理念、教育制度和教学方式可能是这个恶果的真正幕后推手。

首先，功利媚俗的教育理念让学生无法心平气和地深入阅读，与经典交流。高校社会化、行政化培养了教师和学生的现实主义情怀，而丧失了求学所必要的理想主义情操。教育不再是百年大计，而是短期行为。我们甚至不能回答一个基本的问题：大学教育的目的是什么？大学教育对于学生有什么意义？教师为了一个体面的职业和不菲的收入而奔波忙碌，学生为了获得一份期待的工作而努力。他们会为各种证书而废寝忘食地努力，为各种可能的就业机会而精心准备。他们不大会去纠结一个问题或一本书，去探索学理世界的究竟。的确，当喧嚣和功利充满校园的时候，师生怎么可能宁静致远？

其次，烦琐的教育制度规范舍本求末，以至于失去教育制度的本来意义。我们今天提倡快乐学习，提倡实践能力的培养。我们注重出勤率、注重环节考核，规定了专业必修课和选修课的具体考核方式等。我们不怀疑这些制度最初的出发点是为了提升教学质量，但可能忽视了一个制度如果失去了一个正当性的理念，它不但不能带来好的结果，反而会催生一些不良的东西。比如，雇人签到在今天的高校已经不是什么新鲜事情。我们会关注我们上课有没有点名、有没有小测验和论文？有几次？但我们很少关注这些环节控制的目的是什么？如果我们的教学枯燥无味、知识陈旧，把学生强留在教室里又有何意义？我们过分依赖教科书，教师没有教科书无法教学，学生离开了教科书就没有办法学习。他们把自己当成U盘，以为把讲义存在里面就能永远保存。我们关注有没有完成教学进度表，而不去关心学生怎样才能较好地接受专业学科的相关知识。如果一个规定和约束不是激励师生去探索新知，不是引导师生去了解所学学科所包含的广泛的知识体系，而仅仅是为了监督教学时数是否完成，则很可能失去了课程教学最根本和最重要的东西。

再次，灌输式的教学方式让教学变得简单甚至无聊，尤其在E时代。一个常识可能成为需要论证的疑难问题：大学教学本来应该是思想与思想的对话，是通过争论或辩论来甄别是非，培养合理理念的活动。我们现在的教学依然还是老师满堂灌，学生复制讲义，考试以知识型的考查为主，忽视考查学生分析问题和解决问题的能力。如果教学过程没有了思想的碰撞，如何能够产生思想的火花？如果没有激烈的争论，如何能够去发现和揭示真理？师生不能言之有理、言之有据，而只是有感而发，我们如何培养有理性的思想者和行动者？

在人类的历史上，有许多经验都证明：有些事情在开始的时候似乎有某种现实的需要与合理，但经过一段时间的洗涤，它的缺陷尽显，甚至表现为纯粹的恶。我们今天一味迎合式的教育，应该属于这样一种值得提防和担忧的情况。那么，这种情况将会导致什么可怕的后果呢？

第一个可能的后果是学生会对专业学习采取轻慢的态度，不尊重专业知识和理论。专业学习之所以需要专业性的教学训练，就在于专业性。教师是先行者，是引导者。教学的目的就是引导学生进入专业领域去领略和探索究竟，如果幸运，在这个过程中还能找到学术星火的传承者。而这一切，都需要大量的专业性的扩展阅读，而不是满足于一本教材或一两本参考书，不是满足于一两次简单的考试和测验。如果教学中将这个重要的任务简单化，就等于是告诉学生专业的世界是如此狭窄，如此简单，那么还有谁会尊重它们和人们的知性活动呢？那样就更不用谈传承了。

第二个可能的后果是学生成为井底之蛙，眼界狭窄。如果轻蔑和傲慢可能损失知识和理论的完整性，那么狭隘的视野则必然阻碍学生的求知。他们很可能只见树木不见森林，很可能只知其一不知其二。我们很难想象，一个视野狭窄还自以为是的人如何参与国际化的竞争？在我们过去几年的研究生专业面试中，每当问及“你在四年的本科学习中都读过哪些专业书”时，面试者的回答几乎一样，很少或没有，只是看过教材。试想，一个人只有简单的认识，如何进行比较和权衡，如何进行思考？如果偶尔有，大概顶多是随感而发，而不是理性的思维和专业的见解。

第三个可能的结果，也是最可怕的结果是学生失去专业思维，成为某一个观点的盲目信奉者而失去独立思想的品质。培根曾经说过，阅读让人思维开阔，写作让人思维缜密。我们必须清楚，这个世界从来就不缺少各种观点，真正缺少的是专业见解。没有足够的扩展性阅读，只能套用教材中假大空的言辞，怎么能够养成专业性的思维，更不要奢谈开阔和缜密！我们只能看着学生的思想成为讲义和教科书的低劣复制品。我们每个人都知道一个简单的道理，向最优秀者学习，哪怕得到他们的一部分，也是值得骄傲的。而如果我们不断模仿拙劣者，结果就是比拙劣者更为拙劣。在今天，接受高等教育的基本目标无疑是成为一个心智健全、专业扎实、思想独立的人，而不是成为某个方面的简单模仿者。如果真是那样的话，应该是整个社会的悲哀。因为在中国快速发展的当代，是教育，尤其是高等教育真正制约了中国进一步的发展。

因此，我认为，在目前的本科教育实践中，一个严峻而重要的问题是，如何培养和提升学生的专业阅读能力？一个只能面对教科书的大脑是不可能产生思想的，一个专业视野不打开的思维必然是一个僵化而封闭的思维，一个没有深入对话进行思维训练的人绝不可能进行创造性思维。

如何改变这种局面呢？我认为在教学中可以进行以下尝试：

第一，在学校和教师的观念中应当明确：专业的扩展阅读是课程教学的有机组成部分。必须帮助学生摆脱对于教科书的依赖，让学生认识到教科书只是一个入门引导，大量的专业知识和理论需要广泛的专业阅读才能吸取。大学之大就在于这是知识和思想的殿堂，学生就是要在这里向活着的、逝去的具有专业知识的人请教学习，就是在比较各种专业性的见解后进行独立的思考和判断。

第二，在制度层面加大专业的扩展阅读在课程考核中的比重。可以考虑在诸多的考核环节中，增加专业扩展阅读的考核比重，比如，平时成绩主要是由扩展性阅读的成效来计算或体现。这样不但可以增加学生进行专业性阅读的积极性，还能实质性地提高学生的专业认知能力。对于教师的教学活动也是一种促进。

第三，在教学方式上减少课堂教学中简单知识的介绍和灌输，增加讨论。大学不同于中小学的地方在于，中小学教育是简单地接受或掌握知识是什么，而大学教育要探求为什么。因此，大学是探讨真理的地方。既然是探讨，就必然要讨论，要争辩，必然要引经据典，要融会贯通，要进行思想上的交锋。课堂本来是培养思维、产生思想的地方，而不是灌输和介绍知识的场所。师生之间的思想交流可以最大限度地让学生参与进来，使他们不只是教学的受众客体，更是接受专业和思考、甄别专业知识和理论的主体。也只有这样，我们才可能培养人格和思想较为独立的人才。

第四，在检查学习效果环节，力求方式多样化，增加有关专业经典阅读的考查。不管是开卷还是闭卷，是论文还是读书报告，尽可能增加对于扩展性阅读的检查题目，尤其是针对那些杰出的理论和观点的理解和讨论。这是培养学生思维主体性的重要措施。因为人们只有知道和明白其中缘由之后，才能把学习到的知识和理论转化为自己的思维养分。

从“自上而下”向“创业本质”的回归
——以日本的创新创业教育为例*

潘燕萍
（管理学院工商管理系）

【摘　要】全球创业观察2014年的调查报告指出创新创业教育的不完善是制约多数国家创业实践的要因。当今，许多国家的创新创业教育都是由国家推动，开展“自上而下”的模式。本文以日本东京大学与九州大学的创新创业教育实践为例，探讨其从“自上而下”向基于“创业本质”演变的创新创业教育模式。本文认为东京大学基于实践的创新能力培养与九州大学基于创业过程的综合培育可以概括为当今创业研究领域里两个流派所代表的教育模式。根据两所高校的实践经验，本文总结了教育宗旨、课程设置、创新生态系统等方面对我国创新创业教育的启示。

【关键词】“自上而下”　“创业本质”　创新创业教育　日本

一、引言

当今社会，很少有国家不重视创新创业对经济社会发展的作用，也几乎没有企业家不把创新放在重要的战略地位。社会对创新创业人才的需求让创新创业教育变得越来越重要。自20世纪70年代初期美国的商学院开展创新创业教育以来，美国已在1 600多所高校开设了2 200多个相关课程，拥有277个捐赠教授职位，44种英文学术期刊和100多个与创业相关的研究中心。[1]其中，以创业研究和教育著称的百森商学院拥有49位研究创新创业的教员，分别开设了本科生20门、MBA学生25门、研究生49门创新创业课程。哈佛大学最早开设创新创业课程[1]，现拥有35位研究创新创业的教师，其数量在美国仅次于百森商学院。在2008年举行的毕业15周年校友会中，50%的毕业生已成为企业家。[2]

创业学作为一门课程、一个专业、一个研究领域迅速发展。世界各地的高校开始推行创新创业教育。然而，根据全球创业观察[3]关于73个国家创业生态环境的调查报告，创新创业教育的不完善是制约多数国家创新创业发展的要因。如果说美国具有旺盛的自下而上的创业活力，创新创业教育的创新性和前瞻性引领着全球创新

* 基金项目：教育部留学回国人员科研启动基金，“基于‘动态企业家能力’的科技型中小企业生存成长机制的实证研究”；广东省哲学社会科学“十二五”规划，“小微文化企业的成长困境研究”（GD14XGL32）；深圳大学人文社会科学青年教师扶持项目，“新兴小微企业的动态能力与成长：基于企业生命周期的视角”（14QNFC42）。

创业教育实践的发展，那么许多国家仍属于由政府主导推行的“自上而下”创新创业教育模式。

“自上而下”的创新创业教育模式如何培养适应经济社会发展需求的人才？本文尝试以日本高校的创新创业教育实践为例，探讨基于“创业本质”开展适合高校自身的创新创业教育模式。

二、创业本质的争议与创业教育的演进

初创企业绝不是规模小的大企业。[4][5]20 世纪 70 年代西方经济发生了巨大变化，大企业的规模与范围经济武器在新兴产业中相继失灵，而融合知识与技术的小企业与创业活动却得到蓬勃发展，它们推动经济发展、增加就业，开拓新兴产业，并改变着市场结构。[6]这些新兴初创企业推动信息通信产业的发展，并在经济社会发展中发挥着越来越重要的作用，打破了“大企业至上的神话”。在经济管理学的教育领域里，创业学教育也随着全球日益高涨的创业热潮应运而生。[7]

早期的创业研究关注创业者的特质。一部分学者尝试从心理学的角度甄别创业者与非创业者。然而，多个实证研究都得出类似的研究结论——创业者与一般的商业主管，在个人特质或心理统计学特征方面并无天壤之别[8]①。德鲁克的《创新与企业家精神》、Gorman, Hanlon & King [9]等均指出企业家素质、企业家精神等都不是天生的，可以通过学习后天培养。尽管部分高校仍然保留基于人格特质的创业课程，但是，“企业家素质是天生的神话”已被打破，[7]企业家精神是否能被教育也成为一个过时的课题。[6]

创业的英语表述为“Entrepreneurship”，意指创业行为或者企业家精神。Gartner[10]认为创业的核心应是创建组织，创业研究应关注创业者做了什么，而不是谁是创业者。Shane & Venkataraman[11]认为创业是一门独特的研究领域，是识别、评估与开发机会的过程。回顾过去主要的学术研究，创业研究者对创业学的探究焦点基本达成共识，即创业学关注的应是创业过程，而非创业者的内在特质[12]。因此，创业教育的课程开设也转向创业过程。根据新组织创建过程的方法，高校的创业课程主要包括机会评估、商业计划制订、营销计划制订、资源获取、管理新企业和退出等板块[13]。今天，以创业过程为导线的课程开设方式普遍见于美国、日本和中国等世界各地的高校。

随着创业者并非特定个别群体的神话的打破，在世界各地的高校中，创业课程的开设从商学院与工程学院普及到高校各类学院。[14]根据 Solomon[15]的调查，美国高校的创业课程主要包括“企业家精神”“小型企业管理”“创业学”“小型企业融资”“小型企业咨询”“创业企业的市场营销学”“技术创新”“新产品开发”“风险资本”“创造力”“小型企业的战略研讨”“特许经营学”等。在创业课程的教学方法中，主要有课堂讨论、制订商业计划、客座讲授、案例研究、企业家讲学、研究项目、可行性研究、

① 详细可参看 L. W. Busenitz and J. B. Barney . Differences Between Entrepreneurs and Managers in Large Organizations. *Journal of Business Venturing*, 1997 (12); W. Guth. Director's Corner: Research in Entrepreneurship. *The Entrepreneurship Forum*, 1991 (winter), 等等。

实习、课堂练习、实地访谈、小企业研究小组、计算机仿真等等。教学方法主要是以知识传授为主、练习实践为辅。

另外，以“组织创建”为主导思想的创业教学往往会倾向于使用功利性与短期性的教学成果评价指标，尤其在“由上而下”，依靠政府大力推动创新创业教育模式上。例如，使用大学生参加商业计划书、创业模拟竞赛等活动的获奖情况、创业率的高低、项目的成功与否等评价指标，把创新创业教育等同于创业行为的培养、商业价值的创造[16]。“创业教育之父”Jeffry A. Timmons 曾指出“创业不仅仅意味着创办新企业、筹集资金和提供就业机会，也不仅仅等同于创新、创造和突破，还意味着孕育人类的创新精神和改善人类的生活”[13]。在学术研究上，Mitchell 等学者[17]提出了“创业认知”（Entrepreneurial Cognition），区别于早期研究关注个体是否是一个创业者，而是关注如何让个体更富有企业家精神，如何具备识别、评价机会的知识结构。部分学者的关注从创业者人格、心理特征等内在属性，转移到外在的社会资本、先前经验、能力等后天培养因素上。例如，Sarasvathy[18]、Read & Sarasvathy[19]提出了创业者的手段导向思维（Effectuation）。在高度不确定性的创业环境中，区别于传统的“目标—手段”的因果导向思维方式，创业者是以给定的手段为始点，通过非预测性战略来创造新的效果。基于 Sarasvathy 的 Effectuation 理论，Venkataraman 等[20]、Neck 等[13]等提出了创业的教授不能再以一个过程，而是必须作为一种过程来开展。Clayton Christensen 教授等在《创新者基因》一书中，通过访问与调查全球500多名创新者、5 000 多名主管，探究“创新者的思维方式”，总结了“联系、发问、观察、交际、实验”等创新者所具有的核心思维和活动。因此，该书指出创造性与其说是天生不如说是培育，可以通过不断学习而习得[8]。在创业教育上，Neck 等[13]认为创业是“一组实践的方法”，并基于百森商学院的创业教学实践，提出了“玩耍、移情、创造、实验、反思”等实践教学方法。

创业现象具有异质性、多变性、动态性与复杂性的特征。张玉利等[21]把创业学归纳成两种流派：第一种是把创业企业看作生命周期前端的价值创造活动，运用主流理论来解释和预测创业现象，也就是基于“组织创建的创业过程”思想；第二种聚焦于创业情境与活动的独特性，对主流理论的基本假设和解释逻辑进行补充、完善甚至提出挑战，例如手段导向思维。随着对创业行为、过程、背景等要素之间的作用关系和规律的探究的不断深入，创新创业教育也随之深化和改进。

三、日本创新创业教育的实践

自20世纪90年代日本泡沫经济瓦解之后，日本的经济一直处于萎靡不振的状态。企业家精神的缺失和创新能力的不足导致日本在过去的30年中一直未出现新的经济增长点。一方面，企业长期雇用的用人习惯使得劳动力市场缺少了流动性，有能力的人员不会“跳槽”或者“下海”，缺少具有不同知识、思维能力的新血液的注入，使企业内部知识同质性的情况严重，企业难以开展破坏性的创新。另一方面，在缺乏对失败宽容的社会环境中，许多年轻人不愿意冒险，更愿意像父辈一样追求安稳的生活。因此，根据 GEM 多年的调查，日本的创业活动一直处于同等国家中的最低水准。

日本政府深刻认识到要重建日本的国家创新系统，必须发挥年轻人的企业家精神和大力促进创新创业活动。因此，自90年代中后期日本政府在针对产业、政府、大学协同合作创新，鼓励大学生创业等方面出台了各种鼓励政策，促进象牙塔式的大学、闭门造车的大企业研究所与政府研究所等向市场开放，促进大企业与中小微企业的战略合作，共同构建开放式的创新生态系统。

在政府的大力推动下，1995年起日本的大学根据自身的条件陆续设立产学联合部门、技术转移部门、开展创新创业教育的“Venture Business Laboratory”、大学生孵化园等相关机构。在1998年制定的“新企业育成特别措施法”、2001年提出的三年内“1 000家大学关联创业企业”① 计划进一步推动了大学的创新创业教学和创业热潮。同时，日本政府每年都会对“大学关联创业企业”进行跟踪调查，并且对各大学孵化企业数量进行排名。这些评价在一定程度上导致了创新创业教育成为“为了成立公司的教育”“商业计划书撰写的技巧教育”。

不少日本学者抨击这种政策的错误引导，提出构建“创新系统”的重要性[22]。事实上，东京大学、九州大学等大学并不重视这些排名，而是根据创业的本质，不断地探索和开拓适合本校学生的创新创业教育模式。以下进一步阐述这些大学如何基于“创业本质”，结合社会资源构建创新创业教育模式。

1. 东京大学——“创业教育如同游泳”

东京大学为了长期系统地培育创新创业人才，孕育创新精神的校园文化，从2005年起开设了“创业者道场”。“创业者道场”不区分本科生、研究生和博士生，对所有的东大生一同开课。课程由东京大学产学联合本部联合东京大学风险投资股份有限公司、东京大学TLO股份有限公司共同开设。因此，主讲老师主要是由企业家、投资人，或者具有丰富实践经验的老师组成。

东京大学的创新创业课程安排具有针对性与连贯性的特点。“创业者道场”每年4月份开课，学生通过“初级”“中级”“高级”课程的学习，从创业的意义、发现商机、探寻客户需求、开发产品、撰写商业计划书，到创立组织逐步学习和体验创业过程（见表1）。除以上创业课程外，东京大学还会为感兴趣的学生以集中开课的形式开设“创业体验课程”，激发初学者的兴趣。为工科的研究生用英语开设“创新与企业家精神”的讲座，培育工科学生的创造性思维。根据不同学生群体的需求开设课程。

从课程设置来看，东京大学的课程内容具有很强的实践性，让学生在实践中学习，在学习中实践。例如，在春季课开设的基础课程中（见表2），学生并不是从创业学的基础教程中学习，而是从创业者、风险投资家等创业导师处学习创业经验和最新的创业动向。在中级课程中，学生需要以团队的形式参与“创意马拉松”“黑客马拉松”等课程，开发创造性思维以及创客的动手能力。在高级课程的商业计划书比赛中，“创业者道场”会为入选的每一支队伍委派创业导师，指导学生团队完善商业计划书。大

① “大学关联创业企业”的含义比较宽广，包括大学老师、大学生的创业企业，把大学的研究成果商业化的初创企业，由大学或者相关部门投资的初创企业等等。

部分高校课程随着商业计划书比赛的结束而结束。但是，东京大学会继续帮助优胜项目的孵化。例如，与北京大学开展了比赛优胜队伍的相互交流项目。每年，胜出的队伍与北京大学的优胜队伍进行为期五天的商业项目交流集训。学生通过优秀项目团队之间的深入交流，加深对项目、对创业的理解。同时，在“黑客马拉松”课程、商业计划书比赛的两次审核中，产品成熟度较高、具有创新性和商业价值的队伍将会被派遣到美国德克萨斯参展“Trade Show of South By Southwest”，与世界各地的投资者、企业家、技术人员交流，进一步推动产品的孵化。

表 1　东京大学的创新创业课程

课程	时间	内容
春季课程（初级）	4 月 ~5 月	基础讲义、特别研修班
夏季课程（中级）	6 月 ~7 月	“从零开始的商业计划书讲座”、“从零开始的编程集中营”、“创意马拉松”（*Idea Marathon*）、“黑客马拉松”（*Hack Marathon*）（在“创意马拉松”与“黑客马拉松”胜出的队伍，无须参与下学期的选修考核）
秋季课程（高级）	9 月 ~11 月	“商业计划书比赛”（以团队的形式申请，通过申请书审查来选拔）
冬季课程	12 月 ~3 月	“海外派遣项目”：北京大学参加集中型训练与比赛；Trade Show of South By Southwest 参展
“创业体验”入门课程	5 月 ~7 月	创业体验课程（由教养学院开设，一般是每周周日半天时间）
冬季特设课程	10 月 ~12 月	面向工科的研究生开设“创新与企业家精神”英语课程

表 2　春季课程讲座一览表（2015 年）

课程	讲座题目	授课者
1	课程介绍	产学联合本部的教授
2	创业者前辈的圆桌讨论	4 位创业家
3	创造没有障碍的世界	创业者
4	今后的管理与创业机会	创业者
5	商业计划的 workshop	产学联合本部的教授
6	VC 认为商业计划书的要点	两位 VC

注：表 1、表 2 都是根据东京大学产学联合本部主页提供的信息制作而成，http：//www.ducr.u－tokyo.ac.jp/jp/venture/dojo/。

“创业者道场”的培育人才宗旨是开发学生的“发现问题与解决问题能力”，培育学生“崇高的理想和坚忍不拔的意志”，提高学生的执行力。“创业者道场”的负责人各务茂夫教授认为“创业教学的根本在于个性的独立，即是能够自身发现问题，哪怕遇到重重困难也能够通过自身的锐意创新独立解决问题的‘个性’”，因此他提出“创业教学＝游泳”理论。在游泳学习中，学生必须要克服恐惧，自身下水学习才能学会。游泳是人生存不可或缺的能力，一旦身体和技能融合于一体便是终身的宝藏，日后在需要的时候必能发挥作用，这正是创新创业教育的本质[22]。经过12年在东京大学创新创业教育工作的摸索，各务茂夫教授指出东京大学从“创业者教育”转向了“Entrepreneurship 教育”。

2. 九州大学——基于创业过程的体系化课程

九州大学在2010年获得创业成功校友 Robert T. Huang 的捐助下，把原来由日本政府拨款资助的1995年成立的 Venture Business Laboratory 更名为 Robert T. Huang Entrepreneurship Center（以下简称 QREC），改组成为一个综合性的创新创业教育与研究中心。QREC 从2011年开始，面向全校所有本科生、研究生、博士生和 MBA 学生共开设了30门课程，拥有创新创业研究领域的校内教员共8名，并邀请校外教师、企业家、投资人作为导师。经过四年的探索，QREC 已发展成为初具规模与特色的教育研究中心。

QREC 的课程设置基于创业过程，具有体系化的特点[23]。这主要体现在三个方面（见表3）。第一，根据“基础→应用→实践”的思路，深入浅出地提供相关课程和调整教学方法。第二，课程的设置与教学的目的、方法具有连贯性。在基础课程中主要以大一、大二学生为培养对象，通过课堂教学的方式培养学生的兴趣，激发学生的创意思维。在应用课程中以大三、大四学生和研究生为培养对象，通过案例分析、小组讨论、workshop 等方式教授创新创业的基础知识和技能。在实践课程中，以 MBA 学生和博士生为培养对象，以解决实际问题或项目的方式，帮助学生把所学的知识与技能融会贯通并加以实际运用。第三，在基础与应用课程设置上涵盖了“创意”“组织”“战略市场营销”“财务”等四大领域的课程。由于各种调查和研究分析指出日本学生缺乏创造性和创业意愿低下[24]，QREC 在课程安排上尤其重视“创意”板块课程，联合艺术工程学院和校外的老师共同开设了创意实验室、设计思维等课程，加大力度激发学生创意潜能和培养学生的创造力。

表3 QREC 创新创业课程体系

	基础板块	应用板块	实践板块
教学方式	以课程讲授为主	案例分析、小组讨论、workshop	主动学习（AL）课题解决型学习（PBL）
建议选修年级	大一、大二	大三、大四，研究生	MBA、博士生
培养的重点	培育学生兴趣，引领学生发现问题寻找商机	基础知识和技能的教授	知识技能的融会贯通、灵活运用

（续上表）

	基础板块	应用板块	实践板块
课程	创业学入门（上、下） 创意实验室（上、下） 创业管理（上、下） 设计思维 职业生涯设计 创业研讨 企业家精神（美国研讨） ……	创业理财（上、下） 创新管理 战略设计思维 创业营销 商业竞争优势 *Technology Marketing* 研究技术管理 新业态创造 创业组织 ……	高新技术创业 公司内创业 QREP 实习 公益创业 新兴市场创业 地域政策项目设计 全球 PBL 项目 产学联合项目 *Global Seminar* ……

注：表 3 根据 QREC2015 年的选课列表制作而成，http：//qrec. kyushu – u. ac. jp/educations/syllabus/。用英语标识的课程表示该课程用英语讲授。

九州大学是日本七大旧国立大学之一，位于日本南部的福冈。从地理位置来看，商业环境、人才聚集和最新资讯等方面稍逊色于东京、大阪等城市。QREC 明确自身的优劣势，充分利用国内外资源，探寻更好的创新创业教育模式。以下是本文总结的 QREC 的五点实践经验。

第一，打造多元化的师资团队。强大的师资团队是优良教育的基础。QREC 的师资团队以经济学院的老师为主①，同时吸纳了校内不同学院领域的教师，并聘请了日本在创新创业研究领域里的名师或者企业家来担任相关课程。例如，邀请早稻田大学的东出浩教教授讲授“创业理财”课程，立命馆大学的黑木正树教授讲授“创业组织”课程。在“创业研讨”中每次邀请不同的创业者、企业家讲授创业经验和相关主题。

第二，融教学与研究于一体。创业是在高度不确定性的环境下开展的高风险行为。可以说，创业教育对老师的要求会更高。从当今高校或者一般讲座的“创业导师”组成来看，既有成功的创业实践者，讲述“英雄式故事”；也有总结创业规律的学者型教师，教授创业基础的知识、技能和一般规律。QREC 的定位是“教育”与“研究”并重，其教师融创业实践者与学者型教师之长于一身，大多是具有与创业关联多年社会工作经验的学者②。例如，QREC 的副所长五十岚伸吾副教授曾在三菱东京 UFJ 银行中小企业投资部门工作了约 10 年，现在是日本风险企业学会的理事，并主持日本文部省有关初创企业成长的多个项目。

第三，立足于九州地区开拓创新创业人才的人脉关系网。创业者的社会关系网络结构会影响创业行为和绩效。QREC 希望能够成为九州地区创新人才的交流中枢纽带，并为在校生接触企业家、投资人等提供机会。例如，QREC 以 MBA 学生为主体，开设

① 东京大学与九州大学均没有独立设立管理学院，经济学院内设管理类的专业方向和课程。

② 日本大学对教员聘用具有开放性的一面。在应用性较强的专业中，学校会吸纳具有丰富政府、企业组织工作经验又攻读了硕士或博士学位的教员。

了创业咖啡，在校师生和校外的企业家共同探讨有关创业的主题。与九州大学的知识产权部门共同运营技术管理交流会，定期为学生、校友、老师、创业者等提供信息交流的沙龙。

第四，开设与创业课程体系相匹配的系统性实践项目。如上文提到，QREC 重视学生的创意开发和创业教育的系统性，在实践项目上设立了“Idea Battle”→“Challenge & Creation Program”“Academic Challenge”→“Jump out Challenge”“Global Challenge & Creation”等一体化的实训项目。从粗糙简单的创意想法、经过调查研究可行的商机或者技术产品、孕育到具有可行性的商业计划的演化过程中，QREC 在每一阶段都鼓励学生参与实践，通过比赛选出优秀团队，并提供10 万至100 万日元不等的扶助金。同时，结合研讨班等应用实践类课程指导学生，帮助学生参加 Startup Weekend 等国内外创业大赛，逐步地孵化有商业价值的项目。

需要强调的是这些项目主要培养学生“发现问题，解决问题”的能力，因此并不是仅仅停留在商业计划书制作上。例如，“Challenge & Creation Program”的其中一项内容是“九大校园节创业体验项目”。该项目的创业团队，得到 QREC 的资金支助，并在九州大学校园节真正地开设和运营店铺。创业团队在导师的指导下，需要按照“计划书制作→公司设立→计划报告→融资→采购→开店→贩卖→结算→监察→向股东报告”等过程，亲身体验创业与项目运营过程。

第五，与国外高校交流，培养学生国际化视野。QREC 为了孕育学生的企业家精神和国际化视野，开展了“企业家精神：美国研讨”项目。该项目每年派遣学生到美国硅谷学习交流一周，学习内容包括到当地企业访问、与斯坦福大学的学生交流、由当地企业家主讲的创业课程、以团队的形式设计创业项目等内容，项目结束归国后，学生要面向社会汇报项目成果。该项目自 2006 年运营至今，得到了学生、社会的高度评价。

四、结论与启示

无论是创业研究还是创新创业教育实践，世界各高校都在探索与试验的过程之中。从日本开展创新创业教育的经验来看，政府推动自上而下的模式，一方面可以推动各类高校正式启动创新创业教育，能够迅速在全国范围内普及，另一方面也容易导致急功近利的倾向。在“创业催生富豪”的浮夸风之下，高等院校更应该立足于创业发展的内在规律，正确引导大学生对创新创业的认识。各所高校办学资源和特色有所差异，让每一所高校都开展像哈佛大学、百森商学院一样的创新创业教育模式是不现实的。但是，从东京大学与九州大学的教育实践来看，高校可以根据自身的办学资源与特点，基于创业的本质开展适合自身发展的创新创业模式。东京大学基于实践的创新能力培养与九州大学基于创业过程的综合培育，可以简单地概括为创业研究领域的两个研究流派所代表的教育模式。根据两所高校的实践经验，本文总结了教育宗旨、课程设置、创新创业教育创新系统等方面对我国创新创业教育的启示。

第一，教育的宗旨在于长期育人，重视培养学生的企业家精神和创造性思维，锻炼发现问题、解决问题的能力。尽管两所高校的创新创业教育模式有所差异，但是两校的教育宗旨都不是为了增加创业，而是在于人才创新思维的长期培育。

第二，创新创业教育的模式应该立足于创业发展的内在规律，其表现形式应是多元化且需不断完善的。东京大学重视创新创业教育的实践性与开放性，而九州大学重视基于创业过程的综合培养。但是，两者的内涵并不是单一的。东京大学重视实践应用的教学，同时也针对不同知识背景的学生提供有关基础性知识和技能培养的课程。九州大学重视学生在创业过程中应具备的系统性知识和能力的培育，但是其教学方法灵活多样，与课程设置配套了相应的实训项目，在人才培养上同样重视“创业实践性”的一面。更为重要的是，两所大学都不断探索创业的内在本质，根据创业实践的国内外发展的动态不断改进。

第三，结合高校自身的资源，开展开放式的创新创业教育生态系统。无论是师资、教学场地、资金等硬件，还是校园文化、地方政策等软件，各所高校都有所差异，高校应该根据自身的特点，构建适合于本校发展的创新创业教育生态。立足于创新创业的实践性与发展性的特点，东京大学和九州大学都认识到仅仅依靠内部资源难以开展高质量的创新创业教育。因此，两所高校均充分利用外部资源。既立足于本土，又面向全球。既善用外部的辅助资金、创业导师资源、孵化器等，也积极与世界各地高校的合作，构建开放式的创新创业教育生态系统。

参考文献

［1］Katz J. A. The Chronology and Intellectual Trajectory of American Entrepreneurship Education ［J］. *Journal of Business Venturing*, 2003 (18): pp. 283 – 300.

［2］忽那宪治．グローバルリーダー育成への挑戦（2）：深刻な本のアントレプレナーシップ戦略的企業家の養成こそが喫緊の課題，2012，http：//diamond. jp/articles/ –/24790.

［3］GEM (Global Entrepreneurship Monitor), 2014 Global Report, www. gemconsortium. org.

［4］张玉利．企业家型企业的创业与快速成长．天津：南开大学出版社，2003.

［5］Blank, S. and Dorf, B. *The Startup Owner's Manual*: *The Step – by – Step Guide for Building a Great Company*. K&S Ranch Publishing Division, 2012.

［6］Kuratko D. F. The Emergence of Entrepreneurship Education: Development, Trends, and Challenges. *Entrepreneurship Theory and Practice*, 2005, 29 (5): pp. 577 – 597.

［7］潘燕萍，王军．高等院校创业教育的模式及成果评价研究：以深圳大学为例．中国科技产业，2017（7）：pp. 42 ~ 45.

［8］Dyer J., Gregersen H., and Christensen C. *The Innovator's DNA*: *Mastering the Five Skills of Disruptive Innovators*. Harvard Business Review Press, 2011.

［9］Gorman G., Hanlon D. and King W. Some Research Perspectives on Entrepreneurship Education, Enterprise education and Education for Small Business Management: A Ten-year Literature Review. *International Small Business Journal*, 1997, 15 (3): pp. 56-76.

[10] Gartner, W. B. "Who Is an Entrepreneur?" Is the Wrong Question. *Entrepreneurship Theory and Practice*, 1988, 12 (4): pp. 47-67.

[11] Shane S. and S. Venkataraman. The Promise of Entrepreneurship as a Field of Research. *Academy of Management Review*, 2000, 15 (1): pp. 217-226.

[12] Shane S. Reflections on the 2010 AMR Decade award: Delivering on the Promise of Entrepreneurship as a Field of Research. *Academy of Management Review*, 2012, 37 (1): pp. 10-20.

[13] Neck, M. H., Greene G. P., Brush G. C. *Teaching Entrepreneurship: A Practice-Based Approach*. Edward Elgar Publishing Limited, 2014.

[14] Timmons, J. A. *New Venture Creation* (4th ed). Richard D, Irwin, 1999.

[15] Solomon T. G. An Examination of Entrepreneurship Education in United States. *Journal of Small Business and Enterprise Development*, 2007, 14 (2): pp. 168-182.

[16] 李家华，卢旭东．把创新创业教育融入高校人才培养体系．中国高等教育，2010，12：pp. 9-11.

[17] Mitchell R., Busenitz L., Lant T., McDougall P., Morse E. A., and Smith B. Toward a Theory of Entrepreneurial Cognition: Rethinking the People Side of Entrepreneurship Research. *Entrepreneurship Theory and Practice*, 2002, 27 (2): pp. 93-104.

[18] Sarasvathy S. D. Causation and Effectuation: Toward a Theoretical Shift from Economic Inevitability to Entrepreneurial Contingency. *Academy of Management Review*, 2001, 26 (2): PP. 243-63.

[19] Read S, Dew N, Sarasvathy S D. Marketing under Uncertainty: The Logic of an Effectual Approach. *Journal of Marketing*, 2009, 73 (3): pp. 1-18.

[20] Venkataraman S., Sarasvathy S. D., Dew N. and Forster, W. R. Reflection on the 2010 ARM Decade Award: Whither the Promise? Moving forward with Entrepreneurship as A Science of the Artificial. *Academy of Management Review*, 2012, 37 (1): pp. 21-33.

[21] 张玉利，杨俊，戴燕丽．中国情境下的创业研究现状探析与未来研究建议．外雇经济与管理，2012，34（1）：pp. 1~9.

[22] 各务茂夫．我が国におけるイノベーション・エコシステムの構築．『ベンチャーレビュー』，2015（25）：pp. 3~13.

[23] 五十岚伸吾．研究報告「起業家教育の『これまで』と『これから』」．『起業家社会の実現に向けて：アントレプレナーシップ教育の可能性』、日本ベンチャー学会第15回全国大会報告要旨，2012，pp. 25-28.

[24] 田路则子，新谷优．大学生の起業意識調査：国際調査 GUESSS2011 分析から［J］．『起業家社会の実現に向けて：アントレプレナーシップ教育の可能性』、日本ベンチャー学会第15回全国大会報告要旨，2012. pp. 72-75.

地方性普通大学转型发展的思维范式选择

曾锡环
（管理学院人力资源管理系）

【摘　要】大学传统办学的目标模式有多种——研究型、教学型、研究教学型、教学研究型等。文章回顾了我国大学办学模式转型与发展的简要历程，介绍与分析了美国麻省理工学院（MIT）这一较具代表性的“创业型大学”的诞生及发展转型过程及其办学思维范式，主张我国地方性普通大学转型发展的办学模式选择，应借鉴国外“创业型大学”转型发展实践的思维范式经验。

【关键词】大学　办学模式　创业型大学　思维范式

“范式”是一个学术用词，始于科学哲学家托马斯·库恩（Kuhn）的《科学革命的结构》（*The Structure of Scientific Revolutions*）一书。库恩的范式概念，主要应用在科学研究领域，是指一种具有整体性、基础性的理论、方法论乃至世界观，是一个在新的、变化的环境下进一步清晰、规范和稳定化的现象。

范式概念在社会研究中逐渐被泛化，如教育范式、管理范式、教学范式、文化范式、政策范式、制度范式等。这里的思维范式，是指具有比较明确、稳定、清晰的一致性和整体性的思维取向。大学办学实践的思维范式是指隐含在一种办学实践结构形态中的办学思想特征或思维导向。

下面，笔者将回顾我国大学办学实践模式转型发展的简要历程，以美国麻省理工学院（MIT）为例，说明国外“创业型大学”诞生及发展转型实践中隐含的思维范式，建议我国地方性普通大学办学实践应借鉴国外“创业型大学”办学思维范式的经验性做法。

一、我国大学转型发展的思维范式

大学为了适应政治、经济与社会发展，办学模式的转型发展是必然的选择。自新中国成立始，我国经历了多种大学办学实践模式的尝试，直至今天，仍然在探索与试验。

1952年，参照苏联的模式，我国对全国高校的院系进行了调整，建立了以专门学院为主体的高等教育体制。全国大部分大学分为文理（也称综合）、工科、农科、林科、医药、师范、语言、财经、政法、艺术、体育、民族等12种类型。同时，实行教学科研分离——高等学校从事教学；中国科学院、中国社会科学院等科研院所专事研究。

1978年改革开放后，大学逐渐向学科综合性及其教学研究结合方向发展。进入90年代后期，许多大学已经成为具有教学、科研两个中心的多科型综合性大学。

2000年左右，我国大学兴起一股兼并潮，从单一学科走向文、法、理、工、医等学科相结合，综合性大学遽然增多。参照大学评估研究专家武书连先生的大学分类描述方法，我国大多数大学的类型大致可以分为：综合类研究型、综合类研究教学型，综合类教学研究型、综合类教学型四个类型①。

我国985、211高校一般均属于综合类研究型或综合类研究教学型，其他大多数地方性普通高校属于综合类教学研究型或综合类教学型。近几年的大学发展转型，总的趋势是综合类教学型转为综合类研究教学型。

我国地方性普通高校由教学型大学向教学研究型或研究教学型大学转型，行政化的政绩思维取向主导办学模式的选择，其表现是：不断加大科研投入，大规模引进科研人才，鼓励乃至要求教师多拿国家级、省部级课题，大力度奖励发表论文数、科研项目多的教师、研究人员，唯“科研GDP”，学校领导以此追求政绩。

上述大学办学实践模式，虽然对高校向研究型大学转型起到较大推动作用，但属于一种片面性、形式化的发展转型模式，具体表现为：一是理论研究脱离实践基础。许多研究者的研究，仅仅是为了拿课题、拿项目经费，为了自身的职业晋升，研究过度功利化，偏离研究的本来目的，脱离研究的实践基础，研究结果“大”而“空”乃至“假”的现象常有存在。二是应用研究中理论或技术知识的应用性特征被淡化了。大学教师及研究人员均是为了获得高行政级别的课题，对推动学科长期发展的基础研究，以及研究成果的应用性强调不够，导致论文课题多，但应用性非常微弱。三是教学受到较大程度的削弱，课堂教学得不到有力鼓励，教师的教学改进动机弱，教学积极性差，学生不爱听课，教学质量堪忧。

地方性普通大学转型发展的思维模式，导致我国地方性普通大学发展的方向迷失。地方性普通大学均把“综合性、研究型、国际化”作为自己的办学目标，许多高校不立足于自身水平及既有条件，盲目攀比，追求办学规模，争取办学“级别”，“大而全，高而尖”，拼规模，争升格，纷纷提出了大同小异的发展目标②。这一办学思维模式导向，导致我国高等教育机构普遍存在着定位不明、目标雷同、分工不清、特色迷失等问题，高校不根据自己的实际情况制订改革方案，乃至出现竞争与发展无序化的倾向，不仅造成了教育资源的巨大浪费，也阻碍了我国高校系统的高效运转和协调发展。

上述实践历史表明：我国地方性普通大学转型发展实践的办学思维取向存在偏差。地方性普通大学如何走出“研究型”“教学型”“教学研究型”或“研究教学型”大学转型发展的办学实践局限，是一个需要认真反思的课题。

二、“创业型大学”演进发展实践的办学思维范式

与我国大学办学实践的思维范式不同，美国大学办学实践的思维范式，非常值得我们借鉴。

下面以美国麻省理工学院（MIT）这一较具代表性的“创业型大学”的诞生及发

① 武书连.2003年度中国大学排名. 北京：中国统计出版社，2003.

② 陈厚丰. 中国高等学校分类与定位问题研究. 长沙：湖南大学出版社，2004. 13.

展转型为例进行说明①。

美国麻省理工学院（MIT）的最初形态是"赠地"大学模式。1862年美利坚联邦政府的法案规定，联邦政府赠予每个州一定的土地，土地出售的收入用于支持大学，"赠地学院（大学）"因此而得名，它们建立的初衷是推广农业和机械技术。"赠地"大学在农业科学和相关的机械技术方面培训学生，设有实验站并且以提高地方农业产量为目的开展科研。

美国麻省理工学院（MIT）建立于19世纪40年代，创立者为威廉·巴顿·罗杰斯，一位来自弗吉尼亚大学的地质学教授。作为一所"赠地学院（大学）"，虽然强调应用技术取向，但MIT不是要建立纯粹的传统技术工程类学校，其建立的理想是：系统地把以科学为基础的技术融入企业，包括用文科和实用学科，一起培养学生，使他们成为所在行业的领导人，而不仅仅是技术人员。

美国麻省理工学院（MIT）在转型发展中，还吸收了当时美国其他三种大学办学模式的优点：一是古典教学学院模式。即基于传统的单一古典课程的教学，以普通教育为目的，拥有文科、研究生院和独立的技术学校，如哈佛大学和哥伦比亚大学。二是技术学院模式。这是一种从欧洲传入的模式，集中在工程职业的培训，是伴随着产业革命而兴起的一种潮流。三是研究型大学模式。其终极目标就是研究，首先是在人文领域后来延伸到科学领域，如约翰·霍普金斯大学、芝加哥大学，建立在当时新出现的"纯"研究观念的基础上，一般没有技术院系。

通过吸收上述三种类型大学的优点，美国麻省理工学院（MIT）成了一所独具特点的"创业型大学"，成功实现从"赠地学院（大学）"到"创业型大学"的转型。美国麻省理工学院（MIT）的办学实践模式转型，是典型的"创业型大学"办学模式。其大学组织模式的变革与办学路径的变革，与创新紧密相连，研究学者谢虹霞、敖翔将其概况总结为下列模式，参见图1②：

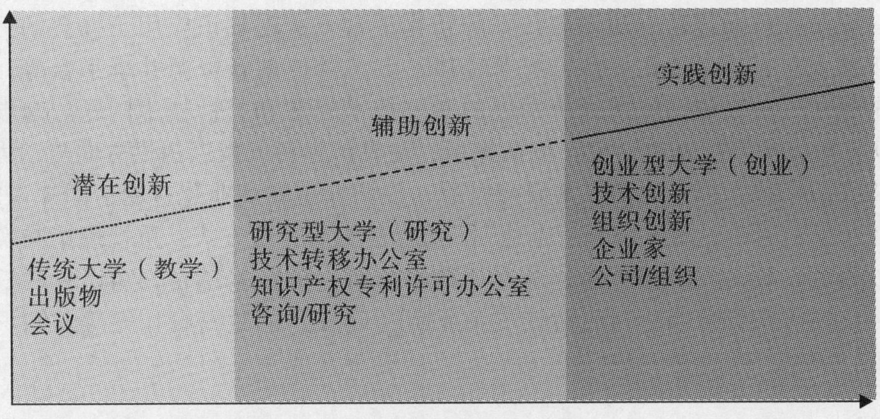

图1　大学演化与创新的关系

① ［美］亨利·埃兹科维茨．麻省理工学院与创业科学的兴起．王孙禺，袁本涛等译．北京：清华大学出版社，2007.

② 谢虹霞，敖翔．创业型大学——知识社会的创新力量．教育教学论坛，2012（33B）．

笔者将创业型大学办学实践的思维范式归纳为下列五个特征：

一是大学与政府、企业三者的互动性实践结合。美国学者亨利·埃茨科威滋（又译为：亨利·埃兹科维茨）在《三螺旋——大学·产业·政府三元一体的创新战略》一书中，提出了创业型大学、政府、企业紧密发生作用的“三螺旋理论”①。主要论点是：在以知识为基础的社会中，大学—产业—政府三者之间的相互作用是创新的关键。产业、政府、大学都是三螺旋的重要成员：产业作为进行生产的场所；政府作为契约关系的来源，确保稳定的相互作用与交换；大学则作为新知识、新技术的来源，是主要生产力要素。

二是科学理论与应用技术研究的结合。现代的创业型大学，强调科学研究在生产过程中的重要性，反对那些“瞎子实验室（Blind Experimenters）”，即脱离应用目标的研究实验。通过在制造业中发展和引进生产工序，来实现科学原理在企业中的应用。麻省理工学院（MIT）在转型发展中，建立了一种全新的、与企业相联系、以科学为基础的技术应用性大学，其目标比之于美国已有的工程学校，如伦斯利尔理工学院（Rensselaer Polytechnic Institute）和西点军校（West Point），理论与科学基础要厚实很多（以上两所学校分别在土木工程的民用和军用两个分支点上见长），即强调技术应用的同时，重视基础与理论研究②。

三是研究性教学与技术应用的结合。现代创业型大学重视实践应用，但不是现代职业技术学院那样的纯粹技术应用模式，强调学校能够提供科学原理和规律的研究，又能将其用于指导工程和制造业的实践，强调两种类型知识的结合：①工程的科学基础；②专门的技术领域。希望教授能够通过他们对物理规律的理解与研究，为各行业的工程师提供理论基础和统一框架，而不是简单的理论与技术的推广与使用。麻省理工学院（MIT）正是通过确立这一办学教学目标，进行教学与科研机制的一系列改革，建成了一所系统地把以科学为基础的技术融入企业、文科和实用学科，一起教学，以及培养行业性专业领导人，而不仅仅是技术人员的高等级创业型大学③。

四是知识生产专业化与应用资本化机制的结合。现代创业型大学有一个重要的共同特征，就是重视通过建立知识与技术的转化平台，实现知识应用于社会的无缝对接模式。如建设科技成果转化平台、技术转移平台、科技创新资源共享平台等，加快科技成果的转化，解决制约区域经济发展的瓶颈技术问题和共性技术问题。麻省理工学院（MIT）一方面重视基础研究，创造知识，为具体学科的发展提供方向与动力；另一方面重视实践应用，以企业需求为研究对象，强调知识的商业化应用，即知识资本化。麻省理工学院（MIT）的“知识资本化”，大致有如下实现方式：重视理论与实践结合的应用性咨询，建立大学与企业、军方（技术需要）的技术结合，知识专利权的管理制度，创立风险投资公司，与高新技术企业园（硅谷）的紧密合作等等。知识资本化

---

① ［美］亨利·埃茨科威滋．三螺旋——大学·产业·政府三元一体的创新战略．周春彦译．北京：东方出版社，2005.

② ［美］亨利·埃茨科威滋．三螺旋——大学·产业·政府三元一体的创新战略．周春彦译．北京：东方出版社，2005. 56.

③ ［美］亨利·埃兹科维茨．麻省理工学院与创业科学的兴起．王孙禺，袁本涛等译．北京：清华大学出版社，2007. 28 ~ 29.

成为美国经济与社会发展的基础，大学在美国社会里起着越来越重要的作用。①

五是师资开发利用的内外结合。纯靠大学内部传统的学术性培养，是不能解决学术知识的实践应用问题的。为解决用于商业目的需要的科研成果转化问题，麻省理工学院最先建立“实践型教授（Professors of Practice）”制度。19世纪中期的麻省理工学院，为了建立大学、技术和经济之间的密切联系，邀请了独立的咨询工程师作为学校的教师开始科学研究，将杰出的专业实践人士引入大学，聘为“实践型教授”。实践型教授可以发挥多种作用，在美国他们主要是从事教学的非终身教职人员。这些教师类似于客座教师和科研人员，其职责有限而明确。

麻省理工学院的这一实践型教授制度模式，被许多大学模仿，如加州大学伯克利分校的哈斯商学院（Haas School of Business），聘请了实践型教授做创业中心主任，该教授是大学教师，同时也是公司的风险投资者，并授权中心主任，可建立由全职商业人士组成的稳定客座教师团队，讲授个性化、实践性明显的工商管理硕士课程。

实践型教授的制度模式后来在欧洲等大学也得到推广。为了推动高新技术公司在本地区的进程，纽卡斯尔大学建立实践型教授制度。实践型教授由具有博士学位的高新技术公司的创立者组成，主要从事引领学校科研的工作。实践型教授的师资经费一半由学校支持，一半由该地区发展机构“英格兰东北经济发展署”支持。纽卡斯尔大学的实践型教授积极推动该大学与“科学城市”工程有关领域开展密切合作，为科学技术转化活动及相关教育实践活动作出重要贡献。

实践型教授制度，可以将大学教学、研究与知识应用三个主要职能及其作用联系起来。教师从常规的全职教授转变为兼职的实践型教授，将在大学和企业之间创建一种双向的流动。尽管创业型大学水平有差异，但从非学术界聘请的实践型教授，促进经济和社会发展的潜能及积极作用非常明显，这建立了学术发展和社会参与之间的良性互动机制。

创业型大学办学的诞生与发展转型中，一直非常重视上述五个方面的思维导向，或者说，创业型大学办学实践一直离不开上述五个办学思维特征，由此成就了研究型大学的实践模式。

上海交通大学赵文华教授对创业型大学办学模式进行了研究，在其《创业型大学：研究型大学模式的变革与创新》的课题报告中，将创业型大学的发展模式归纳为五个方面的基本内容：一是创业型大学作为区域知识创新的主体，与政府、产业界等机构构成创新三螺旋。二是创业型大学的教学对市场作出回应；科研注重创新与创业理念的融合；创业职能促进国家和区域经济社会发展。三是发展模式的治理核心在于构建一个强有力的引领核心。四是发展模式的运行依托于不断拓展的创新创业平台。五是发展模式的动力机制来自三螺旋中的知识转移。（上述特征及关系参见图2）这些办学的行为特征，均与创业型大学办学的五个思维特征紧密相关，或者说是创业型大学办学思维特征的具体体现。

① ［美］亨利·埃兹科维茨．麻省理工学院与创业科学的兴起．王孙禺，袁本涛等译．北京：清华大学出版社，2007.2.

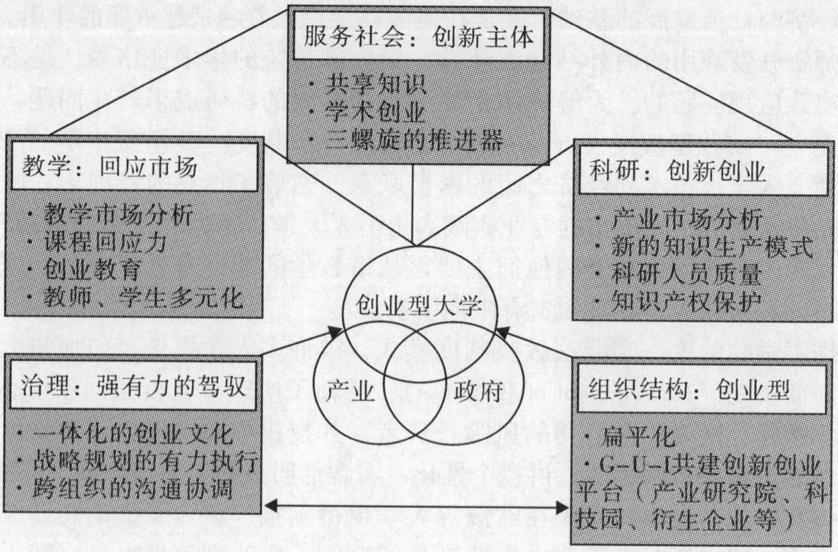

图2　创业型大学发展模式

三、我国地方性普通大学转型发展的思维范式调整

美国麻省理工学院（MIT）致力于创新性的目标追求，其工程、科学和人文专业高度融合，既有厚实的基础理论性研究，实践前沿应用导向也十分明确，是国际性的多科性技术应用学院模式与美国多种大学模式交互影响的产物，其转型发展的路径及其办学思维范式非常值得借鉴。

美国麻省理工学院（MIT）诞生及发展转型的思维范式，对于我国地方性普通高校的转型发展，颇具借鉴意义。笔者认为，我国地方性普通高校的转型与发展，不应过多强调是“研究型”“教学型”“教学研究型”，还是“研究教学型”，更应该在思维范式上进行调整，如下的思维范式，或许可以采纳或强调。

其一，科研服务社会的应用导向思维范式。地方性大学应定位于为区域经济建设发展服务，服务对象为地方政府、企业、大学。大学首先应克服以拿到国家级课题为最终使命的思维范式。高校研究的主要服务功能是：围绕产业发展中的重要理论和实践问题进行前瞻性研究，为地方政府发展区域经济制订发展规划和行动计划；积极推进技术转移；培育高新企业，推动产业集群的培育、发展、转型升级和可持续发展；提供社会发展所需的创业型人才。按照上述功能定位去办学，去转型发展，大学的功能才能更好体现。

其二，研究项目围绕实践前沿的市场化思维范式。针对市场需求，提前做好科研规划，增强科研成果的市场适应性；以市场需求为导向，以提高市场竞争力为目标，有选择地追求卓越，集中优势资源扶持优势技术，形成特色产业；参照企业化模式运作，建立以市场为导向的运行机制，如理顺大学科技园与大学、政府的关系，形成规范的公司治理结构，激发大学科技（孵化）园的创新创业活力，提升大学科技（孵化）园核心竞争力。

其三，研究行动采取开放与互动的合作思维范式。大学不能是与世隔绝的象牙塔大学，应像美国麻省理工学院（MIT）等“创业型大学”那样，与产业、政府密切相互作用，与其他机构彼此相关、相互依存。研究加强合作性，加强与国际一流大学、国际性企业的联盟，深化与当地企业的合作，促进研究开发和产业化。大学作为区域知识创新的主体，与政府、产业界等机构构成创新“三螺旋模式”，并建立利益共享机制，政府、企业与大学共建研究院，参与分享创新研究带来的收益。

其四，研究组织灵活变化的适应性生态思维范式。大学的研究机构不应该是一成不变的行政组织结构，当大学与产业、政府的关系发生变化时，它的内部结构有一个持续不断的更新过程；当产业与政府、大学的关系发生变化时，它的内部关系和结构也要发生变化。应该随着研究任务、研究性质的变化，不断调整研究组织架构，不断适应研究的新任务、新要求。

上述内容回顾与分析了国内外大学转型与发展的办学实践模式及其特点，笔者的结论性建议是，不应过多强调学习甚至模仿某一大学成功的办学实践模式，更应该研究这一成功模式隐含的内在思维取向或思维范式，然后借用其“合适”的思维或理念，作为开创自身大学办学转型发展实践模式的“知识营养”，构建适合现代大学功能作用发挥及独具特点的大学组织。

参考文献

[1] 武书连 . 2003 年度中国大学排名. 北京：中国统计出版社，2003.

[2] 陈厚丰. 中国高等学校分类与定位问题研究. 长沙：湖南大学出版社，2004.

[3] [美] 亨利 · 埃兹科维茨 . 麻省理工学院与创业科学的兴起. 王孙禺，袁本涛等译. 北京：清华大学出版社，2007.

[4] [美] 亨利 · 埃茨科威滋 . 三螺旋——大学 · 产业 · 政府三元一体的创新战略 . 周春彦译 . 北京：东方出版社，2005.

[5] 甘永涛 . 论创业型大学研究的理论架构 . 科学学研究，2011 (11) .

[6] 易高峰 . 崛起中的创业型大学——基于研究型大学模式变革的视角 . 上海：上海交通大学出版社，2011.

[7] [美] 希拉 · 斯劳特，拉里 · 莱斯利 . 学术资本主义：政治、政策和创业型大学 . 梁骁，黎丽译 . 北京：北京大学出版社，2008.

[8] 谢虹霞，敖翔 . 创业型大学——知识社会的创新力量 . 教育教学论坛，2012 (33B).

[9] Etzkowitz, Henry, Asplund, Patrik & Nordman, Niklas. Beyond Humboldt: The Entrepreneurial University, the Third Mission and the Triple Helix. *VEST Journal for Science and Technology Studies*, 2003. 16 (1) .

[10] Etzkowitz, H., Webster. A. *Universities and the Global Knowledge Economy*. London: Routledge Press, 1995.

[11] Clark. B. R. *Creating Entrepreneurial Universities: Organizational Pathways of Transformation*. Paris: IAU Press, 1998.

美国本科教育的核心价值

柳　茜

（哈佛大学）

【摘　要】美国本科教育奉行“博雅教育”，一直以其广博的知识覆盖和培养学生深入独立的思考方式著称，在近一百年中引领着全球本科教育。在多份全球大学本科教育排行榜中，美国高校在排名前50的学校中都占了半壁江山。扎实的本科教育不仅使得美国高校在各个科研领域遥遥领先，同时为美国社会输送了大量具备独立思考和创新能力的人才，是美国持续繁荣的强大后盾和坚实保障。

在笔者看来，美国本科教育之所以如此成功，是建立在两个核心价值上的。其一，将本科教育放在大学所有工作的首位，将教授、职员、科研经费等资源向本科生倾斜，用最优质的资源帮助学生建立自己的人生观和价值观。其二，将“培养学习能力”而不是“传授具体知识”作为教育的最终目的，注重对学生独立思考能力、自学能力、质疑精神的培养，并帮助学生养成终身学习的习惯。这两个核心价值根植于教师和学生心中，并影响着美国本科教育的课程设计、师资选择等方方面面。

从理念到产生实际效果，需要的是对理念的坚决贯彻和执行。在这点上，除了长久以来形成的社会共识外，大学通过制度建设来规范教授、学生的行为，对传递这些核心价值功不可没。笔者在美国和中国都接受过本科教育，并在美国接受研究生教育期间走访了美国前30名的所有高校，采访了近百名教授和学生。本文将从笔者自身的经历出发，结合求学过程中的所见所感和采访所得，以大学教育的两个主体：教授和学生为对象，分析美国教育者们奉行的最核心的两条价值是如何影响教学活动的组织，并如何通过制度和行为规范作用于这两个主体的。

【关键词】美国本科教育　教师考核制度　成绩考核体系　学习能力培养　博雅教育

一、将本科教育放在大学教育的核心位置

众所周知，研究生才是科研的主力军，也是最容易做出成果的群体。一个高校科研水平的高低，除了取决于教授之外，研究生也是最主要的因素之一。因此，在中国高校中，研究经费、教师资源、交换名额等这些教育资源都是向研究生倾斜的。可是，在美国的校园，经常能听到研究生这样的自嘲：“本科生是大学亲生的，我们是抱养的。”这句话是美国高校教育资源分配的一个真实写照。美国大学对本科教育极其重视，哈佛大学一直公开宣称，本科教育在哈佛居于中心地位，其他大学也是如此。

在美国教育者们看来，大学的核心并不是教书，而是“育人”，为社会输送有独立思考能力，可以为社会带来积极影响的建设者。因此，虽然本科生更多的是学习，并不出研究成果，但本科阶段是一个人人生观、价值观形成的关键时期，这个时期接触的一切将对他们产生终生影响。如果能在这个阶段引导学生形成积极的人生观和价值观，帮助他们养成深入独立思考、终身学习的习惯，并将这种价值观和习惯带到今后

几十年的工作和生活中去。无论之后他们从事什么职业，都会为社会带来积极影响。从这个层面来说，对本科生的培养远比多发几篇论文重要，这也是为什么美国的本科生在校园中享有近乎一切的优质资源。

1. 科研给“育人”让步

以哈佛大学为例，无论老师本身多么出名，即使是诺贝尔奖获得者，只要健康允许，都要给本科生上课。因此，我们可以看到微观经济学的鼻祖，九十多岁的曼昆教授，还坚持在教学第一线，给本科生讲授微观经济学。本科生的课程多是小班教学，教师学生比很高，一般控制在20~30个人一个班。语言课程的班级规模更小，每班只有十几个人。个别特别火爆的课程，人数可能多到100人，教授会把课程分为lecture和discussion section，每个discussion section保持在25人左右。教授在lecture中讲新的知识，助教在discussion section中进行复习、习题讲解和答疑。这样的discussion section可以有效地帮助学生巩固和复习新学的知识，也可以弥补大课人数多的不足。每门课甚至还会为成绩不是很理想的同学提供免费的辅导。每位本科生一进学校就会被分配专门的学业导师，从学业上给予他们指导和帮助。这些导师通常都由教授担任，并有规定的见面时间。

每个在哈佛教书的教授都是自己领域的佼佼者，因此或多或少都会在社会上担任一些职务，加上本身的研究任务，工作量可想而知。可就在这样的情况下，每位教授对自己所教课程都非常重视。举例来说，美国前财政部长、前哈佛大学校长Larry Summers开设了“Globalization”这门课，每周两次，他每次必到。所以，他坐早班飞机从外地赶回来给同学们上课，上完课再飞走的情况常常出现。再举例来说，美国大学每门课每周都有固定的office hour。office hour是老师专门留出给这门课学生答疑的时间，用来和学生探讨问题，帮助学生学习，必须专时专用，也不可随意取消。

2. 教师考核体系保证本科教育的核心地位

在教授科研和社会工作如此繁重的情况下，如何保证教授将教学任务放在首位，而不是“教学给科研和社会活动让路”呢？教授考核体系是关键。在学校对每位教授的考核中，教学质量、很大的比重。教学质量、学生的满意程度，将在很大程度上决定对教授的评级。同时，学校对教授的教学出勤率有着严格的规定，任何科研和社会活动都不能影响教学活动。任何对教学时间的调整都须得到学院批准。学校同时要求，学生关于课程的邮件教授必须在一天内回复。

将教学质量、出勤率这些纳入教授的考核体系，客观上促进了教授对于本科教育和授课的重视，使他们不得不将教学放在工作的重要位置，不仅使教授在时间和精力上保障教学，更使他们注重提高授课水平。很多教授的讲义每年都要修改，课程难度会根据当年选课同学的背景进行调整。同时，这种考核方式使得科研不再成为衡量教授的唯一标准。如果一个教授讲课讲得好，关心学生，那么即使他在科研方面表现平平，仍能在评定中过关。这部分授课教授的存在，进一步促进了教学水平的提高，让学生们受益。

反观中国，我们同样有很多有责任心、关心学生的教授，但是，为什么我们的本科教学一直处在给科研让步的窘境？不是他们不想，而是对教授的考核主要以发表论文的数量为依据，当如山的考核指标摆在面前时，他们无暇去照顾到学生。令人欣喜的是，即使在这样的体系中，我们仍有一批教授将教学放在首位，不断提高自己的教学水平，收到了很好的效果。可是，这些教授不但不会因此获益，反而可能由于教学占用科研时间，影响评定结果。这些老师在用自己的坚持和牺牲，去守卫一个教育者的阵地。可是，为什么有这样崇高教育理念并身体力行的老师却需要用“牺牲”这种方式来践行教育的本质？这是值得我们思考的。

二、授人以鱼不如授人以渔——注重对学生能力的培养

“授人以鱼不如授人以渔。”这句话在几百年后大洋彼岸的美国得到了彻底的贯彻。在教育者们看来，没有什么知识是终身受用的，学习是一件终身坚持不断的事情，只有学习方法是受用终身的。因此。大学的任务不是教给学生足够他们用一辈子的知识，而是帮助他们养成一个终身学习的习惯和对知识的好奇心，并教会他们独立学习的能力、方法和思考模式。这也就是为什么在美国，本科学什么和毕业之后从事什么工作的关联性很低。大量之后从事商业，如投行、咨询等行业的学生，本科选择了哲学、历史、政治、宗教等作为专业。

1. “以教育为目的而非手段”的教育实践注重能力培养

这种不以结果为导向的教育原则，是把教育本身作为目的，而非手段。“知其然重要，知其所以然更重要。”所以，他们的教学不注重讲了多少内容，涵盖了哪些方面，而是侧重推导和对原理的解读。在具体教学中，主要体现在以下三个方面：

（1）对问题本源的求索。

在美国的课堂中，无论是理工科还是人文学科，很多课程都是从对名词的解释和定义开始的。这个概念用在哪里，涵盖的是什么？要求学生用严肃而求是的视角去看待问题，避免由于个人立场不同而产生偏见。笔者在肯尼迪学院上“比较政治学”这门课时，课程花了几乎半个学期的时间来定义和分析“民主”这个词。在不同的语境和不同的场合，它的定义都是什么？在不同的定义下它对受众产生了什么不同的影响？我们对问题的讨论又划定在哪个范围？这样对问题本源的探索和解构，以及对范围的划定，避免了片面化的一概而论，同时也更集中于对问题的讨论，而不是基于立场的争辩。

（2）对独立思考能力和质疑精神的培养。

在美国的课堂，没有绝对的对与错，也没有绝对的真理和权威。一个答案并不重要，思考过程才重要，言之有理即可。同时，教授常强调的就是“don't take things for granted”，鼓励同学们对现有的习以为常的概念进行重新解读和反思，思考其背后所反映的文化和价值观。比如，笔者在上“性别社会学”这门课时，教授曾就我们习以为常的婚姻形式与同学们进行深入的讨论。婚姻应该是一夫一妻么？婚姻必须是异性之间的么？婚姻制度是经济发展阶段的产物，并用来保证社会稳定的方式么？如果是这样，我们是否在不久的将来将不需要婚姻制度？这样的讨论有助于帮助学生理解我们习以为常的概念其实都受其背后强大的文化和经济关系的束缚，也使学生对权威少了

许多迷恋。这种讨论最终也反映在了社会思潮的解放中。最近，美国最高法院裁定同性婚姻合法化，就是这种讨论在社会中的扩散。

（3）对自学能力和学习兴趣的培养。

美国学生每学期只修 4～5 门课，看似不多，但实际的工作量却非常大。不像国内，除理工科外很少布置作业，美国的所有课程都有大量的课前阅读任务，每门课一节课的阅读量少则 50 页，多则 200 页。上课前学生需要从阅读中了解课程背景，并从中发现问题，提出最可能的假设和解释。课上教授一般不对阅读涉及的概念进行介绍，而是直接对阅读进行解读，并和学生们讨论阅读中遇到的问题，一起找出答案。哈佛大学著名的案例教学，就是这种授课方法的集中体现。在哈佛的课堂中，老师鲜少如灌水般授课，而是将知识点融入案例，引导学生自己探索。课前学生需要阅读当天要讲解的案例和案例涉及的背景知识与概念，对案例提出自己的质疑，上课老师不再复述案例，直接提问。在这里，学生是课堂的主角，老师只起启发和引导的作用。因为教育者们认为，学习应当是一个主动提问和探索的过程，是学生自己的事情，而不是不劳而获，从老师那里被动接受。如果学生能在大学养成自学习惯，体会到探索的乐趣和价值，之后就会把学习和探索带到工作和生活中。这也是美国在科技，尤其是互联网这样的高精端领域的原创性成果这么多的原因。

2. “博雅教育”将专业与非专业课等同，培养思维广度

教育者们对过程的重视也体现在他们对专业课和非专业课同等重视的课程设计体系中。在中国，我们的学生一进入学校就被分配到不同的专业，学校急切地希望把他们培养成某方面的专家，或者把他们武装得更好以经得起就业市场的考验。其实，这种过早专业化的问题，还是结果导向这个根深蒂固的价值观在发挥作用。我们急切地想定位学生，早早帮他们达到那个我们认为的终点。但美国奉行“博雅教育”（Liberal Arts Education），学生进入大学前两年不分专业，进行广泛的通识教育，大三才进入专业学院学习专业知识。他们认为，对于一个刚进入大学的学生，在知识和阅历相对不足的时期，对自己和世界都认识不足的情况下，细分专业是很盲目并缺乏匹配度的。与其过早地将学生划分到不同专业，不如花时间让他们去了解各个学科的基本概况和思考模式，从中找到自己的兴趣。而且，知识本身也并没有有用或者无用之分，多接触不同的专业领域，有利于发散思维，培养一个广博的思维体系。因此，说是通识教育，这些所谓的非专业课与专业课的难度要求是一样的，同样需要大量阅读、做作业、考试。

3. 成绩考核体系引导学生终身学习习惯

教育者们坚信：教育是目的，而非手段。那么，他们是如何将这种价值观传递给学生，并帮助他们养成终身学习的习惯和对知识探索的兴趣的呢？美国大学是用学生最关心的成绩考核体系来加以引导的。在国内的高校，成绩考核基本以期末考试为主，平时成绩只占很少的一部分，有的课上平时成绩甚至是用来给同学们提分的。大家的学习压力基本集中在考试周或者论文截止日之前。这种考核制度也助长了同学们的“结果导向”意识。大量的同学进入了平时不学习，考前突击的状态，而只要最后的结果好，过程没有那么重要。这样的学习方式是很难培养出自学能力和对学科的兴趣的。

在美国，成绩是由很多方面组成的，课堂表现、出勤率、每次作业的成绩、每个月的随堂测验、期中考试、期末考试，这些都是成绩的组成部分。一般来说，期末考试最多只占总成绩的35%，有的甚至更少。平时成绩可以占到50%左右。在这里，学习的压力被分配在每个测验、每次作业、每次发言中。每堂课助教都会挨个记录考勤，请病假必须有医生书面的假条，事假教授不一定会批准。同时，每个同学的课堂表现会被记录在案，甚至有的助教会记录每位同学每堂课的发言次数，综合形成平时成绩。在这样的成绩导向中，学生会认真对待每次作业、每堂课，并在这之中潜移默化地养成良好的学习习惯。同时，这种润物细无声的渗透，也容易培养学生对学科的兴趣和探索精神。

三、结语

在笔者看来，我们对教育的讨论，其实就是在“育人”与“科研”，“传授知识”与“培养能力”之间找到一个平衡点，并通过合理的制度设计将这些思考传达给教授和学生这两个实践主体。美国本科教育者们就这个问题给出了他们的答案，他们将“育人”和“培养能力”奉为至高无上的行为准则，并通过对教授考核制度、学生成绩评价体系等制度的设计，不遗余力地实践着这些准则。

从上面的讨论中我们可以看到，改革并不一定需要格外的资源投入，更关键的是观念的改变。很多时候，在某些制度上做一些调整，通过规范行为来催生观念转变，能产生巨大的效果。例如，上文提到的增加教学比重的教师考核体系和注重平时学习效果的成绩考核体系，收效就很好。同时，制度改变也可以弥补资源投入上的不足。美国的“小班教学”，即高教师学生比，有益于教学质量的提高。可由于中国学生多的客观限制，无法满足高教师学生比这一要求。但是，如果借助 lecture 加 discussion section 的形式，将 discussion section 分成小班教学，让助教担任部分老师的角色，同样能弥补大课的不足，解决学生在大课上没有更多机会与老师进行交流这个问题，提升教学质量。

第二编

学生成长

教学是对学生心智的开发，情操的培养和能力的提升，最终在于尊重生命。

国际视野下管理人才的实践能力培养模式探索

潘燕春

（管理学院工商管理系）

【摘 要】管理的理论是科学，管理的实践则是艺术。在国际竞争与合作日益密切的今天，如何更好地培养学生的实践能力，是管理人才培养面临的一个难题。本文比较了国内外一些典型的实践教学模式，分析了其实施的条件和难点，从中获得启示，提出项目制专业实习，以期提高管理人才实践能力培养的效率和效果。

【关键词】国际视野　实践能力　人才培养

一、传统专业实习的困境

管理学的学习和如计算机、电子等工程技术的学习有较为明显的不同，后者往往更易使学生形成“一技之长”，所学知识与实践结合相对紧密；而前者则容易给人“空中楼阁”的感觉，各种企业管理的理论学了不少，但如何应用则“无从下手”“眼高手低”。这和“管理的理论是科学，管理的实践是艺术”这一管理学的特点不无关系，因为实际的管理问题往往是非常复杂的，要想学以致用，必须在企业管理实践中不断摸索[1]。因此，作为管理人才培养的高等院校，如何提升学生实践能力就显得至关重要了。

尽管高等院校的管理类专业一直都通过专业实习来提高学生实践能力，然而现有模式的效果却令人担忧[2][3]。例如：传统的集体实习面临对口企业不易落实的困境，而分散式的学生“单兵作战”自主实习又容易导致“放羊式”管理，学生“蒙混过关”；即便有企业接收实习生，因为高校注重基础教育，而企业则更多地关注学生的应用能力，两者的差异致使企业往往将学生当作廉价劳动力，只分配其完成一些最基础的琐碎工作，与管理专业实践相去甚远；此外，实习指导老师更多只是承担审阅学生实习报告的“善后”工作，未能很好地在实习过程中给予专业指导。

本文分析了国内外一些典型的实践教学模式，并提出项目制专业实习，希望能给管理类专业学生的实践能力培养提供参考。

二、清华 x－lab[4]

清华 x－lab 由清华大学 14 个院系合建，并与清华科技园、清华控股和清华企业家协会建立了战略合作伙伴关系，是清华大学新型创意创新创业人才发现和培养的教育平台，简称“三创空间”。倡导学科交叉、探索未知、体验式学习与团队协作的教育理念，致力于围绕“三创”探索新型的人才教育模式，帮助学生学习创意创新创业的知识、技能和理念，培养学生的实践能力和创造力。

清华 x－lab 是一个公益性的开放平台，以项目为单位，持续接收来自清华大学的学生、校友和老师的创意创新创业不同阶段的项目，并为他们提供学习机会、活动机会、培育指导、资源和服务，如推出“清华大学学生创新力提升证书”课程，提供专业领域的训练、指导和咨询，提供学习和实践场所等。

可以说清华 x－lab 就是一个“创新型孵化器”，以创意创新项目和团队为依托，对接学生实践，甚至直接培育出新的企业。

三、深圳大学海外学习行动

深圳大学管理学院的海外学习行动是 MBA 学员的必修环节，其目的在于开阔学员的国际视野，提高其提炼、分析和解决管理问题的实践能力。首先由学员组成团队，每个团队有 3～5 人，然后以所学管理理论知识为背景，结合学员企业或其熟悉的企业案例，提出可能存在的管理问题，并撰写问题导向报告；学院则负责报告的质量把控，联系海外或境外高校和企业，组织学生带着问题有针对性地前往参访、交流和学习；学员回校后需要完成海外学习行动报告，针对问题导向报告提出的管理实践问题，结合海外学习行动的收获，提出可能的解决方案；学院再组织企业专家和学校老师对学员的海外学习行动报告进行答辩评审。海外学习行动是学员理论联系实际的一次很好的机会，也是锻炼学员发现、分析和解决实际管理问题能力的重要手段。

四、佐治亚理工学院的实践项目

笔者曾在美国佐治亚理工学院留学访问一年，有幸了解了其学生实践能力培养方面的一些情况。佐治亚理工学院以工科专业著称，其学生实践教学环节有三个项目（Tiger Program，Business Program 和 International Study Program）非常值得我们借鉴。

（1）Tiger Program 重点培养学生的创业思维。采用择优选拔的方式，从理工科遴选一名博士生，由商学院出资培养，该博士依旧从事理工专业的研究，主要完成产品/专利研发；从商学院遴选一名优秀学员，主要完成商业模式构建；从附近的 Emory 大学遴选一名法律系学生，主要进行专利保护、公司建立等事务。来自不同专业、不同学校的学生组成团队，共同完成创业计划。创业计划做得好，除了可拿到互相承认的学分，还能参加各类创业大赛，获取奖金及企业投资。

（2）Business Program 重点培养学生的商业思维。该项目为期 6 个月，由专业老师安排创业、投资、风险三门课程或讲座，然后每个学生提出至少 3 个商业创意，大家自由讨论并组建团队；接下来再次提出、完善和更新商业创意，并重新组队。如此经历 3 轮，组成最终项目团队，每队 3～6 人。之后每个团队集中在一起选定一个商业创意，制作详细的商业计划书，并进行市场调研和分析等。6 个月后，各团队提交商业计划书终稿参加答辩，评委包括教授、企业家、风险投资家、银行家等多方人士，根据答辩结果给予成绩。好的商业计划可能直接收到风险投资，并付诸实践。这是一个必修环节，每位商学院的学生都必须参加。

（3）International Study Program 重点培养学生的国际视野。由教师带领学生到国外学习，一般与国外学校或中介机构对接，定制3～5门课程，例如“当地文化+管理实践”，英文授课，共3天时间。学员除了聆听课程之外还有企业参访交流环节，以及学生交流环节（与国外学生交流）。因为有课程讲授，活动结束一般由对接院校颁发结业证书。

五、专业实践框架设想

清华的x-lab和佐治亚理工学院实践项目更多的是创业孵化，涉及创意、创新和创业整个流程，学生实践能力的培养直接以创业为目标，尤其是佐治亚理工学院的Tiger Program，甚至打破了学校之间的界限，需要不同学校、不同院系、不同专业以及社会资源（如企业、风投等）的认同和配合。佐治亚理工学院的Business Program则更倾向于创意阶段，以形成高质量的商业计划书为目的，商学院承担理论知识培训，连接教授、企业和风险投资，借助商业计划这个载体培养学生的实践能力。深圳大学的海外学习行动和佐治亚理工学院的International Study Program比较类似，都是出国（境）学习，都有企业参访环节。所不同的是，深圳大学的海外学习行动更注重“行动”，以问题导向报告和海外学习行动报告为手段，促使学生思考和解决管理实践问题，学以致用；而佐治亚理工学院的International Study Program则更注重“学习”，有定制的课程，有学生之间的交流。

通过创业来培养甚至直接体现学生的实践能力，能够真正参与的学生数量有限。借助商业计划书达到学以致用的目的，更多的是学生自己的创意，企业参与度不足。海外学习周期较短，往往难以深入了解企业的实际状况和问题。为此，本文提出项目制专业实习模式，试图能够有效衔接学校、学生和企业资源：首先搭建一个涵盖三方的信息共享平台，由企业提出项目需求，该项目可以涉及企业管理的各个方面，可大可小；然后由相关专业领域的教师或教师团队竞争承接项目；一旦项目承接下来，即由项目负责人（专业教师）招募学生组成项目团队，开始进行项目的具体工作。该方案的吸引力在于：对于企业而言，以低廉的成本甚至零成本得到高校专业教师团队的管理咨询服务，帮助解决企业的实际管理问题；对于学校和学生而言，能够非常有针对性地完成实际的管理项目，达到真正有效培养学生实践能力的目的。该方案也存在不少挑战：站在企业的角度，大的公司可能并不信任由师生组成的管理咨询团队，担心提出的管理问题并不能得到有效解决，如果真是企业紧迫的管理问题，则宁愿花费高额成本寻求专业咨询公司的帮助；站在专业教师的角度，项目制的专业实习，具有明确的任务和目标，将花费教师更多的精力来指导学生完成项目任务，而报酬方面却可能微不足道，“得不偿失”，容易使教师失去积极性；站在学校和学生的角度，项目制的专业实习可能要花费一定的成本，如外地企业提出的管理咨询项目，将涉及一定的差旅费用。

针对企业的不信任问题，可从“低端市场”逐步走向“高端市场”，先鼓励小微企业参与进来。事实上小微企业占据市场很大比重，数目众多，而且往往管理粗放，战略定位、市场营销、人力资源、生产运营等企业管理的各个方面都可能存在较大的改善空间。此外，小微企业一般没有足够的经济实力聘请专业管理咨询公司做大而全的咨询项目，但是他们又期待管理水平的提升。因此，如果高等院校愿意“放下身段”到小微企业去推广这种项目制的专业实习模式，然后一步一个脚印，每个项目都踏踏实实地尽可能做好，良好的示范效应必然能吸引更多的企业参与进来，甚至一家公司可能多次提出不同的项目需求。针对专业老师参与项目制实习的积极性问题，一方面作为培养学生的本职工作，可在考核体系中规定老师指导项目制专业实习的频次，另一方面也可适当给予指导教师物质上的报酬。针对学校组织项目制专业实习的积极性问题，培养学生实践能力是高等院校的职责之一，教育部可出台相应政策，规定项目制专业实习是学生必修环节，并给予经费支持；而成本的支出可能开始是必须有的，如清华的 x－lab、佐治亚理工学院的实践项目都是非营利性质的，学校都要承担有关培养费用，但是随着项目制专业实习的成熟，企业可以得到实际好处（管理水平提升，运作成本下降），必然也愿意分担部分成本，从而使项目制专业实习能够持续。正如佐治亚理工学院的 Tiger Program，如果项目制专业实习做得好，甚至可以打破不同专业、不同学校、不同地区（国别）的界限，真正实现国际视野和本土实践的融合。

参考文献

[1] 李永瑞，黎翔，刘欣．管理类本科专业实习定位与操作模式的探索．首都经济贸易大学学报，2010（4）：119～122.

[2] 赵民，林钧昌，尹新瑞，韩志新，刘冰怡．经管类专业实习期间学生管理问题的思考——以唐山师范学院经管系为例．内蒙古师范大学学报（教育科学版），2014（7）：159～161.

[3] 何捷．高校经管类学生专业实习模式研究——以中南财大人力资源管理专业为例．改革与开放，2009（7）：185～187.

[4] 清华 x－lab. www. x－lab. tsinghua. edu. cn，accessed on Sep. 6，2015.

大学生营销策划能力培养的思考

——基于深圳大学 App 游戏营销策划大赛的探析*

杨翩翩　刘世雄
（管理学院市场营销系）

【摘　要】本文针对2015年深圳大学App游戏营销策划大赛上出现的学生营销策划方面的成功和不足之处进行总结和思考，并针对如何进一步培养高校学生的营销策划能力提出了若干教学建议。

【关键词】营销大赛　营销策划　能力培养

2015年，深圳大学App游戏营销策划大赛要求参赛学生任意选取一款App游戏，通过策划一系列针对高校学生的营销策划活动进行校园推广。这些策划方案的主要目的在于增强参赛团队所选用的某一款游戏的品牌知名度，扩大大学生顾客群，以及增强客户黏度。笔者有幸参与了此次营销大赛的初赛、复赛以及最后的现场决赛的评判，发现学生在营销策划方面取得了一定的成绩，但也存在一些不足之处。本文拟通过总结学生在营销策划大赛上取得的成绩和不足，对如何培养和提升高校学生的营销策划能力提出若干建议。

一、App 游戏营销策划大赛体现的优点

1. 创新意识和创新能力强

在此次大赛中，学生表现出了很强的创新意识和创新能力。进入决赛的几支团队均提出6~8种不同的营销活动策划方案。其中，不少的策划方案贴近校园生活（例如校园寻宝、校园大冒险活动等），结合社会热点问题（例如城市之家、关爱环卫工人等），趣味性和可参与性强，能激发在校学生参与此类营销活动的兴趣和热情。同时，决赛现场介绍团队成员时，其参赛选手的个性和其青春飞扬的精神风貌通过创意性的方式得到淋漓尽致的体现。营销方式上也有一定的创新性，例如所有的参赛团队结合线上和线下营销，利用校内外大学生常用的QQ群、微信群、公文通制造一些有趣的话题或设计一些活动巧妙地推广某款游戏。

2. 市场调查

许多参赛团队对目标群体（深圳大学生）玩游戏的情况做了详细的市场调查，针对深大学生玩游戏的时间长短分为轻度玩家、一般玩家和重度玩家。市场调查使得参

* 本文获得2015年深圳大学品牌专业核心课程项目资助。

赛团队定位目标群体更有针对性，策划的营销活动更有说服力。这也说明大学生的市场意识增强，能够用恰当的工具让营销策划活动更为科学、合理。

3. **文案撰写能力强**

笔者在初步评审 App 游戏营销策划方案中发现大部分参赛团队的文案撰写比较规范，条理清晰，结构完整，体现了一定的专业素养。大部分文案策划中首先提到整个 App 市场的现状和未来的发展潜力，并进一步用 SWOT 分析目标产品在行业市场的优势、劣势、机会和成本。根据市场调查结果和 SWOT 分析结果，制定的营销目标和具体的营销策划方案显得有理有据，科学可行。这说明深大学生在平日的学习中已经进行类似的训练，成效比较显著。

4. **能熟练地使用 PowerPoint 等多媒体**

PowerPoint 使用广泛，是很多人日常工作中不可缺少的一款办公室软件。在决赛现场，笔者发现最后进入决赛的团队能熟练地使用 PowerPoint，并且能在 PowerPoint 中设计动画、配置声音、添加影片，制作出更加具有感染力的多媒体演示文稿。通过大学的学习或参加类似的校园大赛活动能提升学生使用 PowerPoint 等多媒体的能力，让学生在日后的工作中更有竞争力。

5. **团队协作能力好**

团队协作能力是指建立在团队的基础之上，发挥团队精神，互补互助以达到团队最大工作效率的能力。对于团队成员来说，不仅要有个人能力，更需要在不同的位置上各尽所能，与其他团队成员进行合作的能力。大部分参赛的团队成员在 4 ~ 6 名之间，由来自不同学院的学生组成，团队成员之间分工明确，搭配合理，直接提升了营销策划活动成果。App 游戏营销策划大赛为学生学习如何增强团队协作能力，激励团队成员，处理团队冲突等建立了一个好的模拟平台。

二、App 游戏营销策划大赛出现的问题

1. **目标人群定位模糊**

定位是整个营销策划的核心和基础，直接影响整个营销活动的成败。不少参赛队伍存在共同的一个问题，即目标人群定位模糊。有的参赛团队在市场调查的基础上将整个深圳大学学生游戏玩家分为三类（轻度玩家、中度玩家、重度玩家），并将这三类人群直接定位为目标群体，设想用相同的营销方案同时吸引三类玩家。因为不同类型的目标群体具有不同特点，必须根据不同目标人群的特点有针对性地选择营销策划方案。这种“全盘通吃”策略很可能行不通。

2. **基础知识欠缺**

大部分参赛团队成员不是管理学院的学生，缺乏专业知识的训练，导致在最后的营销策划活动中出现了一些知识性偏差，如目标人群定位模糊、成本意识薄弱、策划方案脱离营销目标等。值得一提的是，由管理学院学生组成的参赛队伍，其定位精准，目标明确，所有的营销方案紧紧围绕所提出的目标进行。这体现了管理学院学生基础

知识扎实，在具体的策划活动中能自觉不自觉地运用所学的知识，而非管理学院的学生缺乏必要的知识基础，需有更多的途径去系统地学习营销的相关知识。

3. **案例缺乏可操作性**

部分参赛团队过于注重营销策划方案的创新性，忽略了方案实施过程中所需要付出的成本和有效控制，从而造成策划方案的可执行性不强。一些团队在整个策划方案中完全没有考虑成本，或者预算成本不符合实际情况。例如，有的营销方案中提到使用品牌代言人和电视广告，然而计划的全部营销预算只有 2 000 元。另外，部分营销策划方案设计过于复杂，需要的场地和道具获取难度大，在实施过程中可能出现的问题比较多，从而造成策划方案的实施难度加大。

三、如何加强学生的营销策划能力

此次深圳大学 App 游戏营销比赛中显示出的大学生营销策划方面的能力和成绩值得肯定，然而，其中反映的问题和不足也值得广大的专业老师注意。笔者针对如何更加有效地培养学生的营销策划能力提出以下建议：

1. **加强学生的营销理论基础**

营销基于理论和实践的相互结合，相得益彰，不可偏废。培养优秀的营销人才需要在教授其理论的基础上，帮助其内化成能力和生产力。系统、完整的知识结构将有利于学生在日后的与营销相关的工作中做出更加精准、科学合理的决策。由于部分理工科同学并没有学习过与营销相关的理论知识，但其今后的工作很可能与营销相关，因此建议学院增开营销类公选课，让更多非管理专业的学生有机会学习营销知识和其他管理知识。目前，学院已经开设了部分营销公选课，然而涉及的学生数量有限，开设的课程数目也有限，今后仍需在全校范围内增开营销类公选课。

对于营销专业的学生而言，教师的重要任务不仅仅是教授营销管理相关的理论知识，更重要的是要帮助学生将这些理论知识内化成一种思维方式和相关能力。因此，营销专业教师应在如何增强理论知识的感官性和可视化上多下功夫，通过案例分析、举例等方式让学生吸收和掌握相关理论知识的内涵和外延，活化知识。

2. **提升文案撰写能力和熟练使用 PowerPoint 的能力**

优秀的营销人才不仅要有好的 idea，同样需要通过文案撰写和使用 PowerPoint 等多媒体以及口头表达等方式将自己的 idea 系统地彰显出来，变成一个个执行性强的方案。这些能力的培养绝非一朝一夕之事，需要大量反复和有质量的练习。因此，营销专业教师需要在课堂上以及课后作业中让学生通过练习提升这些能力。例如，在营销策划课上，教师可向学生展示 2～3 个成功的营销策划方案和 2～3 个失败的营销策划方案，要求学生根据所学的理论知识指出其成功之处和失败之处，并撰写报告上交。同时以课后作业的形式让学生撰写 50～100 页的某个具体产品或公司的营销策划书，并以 PowerPoint 的形式展示自己的策划方案。通过此类练习，学生能灵活运用所学知识去解决面临的问题，将理论内化为思维方式，同时提升营销策划文案的撰写能力，使用

PowerPoint 等多媒体的能力，以及展示其策划方案时所需要的表达能力。另外，课后的部分作业以小组的形式布置完成，以培养学生的领导能力、沟通能力和团队协作能力。

3. 提高创新意识和创新能力

笔者认为营销策划方案的创新并不是天马行空的想象，应从现实中发现新的问题，将创新想法和创新的欲望以一定的形式表达出来。创新意识和创新能力的培养非一朝一夕能促成。建议教师大力鼓励学生阅读、分析、讨论、讲演国内外成功和失败的营销案例，激发学生的思维，让学生学会从不同的角度去思考问题。针对成功的营销案例，教师可以鼓励学生讨论是否相同的营销策略在不同的消费场景下或针对不同目标群体也能获取成功。例如，线下成功的案例如何能在线上营销也获取成功？对于不同文化背景下的消费人群，是否有更好的营销策略？针对失败的营销策划案例，教师可以和学生一起讨论并找出失败的最关键点，并鼓励学生自己提出 2 ~ 3 个策划方案，并将这些方案制作成 PPT 进行汇报，回答教师和其他同学的提问。让学生参与这些问题的解决能极大地激发其学习和创新的欲望，发散其思维，使其产生创新火花。

4. 增强实践能力

可执行性不强是学生的营销策划方案中出现的通病。如何增强策划方案的可执行性，能够让学生考虑到执行过程中的细节和可能出现的问题？这需要学生不断地实践，将理论知识运用到实践中，同时从实践中获取真知，加强对理论的认知。类似的校园营销策划大赛能让学生通过一个接近实战的演练，从感官上、理性上充分认识自己的策划思路和其不完善之处。另外，暑期可以组织学生去企业实习，使学生对企业、产品和服务有更深刻的认识，提升其实践能力。

5. 校企合作，实现双赢

本次 App 游戏营销策划大赛由美邦教育公司赞助。然而，由于赞助企业的主营业务在教育领域，企业并不能从学生的游戏策划方案中获取有益的营销建议，从而缺少将一些可行的营销策划方案变为现实的平台。笔者在此建议类似的营销活动应结合企业的实际需要，由赞助企业参与设置活动主题，参与评判，赛后由企业和参赛团队共同将一些优秀的策划方案付诸实施。如此一来，企业可凭借营销策划大赛传播其公司品牌，并以低廉的价格获取不错的策划方案，而学生则能凭借赞助企业的平台提升实践能力，深刻认识到营销策划方案在实施过程中可能出现的问题，有利于提升营销策划能力。此外，学校也能借助营销策划方案的执行及影响，间接提升学校在社会上的品牌影响力，提高本校学生在实践能力上的社会口碑，有利于提升未来学生的就业质量，提高学校学生的就业率。

四、结束语

深圳大学举办 App 游戏营销策划大赛体现了深大学子良好的创新能力和团队协作能力、较强的文案撰写功底和熟练使用 PowerPoint 等多媒体的能力。但同时此次 App 游戏营销策划大赛也反映出学生理论功底不够扎实、成本意识淡薄、策划方案的可操作性不强等缺点。建议学校增开营销选修课程，加强与企业的合作，专业教师加强对学生理论知识的教授，创造更多的机会让学生提升文案撰写能力和熟练使用 PowerPoint 的能力，创新能力以及实践能力。

参考文献

［1］张宗胜．大学生团队协作能力培养的意义探讨．四川文化产业职业学院学报，2008（2）：78～80.

［2］马金山．团队协作对企业技术联盟稳定性的影响研究．现代经济信息，2013（14）：136～137.

［3］刘雁妮，傅浙铭，张健文．基于众包视角下高校营销大赛的思考．李丽．基于应用型人才培养的高校教学改革探索与实践——深圳大学管理学院研究论文集(5)．广州：暨南大学出版社，2013. 137～140.

过程化考核与成绩细化在提高大学生学习效果中的作用
——以“销售管理”一课为例

贾 芳
（管理学院市场营销系）

【摘　要】如何改革传统的学生平时成绩考核办法，加强对学生学习过程的控制，实现教学的过程控制和结果控制的双轮驱动，从而有效提高学生学习的积极性和主动性，一直是摆在高校管理类专业教师面前的一个研究课题。本文结合深圳大学管理学院市场营销专业课程“销售管理”的教学思考与实践，提出了过程化考核与成绩细化的方法，并探讨其对于提高大学生学习效果的作用。

【关键词】过程化考核　平时成绩量化　成绩细化　教学改革

学习从来不是一蹴而就的事，学习的过程直接影响到学习的效果。大学生在一门课的学习过程中往往最在意的就是最后的成绩，这是大学生的天性。考试作为教学过程中的一个环节，起着非常重要的作用。考试不但可以检查学生的学习情况、评价课程教学效果、反馈课程教学信息，而且具有引导学生学习和激励学生学习的作用。那么，作为高校教师，我们要思索的便是在不违反这种天性的前提下，利用大学生在乎期末成绩的这一心理，提高大学生学习的积极性和主动性，进而提高学习效果。

课程考核作为教学过程中的一个重要环节，如何能被正确合理有效利用，一直以来是很多教育工作者探索实践的重要工作。本文基于目前教学考核存在的问题，提出了过程化考核模式的改革方案，详细论述了这种考核模式具体的实施细则，如平时成绩量化及成绩细化等，探讨过程化考核模式的优点，并通过教学实践，证明这一考核模式的实施对提高课程教学质量，改善学生学习风气有明显的效果。

一、课程考核问题分析

目前大多数课程考核模式采用的是集中式考核方式，即通过期末考试的一次性考核来评测学生的学习情况。但是，随着现在大学生学习自觉性的不断降低，这种考核模式已经暴露出一些弊端。

1. 考核手段和目的存在误区

传统的课程考核注重对理论知识的检验，忽视了对学生创新意识、实践能力的培养，形式上等同于课程结束时的考试。对教师而言，课程考核就是通过考试给学生一个评定成绩；对学生来说，考核就是获取分数，取得毕业文凭。教学管理部门仅把考核当作决定学生是否升级、毕业的手段，对考核促教、促学、促管的作用关注很少。这种应试教育导致出现“教为考、考为学、学为证”的观念，忽视了学生综合素质的培养与提高，造成了目前许多学生都是“高分低能儿”。

2. 考核方式单一

目前的课程考核，存在“五多、五少”现象，即闭卷考试多，开卷考试少；笔试多，口试、答辩及其他考核方式少；一次终结性考试为主确定成绩多，教学全过程多元、多次考核综合评价成绩少；强调考题标准答案唯一性的试题多，不定答案的分析试题少；理论考试多，实践能力考查少。

这种以期末考试成绩为主，轻视对学生学习过程的考核方式，助长了学生“平时松、考前紧、考中作弊、考后忘”不良学风的蔓延。这就使得记忆力成为考试成功与否的关键，不少学生习惯于期末前挑灯夜战，或者是舞弊，以求考试及格。

3. 考试内容呆板、题型不合理

期末考试是课程考核的重要手段之一，但在实施中存在考试内容呆板、题型不合理的弊端。考试内容多局限于教材中的基本理论，且受标准化考试方式影响，填空、判断、单选、多选、简答、释词等客观性试题多，综合性思考、分析论述、证明、应用等主观性试题少。

标准化试题虽然在评判中客观、公正，但由于答案唯一，留给学生探索创新的机会少。学生考试起来，只需从大脑中“调”记忆的内容而不用动脑思考，这也为作弊提供了便利。同时，由于考前教师划范围、定重点，致使学生学习无动力，往往平时不努力，考前复习“重点”，抄笔记，背答案，投机取巧，“临时抱佛脚”而轻松过关。这种现象的存在，其结果是严重挫伤了认真学习学生的积极性，不利于学生对课程系统知识的掌握，阻碍了创新思维的培养与发展。

因此，现在的集中考试考核办法使得考试作用不能全面发挥，只能对学生学习的情况进行一次定性评测，而不能很好地发挥引导和促进学生学习的重要作用，而且还会助长应试学风，从学习思想上就给学生一种错误的引导。另外，考试结果存在片面性，集中式期末考试是对学生学习情况的一次定性的评测，不能很有效地代表整个学习过程的效果。由于集中式考试在考试时间和考试方式上的限制，使得课程内容并不能在一次考试中全面考核到，并且考核的深度也受到影响。最后，集中考试缺乏反馈，不能促进教学。考试作为一种重要的教学手段，不但可以用来评测学生对该课程所要求知识的掌握情况，而且应能通过考试发现学生学习过程中存在的问题，以及教师的教学方法、教学进度、教学安排的合理性，这些反馈信息对学生的学习和教师教学的调整有很大帮助。但是现在的考核模式即使通过考试发现问题，也很难去弥补。

二、过程化考核的探索

通过重新定位考试在教学活动中的作用，并针对目前考试模式中存在的问题，提出了“过程化考核”的考核模式。这种考核模式的主要方式就是将原来集中在学期最后的总考分散到整个学期的学习过程中，其具体实施细则如下：

1. 考核形式多样

由于每次过程考核的考核内容有针对性，所以每次过程考核的考核方式应该不同。具体的考核可以根据本阶段的教学要求、教学内容、学生数量的不同而采用不同形式，例如常规的开卷/闭卷考试、大作业、设计报告、项目报告、课堂测验、现场实验、团队合作、演讲等。考核方式的制定可以根据课程教学目标、学生能力培养的要求，经过相关教学部门论证后确定，每门课程都应包含三种以上的考试形式。

2. 过程合理划分

过程考核是通过有连续性、层次性的阶段考核来具体实施，而且确定过程考核阶段时应依据该课程的特点来进行划分。例如可以按照时间来划分，即在授课一定周数后对前期所学内容进行考核；也可按照课程的章节进行安排，即在某些章节讲解完后对所学知识进行考核；还可以根据知识点进行划分，将课程中相关知识点讲解完后进行考核等等。

3. 考核反馈机制

在整个过程考核中，及时地反馈考核结果可以很好地调动学生的学习热情和积极性。例如，在课堂设置分数只占综合成绩3%的小测验，测验结束后当堂或者在下一堂课及时告知学生的测试成绩。即使学生分数只有零点几分的差异，也能对学生的学习效果给予一个及时的反馈，分数高的学生得到肯定，分数相对较低的学生更是会被激发出学习的主动性。

4. 考核成绩细化

课程的最后成绩由每次过程考核的成绩按照比例进行统计。以往最终成绩往往仅由两部分组成，期末考试成绩与平时分数，期末考试成绩所占比例通常在60%～90%，平时分数的来源更是模糊不清。这种成绩的细分程度远远不能满足过程化考核的要求，也不能使学生信服。因此，最后成绩一定要细化到十几甚至二十几个采分点，让学生在学习的全过程表现、各方面表现综合地体现在最后的分数上。

三、过程化考核在“销售管理”一课中的实践

该过程化考核模式已经在深圳大学管理学院市场营销专业课课程“销售管理”上进行了教学实践，参加实践的学生是管理学院市场营销专业的学生，共24人。根据“销售管理”课程的教学内容，将整个学期教学过程分为平时的多阶段考核和期末的综合应用能力考核。考核内容以知识应用为主，考核形式采用了闭卷考试、团队项目报告、个人作业、课堂练习等。平时考核内容紧贴当堂教学内容，具体如下表所示：

教学内容与平时测验的对应表

周次	学时	主要教学内容	习题或测试内容
1~2	4	销售管理概述	讨论销售经理职责
3~4	4	销售伦理问题	讨论销售伦理
5	2	销售预测与销售预算	计算预测销售额
6	2	销售区域设计	—
7	2	销售目标与定额	—
8	2	销售组织设计	—
9	2	销售人员招聘	—
10~11	4	销售人员培训	案例讨论
12~13	2	销售团队激励与薪酬	案例讨论
14~15	2	销售团队领导	—
16	2	销售绩效考核	—
17~18	4	团队作业汇报	销售管理各项职能设计

考试与成绩评定方式如下所示：

学期总成绩由平时成绩和期末考试成绩两部分组成。平时成绩包括平时记录的出勤情况、课堂提问以及课后作业等占40%，期末成绩占60%。

平时成绩（百分制）40%：

团队作业15%

课堂练习3%×5=15%

个人作业（期中案例分析）8%

团队作业评价2%

额外加分（积极参与课堂活动1.5%每次，最多3次）

期末成绩：闭卷考试60%

经过一学期的教学实践，所测试专业的学生出勤率非常高，课堂学习气氛高涨，答疑问题的人数和次数大幅增加，学生对课堂练习的认真程度也大幅提升，作业提交率和完成率明显提高，学生学习的积极性有了明显改善。课程最后成绩中的优良比例也有很大提高，综合应用能力考核近一半的学生成绩在80分以上，可以看出学生对所学知识的掌握情况较好，应用能力有明显提升。

经过实践总结，过程化考核模式具有以下优点：

（1）较好地改善学生的学风。该过程考核模式由于把课程的考核分散到整个学期学习过程中，并且因为采用了过程淘汰机制和考核激励机制，避免了多数学生平时放松而期末突击的不良学习习惯，激励学生平时认真学习，可以很好地改善学生学习风气，实现以考促学的目的。

（2）成绩评定合理化。由于过程考核模式的最终成绩是由每次阶段考核的成绩按照比例进行综合评定，而不是集中考核的一次定性评测，所以不会因为一次考试发挥不好或投机取巧而影响该课程的最终成绩，这样对每个学生都是公平合理的，也能够较真实地反映学生的学习情况。

（3）考核形式合理化。由于分阶段考核的知识点一般都具有相关性并且比较集中，而且考核的针对性比较强，所以任课老师可以根据课程的特点、教学要求，采用不同的考核方式，这样才能更有效、合理、准确地考核相关知识点，了解学生对知识的掌握情况，并且能很好地发挥学生的创造思维和创新能力。

（4）考核内容的全面深入化。由于过程考核所测试的是阶段性学习的相关知识点，有一定针对性，所以考核的知识点可以更为全面和深入，能够达到较高的教学要求。

（5）有效地改善了老师的教学。过程化考核不但可以使任课老师根据实际的教学情况、教学要求、教学目的采用合理的考试形式来考核学生的能力，而且可以根据各阶段的考核情况，反映学生对知识的掌握情况，使老师可以及时发现问题，对学生学习中存在的问题进行补充讲解，还可根据学生掌握能力对教学内容做出适当调整。更重要的是通过信息反馈，调整教学进度与内容、改进教学方法，进而提高教学的质量。

总的来说，改革的实践结果证明，这一考核模式的实施对教师合理安排课堂教学，提高学生学习主动性，优化考核的合理性和改善学生学习风气等方面都有明显的效果，可以有效提升课程的教学质量。但是这种考核模式在实施时还存在一些细节上的问题，例如怎么划分阶段更为合理等，希望通过不断探索分析和进行教学实践加以改进和完善。

参考文献

［1］胡晓红．基于过程考核的教学模式创新——以“思想道德修养与法律基础”课为例．思想教育研究，2013（4）：50～54.

［2］储伶丽，刘俊霞．过程激励与职业应用型人才培养——基于“国际贸易地理”课程过程考核的实证分析．经济研究导刊，2014（34）：176～178.

［3］成英，黄玮，台晓虹等．基于多元化过程考核的“汽车评估”考试改革研究．教育教学论坛，2014（28）：252～253.

［4］姜英杰．侧重过程考核的“小组考核方式”的研究和实践．大学教育，2014（14）：122～123.

"市场营销"本科毕业设计改革：探索与思考

贺和平

（管理学院市场营销系）

【摘　要】针对本科毕业论文工作中的问题，市场营销系进行了本科毕业设计改革的初步探索。与传统的本科毕业论文形式相比，毕业设计要求学生系统采用科学的思路与方法，针对真实组织的现实课题展开研究，可以让学生参加"实战"，更能刺激学生的探索兴趣，也为其未来走向社会做准备。在探索中也出现了一些问题，需要进一步加以完善。

【关键词】市场营销　毕业设计　改革

一、引言

"超过90%的本科生用不到一个月的时间就能完成毕业论文，有的甚至只用了不到10天。"2014年5月16日，大学本科毕业论文"注水"现象登上热点舆情。实际上，此前的3月25日，上海《劳动报》就曾发表一篇题为"千元买论文，5天交稿还包通过"的报道，揭露了"论文季"中乱象丛生的代写灰色市场。

并不意外，本科毕业论文"存""废"问题再次引发热议。对于取消毕业论文制度的构想，蒋亦华已经指出，由于本科毕业论文制度是《学位条例》的有效呈现；是本科培养质量的表现维度；是促进高校教学改革的动力之一；是促进大学生个体发展的一种有效手段；也并不具备取消本科毕业论文的前提条件——日常教学中注重学生研究素质培养，所以任何试图取消这一制度的构想，都是对现实的盲目超越，其最终结果是导致本科培养质量的进一步下滑。即使到今天，多数人也认同，尽管当前毕业论文"注水"现象严重，各种"拼凑、抄袭、购买"等不端行为不断暴露，但若因此采取"一刀切"，难免有因噎废食之嫌。取消本科毕业论文这道防线，只会让本科生质量再受影响。

近年来，在本科毕业论文指导工作中，市场营销系教师也感受到学生毕业论文质量不尽如人意，令人担忧。根据市场营销专业性质，考虑应用型人才培养的基本目标，受深圳大学传播学院毕业设计成功实践的启发，借助市场营销专业获批省质量工程"专业综合改革试点"项目的契机，在学院领导的大力支持下，经市场营销系教师反复讨论，市场营销系决定从2014届市场营销专业学生开始，进行毕业设计改革。

二、毕业设计改革主要内容

1. 改革目的

促进本科学生了解社会与市场，尝试解决营销现实问题，提高学生对市场营销专业理论知识的掌握和运用能力，提高学生解决市场营销实际课题的分析能力和策划能力，也间接避免学生忙于找工作、最后阶段集中赶论文，甚至抄袭的现象。

2. 改革内容

本科毕业论文试行“双轨制”。这意味着学生可以选择以毕业设计代替传统形式的毕业论文。本科毕业设计的基本要求是完成一份包含“问题意识—市场调研—方案设计—实施步骤—项目评估”等部分的策划方案。案例编写、小型文案等不能作为本科毕业设计的内容。当然，有志于向研究方向发展的学生依然可以选择毕业论文（按传统的学术要求评审）。

3. 要求

选择毕业设计方式的同学，需要组成毕业设计小组（每组3～4人），共同完成一个实际的市场营销课题，提交一份小组的《市场营销毕业设计》，每人提交《个人研究报告》，并参加毕业设计答辩。各部分考核的标准见表1。

表1　毕业设计考核标准

内容	占分（%）	评分者
《市场营销毕业设计》（小组共同得分）	30	指导教师
《个人研究报告》（个人得分）	20	指导教师
毕业设计答辩（小组共同得分）	50	答辩小组

《市场营销毕业设计》要求如下：①主题：针对现实中的真实课题（如政府、企事业单位和社会组织的市场营销策划、市场营销推广，大型活动、广告、品牌传播等），设计出具体的市场营销策划方案。课题必须是现实中某具体组织的真实课题，符合该组织的具体需求，可以由毕业设计小组自己联系相关组织立项，也可以由教师、实习单位或其他有需要的单位推荐课题。②指导：各个小组自行联系选择市场营销专业老师作为小组指导教师。同时需要告知课题单位给予调研支持，并出席毕业设计答辩。③《市场营销毕业设计》及《个人研究报告》结构及评分标准见表2、表3。

表2　《市场营销毕业设计》结构及评分标准

正文结构	具体内容	评分标准（%）
问题意识	对问题的定义，问题的背景	问题意识是否清晰（20）
调研结果及解决方法	问题的定位，解决问题的思路	调研方法、问题分析是否合适（30）
策略方案	具体的营销策略（包含对策、执行、预算、评估）	策略的针对性、有效性、创新性、可执行性（50）

表 3 《个人研究报告》结构及评分标准

具体内容结构	评分标准（%）
个人对选题的理解分析，选题理由	25
对与选题有关的参考文献的总结归纳	25
小组调研、分析问题，提出方案的心得、经验体会以及自我总结	50

三、毕业设计改革实践情况

毕业设计改革受到学生的普遍欢迎。2011 级市场营销专业（含双专业），计划毕业学生 117 人，71 人（20 个小组）选择毕业设计形式；46 人选择个人形式完成毕业论文——其中有部分是因为没有组成心仪的团队。一轮下来，从实际效果看，喜忧参半。

1. 积极反应

部分小组的毕业设计，很好地达到预期目标。这些小组由指导教师介绍或者自己获得企业实际课题，通过小组成员、指导教师和企业方讨论，明确毕业设计选题，确定研究设计方案，进行二手资料整理与一手资料采集，展开数据分析，提出相关的对策建议。这些小组的毕业设计受到企业方高度评价，甚至有企业方代表专程从外地赶来参加学生的毕业设计答辩会。

从学生体会来看，有相当积极的声音——“理论与实践的结合，想法与现实的碰撞”；“与企业合作的策划方案讲究可行性”；“互相学习，互相补缺”；“充分地感受到团队协作的艰辛，但也十分享受团队协作中激发创意灵感的乐趣”；“市营就应该是这样的答辩形式”；“能以高度仪式化的方式结束本科学习，感谢毕业设计”；“毕设不是形式，而是态度，告诉老师、企业和同学，自己并没在敷衍大学最后的总结，对自己四年所学的知识的总结。毕设不是形式，而是激情，只有在简单的校园生活中，你才可以自由畅想，放纵想象力，纯粹地做自己想做的事。毕设不是形式，而是青春，你可以和队友并肩作战，互相嫌弃却互相扶持，共同克服困难，只为交出一份满意的毕设方案。第一届毕设，让我感受到了身为市营人的骄傲，希望你们能感受到这骄傲并传承。”

2. 问题呈现

因为是试点，很多事情都在摸索中，暴露出的问题不少，从刚启动时小组成员的确定，到毕业设计成绩的评定，都有不同的声音。尽管此前也有到传播学院学习，但是，的确有很多事情，试过了才真正知道。部分问题如下：

（1）改革方案推动前期虽有书面方案说明，但现场面对面沟通不足，导致对毕业设计的要求、形式的理解出现偏差。有少部分课题并没有依托具体企业，而仅仅是从实践问题引出研究问题，做实证课题——这导致一个问题，就是其与个人形式论文不存在根本性差异。

（2）在指导毕业设计的过程中，有小组投入不足，使指导教师“受伤”严重。一个重要问题是学生的驱动力。不仅仅是老师，也有低年级学生说，“很多答辩小组的态度都有点问题，就以对待平时作业的态度在对待一个毕设”。近几年来，市场营销专业，没有因毕业设计不合格而不能按时毕业的学生，也给了学生经验——毕业设计是可以“混”的。此外，与传播学院优秀毕业设计成果可获得直接发表的机会相比，市场营销毕业设计给学生的内在驱动力相对不足。

（3）成绩评定方式是另一问题。现有方案中，评 A 规则延续了过往做法，由指导教师按所带人数不超过 20% 的标准给出。由于引入小组形式，这一规则面临操作上的难题。有老师偏向于认为小组成员“同等贡献”；也有老师强调，评审者应该能识别方案的关键亮点并给予更高评价。

（4）也有部分学生对毕业设计答辩给出了消极评价，包括“感觉像个大作业”“整体的可视化程度太欠缺了”“并没有把老师教的方法用到实处”“追求完整性，亮点不突出”。

四、建议

鉴于管理学院市场营销专业“应用型人才”的培养目标，与传统的本科毕业论文形式相比，毕业设计要求学生系统采用科学的思路与方法，针对真实组织的现实课题展开研究，可以让学生参加“实战”，更能刺激学生的探索兴趣，也为未来走向社会做准备。尽管试点中暴露出一些问题，笔者仍然坚信，毕业设计是市场营销专业本科毕业论文变革的方向之一。即使从最悲观的角度讲，那些仍然在混毕设的小组，比混毕设的个人，事后可反思的空间（如加入了“团队合作”维度）也更大——如果他们能够反思的话。失败，是另一种成长。学生的作品，不可能每件都优秀。让学生能更好地参入其中并得到锻炼与成长，这可能就是平台的价值。

为进一步推进此项变革，可进一步完善的地方如下：

（1）保持“毕业设计”与“毕业论文”双轨制。一方面，鼓励多数学生选择以“毕业设计”形式完成毕业考核；另一方面，保留传统毕业论文形式，供科研取向的学生选择。两种方式采用不同的标准进行评价。完善学院毕业论文管理系统。根据毕业设计的特征，添加毕业设计模块内容。

（2）做好毕业设计改革的宣导工作。在指导教师和学生两方面，加强毕业设计工作的沟通，使指导教师与学生能明白工作重点和基本要求。

（3）鼓励学生在毕业设计上更多投入。在毕业设计这一新的方式下，决定最终成果好坏的关键因素仍然是学生投入度。为鼓励学生更多投入，可以考虑使毕业设计课题与学生兴趣更好匹配。针对性的措施包括：①鼓励学生利用自身资源获取企业研究课题；②教师提供的企业课题以招标方式获得学生参与。

（4）加强毕业论文答辩工作，隆重举行毕业设计答辩会。不少学生内心其实期待着一场毕业秀——尽管他们多少有些自信不足和心情忐忑。有学生讲，“真心希望，市营的答辩，可以做成一个管院的招牌，以后毕业了，还可以年年奔回来看，（成为）市营人一个自豪的节日”。联系到前面有同学谈及的“仪式化的方式”——一个很有趣的表达，笔者甚至建议，如果有可能，在最后答辩环节，报告厅公开展示——这对学生其实也构成一种激励（压力），把毕业设计答辩组织成市场营销专业的一个毕业“嘉年华”。

（5）允许二次答辩。学生如果不能顺利毕业，可能会产生些许消极后果（如可能影响就业率）。但是，不能达到论文基本要求的学生都通过，毕业考核的意义则大为削弱，毕业设计（包括答辩）就会变成走过场。因此，对确实不符合合格要求的学生，应要求其在一定时间内修改论文，择期进行二次答辩。这一设计的意义在于，不认真对待毕业设计（包括毕业论文）的学生，会因毕业设计不合格而不能参加学校统一组织的毕业典礼——前面也提及，仪式感对学生而言十分重要。

参考文献

[1] 蒋亦华．我国本科毕业论文制度的阐释与建构．现代大学教育，2009（2）：101～106.

[2] 马思华．今日热点舆情（5 月 16 日）．劳动报，http：//www. labour－daily. cn/ldb/node31/node32/u1ai190489. html，2014－05－16.

[3] 叶佳琦．千元买论文，5 天交稿还包通过．劳动报，2014－03－25.

通用性专业与特殊性专业的就业情况对比
——以深圳高校人力资源管理、小语种专业2013届毕业生为例

丁夏齐　庄淑琳
（管理学院人力资源管理系）

【摘　要】本研究选取人力资源管理专业作为通用性专业的代表，小语种专业为特殊性专业的代表，对深圳高校相应专业2013届毕业生就业情况的调查结果作出对比，发现通用性专业相比更容易实现就业，但特殊性专业的薪酬更高，就业前景更佳。这与专业素质培养与工作岗位要求的关联有很强的关系。本研究认为通用性专业学生应当加强对专业知识的掌握，努力提高自身就业时的特殊性和不可替代性，而特殊性专业学生应该学习多项技能以扩展就业渠道。本研究对改革专业人才培养模式及促进学生就业有一定帮助。

【关键词】通用性专业　特殊性专业　就业

一、前言

无论何种行业、规模、性质的单位，基本都设有人力资源管理岗位。社会需求使得人力资源管理专业成为就业前景较好的专业之一。这也是很多院校设置该专业，学生选择该专业的重要原因。但其实非该专业的人才，如果具备了良好的管理、人际交往等技能，经过简单训练，也能从事这一工作。因此，很多单位在招聘人力资源管理岗位时，并不限定应聘者的专业资格。这意味着人力资源管理专业的专业优势并不明显。其他如英语、计算机、商务等专业，同样具有专业设置相对容易，学生就业适应性强、社会需求大，但进入门槛低、可替代性大的特点。本研究暂称这些专业为通用性专业。

其他一些专业刚好相反，专业设置相对困难，社会需求小，就业范围狭窄，但进入门槛高，具有很强的不可替代性，如航海、小语种等专业。本研究暂称这些专业为特殊性专业。

在社会飞速发展，各行各业新的用人需求，特别是对复合型人才需求不断涌现的当下，通用性专业与特殊性专业毕业生就业情况如何？对专业人才培养模式及学生就业指导提出了何种挑战？本研究选择人力资源管理作为通用性专业的代表，小语种专业作为特殊性专业的代表，以深圳高校上述专业2013届毕业生为样本，对其首次就业情况进行了一次简单的访谈和问卷调查。

二、问卷调查

本次调查问卷参考了多份大学生就业情况调查问卷，并结合本研究的研究目的设计得出。问卷共由两个部分组成：

第一部分涉及被调查者的个人信息，包括性别、学历、专业等。

第二部分涉及被调查者首次就业信息，包括就业状态、就业时间、薪酬、对就业前景的评价等内容。

调查采用电子问卷的方式，调查对象是深圳高校 2013 届人力资源管理专业和小语种专业毕业生，采用熟人邀请“滚雪球”的取样方式，无记名填写。最后共获得 138 份有效问卷数据。其中，人力资源管理专业 72 人，小语种专业 66 人。因专业选择受到性别影响，本次调查对象中，女性比例为 65.22%，占多数。学历主要为大学本科（93.48%），大专和研究生学历合计只有 6.52%。

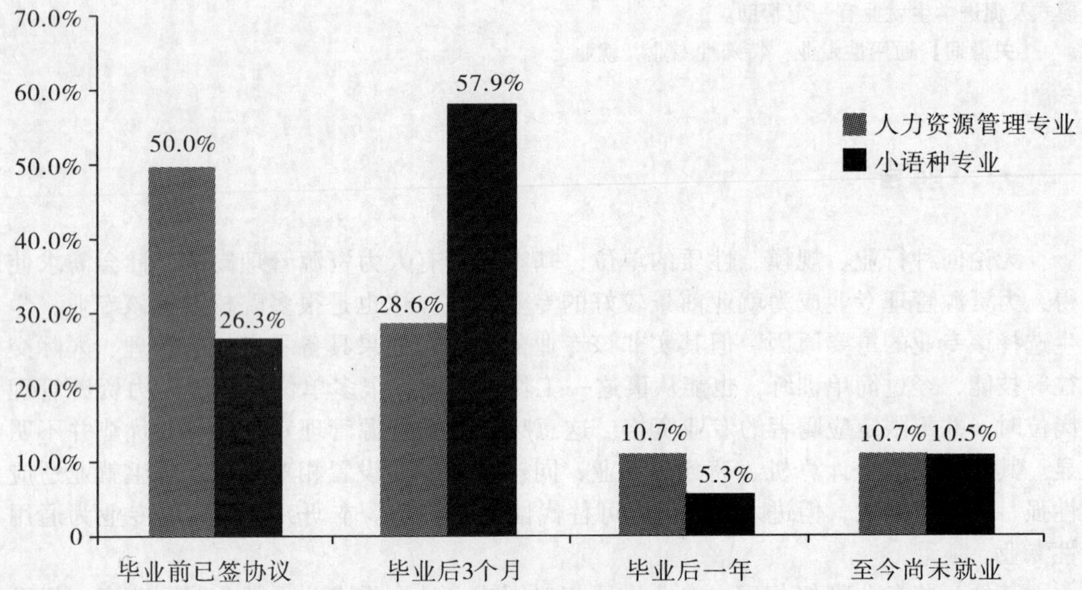

图 1　首次就业时间

调查对象的就业状态以毕业后直接就业为主，占 80.43%，选择出国留学占 17.39%，参加国考或各类事业单位考试为 2.17%，没有人选择在国内继续深造、自主创业或其他方式就业。

对比两个专业被调查者的首次就业时间（见图 1），人力资源管理专业在毕业前就已经签订三方协议，确定岗位的比例明显要高。小语种专业大部分是在毕业后 3 个月内才取得了第一份工作。通用性专业首次就业时间更早的现象表明其相对更容易实现就业，原因是通用性专业的岗位需求量大，学生就业适应性强。

至于薪酬方面，以首次就业的税前月工资进行比较，如图 2 所示。

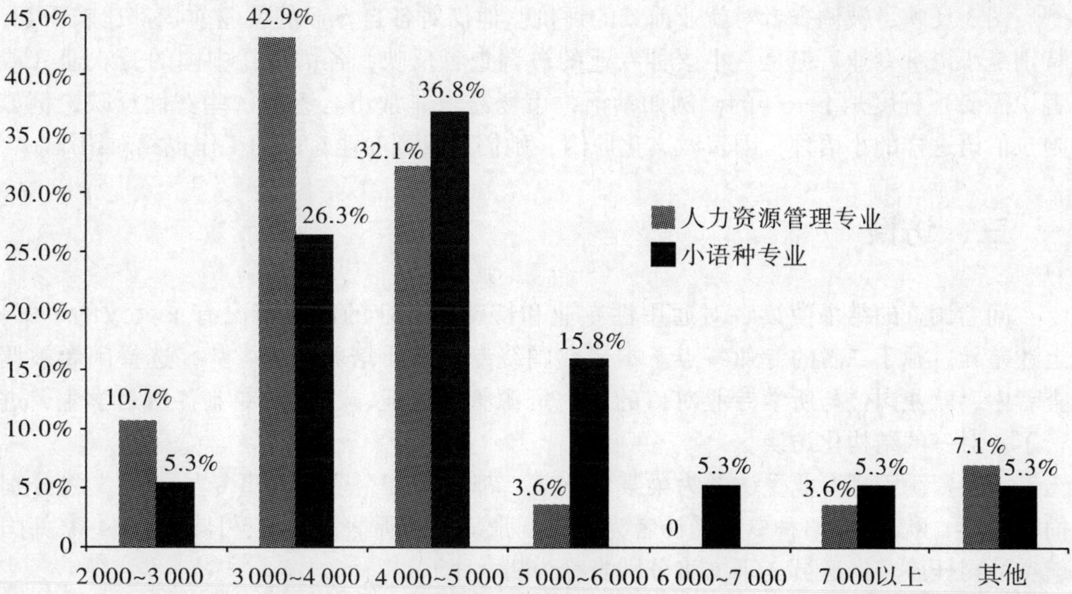

图 2　首次就业税前月工资

人力资源管理专业的被调查者，税前月工资集中分布在 3 000 ~ 5 000 元（占 75.0%），其中又以 3 000 ~4 000 元居多。小语种专业的被调查者，税前月工资同样集中分布在 3 000 ~5 000 元（占 63.1%），其中又以 4 000 ~ 5 000 元居多。两者差异不大，但值得注意的是，税前月工资为 5 000 元以上的，小语种专业的比例要比人力资源管理专业高。供需关系影响商品价格，这在就业市场上也一样。小语种这样的特殊性专业虽然社会需求小，但能胜任相应工作的人才数量也少。此外，城市经济发展对小语种专业的就业有一定影响，进而影响其收入水平。

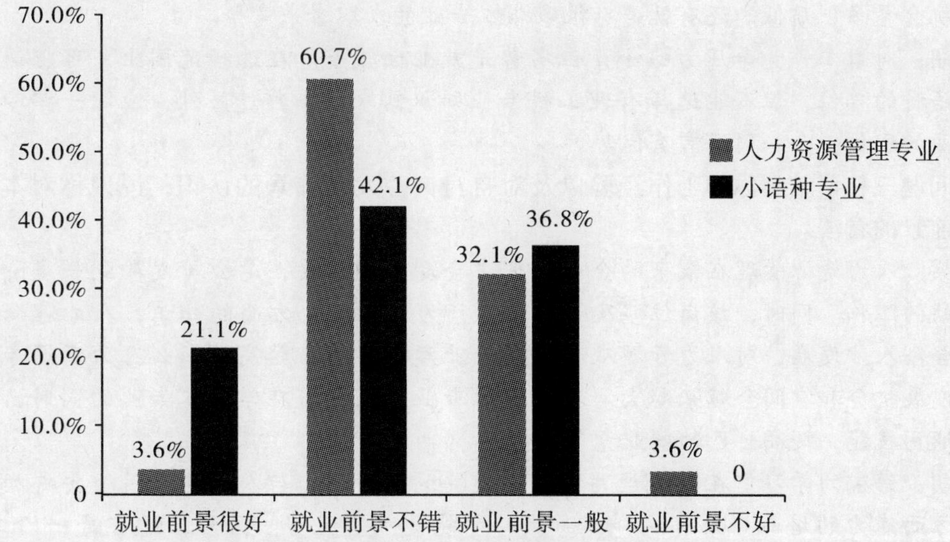

图 3　对就业前景的评价

图3反映了被调查者对就业前景的评价。他们对各自专业的就业前景都比较乐观，特别是小语种专业。但是，小语种专业的被调查者反映，各语种在中国的受欢迎（或者说需要）程度是不一样的，例如泰语，市场需求非常小。还有一些女性反映，例如阿拉伯语这样的小语种，因宗教文化原因，她们要找到专业对口的工作也相对困难。

三、访谈

问卷调查的结果使读者对通用性专业和特殊性专业的就业情况有了大致的了解。上述差异，源于二者的专业特点。本研究围绕专业素质培养的优劣势，选择问卷被调查者中，就业岗位与所学专业对口的人力资源管理专业、小语种专业各两名学生，进行了一对一的结构化访谈。

人力资源管理专业受访者为梁某、欧某，都在外资企业任人事专员（下文将分别简称为梁、欧）。小语种专业受访者为胡某、张某，因所学为韩语、日语，在一家韩国航空公司任旅客运送员（下文将分别简称为胡、张）。

访谈记录节选部分如下：

问题一：你认为你大学所学专业对你在工作上造成的优势和劣势分别是什么？

欧：优势是在寻找人力资源岗位工作时，相比非人力资源专业在竞争中更有优势。可选择工作的行业、企业广度较大。在工作过程中，人力资源专业背景使得从事相关工作更易上手，同时思考、处理问题更加系统。劣势是由于对口工作门槛较低，求职过程中会面临很多竞争。除了对口工作以外，寻找其他工作岗位时并无优势。大学学习时，老师教学偏理论，工作时实操性不强，职场技能掌握稍欠。

张：优势是会一门语言，很多用人单位在招聘时都需要掌握相关语言的员工。劣势是除了语言外，在其他专业技能方面有所欠缺。

问题二：专业的优劣势在你求职过程中造成了哪些影响？

梁：找工作相对容易，但工作机会并不太令人满意，如薪酬方面。简单来说就是工作机会量多但质低。还有就是有很多非本专业的求职者来竞争。

胡：对口工作竞争压力略小，但劣势是就业面较窄。在选择范围上，可以选择需要小语种的单位，但不能选择有理工科专业知识需求的工作。另外，应聘一些专业要求不高的职位，会一门语言有优势。

问题三：请结合你的工作经验以及对自身岗位发展前景的认识，说说你对本专业就业前景的看法。

梁：人力资源管理在未来的企业管理中会越来越重要，是公司发展到一定阶段不可或缺的工作。同时，该岗位涉及心理学、行为学等其他方面的知识，人才理念逐渐向复合型人才发展，对人力资源从业者的专业度要求越来越高，那么人力资源专业学生的发展机会和空间会越来越大。人力资源专业学生应当在学好本专业的同时，辅修一些通用技能，提高自己的就业竞争力。

胡：语言的学习重在听说读写译，最重要的是听说，与人沟通。因而要更加注重这两方面能力的培养。只有这样，面试时才能更加有优势。另外，语言是一门工具，不会语言不行，光会语言也不行，所以要努力在岗位上学到更多实质技能的同时，不要把专业丢掉。具体就我所学的日语来说，由于日本人对英语的掌握并不是很熟练，英语应用率较低，所以日语是跟日本人交流的主要渠道。但是由于受到各种各样政治方面因素的影响，中国、韩国和日本虽然仍保持民间交流、商业交流，但明显不如之前那么热络。

总结两个专业受访者对各自专业优劣势的认识，人力资源管理专业主要是较易实现就业但可替代性强；小语种专业具有语言优势，但其他工作技能欠缺。这导致受访者在求职过程中都受到正反两面的影响。人力资源管理专业在求职中出现需求岗位较多但门槛低导致竞争对手多以及薪资较低的现象。小语种专业会遇到就业竞争少但是就业面窄的问题。因此，受访者都根据专业的优劣势对自身进行改善。人力资源管理专业会通过深入学习人力资源管理系统中的各个模块，加强专业知识在实际工作中的操作性。小语种专业是通过学习多项语言或者在工作中学习其他专业技能来提升自己的竞争力。

四、思考与建议

通过以上调查和访谈，可以归纳出：通用性专业就业机会多但可替代性强；特殊性专业就业压力虽然小，但是由于受到专业和地域等方面的限制，就业面窄。进一步地，通用性专业人才在职业生涯中较难实现个人价值，在工作中得到的肯定和成长有限，付出的劳动与得到的回报不成正比。特殊性专业人才由于自身拥有的特殊技能，加上市场需求量增加，就业前景相对更好。

“毕业即失业”，“硕士满街走，博士不如狗”，难道如今人才过剩真的如此严重吗？实际情况是，用人单位纷纷反映，人好找但人才难找。造成这种就业鸿沟现象的原因在于高校专业课程设置、教学内容、培养方式、教学理念等方面未能赶上企业要求和社会发展的节奏。在当前形势下，单一的技能已经不能适应社会的需求和发展。无论是毕业生，还是高校专业建设，必须调整自我、增值自我。

通用性专业的优势在于社会岗位需求量大，涉及的企业或者行业类型广，比起其他专业受到的限制和约束较少，也更易实现就业。但是工作内容大致相同，职业生涯发展路线基本呈平缓直线趋势，升迁到管理层需要较长时间的经验积累和机遇。对于想要实现个人价值的毕业生来说，按照通用性专业的职业发展轨迹是远不能满足的。在实际工作中，工作内容简单琐碎易上手是通用性专业可替代性强的一个重要原因。因此，通用性专业人才应该从加强对专业知识的掌握入手，也就是提高通用性专业的深度，成为通用性专业中的特殊人才。

语言是小语种专业的唯一优势。倘若某语种国家与中国在政治、经济方面的交往不那么密切，没能提供足够好的就业环境或者就业条件，这个语种的学生也就失去了唯一的就业优势。但若小语种专业学生在主修语言的同时，辅修旅游管理、国际贸易等可以发挥语言优势的其他专业，则可以大大改善这一不利局面。因此，打造复合型人才对于特殊性专业来说尤其重要。特殊性专业学生可以通过多学习一门技能，提高自身的核心竞争力，从而拓宽就业渠道。

参考文献

[1] 邢茜．浅谈小语种学习方法和就业前景．现代妇女（理论版），2013（11）：202.

[2] 卢凤华，陈建武．人力资源管理专业大学生就业情况调查与分析——以莆田学院问卷调查为中心．莆田学院学报，2013（1）：99～103.

[3] 曾志灵．日语专业毕业生就业心理准备调查．湖北广播电视大学学报，2011（3）：58～59.

[4] 姚裕群．我国大学生就业难问题演变与近期发展趋势．人口学刊，2008（1）：10～14.

[5] 张顺意．小语种专业和英语专业毕业生就业现状和去向分析——以成都地区为例．大观周刊，2011（16）：100.

[6] 刘宇舸．对加入 WTO 后人力资源管理专业教学改革的探讨．江南大学学报（人文社会科学版），2002（5）：88～91.

大学生自杀影响因素研究

柯年满
（管理学院人力资源管理系）

【摘　要】近年来，全国高校大学生自杀事件频繁发生，受到社会各界关注。本研究通过门户网站，选取了全国部分高校学生自杀个案217例，探讨了大学生自杀现状及其原因。结果显示：感情纠纷、就业压力、家庭状况、学业压力、精神问题五大方面是当今大学生自杀的主要原因。在此基础上，本文提出了诸如加强心理健康教育、家庭关怀等方面的干预措施。

【关键词】大学生自杀　感情纠纷　学业压力　就业压力

一、引言

大学生作为一个特殊的群体，一直受到社会的广泛关注。而近年来，大学生自杀事件频繁发生，已俨然成为社会各界关注的热点，同时也成了亟待解决的问题。在美国，自杀排在大学生死亡原因的第三位，发生率比没有上大学的同龄人高百分之五十。在日本，自杀是大学生死亡的首要因素。而我国大学生自杀率高于同年龄段的非大学生和一般人群。第二届中美精神病学术会议资料显示，我国青少年是自杀的高危人群，而大学生的自杀率更是居高不下，且有逐年上升的趋势。本研究通过搜集全国大学生自杀的案例资料，试图了解大学生自杀现状及影响因素，从而为大学生的自杀预防提供参考依据。

二、调查样本来源

因为大学生自杀事件较为敏感，所以大部分学校对于这种事件通常会封锁消息，从学校官方网站、国家权威机构等渠道获取有关大学生自杀的真实有效数据存在一定的难度。因此，本研究对样本的收集主要是通过大型门户网站进行的。使用这种方法具有以下三个优点：①大型门户网站如新浪、搜狐、网易等新闻的可信度较高；②网站媒体不受纸张和版面的约束与限制，对于自杀的新闻报道得更为详细；③网站上的新闻报道在多种媒体间可以进行相互印证，进一步提高信息来源的可靠性。根据上述方法，本研究选取了2003—2014年间全国大部分高校326个大学生自杀案例，其中有效案例217个（有效案例指的是自杀原因有相关证据支持或经过警方通报的）。

三、研究发现

大学生自杀现状和影响因素的统计结果见表 1 和表 2。

表 1　自杀现状分析（$n=217$）

类别	数量分析
性别	男性 113 例；女性 102 例；不详 2 例
学历	专科本科 109 例；硕士 22 例；博士 10 例；不详 76 例
高校所在地区	北京、天津市 50 例；上海市 12 例；广东省 27 例；江浙地区 21 例；福建省 11 例；湖北省 16 例；湖南省 11 例；河北省 6 例；河南省 5 例；山东省 7 例；东北三省 11 例；陕西省 10 例；四川省 7 例；海南省 6 例；安徽省 2 例；江西省 1 例；云南省 3 例；香港特别行政区 4 例；台湾省 5 例；不详 2 例
专业	文科 64 例；理工科 56 例；不详 97 例
年级	大一 32 例；大二 24 例；大三 49 例；大四 51 例；研一 5 例；研二 2 例；研三 10 例；博一 1 例；博三 1 例；不详 42 例

表 2　关于自杀原因的描述性统计（$n=217$）

自杀原因	频率	有效百分比（%）
感情问题	48	22.1
就业压力	21	9.7
学业压力	45	20.7
精神问题	29	13.4
论文及毕业压力	13	6.0
心理问题	21	9.7
家庭原因	15	6.9
健康问题	6	2.8
考研压力	6	2.8
同学矛盾	3	1.4
其他	10	4.6
合计	217	100.0

从表 1 可以看出，男生自杀的比例高于女生；学历越高自杀的越少，这也许与高校金字塔形的学生结构有关；东部沿海地区学生较多；文科生高于理科生；从本科生和硕士研究生来看，呈明显的“V”字形结构，新生和毕业班的学生自杀比例高。

从表 2 可以看出，影响大学生自杀的主要因素是：①感情问题，占比高达 22.1%，在所有因素中是最高的；②学习压力，占比为20.7%，如果加上考研、论文等因素，比例会更高；③精神问题，占比为13.4%；④心理问题，占比为9.7%；⑤就业压力，占比为9.7%；⑥家庭原因，占比为6.9%。除此之外，同学矛盾（1.4%）等因素也不可忽视。

四、研究结论

1. 感情受挫

在本研究中，感情纠葛是导致大学生自杀的最主要因素。本研究中感情受挫包括情侣间的争执不和、失恋等纠纷问题。处于由青春期步向成年期的大学生恋爱心理并不成熟，双方的人生观、价值观等随着时间的推移会发生偏差。失败的感情对于自我心理防御机制尚未成型的学生来说，是一次严重的精神打击，容易诱发自杀发生。精神分析心理学家艾里克森认为："十七八岁到三十岁之间是个体形成亲密与孤独的关键期，是建立友谊和爱情等亲密情感的重要发展阶段，一个人在这一阶段如果不能与他人进行深层的情感交流，就会陷入孤独和寂寞[1]。"在我国，17～25岁正是大学生相互建立亲密关系的关键时期。但是，大学生正处于生理和心理发展的特殊时期，生理上的成熟使得他们渴望接触异性，并希望与异性建立恋爱关系，但心理尚未完全成熟，所以他们不能很好地应对恋爱中的冲突与矛盾，从而会因为各种恋爱挫折产生抑郁、焦虑、紧张等负面情绪，甚至有心理危机和过激行为。来自南京市危机干预中心的调查也显示，恋爱占大学生自杀原因的44.2%[2]。

2. 学业就业压力

从表2的分析结果看，由于学业压力导致自杀的比例高达20.7%，其原因主要在于：我国长期以来实行的应试教育，使得学生的学习和就业带有很强的功利性，这让学校忽略对学生进行以生命存在的价值为内容的教育；家长和社会对大学生的期望值较高；加上大学生本身也较有上进心，因此大学生往往具有高成就动机和高自我期望，一旦遭遇学业挫折（考试出现挂科、绩点不理想），就会产生严重的心理落差，以至于部分学生走向极端。

表1的分析结果也表明，无论是本科生还是硕士生，毕业年级学生的自杀比例显著偏高。随着综合国力的提高和经济的发展，我国的教育事业也越办越好。各类大学招生越来越多，大学生也变得越来越普遍。大学生已经不再是人们眼中的天之骄子，大学生毕业后必须到人才市场寻找就业机会，接受企业的苛刻条件。从当前情况来看，大学生的就业压力相当大。由于社会就业岗位还不能满足大学生的就业需求。因此，一些大学生在求职过程中面临巨大的压力，从而出现轻生的念头。

3. 精神和心理失衡

从表2的分析结果看，精神问题和心理问题原因共占自杀人数的23.1%。2013年的一项调查结果也显示，全国每年约有25万人死于自杀，自杀已成为我国15岁到34岁青壮年人群的首位死因，自杀人群中一半以上患有抑郁症[3]。实际上，上述数字很可能低估了现实情况，因为抑郁症等精神问题及其他心理问题比较隐蔽，往往难以发现甚至容易被忽略，以致当自杀发生后无法知晓其自杀原因；另外，即使学生生前已经发现患有抑郁症或存在其他心理问题，部分人讳疾弃医，进而采取沉默的方式进行掩饰，最后导致自杀事件无可避免地发生。

同时对于部分大学生来说，社会经验不丰富、心理承受能力差、依赖性强，稍遇挫折就容易走上极端之路。崔玉华等在对28名自杀死亡大学生的研究中发现，有75%的大学生性格内向、多疑敏感、孤僻[4]。张道祥对32例有自杀倾向的大学生进行研究，结果表明有自杀倾向的大学生大都有不良人格倾向，如偏执、多疑、抑郁、自卑、内向、消极等[5]。

4. **家庭状况**

研究结果也显示，因为家庭因素导致自杀的案例不在少数。杨惠琴和翟瑞(2007)[6]的研究也表明：农村学生自杀意念的出现频率显著高于其他家庭学生；男女分布无显著差异；自杀意念与家庭环境的亲密度、情感表达、知识性、组织性因子呈负相关，与矛盾性因子呈正相关。首先，家庭经济环境影响着学生的心理压力水平。即使国家和学校采取各种措施扶助贫困学生，但学生还是需要承担较高的学费和生活费，生活压力和现实的窘迫，容易导致其产生自卑心理。当难以支撑经济上和精神上的双重重担时，一些学生便容易放弃生命。其次，家庭不和谐也是影响因素之一，如家庭矛盾、父母关系不和甚至离婚、缺乏凝聚力、沟通不畅、经常发生冲突的家庭环境容易对儿女造成心理创伤，从而导致心态畸形或不健康，对以后的心理发展带来不利的影响，从而发展为自杀行为。再次，家庭过高的期望值加剧了大学生的心理压力。由于现今大多数家庭都是独生子女，父母对子女寄予厚望，从生活上、学习上为其增加许多无形的压力，若子女无法达到其期望状态，父母偏向采取恶言、愤怒加诸子女身上。这些方面综合在一起很容易突破学生的心理防线，导致无法承受者采取自杀行为。

五、建议

1. **学校加强心理健康教育**

学校通过开展社会实践，帮助大学生树立正确的价值观、人生观和世界观，提高分析问题和解决问题的能力，尤其是承受挫折的能力、新环境适应能力和辨别是非的综合判断能力。鉴别易感人群，限制某些特定自杀方法获得性，对于某些易感人群的早期干预是有可能预防自杀发生的。学校可以通过开设心理健康教育课程，利用网络、广播、心理座谈会等多种形式，进行心理危机教育，帮助学生了解和掌握人格与情绪调控的基本规律，让学生能够平稳地走出心理的低谷。对大学新生进行心理普查、建立学生心理档案，及早发现学生中主要存在的问题，对那些心理问题比较严重的学生需要逐一面谈，进行有效的心理帮助或干预。同时，建立心理健康教育队伍，充分发挥辅导员和心理咨询老师的作用，定期对他们进行心理健康方面内容的业务培训，不断提高他们对心理问题的鉴别能力、心理危机干预能力及心理健康常识。

2. 增加家庭关怀，营造和谐家庭氛围

父母不仅要关注子女的教育与学业，更要关注子女的心理发展是否成熟，是否患有精神类疾病及心理问题，避免失去发现子女异常行为的机会。同时，家庭和睦有助于子女心理和生理的健康成长；父母要理解子女并给予情感温暖和支持，这将有利于子女发展成外向、情感稳定的个性特点。学校有必要加强与学生家长的联系，及时了解学生最新的心理发展变化，将心理危机遏制在萌芽阶段。

3. 对于典型学生采取针对性关注

不同年级的大学生具有不同的特质，面临的问题也各不相同，因此可以根据大学生所在的年级采取针对性的措施。对于大一、研一等年级的新生，可通过“帮带制”助其尽快适应新校园环境，减少其不安、紧张情绪，使其更快融入新的生活圈，如深圳大学实施的“新生导师”制度在这个方面有较为明显的作用；对于大四、研三等毕业年级的学生，通过学校讲座、心理辅导、就业推介会等形式，指导学生处理毕业面临的问题，以缓解其毕业、就业压力等心理负担；同时，学校在课程设置方面要满足社会发展的需要，对在校大学生进行就业方面的指导，多举办一些课外实践活动，让学生全面接触社会，减少现实与心理的巨大落差。

参考文献

[1] 邓成英．大学生自杀意念及其影响因素研究——以中国人民大学和中央民族大学为例．中央民族大学硕士学位论文，2009.

[2] 曲莉．大学生自杀意念因素在不同年级的差异分析．大连医科大学硕士学位论文，2012.

[3] 崔玉艳，沈峥嵘，黄蒙．中国每年约25万人死于自杀　一半以上患抑郁症．中国江苏网，2013－09－10.

[4] 崔玉华，方明昭，马长锁．大学生自杀者社会心理因素和临床特点．中国临床心理学杂志，1998，6（3）：177～179.

[5] 张道祥．自杀倾向大学生的心理因素分析．中国学校卫生，2002（6）：526～527.

[6] 杨惠琴，翟瑞．大学生自杀意念与家庭环境因素的相关性研究．西安建筑科技大学学报（社会科学版），2007（2）：117～120.

第三编

课堂灵气

好的教学体现在课堂现场，知识的
解构与建构中灵气闪现、充满智慧。

课堂教学的三个关键

马卫红
（管理学院公共管理系）

【摘　要】课堂教学有三个关键点：合适的教材、易于接受的讲授逻辑、教师个性化的表达。这三点是教师和学生之间能够交互的桥梁和连接点，它们连接着教师与学生的脑力劳动，从而使课堂成为一个完整体系的脑力劳动交换过程。优秀教师的课堂理论与实践、身与心、脑与灵是整合在一起的。他们的教学不是自己先学理论，然后再讲自己的实践，而是他们自己的行动本身就透着知识和理论。

【关键词】教材　讲授逻辑　个性化表达　情绪区域

管理教学素以理论与实践紧密结合为要义，以学生管理素养提升为目标，本着“问题导向”“比较导向”“发展导向”的指引，管理学院自2015年3月起开办了“管理教坛风云”研讨沙龙。研讨沙龙探讨本科教学中的问题与方法，引介著名大学本科教育教学的他山之石，期待“有教无类、因材施教、厚积薄发、经世致用”的经典教学理念在研讨中生成新意。

第一期的“管理教坛风云”研讨沙龙于2015年3月30日举行，此次研讨中，教师们围绕什么是好的课堂教学展开讨论。随后的4—5月，管理学院5个系分别组织各年级本科生进行教学座谈，座谈会上学生讨论最多的话题和问题也聚焦在课堂教学上。我有幸参加了上述所有交流活动，结合教学研讨沙龙、学生座谈会、平日教师沟通以及自身的教学经历，本文大致总结并阐述课堂教学的三个关键点：合适的教材、易于接受的讲授逻辑、教师个性化的表达。[①] 这三点是教师和学生之间能够交互的桥梁和连接点，它们连接着教师与学生的脑力劳动，从而使课堂成为一个完整体系的脑力劳动交换过程。

首先，合适的教材非常重要。每个学科都有它的基本概念和基础理论。教材规定了教学的主要内容，学习教材可以由不知到知，由不懂到理解一些事实和现象。教材中获取的知识是学生今后学习的准备和基础，一本好的教材可以培养几代人甚至几十代人。然而，现在很多大学课程没有教材或者教师没有认真挑选合适的教材。座谈会上很多学生反映，没有教材的课程或者教材晦涩难懂的课程给他们的自主学习造成很多障碍，因此，好的课堂教学从合适的教材开始。

合适的教材中知识点是明晰的。在课堂上，我们经历过一个很普遍的现象：教师在讲解教材时，学生仔细地听老师内容丰富的讲解。讲完教材以后，教师问学生：“你

① 感谢为本文提供写作灵感的管理学院的所有教师和学生。

们有什么疑问?"结果教室里鸦雀无声，没有人提问题。于是，教师就认为学生理解了教材，接着往下讲。当教师在随后的讲解中发现学生对刚才的内容一点也不懂时，其挫折感和郁闷情绪油然而生。其实这种现象不足为奇，因为教师在讲课的开始就没有使学生明确认识到，究竟什么是必须理解的，在学习教材的过程中究竟要达到什么目的。所以，思考教材是上课的第一阶段，对教材的熟悉能让课堂充满自由和灵感。有经验的教师通常很注重挖掘教材的深度、扩展教材的广度；同时，有经验的教师还特别重视让学生集中注意教材中的一些"点"，这些"点"实质上就是因果联系，即知识的基础。多年的观察发现，学习困难的学生知识不够巩固，根源在于他们没有看出，也没有理解各种事实和规律性之间相互连接的那些"点"。

其次，易于接受的讲授逻辑可以使学生体验到课堂思考的喜悦。这一阶段主要是上课前的备课阶段。教师备课时要周密地考虑学生的情况。任何一门课的任何教材或者教学大纲只是包含一定范围的知识，而没有包括活生生的学生。每年的学生不同，同年的学生之间也有差异。所谓的因材施教，是指教师要善于确定通过怎样的途径才能引导学生接近教学大纲所规定的水平。如果在备课时教师只想到讲解的具体方法，而没有想象课堂进行中活生生的画面，那么，这种备课只是抽象的理论推敲而已。如果教师不思考学生的状态，他就不可能备好课，更不可能上好课。

备课时，教师在心怀学生的情景下主要考虑的是讲授的逻辑，这一逻辑要有助于完成课堂上的两项重要任务：第一，教给学生一定范围的知识；第二，让学生通过思考体验到智能发展的的喜悦。首先在知识传授方面，不要让能力和知识的关系失调。所谓关系失调，就是指学生还没有具备掌握某些知识的工具或基础，可是教师已经把源源不断的新知识硬塞给他们。这样会导致一种可怕的后果：学生坐在课堂上却无所事事。因为他跟不上老师的节奏，索性就放弃了。苏霍姆林斯基指出，学生在学习中感到困难的原因之一是，知识在他们那里常常变成不能活动的"货物"，积累知识就是为了"储备"，而不能"进入周转"。所以，教师课堂讲授的逻辑很重要，它要能够帮助学生完成"知识储备"到"知识周转"的转变。

另一方面，课堂授课要让学生体验思考的喜悦。教师备课的时候，教材不能作为知识的唯一来源，真正能够驾驭教育过程的高手，是用学生的眼光来读教材，用学生的思考来构建讲授逻辑。只有当思考使学生触动他的思想和情感、激发他去进行探索、使他产生需要而主动求索时，他才会希望掌握知识，真正掌握知识意味着对事实进行积极的思考，对事物抱有研究的态度。课堂上引起学生思考兴趣的方法是：所讲的内容包含教材里一定"份额"的东西、又包含一定"份额"的新东西，这样才能唤起学生建立在思维本质上的稳定的兴趣。我们的教学研讨沙龙上，也有教师指出把"知觉与非知觉"的东西相结合才能更好地引起学生的听课兴趣并吸引学生持续的注意力。好的课堂上，教师力求使讲课变成一种探索活动：让学生在已知知识的基础上一边思考一边吸收。这样来引导学生的思考，解决问题就成为一种诱人的、饶有兴趣的劳动。同时，理解和掌握知识的过程跟知识的运用也就紧密地结合了起来。教师越是善于给学生的思维活动赋予一种解决任务的性质，他们就越积极地投入这种活动。因此，富有思考吸引力的课堂很少看到台下学生在玩手机、台上教师自言自语的场面。

最后，课堂上教师个性化的表达是对前两个阶段的诠释和传递。语言是表达思想的工具，教师要有准确、生动地使用语言的能力。语言要有丰富的情感，能打动人的通常不是华丽的辞藻，而是朴实却包含真诚的情感。就如饮食一样，粗茶淡饭顿顿吃，还能吃得下，而大鱼大肉吃几顿感觉不错，若是天天吃、月月吃就会让人难以消化和接受。

语言本身具有对话的性质，互动性是语言的本质特征之一。课堂上，语言作为共同活动的媒介，它的作用是让参加者协调他们的活动，通过语言表达推进这些活动、实现这些活动的目标。所以，课堂语言要有师生交流的空间，不能自讲自述。另外，语言的清晰度和节奏感也很重要，教师的讲要和学生的听相匹配，语速不能太快，声音的高低和语调也要根据内容和学生的情况有所调整。

语言有构思功能。教育要通过对话的形式让学生接受，通过运用不同的语言表达方式，学生才能理解我们共享的但又形态各异的自然和社会环境，进而产生对我们赖以生存的环境负起责任的动力。若要发挥教师语言的教育功能，就要求教师的知识要超出教材的范围许多倍，他的知识越宽广、精深，话语含义就越深刻，学生从其讲述的字里行间学到的东西就越多。

语言是人格化、个性化的东西。大凡学生比较喜欢的教师，都是有语言魅力或有个人语言风格的教师。但是，个性化的语言表达要警惕另一种极端：只有形式、没有内容。常听学生反映一种情况，说有些老师的课讲得很好，听的时候很开心，但是笑过之后什么也没记住。那些讲课很热闹的教师通常都善于使用新语言、新材料。一切鲜明的、非同寻常的事物，作为激发学生兴趣的手段来看都很诱人，但是如果教师不善于运用，却会转化为它的对立面。据苏霍姆林斯基研究，人的大脑也有“情绪区域”，如果脑的“情绪区域”长时间处于兴奋状态，兴趣就会消失，疲劳和漠不关心就会来临。此时，教师的话只是一种声音而不能进入学生的意识，学生听着这些声音也不能理解他们之间的相互联系。所以，教师要以恰当的语言、较为合适的材料内容来调控学生大脑的“情绪区域”。事实上，善于使用语言的教师，不是说一些“语不俗不惊人”的话，而是在普通的、一点也不显眼的事物中，隐含着重要的、有世界观意义的真理，他们用这一点来引起学生的惊奇感。

无效劳动大概是当前大学课堂上学生和教师遇到的最严重的危机。经过长期的观察和交流发现，优秀教师的课堂理论与实践、身与心、脑与灵是整合在一起的。他们的教学不是自己先学理论，然后再讲自己的实践，而是他们自己的行动本身就透着知识和理论，就像好演员演戏一样，让观众只看到故事性而不见剧本和表演的成分。优秀教师通过课堂环节的智育充实学生的精神生活，给予他们智力的训练。这种智力的训练是指个体对世界的看法，不仅表现为他能够解释世界，而且表现为他具有一种用行动来证明、确立和捍卫某种东西的志向。苏霍姆林斯基说过，真正的智育指引人去认识生活的全部复杂性和丰富性，如果智慧只是被训练去从事狭窄的职业劳动，那么生活就会变得贫乏、沉闷、远离理想。因此，我们的课堂教学中要致力于通过三个关键点对学生进行智力训练，并且将这种训练的核心放在知识基础之上的信念世界观的方向性上。

参考文献

［1］［苏］B. A. 苏霍姆林斯基．给教师的建议．杜殿坤编译．北京：教育科学出版社，2015，22，238，239.

［2］［美］Sandra Hollingsworth．国际视野中的行动研究——不同的教育变革实例．黄宇等译．北京：中国轻工业出版社，2002.

［3］陈向明．优秀教师在教学中的思维和行动特征探究．教育研究，2014（5）.

［4］庄玉昆，褚远辉．高校课堂教学问题及改革之道．中国高等教育，2013（7）.

将研究理论引入课堂教学的探讨

韦　夏
（管理学院市场营销系）

【摘　要】网络时代下，高校教师在教学上遇到许多新的挑战。本文分析了这些挑战并提出应对的方法——将研究理论引入课堂，探讨了该方法的重要性和必要性以及具体的操作方法，为教师提高教学质量拓展了思路。

【关键词】教学　理论　学术研究　实践　认知性假体

一、引言

进入深圳大学从教，两年时间经历了600多个课时。资历尚浅，谈不上有多么好的教学方法，但总结教学经验时，有一些心得体会，尤其是将研究理论引入课堂的教学方法，帮助笔者度过了从教之初的焦虑期，并收获了信心和学生的好评，在这里和大家分享。

二、营销教学遇到的挑战

有的人会说，营销课程很好上，现实案例很多，拿出一些来讲，课堂上大家讨论一下，讲得生动，学生就爱听。笔者认为这是对营销课程，至少是对当今时代营销课程的误解。营销的确是和实践结合得非常紧密的学科，亦因如此，每个人都有自己的体会和一些对生活的思考，甚至有的MBA学生还是领域专家，要讲得让学生学有所获，特别不容易。在网络时代，新事物、新信息和新理念层出不穷，营销教学遇到很多新的挑战。

1. 信息对称性提高

现在的学生很容易在电脑和手机网络上获取到知识，如网络上的评论、百度知道、知乎、免费的图库书库、大学公开课等。有的学生甚至在课堂讨论问题时就打开手机搜索答案，让教师失去了许多传统教学的知识优势和信息优势。在这种情况下，教师的地位优势也随之大为弱化。单纯的知识讲授教学面对的竞争对手是书本，海量且易于搜索的网络信息，甚至是解题App。有研究发现，由于互联网搜索毫不费力，而且几乎随处可及，人们容易将获取知识的渠道混淆成了我们实际掌握的知识，这样人们会高估自己的知识水平和解决问题的能力，开始依赖互联网这个附属肢体，Fisher等将人们这种对网络的感知称为“认知性假体”。但是，如果网络发生故障，或者当我们无法获取信息时，我们会不会无所适从？当人生中遇到很多网上无法直接找到答案的个性化问题时又当如何解决？从海量信息和方案中筛选和鉴别个性化的解决方案也还是需要我们自己的分析和思辨。所以课堂上教学的模式在新时代下也发生了变化，教师纯粹讲授知识，继续使用将营销课本上的知识通讲一遍，外加网上找一些案例的老办法是行不通的。你讲的东西学生可能早就看过了，甚至可能比你看得还多。这时候，就很容易让学生失去对课堂的注意力，也不容易培养学生对课程的兴趣。

2. 学生学习习惯快餐化、目标多样化

网络时代获取知识的便利和快捷，信息的快速传播和更迭，也养成了一些学生快餐化的学习习惯，对问题产生兴趣，发现并进行深度审视、探索和思考的不多。而现实生活的挑战，正是在于对新问题的发现、思考和解决的能力，我们无法依靠网络搜索找到所有问题的答案。此外，网络提供的答案存在局限性。对于一些主观性的问题，其实问题本身就可以激发学生对问题的兴趣和独立思考，因此标准答案反而扼杀了学生的思想。而且，随着社会的多元化，学生读书的目标也变得更加多样，如果说教学要因人而异，那这个新时代也给教师提出了更多的挑战。

3. 教师考核压力

从高校教师自身而言，可能最大的压力是来自考核标准。如今的高校教师，教学是必要而不充分条件，真正的激励因子往往是科研。而一些高校的老师，尤其是新来不久的年轻老师，教学工作量大，还要承担许多行政工作和学生工作，开始工作的前几年没有足够时间投入科研是普遍现象，而最宝贵的科研惯性和前沿嗅觉就这样逐渐丧失了。另外，如何将课堂教学的内容和其研究方向进一步凝练结合起来是对教师的巨大挑战。青年教师难以有机会自主开设或承担与研究方向有关的课程，只能多条战线同时开展工作，对成长是不利的。所以高校教师一方面希望将课讲好，另一方面又会担心过多的教学投入使得自身无法开展科研，始终处于一种焦虑的状态。

综上可见，营销教师，尤其是新晋教师面临许多教学上的压力。笔者就自己的经历和探索，认为将研究前沿引入教学是一个可行的策略。

三、将研究前沿引入教学的必要性

对于讲课，老师会有许多顾虑，例如讲的东西学生会不会认真听，能不能让他们觉得有意思、学到东西，四处找来的课件不适合自己，或者觉得照本宣科没意思，自己都觉得激动不起来，就没办法让学生也兴奋起来。笔者是刚博士毕业就走上讲台，没什么教学经验，肚子里的知识积累太少，装的东西大多来自书本和前沿学术杂志的论文。笔者想：能不能把我觉得有意思的、能和课堂结合起来的前沿学术研究成果带到课堂呢？

长期阅读文献，让笔者深深体会到好研究的美。好的研究是“既直觉又反直觉”：直觉是要求一切在情理之中，那就需要符合严谨的逻辑推理、周密的深度思考、丰富的资料探寻，以及扎实的研究方法；而反直觉是指研究结果往往出乎意料，能拓展人们原有的认识边界，容易激发好奇心和探索欲望。知识点是树木，好的理论是森林，能够把问题的来龙去脉、关键节点分析得比较清楚，这样既可以培养学生如何全面、系统地分析问题，又可以激发他们的学习兴趣，不会感觉上课索然无味。

从教师的角度来说，将研究、理论、教学三位一体，也有助于提高自信心。讲研究前沿，讲的是新的洞察，不用太担心学生不用听就都知道了；而且讲理论轻车熟路，尤其对新老师是个福音；再者不会觉得教学与科研是泾渭分明的两条道，真正步入教学相长的正循环。

四、如何将研究前沿引入教学

说到理论，容易让人觉得会枯燥无味。但好的理论，不但对现实有很强的解释力，而且是很有趣的。关键在于老师能否把理论讲得生动。具体来说，学术研究要怎么讲呢。一篇论文里，一般都是由管理现象引出，这些现象一般是大家熟悉的，例如 B 现象是怎么产生的，或者 A 导致了 B，即“怎么样”；在课堂里可以向同学展示这些现象，提出问题，让他们思考和讨论背后的原因。这里还可以结合一些生动的资料，例如论文中的图片，或者下载一些相关的视频。讲故事和提问题，都是可以有效引起学生注意的小技巧。接下来，对于大家讨论的结果，可以用论文中对作用机制的研究加以分析，即因为 A 导致了 C，而 C 导致了 B，这样就回答了“为什么”的问题，这里的 C 即研究中的中介变量。这时候同学们会有豁然开朗的感觉。接下来，可以问学生上述现象什么情况下会发生，是否是有条件的，在什么样的管理情境下可能会失效，这就是研究的边界条件（Boundary Conditions），在许多论文中也会回答这一点，即“什么时候”A 会导致 C，进而导致 B 的。在研究论文的最后，会讨论该研究发现的管理意涵，所以还可以让学生思考该理论的实践意义，对理论进行延伸和扩展应用。通过这样的训练，学生的逻辑思维能力会得到很好的训练，不但能学会知识，还能逐步掌握严谨地思考问题的方法和途径。

当然，引入哪些研究前沿是需要教师勤奋积累和认真思考的。笔者认为其中有几个要点需要注意：

第一，找好理论与现实的结合点。能够将现实热点作为案例则最好，可以有效激发学生的兴趣。好的理论往往是从多个角度、系统全面地思考问题。如果教师能够通过理论导入、深入剖析，超越纷繁的网络评论，则能让学生知道自己学习和思考是不能被网页浏览所替代的。这样也可以引导学生发现自己思维的不足之处，学生往往可以从经验出发，对某些现象做不同程度的分析，但分析的方法和角度通常是比较直接和零散的，看到一些“点”和一些“线”，容易有缺失和不足之处，而往往不能看到一张“网”，即这些“点”和“线”之间的关联。

第二，引入的理论应符合课程体系。教师要在与课程相关的范围内寻找前沿论文，将其较好地嵌入该课程的知识系统中。这就有点像我们做研究时做的文献综述工作，系统性地有针对性地搜索相关内容，将其中一些有趣的内容融入既有的课程体系里，就可以达到在传统的课程内容中有所创新。

第三，引入的理论要有较好的外部效应。即理论可以回答比较普遍的问题，能够让学生举一反三，用到其他情境中。例如在讲定价管理时，会将一些心理学的理论，用于定价的讲授，但这些理论是可以用在其他情境的。由于这些理论更加基础，贴合人性，对学生会有较大的启发。

第四，引入哪些理论是需要精挑细选的，总的来说可分成两类：经典理论和前沿理论。例如，在定价管理中，笔者会选用前景理论、可评估性理论等经典理论。而前沿理论则可从营销的顶级期刊，如 *Journal of Marketing*，*Journal of Marketing Science*，*Journal of Customer Research*，以及《管理世界》《营销科学学报》里选取最新的研究成果。

总之，认真备课是上好课的必要前提，而学术论文则不但是学术研究，也是课程内容创新的源头活水。用好这个活水，能丰富我们的课堂，让教学更有趣味，也更有启发。

参考文献

[1] Fisher，Matthew，Mariel K. Goddu，and Frank C. Keil. Searching for Explanations：How the Internet Inflates Estimates of Internal Knowledge. *Journal of Experimental Psychology*：*General*，2015，144（3）674－687.

微案例优化课堂教学的探索

——以“酒店管理概论”课程为例

金元吉
（管理学院工商管理系）

【摘　要】案例教学开始风行，微案例更具有开发简便、体量小、易理解、更新及时等特点。文章通过微案例对案例的比较，结合自身的课程实践，从微案例的特点、作用、原则、来源等方面阐述自己的看法。认为微案例在优化教学过程，提高教学效果方面具有突出作用。

【关键词】微案例　酒店管理概论　课堂教学

案例教学在教学中的价值日益体现，越来越受到重视，使用也越来越广泛。根据《教育大辞典》的解释，案例教学法是指“通过组织学生讨论一系列案例，提出解决问题的方案，使学生掌握有关的专业技能、知识和理论”。我们讲的案例教学，一般是指哈佛商学院、易伟商学院那种案例教学的方式，重点在于通过对有代表性案例的介绍和分析讨论，培养学生灵活运用已有知识来分析和解决实际问题的能力，锻炼学生的思维和言语表达能力，更新学生的思想和观念。这种案例体量大，开发建设艰难，使用难度大，使用条件也有限制，在中国高校中的使用并不普及。

那么，我们能否转换一下思路，一方面看到案例的使用对于教学效率提高的作用，另一方面从案例选择的角度，大量选用微案例应用于课堂教学呢？“酒店管理概论”是一门实务性比较强的课程，在多年的教学过程中，笔者发现这是使用微案例的好地方。一门课里使用的微案例超过 100 个，对于加深学生对课程的理解、有效促进从知识到能力的转化，能够起到很好的作用。

一、微案例特点

微案例教学法是指为了活跃课堂气氛，吸引学生的注意力，形象生动地讲授课程内容中比较抽象、艰涩、不易理解的理论、观点、理念等知识点，用一个典型、新颖、精致、具体、贴切、简短、能够吸引学生注意力、引发学生共鸣的情景对所讲授的内容进行形象生动的阐述，并引发学生的思考、分析的一种教学方法。

案例教学法对教师要求较高，并且要求学生具有更强的学习主动性和自觉性，课堂人数亦有所限制。微案例则选择面广一些，所以使用环境、人数和时间限制条件就少很多，可以以课堂提问为主，不强调小组讨论。

案例以篇幅大小一般划分为以下几种：

一是综合型案例。用一个案例来说明一个理论，或者是一组理论，甚至是跨学科的几个理论，案例篇幅大，开发建设周期长。

二是某个章节的案例。说明本章节的理论，作为理论的诠释和备注或说明，现在的许多教科书都在章节后附有这种案例。

三是说明某个知识点的案例。就一个场景、一件事、几句话来说明问题，就是通常讲的举例说明。中国古代的蒙学经典、成语故事，也是如此。

第二、第三种可以归入本文微案例范畴。微案例以功能划分一般又可分为以下几种：

一是解释说明型。案例与课程的基本理论融为一体，这种微案例答案基本明确，学生一听就明白，主要是为了说明原理，加强理解，引用案例进行论证。笔者在课程教学中，讲到优秀服务体现价值，一般举例酒店登记顾客资料时，会注意一下客人的生日，如果在住店期间过生日，一定会送一些小礼品或者贺卡到客人房间，有的客人自己都忘记了，对此非常感动。这样的案例本身在理解上没有难度，但是比起干巴巴的说教，令人印象深刻，也使学生懂得了这种原理在实践中的表现形式。

二是引导型。讲到酒店管理中的一个现象，酒店标价是统一的，但是一天中同样的房型，不同的客人支付的价格会有几种。酒店为什么会有这样的价格政策？对不同的顾客是否公平？还有，半夜一个未预定的客人走进酒店要住房，你是酒店接待员，会给客人一个贵一点的价格还是便宜一点的价格？让学生根据生活经验想象进行讨论。然后逐步引出收益管理的概念。这比一上来先说收益管理的概念、应用等，更能激起学生的兴趣。

三是多元情景型。教师展示一个案例后，学生参与讨论，答案不是唯一的，能说明的道理也是多元的。有一个民营企业家，开了一家五星级酒店，经营了几年，一直是自主管理。后来觉得应该国际化，就聘请了一家国际品牌酒店集团来管理。新来的管理者按照国际酒店的标准进行管理，对政策和程序进行了大量修改。有一次这位民营企业家发现餐厅员工传菜的手势也改变了，就问国际酒店派来的总经理："请你们来就是为了增加酒店的收益，这种传菜手势的改变会增加酒店的收益吗？如果不会，为什么要改变员工已经熟悉的工作方式呢？"你是新来的总经理，会怎样回答？这种案例，可以从多种角度切入，结合多种原理讨论，答案多样。

二、微案例作用

使用案例的好处之一是使教学内容生动有趣，课堂气氛良好，学生的学习积极性高。案例教学法在实践性较强的课程中的运用能够显著提高教学质量，提高学生分析问题、解决问题的能力，有利于培养学生的创新能力和理论联系实际的能力。

对教师而言，微案例的筛选开发过程是发展教师的创新精神和提高实际解决问题能力的过程，也是教师对教学进行分析和反思的过程。教师的作用主要是引导学生深化发现，加深理解。

案例都是比较实用的，和现实生活相结合。变注重知识为注重能力，和现实相结合，大大缩短了教学情境与实际生活情境的差距。

从认知过程来看，形式多样，有助于集中学生注意力，提高教学有效性，易理解。

微案例教学法作为案例教学法的有效补充，对提高课程教学质量有着积极的作用。根据微案例教学法的特点，在实施过程中应采取提出知识点、展示微案例、微案例点评三个紧密相连的步骤。

案例不仅仅是传授知识的一种说明和补充，也要从案例中发现一般性的假说，将学生实质性地由学习的客体转变为主体。一个成功的案例应能驱使学生的好奇心，使其对探究未知的结果产生浓厚的兴趣。教学的着眼点应始终放在学生的自主发现上。

认知心理学的代表人物布鲁纳（J. S. Bruner）提出了发现学习法，其基本观点是强调创设问题情境。案例学习法正是通过问题情境发现知识。

三、微案例选择原则

选用的微案例必须富有时代感和贴近学生的生活，每个微案例都要有其自身的应用价值、理论价值及现实意义。要求选用的微案例不断更新，密切关注行业实际，与时代同步，也就是突出先进性与实用性。在微案例选取中，应遵循简短性、贴切性、吸引力、实用性、时效性等原则，体量小，兼具代表性和普遍性，具有举一反三、触类旁通的作用，且应该与其所对应的理论知识有直接的联系。

一是体现新科技的应用。现在进入一些酒店客房，电视屏幕会自动播放问候语和服务项目介绍，窗帘自动拉开，钥匙也从机械锁升级成磁卡锁、芯片锁，有的酒店还可以实现用手机打开房门。科技发展很快就应用到了酒店管理中，这些在讲课过程中要结合有关案例给予体现。

二是体现管理方式的变化。有些是技术的发展带来了管理的变化，例如酒店收银和接待这两个岗位以前必须严格分离，现在可以兼做，提高工作效率，因为电脑管理系统的普及，使这两个岗位串通舞弊的可能性没有了。有些是管理理念的变化。笔者给学生的许多案例是对酒店具体管理政策的评价。有个酒店规定，每天最早到店的10位客人房费半价。对于这样的价格优惠政策，会带来哪些问题？一家酒店公共卫生班员工6点钟下班前，在大堂最后一次吸尘。对于这种工作程序安排你会怎么看？

三是体现服务方式的变化。服务形式更新快，服务理念在变化，有些理念不变，但应用方式在变化。酒店服务要对客人热情，如何表现这种热情？现在热情的表现不能打听客人的隐私，不用嘘寒问暖，打过招呼，问候后静等客人提出需要就可以了。以前为客人做入住登记时，客人和酒店员工都是站着的，现在，降低柜台后，大家都坐下了，前台成为酒店少有的坐着为客人服务的岗位，此举并没有降低以客为尊的服务原则。互联网思维的说法出现后，许多新的服务方式出现。一家酒店叫早时，声音是一个呆萌的女孩子的声音，语言中出现“么么哒”这种词汇。现在WiFi成为顾客的基本需求，对网线的使用就少了。

四是体现实用。在讲授价格策略时，笔者告诉学生酒店定价原则后，要求学生进行角色转换，站在顾客的角度考虑问题。如果你想得到一个便宜的房价，应该怎么做？一方面学生学习了定价策略，另一方面也感到很实用，现实中完全可以用到。

四、微案例来源

微案例的来源非常广泛，以笔者的课程为例，主要来自于以下几条途径：

一是教材教辅材料。教材和教辅材料里都会有一些微案例，用以解释和说明所阐述的理论，加强读者的理解。这种微案例一般是作者精挑细选，深思熟虑后选定的，紧扣理论。但这样的微案例学生手头有资料，学习方式以自学为主，教师指导学生阅读即可，不宜再重复讲述。

二是报刊资料。材料新，特别是行业内的权威报纸，公布的一些政策、最新的数据，可以及时应用到教学中。全国各地许多行业内的事例会报道出来，时效性强。

三是企业内部报刊。一些酒店非常重视企业文化建设，办有内部报刊，里面有许多一线员工写的文章，为教学提供了许多真实、生动的服务案例。

四是横向课题。传统上，横向课题是商学院的老师了解管理实践，理论联系实际的好途径。但国际品牌酒店管理成熟，规范标准化，灵活性少，对于中国教师的横向课题研究需求少。酒店又不允许打扰客人，向客人调查并不容易。所以，这个途径比较受限。但是，可以把问卷放在客房里做客人的满意度调查，对员工的一些调查比较会得到酒店的配合。

五是参加行业大会。参加行业大会，与许多行业精英交流经营管理的心得、行业发展动向、遇到的问题及其应对之策。

六是向业内人士了解。全球丽思卡尔顿酒店员工有 2 000 美元的授权，可以决定对客人的折扣，或者对客人的服务中的某种费用支付。这个规定在教学中被多次提到，它既是管理授权的典型，又是顶级服务的典型。但是实际使用中又怎么样呢？笔者向业内人士打听得知，虽然这种政策看起来高大上，实际上却由于报销烦琐，而且员工要自己费时费力去做，许多人是不愿意去使用这种授权的。这也让员工懂得，一个好的政策，在实施中也是有多种变化的。

七是做神秘顾客，亲自体验。国外有专门的第三方调查公司，受聘为酒店调查服务质量，以暗访的形式作调查，这些调查者被称为神秘顾客。国内这种公司不多，但是酒店也有这种需要，一般是聘请专家或同行来做，高校教师通常也是很好的人选。在这个过程中，教师可以近距离接触酒店的管理和服务，亲自体验，获得感性认识，积累案例。

五、结语

教学法的研究百花齐放，相关理论方法也汗牛充栋。案例教学法引入中国以来，深受欢迎，对优化教学过程、提高教学效果，起到很好的作用。笔者特别推崇微案例教学，并以自己的教学实践说明，微案例易于建设，学生易于学习。微案例教学易于实施，效果不逊于案例教学。

参考文献

[1] 顾明远等．教育大辞典（增订合编本）．上海：上海教育出版社，1998.

[2] 王青梅，赵革．国内外案例教学法研究综述．宁波大学学报（教育科学版），2009（3）：7~11.

[3] 袁丽梅．微案例教学法在马斯洛需要层次理论教学中的应用．人才资源开发，2014（14）：22~24.

[4] 董志胜，龚云虹．微案例教学法在市场营销学教学中的应用．曲靖师范学院学报，2013（3）：93~96.

基于翻转课堂的小微企业员工管理课教学方案设计

王 忠 龚怡宇
（管理学院人力资源管理系）

【摘 要】当前翻转课堂这一新兴教学模式引起了高等教育工作者们的高度关注。为进一步提升我校公共选修课“小微企业员工管理”的教学效果，本文对该课程设计了基于翻转课堂式的教学模式。首先通过文献研究综述了翻转课堂的基本概念及特征，再通过访谈了解大学生个人特征及学习态度，分析教学内容及教学目标重点，结合以上内容设计出能够激发学生兴趣，基于翻转课堂的小微企业员工管理课教学方案。

【关键词】翻转课堂 小微企业 员工管理 教学方案设计

一、研究背景

（一）选题背景

小微企业的概念是由经济学家郎咸平教授提出的，它是小型企业、微型企业、家庭作坊式企业、个体工商户的统称。根据 2011 年工业和信息化部、国家统计局、发展改革委、财政部等相关部门联合印发的《关于印发中小企业划型标准规定的通知》，将中小企业划分为中型、小型、微型三种类型，具体标准根据企业从业人员、营业收入、资产总额等指标，结合行业特点制定[1]。截至 2013 年底，全国各类企业总数为 1 527.84 万家。其中，小微企业 1 169.87 万家，占企业总数的 76.57%[2]。

相较于大中型企业，小微企业的规模较小、业务不稳定，因此小微企业存在“用工难”问题，主要表现为：招不到、管不好、留不住[3]。在小微企业内部通常将人事与行政合并，虽然管理机制较为灵活，管理者对于员工的了解程度较高，但在员工管理方面缺乏较为专业的管理结构及方法。

目前，深圳大学为有创业意向的本科学生开设了小微企业员工管理的公共选修课。希望通过该课程的教学，使学生树立人力资源管理理念，熟悉小微企业员工管理的完整流程，培养学生在小微企业开展工作分析、招募甄选、培训开发、绩效评估、薪酬设计等方面的能力，以提高小微企业员工工作的积极性和创造性。

但在现有的传统课堂教学方式下，老师在台上讲，学生在底下听，学生对于课程知识的留存度不高，更难以将所学内容应用在实际工作中。为提高有意创业的学生对小微企业员工管理重要性的认识，更好地掌握员工管理的技术方法，在小微企业员工管理课程的教学设计上，除了让学生深入地了解理论知识外，更要使他们能够把理论知识与实际应用密切结合起来。

“微时代”的到来和互联网科技的发展给当今社会带来极大的变化。微时代是以微博作为传播媒介的代表、以短小精炼作为传播特征的时代，微时代的信息传播速度更快、传播的内容更具冲击力和震撼力，现今各领域的微应用纷纷诞生，如微信、微小说、微电影、微视频、秒拍等。而翻转课堂的核心要素即微视频，它使教学方式发生了实质性的翻转。精心设计的翻转课堂能够吸引学生的注意力并极大地提高教学效率。

（二）研究意义

小微企业目前在全国经济结构中占有很大比重，但也存在较多的管理问题。人才是任何一个企业发展的基础，因此对未来想要创业或是去小微企业工作的学生来说，理解如何在小微企业中对员工进行管理是非常必要的。结合当前小微企业员工管理的现状及课程特点，将翻转课堂作为该课程教学方案的设计基础，无论对于改进创业教育的效果，还是促进学生的自主学习都有着重要的意义。

（三）研究思路

研究思路如图 1 所示。在选题后，进行文献查阅以及相关理论概念界定和模式探索。确定翻转课堂基本模式以后，查找现有教学方案设计模版，了解本文所要研究的教学方案设计。在此基础上开始教学方案的设计，包括对学生及教学内容的分析、脚本制作、PPT 制作、视频制作以及教学反馈。

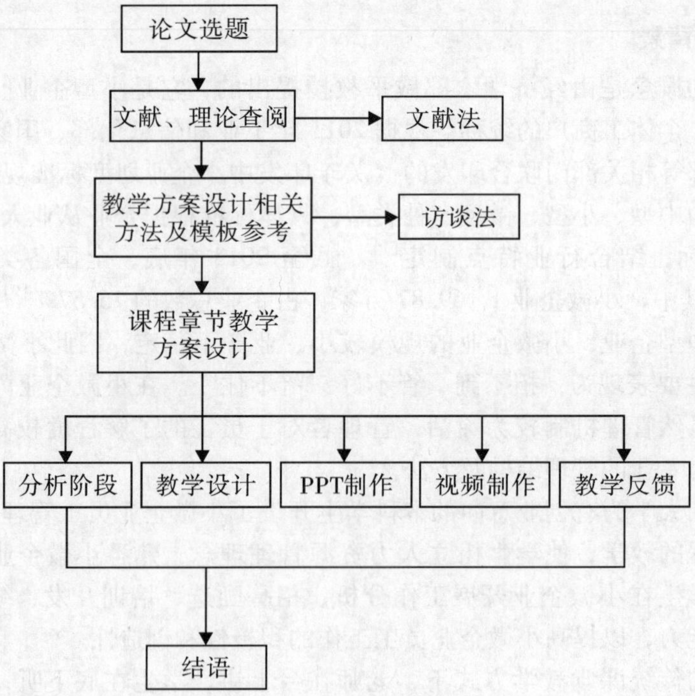

图 1　研究思路图

二、文献综述

（一）翻转课堂

1. 概念界定

翻转课堂（The Flipped Classroom）是一种创新教学模式，在美国日渐流行。所谓翻转，主要是指重新建构学习的流程。在传统的教学模式中，学生通常在学校里听老师讲课，课后复习、做作业、然后参加考试。在翻转教学模式中，学生先通过老师制作的教学视频自学，到了课堂上做实践性的练习，并利用学到的知识解决问题[4]。在学生遇到困难时，老师会进行指导，而不是当场授课。学生进行的通常是项目式的学习，教师则要针对不同的学生进行区别化指导。

在高等教育领域，翻转课堂主要被用在本科生教学和科学领域，现有的实证研究显示了积极的结果。例如，学生优异的成绩和翻转课堂息息相关，他们同样在学习和工作上也有进步的表现。例如参与过翻转课堂教学的学生们表示，翻转课堂是富有魅力的，并且他们对自主学习的能力感觉更加自信[5]。

国内学者认为“翻转课堂”是将数字化校园的建设、信息技术的整合以及新课程改革融合的一次意义重大的尝试。在我国的中等教育领域，聚奎中学实践时强调“翻转课堂”应内含三类翻转：教育目的的翻转、教育理念的翻转、教学方式的翻转。行知中学校长认为探索“翻转课堂”是基于网络的教育模式的教学改革。上海仙霞高中尝试将“翻转课堂”着眼于“促进教师专业发展和学生学习效能的提高”，其核心是基于学生自学知识点上的“对话、讨论与练习”[6]。

2. 翻转课堂的特征及流程

翻转课堂的特征是教学视频短小简洁、教学内容传达清晰、复习与检测方便快捷。根据以上特征可以知晓：翻转课堂使那些因伤因病、参加社团活动或实践活动不能参与课堂学习的学生不会落下功课；翻转课堂的内容用视频的方式被永久保存，可供学生随时随地查阅和记忆；所有的学生都能获得个性化教育。

翻转课堂有如下几个步骤：

（1）创建教学视频。第一步，应当明确学生必须掌握的目标和内容，以及最终用教学视频表现出来的内容；第二步，收集授课素材（如图片、动画、音乐等），创建教学视频，录制视频时应当考虑不同教师和班级的差异；第三步，在制作过程中应考虑学生的特征和想法，以适应不同学生的具有差异的学习方法和习惯。

（2）组织课堂活动。由于内容在课前已通过平台传递给学生，因此课堂内需要有更高质量的学习活动，让学生能够在具体环境中应用其所学的内容。包括老师出题目，学生独立解决问题；探究式活动；基于项目的学习等[7]。

（二）教学方案设计

1. 概念界定

教学是一种具有目性、计划性和组织性的活动。为了保证教学目的的达成和教学活动的顺利进行，需要提前制订教学计划。教学方案设计就是制订教学计划的一项工作。准确来说，教学设计是指教师以完成一定的教学任务和优化教学效果为目的，以教学系统及其活动为对象，运用系统方法，分析教学问题和制约条件，选择并确定教学实施方案的活动和过程[8]。

加涅曾将教学方案设计定义为："教学方案设计就是一个系统化、规范化的计划教学系统的过程。教学系统本身就是一种对于教学资源做出有利于学习效果的安排。任何企业、学校及机构的目的都是在开发人的才智能力，都可以被认为是包括在教学系统里面的"[9]。

梅里尔在发表的《教学设计新宣言》一文中对教学设计所做的定义引起了人们的关注。文中指出："教学是一门科学，而教学方案设计是建立在这一科学基础上的技术，所以教学设计也算是一种科学技术。"[10]

由上述定义可知，教学方案并不是随意设计出来的，它具有系统性、科学性。每位老师在设计教学方案时都要考虑到如何合理安排教学时间以及用什么样的方法去达到教学预期效果。

2. **教学方案设计步骤**

教学方案设计有四个步骤[11]。首先，确定学生的学习需要和学习目标，即"为什么学"；其次，根据确定的学习目标，进一步确定通过哪些具体的教学内容可以增加学习者的知识与技能，满足学生的学习需要，即"学什么"；再次，要实现具体的学习目标，使学生掌握必要的课程内容，应采用什么策略，即"如何学"；最后要对教学的效果进行全面的评价和反馈，根据评价的结果对以上各环节的下一课程进行修改，确保促进学生的学习，获得教学成功。

三、小微企业员工管理课教学方案设计

（一）设计架构

小微企业员工管理课设计为1学分，共分为9个章节，如表1所示。每一章节设计的教学方案结构类似，因此抽出其中一个章节（第五章：培训开发员工）做详细的教学方案设计。

表1　教学内容及学时分配

章节	主要内容	讲授（学时）
1	小微企业员工管理概述	2
2	制定员工政策	2
3	开展工作分析	2
4	聘用适用员工	2
5	培训开发员工	2

（续上表）

章节	主要内容	讲授（学时）
6	考核员工绩效	2
7	设计薪酬体系	2
8	有效沟通	2
9	总结及答疑	2

教学方案的设计分为五个阶段（如图 2 所示），即分析阶段、教学设计阶段、PPT 制作、视频制作及输出和教学评价、反馈。

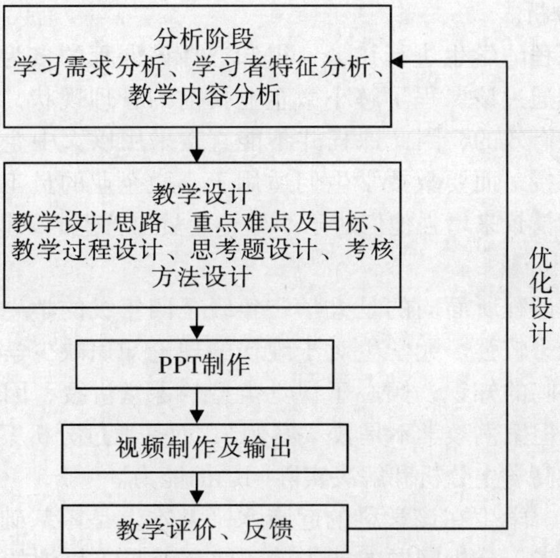

图 2　教学方案设计流程图

在分析阶段主要分析学习者的学习需求、学习者特征以及教学内容。了解学习者的需求，才能设计出符合学习者要求的方案；学习者特征分为一般特征、起点水平和学习态度，对学习者知根知底，能够有针对性地设计教学过程，使教学能够激发学习者的学习兴趣；教学内容分析主要是梳理章节的教学结构以及知识点。

教学设计是方案设计中最为重要的部分，它主要包括教学设计思路、重点难点及目标、教学过程设计、思考题设计以及考核方法设计。教学设计思路是设计的前提基础，在这个部分要明确列出教学目标、教学重点、难点，然后确定教学流程。教学过程设计即制作课程脚本，将教学内容进行分块处理和时间分配，以便后期的 PPT 制作及视频录制。紧接着是课后的思考题、自测题设计，根据教学目标重点难点设置相应习题，让学生可以及时对本节课学习的内容进行巩固。考核方式决定这一课程的最后成绩，可以包括期末成绩、课后习题成绩、讨论活跃程度等。

PPT 的制作要能引起学生的兴趣及注意力，太枯燥的页面排版和过多的文字内容会使学生注意力下降。首先，PPT页面设置要更改为16：9的宽屏，从视觉角度来讲符合人们的观看审美，并且页面能够摆放更多的内容；其次，页面不宜放置过多文字，应图文结合或加入小动画。

视频的制作拟采用混合式录制，即实拍式与录屏式混合。最终的视频既有实拍也有录屏，如果视频质量高，会具有很高的观赏性、交互性和学习性。

最后的环节是教学评价反馈。老师将通过讨论或调查问卷了解学生对于本章的内容设置是否满意，是否达到预期效果。老师要根据学生意见和建议对今后的教学方案进行优化设计。

（二）教学方案设计

1. 分析

（1）学习需求分析。

通过与选修该课程的学生进行访谈，得知选择该课程的多为家庭经商、有创业意愿的学生，他们希望通过该课程了解小微企业目前的管理现状，对于刚起步的企业如何管理员工是最行之有效的，因此课程并不能直接采用以大中企业为适用范围的企业人力资源管理课来讲授，而要教授学生们适用于小微企业的员工管理办法，并且通过实际的案例、模拟的情景来增强他们对于小微企业员工管理的认识。

（2）学习者特征分析。

①一般特征。本课程所面向的是大学一年级至四年级的学生，该阶段的学生接受新事物、新知识的能力较强。大学生对于纯粹的理论知识缺少学习动力，而喜欢听典型案例和容易引起共鸣的知识，倾心于视觉类型的课堂讲授，因此采用案例教学等方法就显得尤为重要。但案例教学不是教“案例”，而是通过分析案例，引导学生进行自主探究性学习，以提高学生分析和解决实际问题的能力。

②起点水平分析。学生在该学科的起点水平基本上是零基础，且不均衡。他们的共同点是具有独立思考、分析问题的能力，了解企业员工培训的大体含义及部分的培训方法。但是由于学生来自于各个学院和专业，并不非常了解该章的知识内容。

③学习态度分析。通过日常学习观察得知，部分学生在上课时注意力不集中，玩手机、看书、聊天占据了课堂时间，不能够完整地听完40分钟的课程。兼职、社团等活动或者熬夜玩游戏等都会影响学生在课堂上的注意力，且有些学生选课是为了凑学分。因此，不会认真对待课程内容，也容易产生期末考试临时抱佛脚的情况。

（3）教学内容分析。

首先把第五章的知识点提炼出来。由于翻转课堂模式下的教学是由多个微视频组合而成，每个视频时间控制在8~10分钟，因此，在确定好知识点数量后，以每个知识点应该讲述的内容为基础，规划好每个知识点的授课时间和每个微视频应分配的知识点个数。知识点及内容如表2所示。

表2 "培训开发员工"一章知识点

序号	知识点	内容
		第一节
1	培训与开发的概念	组织通过学习、训导的手段，提高员工的工作能力、知识水平和潜能发挥，最大限度地使员工的个人素质与工作要求相匹配，进而促进员工现在和将来工作绩效的提高
2	培训与开发的目的	提高工作绩效水平，提高员工的工作能力；增强组织或个人的应变和适应能力；提高和增强组织企业员工对组织的认同感和归属感
3	培训时机的选择	引进新设备和工艺、新招聘员工、弥补招聘不足、满足开发需要
4	培训分类	岗前培训（企业文化、岗位职责、职场礼仪等）、人际交往、技能培训、管理培训
5	培训方法介绍	头脑风暴、课堂讲授法、案例研究法、模拟法、影视培训法、教练法、角色扮演法、工作轮换法、行动学习法、自学法等
		第二节
6	培训基本流程	培训需求分析→培训计划制订→培训的实施→培训效果评估
7	培训需求分析	培训需求分析是整个培训开发工作流程的出发点，其准确与否直接决定了整个培训工作有效性的大小。培训需求分析的目标就是确定实际运行和最佳操作的差距，通过培训消除这个差距
8	培训计划制订	培训计划分类、内容（8个）
9	培训的实施	经费、人力、物力落实；专人监督跟进
10	培训效果评估	通过效果评估对下一次的培训进行优化
		第三节
11	岗前培训的概念	岗前培训就是向新员工介绍企业的规章制度、文化以及企业的业务和员工情况。就其本质来讲，岗前培训只是培训的开始
12	岗前培训的内容	使员工成为正式成员的信息；有助于员工了解企业体制的信息；建立员工归属感的信息；企业的历史和经营哲学；企业的目的和目标；使员工熟悉自己岗位职责的信息
13	岗前培训的方法	入职培训形式可分为两大类，一类是传统型培训形式，主要有在职培训、现场培训、讲座培训与程序化教学培训等；另一类是新型培训形式，主要有非正规学习培训、试听化培训、模拟式培训、远程网络培训、户外式培训与咨询式培训等

2. 教学设计

（1）教学设计思路。

首先用"人们为什么会去小微企业工作"和"培训对于小微企业来说有什么重要的意义"这两个问题引起大家的关注，在正式学习课程内容之前先开动脑筋，在后面的讲授过程中逐渐将问题的答案告知学生。随后明确教学目标，让学生清楚地明白学完这一章节的内容应该掌握什么内容。

其次步入正题，培训开发员工一章包括三小节。

第一节概述。主要是介绍概念，明确培训对于小微企业的重要性，让学生在未来工作或创业管理时对培训这一版块有所重视。培训的时机与培训的种类是相互关联的，不同的培训时机对应着不同的种类，如新员工招聘时对应的培训种类是入职培训。这一小节的重点内容是介绍常用的培训方法，培训方法分为四大类：直接传授法、参与法、实践法和特殊方法。我们从学习金字塔理论中可以得知，实践遗留下来的知识留存率是较高的，因此在选择培训方法的时候要根据培训内容进行恰当选择。

第二节是培训管理流程，这一部分对于小微企业的培训来说是重点。首先向学生展示完整的培训管理流程，然后再对每一部分的内容进行详细讲解。培训需求分析重点掌握培训差距，有差距才能经过培训去弥补，达到效果；培训计划制订主要介绍里面包含的内容，有一个良好的切实可行的培训计划是培训成功的基础；培训的实施主要是在落实人力、物力、财力的基础上，进行专人监督，提升培训效率；最后一步是培训的效果评估，通过对培训后的分析评估，对下一次的培训进行优化。

第三节是岗前培训。岗前培训单独拿出来讲是因为它是所有培训的基础，做好岗前培训对小微企业的意义也非常大。了解岗前培训包含什么培训内容，使用什么样的培训方法。

最后是对本章内容进行小结，巩固学生的记忆。

（2）教学目标及难点。

从整个课程的教学目标来看，学生在完成该课程的学习后，应能够掌握小微企业员工管理的基本概念、原理和方法；学会从人力资源管理视角提出问题，真正掌握适合小微企业的招聘、培训、考绩、薪酬管理等员工管理核心知识；将理论与实践结合，具备一定的人力资源开发和管理能力，学会用该学科的理论和方法分析和解决小微企业的员工管理问题。具体到培训开发员工一章，教学目标是：了解培训的常用方法、掌握培训管理流程的内容和建立过程、理解岗前培训的内容及方法；难点是：按照培训内容选择不同的培训方法。

（3）教学过程设计（脚本制作）。

表 3 “培训开发员工”一章的教学过程设计

序号	页面内容	概要	时间分配
1	第五章 思考：人们为什么会去小微企业工作？ 培训对于小微企业来说有什么重要的意义？	通过问题，引起思考，切入正题	30s
2	本章节重点： 1.了解培训的常用方法 2.掌握培训管理流程的内容和建立过程 3.理解岗前培训的内容及方法	明确本章节的重点，让学生在学习之前对学习内容有个基本了解	20s

（续上表）

序号	页面内容	概要	时间分配
3	目录 第一节　培训与开发概述 第二节　培训管理流程 第三节　岗前培训 小结	目录带过，介绍章节结构	10s
4	培训与开发的概念 就是组织通过学习、训导的手段，提高员工的工作能力、知识水平和潜能发挥，最大限度地使员工的个人素质与工作要求相匹配，进而促进员工现在和将来工作绩效的提高。	介绍培训与开发的概念，更深入地了解培训	30s
5	培训与开发的重要性 1.提高工作绩效水平，提高员工的工作能力 2.增强组织或个人的应变和适应能力 3.提高和增强组织企业员工对组织的认同感和归属感	与开头的思考题相结合，让学生理解培训的重要性	1min
6	**思考题：** **1.小微企业的培训存在什么样的问题？** **2.如何去解决？**	通过概念了解培训开发后，提出思考题，让学生根据自己的经验和对小微企业的理解对这一思考题进行解答，并且在随后的讨论中各抒己见，老师可对学生的答案进行补充，再充分发挥大家的思维，想出如何能够解决这样的问题	20s
7	**培训的时机** **1.新员工招聘** **2.弥补招聘不足** **3.新技术的引进** **4.满足开发的需要**	了解培训不是随心所欲而是有确切的时间点的	1min
8	**培训的种类** **1.岗前培训** **2.技能培训** **3.管理能力培训**	对应培训的时机产生不同的培训种类	30s

（续上表）

序号	页面内容	概要	时间分配
9	**常用培训方法** **1.直接传授法** **2.实践法** **3.参与法** **4.特殊方法**	介绍常用培训方法以及适用性	5min
10	培训管理流程 分析培训需求、制订培训计划、实施培训、效果评估	第二章节介绍规范的培训管理流程	30s
11	培训需求分析——确认差距 概念：培训工作的开展始于对其需求的分析，只有正确地把握对培训的需求状况，才可能真正有效地实施培训。 培训需求分析的目标就是确定实际运行和最佳操作的差距，进而通过培训消除这个差距。	培训需求分析的重点是确认差距	1min
12	需求分析的内容 **公司发展的需要** **部门完成工作任务的需要** **个人提高工作绩效的需要**	了解需求分析的内容	30s
13	培训需求收集信息的途径 1. 面谈法 2. 重点团队分析法 3. 工作任务分析法 4. 观察法 5. 问卷调查法	展示常用的培训需求信息收集方法	1min
14	培训计划制订分类 从期限看：长期和短期 从范围层次看：公司总体和部门个人	了解培训计划的分类	1min

（续上表）

序号	页面内容	概要	时间分配
15	确定培训计划的内容 1. 培训需求和目的 2. 培训时间和进度 3. 培训地点和场所 4. 培训内容和方法 5. 培训教师、机构的选择 6. 培训对象 7. 考评方式：预期效果与评价方法 8. 预算	列举培训计划包含的内容	5min
16	培训的实施 1.人力、物力、财力准备 2.有专人负责监督	培训的实施离不开专人的监督，还要负责记录员工对于培训的意见	3min
17	培训效果评估 评价既是对上一阶段培训效果与利弊的估量，同时也是如何改进和完善下一阶段培训工作的重要依据。	效果评估是为了更好地优化未来的培训，因此是一个重要的环节	5min
18	岗前培训 概念：岗前培训就是向新员工介绍企业的规章制度、文化以及企业的业务和员工。就其本质来讲，岗前培训只是培训的开始。岗前培训是新员工在组织中发展自己职业生涯的起点。	培训种类当中的一个重要环节——岗前培训	1min
19	岗前培训的目的 1.降低员工流失率。 2.让员工适应工作，以便减少错误、节省时间。 3.展现清晰的职责及组织对个人的期望。 4.减少员工抱怨。 5.融入企业的文化。 6.帮助新员工更快地胜任本职工作。	阐明岗前培训是所有培训中最基础、最重要的一个培训	1min
20	岗前培训的内容 使员工成为正式成员的信息；有助于员工了解企业体制的信息；建立员工归属感的信息；企业的历史和经营哲学；企业的目的和目标；使员工熟悉自己岗位职责的信息。	了解岗前培训包含的内容	5min

（续上表）

序号	页面内容	概要	时间分配
21	岗前培训的方法 创造良好的学习氛围 阅读法 网络学习 游戏学习	学习小微企业应当使用什么样的培训方法才行之有效	5min
22	小结： 1.小微企业要建立完整的培训管理流程，不要盲目跟风。 2.培训要选对方法才能体现效果。	对培训与开发的内容进行总结，再次提及本节课的重点	1min

（4）课后自测题设计。

为巩固学生对培训开发员工一章知识的掌握，课后自测题不仅要包括对理论知识（客观题）的检测，还要有案例、方案策划、情景模拟等应用性题目（主观题）。传统的课堂一般都是老师布置作业，学生写作业交差，因此课后巩固练习的效果大打折扣。而在新的教学模式下，学生在学习完之后马上做练习，遇到疑惑加以思考，解决不了的问题及时记下，以便下一步的讨论。在线讨论时可将主观题拿出来讨论，学生共享答案，各抒己见。一方面可以开阔学生的思维，另一方面也可以从中找到更好的答案。

以下是本章的两个主观题：

题目一：请你设计一个能够增强员工间信任和默契的培训游戏。主题是能够增加员工之间的信任与默契，学生应当充分发挥自己的思维，设计出一个有完整流程的游戏（游戏既可以是实地操作的，也可以使用网络进行游戏）。要求学生将所用道具、场地、适用人数及游戏方法一一列举，并要求学生列出游戏设计的依据，而后由学生和老师一同表决，选出最具吸引力、能有效增强员工信任的游戏；如有时间，可以在课堂上进行游戏的操演，从而让学生更加深刻地体验到培训的乐趣。

题目二：案例分析

背景描述：李娜是一家医疗器械公司的人力资源部经理，公司最近招了一名销售员李勇，在经过面谈后，李娜认为李勇在销售方面具有很大的潜力，具备公司要找的销售人员的条件。可是，一个月后李勇却提出离开公司。李娜把李勇叫到办公室，就他提出辞职一事进行面谈，发现李勇并不是因为外边有更高薪水的职位而辞职。李勇表示在自己上班的第一天，其他员工告知正式的产品培训要一个月后才进行，他们只给了一本销售手册，让李勇在这段时间内阅读学习。第二天，有人告诉李勇在××区有一个展览要他去公关部帮忙一周。第三周的工作是整理公司的图书。在产品培训课程开课的前一天得知由于某些原因课程推迟半个月，并安排另外一位员工为他做在职培训，一同访问客户。李娜认为每个公司的新员工前几个月都是这样的，不存在什么问题。

问题：①你认为这家公司的新员工培训存在哪些问题？②针对此案例，就如何避免上述问题提出你的建议。

（5）考核方法设计。

本课的考核由几部分组成：期末考试成绩 + 课后习题正确率 + 讨论参与 + 讨论活跃程度。

考核成绩（100 分）
- 50%——期末考试成绩
- 50%
  - 课后练习题 ×60%
  - 参与讨论次数 ×15%
  - 讨论贡献程度 ×25%

①期末考试成绩。根据教学内容的重点及应掌握的内容，设计期末考试的内容。考核方式有三种选择，一是传统的学生参加纸质试卷的考试；二是布置期末大作业，作业内容可涉及小微企业陷入管理困境，学生对其进行诊断，并给出优化方案；三是给出情景（类似文件筐测试），让同校选课学生进行现场情景模拟，并用摄像机拍下来存档；让非同校选课学生采用自拍视频的形式或者选定时间召集在线视频会议。

②课后练习题。每一章节后面会附有课后习题，学生做完后会自动生成成绩。每一章节课后习题分数占比由老师确定（根据每一章节掌握重点来定），最后习题分数以总分的 30% 计入本课程考核成绩中。

③参与讨论次数。由于本课程是翻转课堂模式教学，因此每三个星期在教室或沟通平台进行一次讨论，根据学生参与讨论次数由老师确定分数。

④讨论贡献程度。比参与讨论次数更为重要的是在讨论过程中，学生提出创新性、启发性观点和提议的行为。老师需要关注在教室讨论及沟通平台上讨论时，学生中的突出表现者，并予以记录和评分。

3. PPT 制作

根据教学目标和脚本内容，将 PPT 做成 16∶9 的长宽比例（符合人们观看的习惯，更容易接受），这样宽屏 PPT 能够显示更多内容，不会显得拥堵。同时每一页的 PPT 内容重点要明显标出，不要太过冗杂。PPT 内容图文结合。图 3 为 PPT 标题页、问题引入、课程内容及课程小结的示例。

（a）标题页

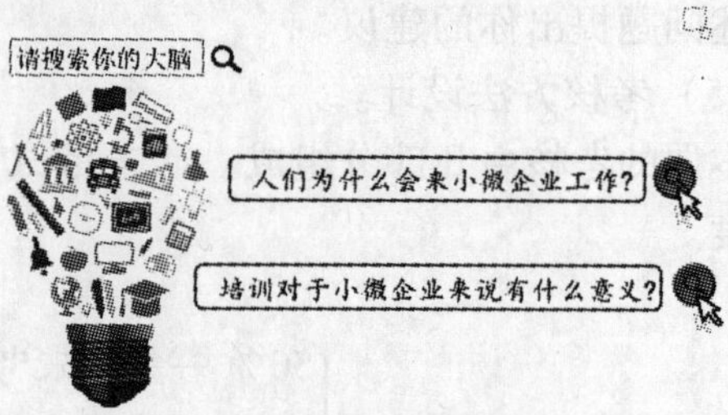

（b）问题引入

（c）课程内容重点

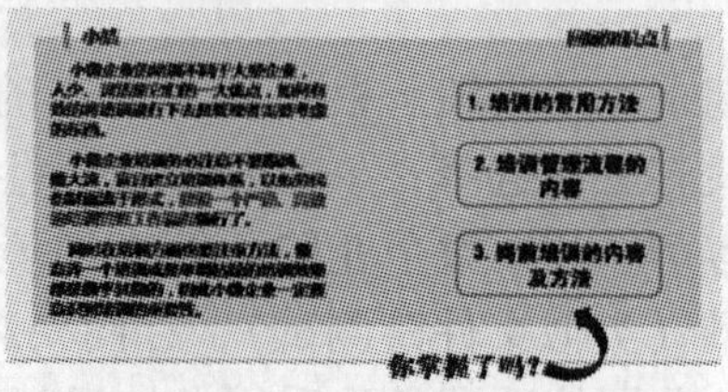

（d）课程小结

图 3　培训开发员工一章 PPT 模版示例

4. 视频的录制及输出

视频采用混合式录制，主要是将虚拟演播厅背景与老师授课视频相结合，因此老师要在一个纯颜色（或素色）背景下录制视频（如图 4）所示，便于后期编辑处理。讲授内容参考教学过程的脚本；

图 4　虚拟教师模型

其次，视频后期编辑使用会声会影软件。首先导入虚拟演播厅素材，然后将老师录制的授课视频和 PPT 图片导入，对整体比例和排版进行处理。效果如图 5 所示。

图5　视频过渡页设计

5. 教学反馈

老师通过课后讨论、自测题情况来观察学生的掌握情况，如学生普遍对某一知识点存在疑问或混淆，那么就反映出在知识点的讲解上不够完善或是视频的编辑出现了问题。老师在准备下一次的教学视频时可以有针对性地改进。

学生们将对翻转课堂教学的学习进度、画面设置等意见、建议反馈给教师。匿名的、线上的反馈体系有效保证了信息获取的可靠性和信息处理的及时性，对该课程教学方法的改善和教学效果的提升具有重要意义。

结合小微企业员工管理课的内容与翻转课堂的教学模式特点，本文设计出以上教学方案，希望能够改变传统课堂学生被动学习的现状，使之转化为学习者的主动学习、趣味学习和有效学习，增强学生与老师之间的沟通、学生与学生之间的协作，以提升中小微企业员工管理课的教学效果。

参考文献

[1] 王晔．小微企业人力资源管理的困境及模式选择．中国管理信息化，2014（4）：77～79.

[2] 沈静文．国家工商总局发布小微企业发展情况报告．http：//news. xinhuanet. com/fortune/2014－03/28/c_ 119998226. htm ，2014－03－28.

[3] 张志杰．关于小微企业员工管理的一些思考．东方企业文化，2012（13）：75，53.

[4] 杜悦．“翻转课堂”：翻什么转什么坚守什么——有关“翻转课堂”的一线观察．中国教育报，2014－04－09.

[5] Kristen Moran and Amy Milsom. The Flipped Classroom in Counselor Education. Counselor Education & Supervision，2015（54）：32－43.

[6] 刘健智，王丹．国内外关于翻转课堂的研究与实践评述．当代教育理论与实践，2014（2）：68～71.

[7] 刘罗仁．基于微课的翻转课堂教学模式设计．电子世界，2014（23）：187～188.

[8] 王春华．教学设计的理性及其限度．山东师范大学博士学位论文，2014.

[9] 加涅等．王小明等译．教学设计原理（第五版）．上海：华东师范大学出版社，2007，

[10] Merrill, M. D., Drake, L., Lacy, M. J., Pratt, J., Reclaiming instructional design. *Educational Technology*, 1996, 36 (5): 5 ~7.

[11] 熊生贵．新课程教学设计与传统备课之差异．语文教学通讯，2004 (13): 39 ~40.

“生产与运作管理”课堂教学模式探讨

马建华

（管理学院工商管理系）

【摘　要】本文主要探讨“生产与运作管理”的课堂教学实践问题。鉴于生产运作管理课程理论的成熟性、实践性和数理性，传统的教师为主导的单一授课模式容易造成枯燥、与实践脱节的后果，降低学生的学生热情，不利于提高学生的学习效果。通过案例法、分组汇报、课堂作业、课程实验等方法，根据不同章节内容的特点采取不同的多样的教学模式，则能够取得很好的教学效果。尤其是课程实验法可以在一定程度上弥补理论与实践脱节的弊端，充分调动学生的参与热情，取得良好的教学效果。

【关键词】生产与运作管理　多样化课堂教学　课程实验

一、引言

生产运作管理目前已经发展成为一门比较成熟的学科体系。对管理类学生而言，熟练掌握生产运作管理的思想、原理和方法的精髓等内容，可以为其今后走向社会管理岗位奠定坚实的理论基础。“生产与运作管理”是一门产生于实践的理论课程，要充分掌握该课程的核心内容，必须要与实际密切结合。然而由于该课程内容比较广泛烦琐，并且兼具了多种管理课程的知识内容，同时又要求用定量数理方法来解决相关问题。因此，传统的以教师为主导的单一授课模式往往令学生在学习过程中产生枯燥乏味、计算过程复杂且无法联系实际的感受，从而引发抵触心理，降低学生的学习积极性，无法取得良好的学习效果。在通识教育及素质教育的大背景下，亟待对传统的授课模式进行大胆改进，唤醒学生的学习激情，使该课程真正成为一门理论指导实践的有用课程[1]。

深圳大学管理学院将“生产与运作管理”列为工商管理、市场营销等专业的核心课程，以培养学生的综合管理技能为目的，通过学习生产运作管理基础知识与先进管理方法，全面掌握和理解生产运作管理的理论体系，使学生掌握企业生产运作管理的基本方法、手段，了解现代企业在生产运作管理上面临的新挑战，提高学生解决生产运作管理过程中实际问题的能力。对市场营销专业的学生而言，由于生产运营管理与其专业方向相关性不是很强，同时该课程又具有较强的实践性，并且需要具备一定的数理基础，因此单纯的讲授理论，会导致学生理解不深，课堂枯燥乏味，严重降低学生的课堂学习效率和学习积极性。事实上，如果能将生产与运作管理理论与相关实践有效结合起来，对学生理解课程内容是相当有益的。然而遗憾的是，该课程没有提供相应配套的实践教学环节，而且同企业对接需要时间和资金资源。因此在目前的状况下，通过企业实习调研等实践来学习本课程尚不具备成熟的条件。因此，要提高学生的学习积极性，增强学习效果，必须从课堂教学本身入手，寻找切实有效的新的课堂教学模式。通过对市场营销专业学生的“生产与运作管理”课堂教学的积极探索和创新，总结出以下几点行之有效的多样化的教学模式。本文以 Stevenson William（美），张群、张杰、马风才的著作《运营管理》作为教材[2]，探讨该课程的教学模式创新实践。

二、课堂教学模式探讨

为了从理论和实践上双重强化生产与运作管理的教学内容体系，我们在教学实践中探讨了多样化的课堂教学模式，以提高学生的学习兴趣、强化学习效果；并通过课程实验来模拟生产运作实践，弥补该课程没有实践环节的缺陷，通过动手操作激发了学生的学习欲望，增进了学生理论联系实践的能力。具体方法如下：

1. 通过多样化课堂教学强化理论学习

采用多样化的课堂教学方法，能够充分调动学生的学习热情和兴趣，并取得良好的教学效果。纵览整个教材共有 16 章，不同章节的特点各不相同，如果单纯采用满堂灌的教学方法，不仅课堂气氛枯燥，学生容易走神分心，而且也不能够在一个学期规定的课时内合理科学地完成教学任务。因此有必要根据不同章节内容的特点，采取不同的教学方法，做到重点突出，形式多样。教材中 16 章的内容分别是：运营管理概述，竞争力、战略和生产率，产品和服务设计，产品与服务的战略能力规划，流程选择与设施布置，工作系统设计，选址规划与分析，质量管理概论，质量控制，综合计划与主生产计划，物流需求计划和企业资源计划，库存管理，准时制生产与精益运营，供应链管理，作业计划，项目管理。

其中，第一章运营管理概述属于导言性质的内容，而且是安排在开学初的教学内容，因此选择教师讲授的形式，重点结合生产运营发展史，通过一些大事件，讲解生产运营管理中的一些主要观点和概念。由于是新学期伊始，学生对新的课程充满了好奇，而且这部分内容数理性不是很强，所以非常适用于教师讲授的传统教学形式。第四章产品与服务的战略能力规划则比较抽象和空泛，即便结合案例也很不形象，因此在这一章利用了 4 个课时安排设计了一个课程实验：生产平衡实验。让学生通过做实验的方式理解企业的产能规划要点以及相关性，取得了不错的效果。同样，流程选择与设施布局、作业计划这二章，也都相应设计安排了课程实验，以加深学生对实践应用的理解。而对于质量控制、综合计划、主生产计划、物料需求计划、企业资源计划、库存管理这些内容则主要体现在具体方法的掌握和应用上，而且具有一定的数理性，所以就采取讲解和实操相结合的方式。首先由教师讲授具体方法计算应用，然后设计一些类似题目，让学生在课堂上亲自计算分析，成绩计入平时成绩。其他章节的内容则糅合多种教学方式，主要包含教师讲授、学生分组做报告、经典案例与最新案例分析。总体来看，多样化的教学方式弥补了传统的单纯教师课堂授课方法的不足，充分提高了学生的学习积极性和学习效果，并且从实验报告、口头汇报、课堂作业练习等方面推动学生积极学习相关知识点，同时也增强了平时成绩的客观性。

2. 通过课程实验模拟生产运作实践

由于生产与运作管理具有较强的实践性，不结合实践无法对相关理论进行深入理解、掌握和应用，但课程本身缺乏企业实践的相关资源和条件，因此如何让学生进行实践一直是个难题。解决这个难题的一个有效方法是通过课程实验来模拟实践的教学方式。将企业实践简化为课堂实验，排除现实中复杂烦琐的无关流程，保留重要环节，通过参与课堂试验体会和学习相关理论知识，可以达到事半功倍的效果。在本课程中，设计组织了多次课堂实验，主要有生产线平衡实验、生产平衡实验、TOC 排程实验等。以下以生产线平衡实验为例来深入分析课程实验教学法的过程和效果：

【所选章节】流程选择与设施布置（第五章）

【实验名称】纸飞机生产线设计

【教学目的】使学生熟悉生产线平衡的一些相关因素及指导原则，学会测量作业分配的效率

【教学组织模式】课程实验教学法

【实验说明】原材料是 A3 标准的纸，每张 A3 纸是两个纸飞机的原材料。折叠纸飞机的步骤如下：将一张标准的 A3 纸分成大小相等的两张 A4 纸，每张 A4 纸可折叠一个纸飞机；将 A4 纸的长边向上对半折叠；然后把第一个角向下折叠每边；再折叠每边的第二个翅膀；画一个彩色的星星在每一边的角落上；第三次折叠没变的翅膀，放置到完成品库存区域。其中的每一个步骤代表一项作业，用 a、b、c、d、e、f 分别标记这几项作业（动作），具体作业流程见下图。这几项作业的 cycle time 假设分别为：3sec.，1sec.，2sec.，2sec.，3sec.，2sec.

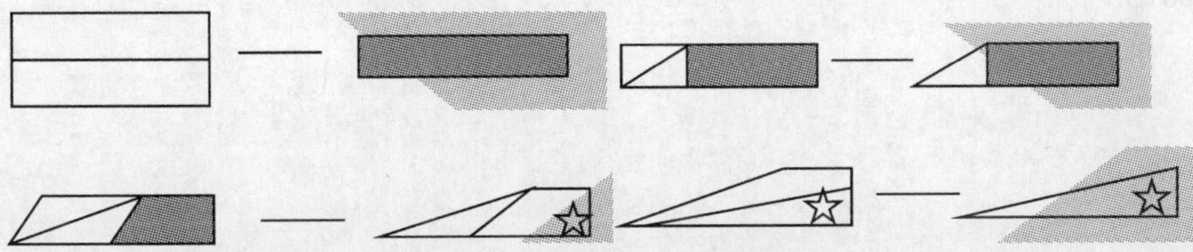

图 1　纸飞机制作流程

【组织方案】分组进行，每 5 ~ 6 人为一个实验组，时间为两个课时。具体要求为：

（1）画出作业顺序图。

（2）设计生产线：将五项作业分配到工作地上，求出节拍、瓶颈工序和生产线效率、所需工人数，计算人工成本（每个工人成本为 0.5 元/秒）。

（3）实际演示并制成视频。

（4）总结出你认为你设计的生产线中存在的问题并提出改进意见。

【组织过程】

（1）教师提前一周将题目和流程发布给学生，让学生事先分组，熟悉流程。

（2）课堂上，学生按组选择合适的位置，每位同学的位置相当于一个工作地。分

发纸飞机原材料和标准的作业纸。各组学生进行工作地的分配和布局，然后进行实地演习操作，并拍摄视频。最后根据流程设计，每组同学进行书面总结，回答事先所提的问题。在课堂结束 10 分钟之前上交报告，每个小组派代表上台总结发言。

（3）两节课结束后，教师将作业收回。课下教师对小组作业进行点评，并按照平衡率、成本等指标进行综合打分，指出存在的问题，并在课堂上进行讲解分析。

【学生收获】深刻体会到产品布置原则中的难点，了解到绝对平衡的生产线是不存在的。通过实际操作理解了产线平衡率、节拍等指标的计算方法，加强了团队合作能力，提高了学生学习生产运营管理的兴趣。

三、小结

综上所述，通过在生产与运营管理课堂上实施多样化的教学模式，一定程度上缓解了该课程枯燥、与实践脱节的弊端，调动了学生的热情和兴趣，强化了过程学习效果。但在现实的教学实践中也还存在许多问题需要进一步解决。例如，由于学时所限，许多教学方法不能深入展开，例如口头报告、案例分析，一旦针对某个论点展开讨论，就会占用大量教学时间。有些课堂试验具有一定的难度，个别同学并没有深入体会背后的理论，以后的教学实践中还应不断调整实验细节和难度。

参考文献

［1］张玲．生产运作管理教学模式创新与案例实践研究．物流工程与管理，2012，34（7）：184，189～190.

［2］［美］Stevenson William，张群，张杰，马风才．运营管理．北京：机械工业出版社，2013.

论学习投入度与活力课堂建设

邹树彬
（管理学院公共管理系）

【摘　要】本文探讨了大学生学习投入度与活力课堂建设的关系。学生在课堂教学中表现出迟到早退甚至逃课、偏好教室边缘座位、不认真听讲、缺乏交流互动等消极行为，影响了课堂教学的有效性。增强课堂教学活力，一是要促进教师提高教学质量，二是要引导学生加大学习投入度。

【关键词】学习投入度　活力课堂　自主学习　合作学习

课堂是学生与教师相互交流的场所，是学生获取知识技能的主要渠道。要取得良好的课堂教学效果，不仅需要教师的投入，也需要学生的主动学习。然而，目前大学生主动学习的状况却并不乐观，被动参与甚至不参与的现象普遍存在，教师在上面讲，学生在下面听，几乎是所有大学课堂最常见的景象。① "中国大学普遍的沉闷状态是令人忧郁的，课堂本是一个应激起大脑风暴的地方，但是它寂静得令人可怕。"② 西方有一句谚语："你可以把一匹马牵到河边去，但你不一定能使其喝水。"如何提高学生的学习投入度，增强课堂教学的活力，值得我们认真思考。

一、学习投入度与活力课堂

学习投入度（Student Engagement）是指学生在课程学习上所投入的时间和精力，以及学生对其课程学习过程和结果的评价，包括行为、情感和认知三个方面。行为投入是学生在学习过程中参与各种学习活动的外在、显性的投入；认知投入是学生在学习过程中所使用的不同的学习策略和自我监控策略；情感投入是学生在学习过程中的情感体验。三者既紧密联系又相对独立，只有当学生在这三方面均积极投入时，课程学习才是高效的。

活力课堂（Activity Class）是对课堂教学有效性的评价，包括学生主动参与学习、师生以及学生之间保持有效互动、学生获得积极的情感体验、教学气氛活跃等。活力课堂离不开学生的主动学习和教师的正确引导，正如《论语》所言："不愤不启，不悱不发，举一隅不以三隅反，则不复也。"

---

① 高慧斌．大学生课堂参与度亟待提高．中国教育报，2015－07－08.

② 张楚廷．大学里，什么是一堂好课．高等教育研究，2007（3）：73～77.

二、学生课堂消极行为

通过经验观察，学生在课堂教学中表现出来的消极行为主要有：迟到早退甚至逃课，偏好教室后排等边缘座位，不认真听讲，缺乏交流互动等。

1. **到课情况不理想**

一般而言，学生到课情况呈现出这样一些特点：从年级上看，大一学生到课率最高，大四学生到课率最低，学生的课堂参与水平随着年级的升高呈降低的趋势；从时间上看，上午和下午第一、二节课学生到课率较低，周五学生到课率较低；从课程上看，专业课学生到课率最高，选修课学生到课率其次，公共选修课学生到课率最低；从专业上看，文史类学生到课率低于理工类学生到课率。学生到课情况不尽理想，原因是多方面的。访谈中，有同学说，"刚上大学那会儿基本准时上下课，后来就比较少了，经常迟到，大家都这样，好像觉得也没什么"。还有同学说："我感觉学习动力不是很足，因为经过大一之后，我们对大学生活有了一个大致的了解，知道怎样去应付考试，怎样让自己得一个高分，然后平时可能就放松得比较严重。"在不少学生眼中，迟到早退甚至逃课并不算一个事儿，"都大学生了，管那么严干嘛"！有些学生出于对老师的尊重，或担心老师点名成绩受影响，也会被动到课，但"身在曹营心在汉"，究竟能听进多少，不得而知。甚至有同学被点到名，很兴奋地说："总算没白来。"随即转身离场。

2. **课堂座位选择的"前排—中间效应"**

学生在课堂上的座位选择反映了学生的学习态度。学生在选择座位的过程中，体现出了空间的"领域性"。他们根据自己的个人需要选择自己满意的座位，并从心理上意图掌握着自己座位的主动权。不少研究者通过图式记录法观察学生所坐位置与其课堂参与的关系，发现了所谓的"前排—中间效应"，即坐在教室前排和中间的学生比坐在后排和两边的学生具有更高的学习动力，参与课堂的积极性更高，学习成绩更好，更能获得教师与同学的认同，对班级的态度也更为积极。访谈中，有学生说："上课第一排是万年空，学霸一般都坐在前排和中间，拼命拍照、抄笔记，她们是学霸，我有的时候想听课的话就会往前坐坐，不想听的话就坐后面。"大多数学生都喜欢从后门进入教室，从后排开始寻找座位，所谓"悄悄地来，悄悄地走"。

3. **"忙碌"的非听课者**

到课的学生，有相当一部分并没有认真听讲和参与课堂教学活动，不过也没闲着，聊天、睡觉、听音乐、玩手机、看小说杂志、打闹嬉戏、吃东西、发呆、做作业，或看考研、考证资料等，行为五花八门。微信兴起后，玩手机就成为非听课者最常做的事情了。非听课行为具有一定的传染性。一位学生趴着睡觉，旁边的几位同学接也开始睡觉。如果一个学生看报纸，那么这份报纸会在他周围传阅，尽管老师在讲台上讲得滔滔不绝，看报纸的同学却看得津津有味。一位学生在访谈时说："如果老师讲得特别好，不管他讲多长时间我都愿意听，但是如果他讲的我实在听不下去，我就会自己看课本，或者写写作业。有的课实在听不下去了，也会玩手机，手机信息量大，有意思。”对此，有人无不辛酸地说：“在教室这个场域里，仿佛存在着两个完全不同的世界，老师和学生像陌生人一样，各自在忙各自的事情，彼此之间没有交流、没有互动。”①

4. 沉默的大多数

大学课堂的这样一种现象越来越普遍：教师向学生提出问题或要求讨论时，大部分学生反应冷淡，不发表自己的观点和看法，而一些教师似乎也习惯了这样的结果。一位学生说：“一开始会主动回答问题，后来发现没几个人会主动回答，我也就不会了。从众心理吧，这对我自己也不会产生什么消极影响，反正心里有答案就行了，最后用自己的答案跟老师的核对比较一下，就能了解自己知识掌握得怎么样。”还有学生说：“上了大学之后，和高中不一样，老师很少点名让某位同学回答问题，一般都是面向全班提问，可能是因为我性格比较内向，很少主动回答，除非老师叫到我。班里大多数学生都是和我一样的，保持沉默的学生比较多，除了性格原因之外，主要是随大流。”②

与中小学课堂相比，大学课堂更具开放性，教师普遍鼓励学生发表意见，有思想的碰撞、融合，课堂气氛才更加活跃。大学课堂本应是一个能够激起头脑风暴的地方，却成为教师唱独角戏之所，这无论如何都是不正常的。缺乏互动交流，课堂教学的有效性自然难以提高。

导致学生学习投入度不够、课堂教学活力不足的原因是多方面的，既有社会的大环境背景，也有课程体系设置不科学、教学模式呆板单一等因素，同时与学生自身的性格、人生观、学习态度等因素有关。

三、活力课堂建设

在课堂教学有效性问题上，多勒（W. Doyle）等学者提出了课堂生态系统观，认为课堂中人与人之间、人与环境之间的相互作用或相互影响构成了课堂情境中的互动。课堂并非一个静止的空间，而是一个教师与学生生活、成长相互作用的动态过程。③因此，提高学生的学习投入度，增强课堂教学的活力，应从“教”与“学”两个环节着手进行建设。

1. 促进教师提高教学质量

在课堂教学中，学识渊博、有激情、注重教学技巧的教师通常会对学生学习积极性的提高有重要的促进作用。19世纪德国教育家第斯多惠说过：“教学的艺术不在于传授知识，而在于激励、唤醒、鼓舞。”因此，在课堂教学中，教师应有更多的投入，让

① 赵蕾．大学生课程学习投入度的影响因素分析：以H大学为例．华中科技大学硕士学位论文，2013.

② 程辰．大学生课堂消极行为调查研究：以N市三所高校为例．南京师范大学硕士学位论文，2013.

③ 马志远等．教学互动对教学质量影响的实证分析：基于上海一所地方大学的实证研究．复旦教育论坛．2011（2）：51～56.

学生产生对课堂的亲近感，且愿意深入其中，融为一体，从而达到教学的最佳效果。

（1）广泛收集学生对课程教学的意见并适时调整。有学生说："有些课，比如理论性强的或其他本身就比较枯燥的，如果老师花一节课来收集我们的想法，让我们想想这个课怎么上才能让我们觉得不错，并且老师采取了大部分人想上的那种方式，可能上课效果会比他一开始就用自己的方式讲要好。"此外，在课堂教学过程中，教师也应注意根据学生的状况或反馈意见随时做出调整。

（2）创新教学方法，注重与学生的互动。研究表明，对于课堂教学，学生最不关心的是教师的科研水平，而最看重的是课堂教学方法。① 丰富有趣、形象生动的教学方法会吸引学生的注意力；反之，内容单一、枯燥乏味的教学方法则会使学生感到厌烦，从而引发课堂消极行为。为了保持课堂的活力，减少学生的消极行为，教师应让学生积极地参与到课堂中来，鼓励学生自主学习，而不是将课堂据为己有。福柯指出："在有话语的地方就有权力，权力是话语运作的无所不在的支配力量。"在课堂教学中，教师和学生都是享有话语权的平等主体，通过情境性教学、合作研究式教学和评判式讨论，建立新型的师生关系。

（3）关心学生，培养学生勇于思考的能力。教师需要贡献出更多的时间和精力与学生进行交流，而不是上完课后就甩手走人。在课堂以及与学生的日常交往中，要让学生感受到来自教师的真正的关爱，感受到教师为自己的成长和进步所付出的努力。马克思曾说过，教育绝非单纯的文化传递，教育之为教育，在于它是一种人格心灵的"唤醒"。这就必须培养学生独立思考的习惯和能力，让学生在学习和思考中主动构建他们自己的知识结构和能力体系。

2. 引导学生加大学习投入度

在课堂教学中，教师的主导作用和学生的主体作用是辩证统一的，学生主体作用的发挥，离不开教师的激发和引导。正如皮格马利翁效应所揭示的那样，教师的期待心理会引起学生的行为变化，学生的行为变化会趋向教师的预期模式。亚里士多德有一句名言："告诉我的我会忘记，给我看的我会记住，让我参与的我会理解。"这句话启示我们，学生参与对真正高效的学习有着非常重要的意义。

（1）树立愿景，追求卓越目标。明代王守仁说过："志不立，如无舵之舟，无衔之马，漂荡奔逸，终亦何所底乎？"马卡连柯也说过："一个人的行为如果是由最近的前途决定的，那么这种人就是软弱无力的人。"远大的理想，这种内源性的动力会激发出人的积极的生活态度，对人的发展无疑具有持续的激励作用。

（2）培养兴趣，做一名"乐知者"。孔子说过："知之者不如好之者，好之者不如乐之者。"乌申斯基也指出："没有丝毫兴趣的强制性学习，将会扼杀学生探求真理的欲望。"引导学生带着兴趣去学习，主动学习，快乐学习，使学生由"要我学"变成"我要学"，成为一名"乐知者"。

（3）自主学习，做学习的主人。自主学习是与传统的接受性学习相对应的一种学习模式，强调以学生为学习主体，通过选择性学习、独创性学习、适应性学习和协作

① 郝一双．大学生课堂行为分析．华中科技大学硕士学位论文，2006.

性学习，自主实现学习目标。教师应积极引导学生培养专业认同感，养成课前预习、课上参与、课后复习的良好学习习惯。

活力课堂，既包括教师的教学活力，也包括学生的学习活力，只有将两者结合起来，才会激发课堂教学的活力。

参考文献

[1] 雅斯贝尔斯．什么是教育．邹进译．北京：生活·读书·新知三联书店，1991.

[2] 王玲．知识观转型：美国本科教学模式变革之基．青岛：中国海洋大学出版社，2013.

[3] 郭景扬，练丽娟，陈振国．课堂教学模式与教学策略．上海：学林出版社，2009.

[4] 李桂山等．教育国际化与教学模式创新研究．北京：机械工业出版社，2013.

[5] Arends，R. I. *Classroom Instruction and Management*. New York：The Mc – Graw – Hil Go，1997.

第四编

课程剧本

课程剧本是知识结构和故事情节的体现，教师借此完成对课堂现场的想象。

结果导向、过程控制、持续优化
——“演讲与口才”课程教学实践总结报告

张万坤
（管理学院公共管理系）

【摘要】五年来笔者所授的“演讲与口才”课程经历了一个持续创新与优化的过程。根据五年来的建设实践，本文尝试以录像考核方式为主线，通过考察其“结果导向的过程性录像考试与过程控制模式”课程教学实践、效果与心得体会，以期与各位同仁交流经验，共同提高。

【关键词】演讲录像考核模式　过程控制　课程持续优化　教学效果提升

“演讲与口才”是管理学院公共管理系2009年开始设立的专业选修课，旨在通过语言表达技巧的传授与训练，培养学生在公共场合自信、自如地表述自己见解的能力，同时提高学生的人文素质，强化学生的社会交往与社会参与能力。自2010年秋季接手讲授该课程以来，笔者根据其特有的实用性和实践性强的特点，结合国外相关教学经验，根据自身的知识积累和专业训练，持续展开了教学优化与创新实践。首先，根据自己的专业训练和知识积累，将课程改造为双语课程，并延续至今；其次，根据国外的相关教学经验，引入录像等技术手段对演讲进行考核并持续完善。其中，在前3期，坚持引入录像技术时对期末演讲进行考核。从第4期至今，在总结前面经验教训的基础上，采取过程导向的“录像考核＋过程控制模式”来优化教学设计。两个学期的教学实践表明，新的优化模式取得了明显的效果，得到了选课学生的认可，学生网上测评评价很高。因此，有必要梳理一下过去几年来本课程的教学实践过程，总结经验教训，与各位同仁交流，共同进步。

一、从第1期开始，引入双语教学、演讲录像方式进行课程重构与优化

2010年秋季，笔者接手“演讲与口才”课程的教学工作，这也是此课程第二次开课。根据以往的知识积累、专业训练以及国外相关的先进教学经验，本人对课程设计进行了重构和优化。主要包括以下两个方面：

1. 引入双语教学

为什么要引入双语教学的模式来对课程进行重构？这里的逻辑主要有三点：一是本课程的性质尤其适合双语教学；二是对大学生来讲，能用英语进行演讲是一个非常好的训练和实践，掌握该技能对未来的职业发展也会有较大帮助；三是笔者本科专业

是英语，长期以来一直坚持双语教学，双语教学经验丰富。因此，笔者采用 Stephen Lucas 教授所著的、被誉为“演讲圣经的教材” *The Art of Public Speaking* 以及其配套课件来展开课堂讲学，5 个学期以来一直贯穿始终。

2. 引入录像技术对期末演讲进行考核

根据国外的教学经验，笔者增加了在期末考试阶段进行录像考试的环节，即期末考试时，不采取传统的考试方式①，而是要求同学们好好准备，面对镜头，进行演讲录像考试，然后将录像带回家自己仔细观摩。

为什么要在期末考试时加入录像考试的环节呢？这是因为录像考试有其无法替代的功效。首先，“录像不会撒谎（the video doesn't lie）”。正如美国著名电影演员 Michael Caine 曾形象地将镜头拟人化：“她（镜头）记录着你说的每一个词，每个表情；她目不转睛地盯着你，倾听并记录着你所做的每件事情，无论你做得多么仔细。”②其次，“魔鬼在于细节（The devil is in the details）”。镜头不会撒谎，录像不会撒谎，她会记录你演讲过程中的所有细节，你的语音语调，你的肢体动作，你的下意识动作，等。事无巨细，好的不好的，全在里面。学生通过事后观看自己的演讲录像，会发现自己的优点和缺点，也会分析评估哪些是自己需要继续保持的，哪些是需要加以改正的。经过这样反复训练，学生在此过程中不断提升自己的自信心和演讲技能，并渐渐地形成自己独特的演讲风格。

在前 3 期，我们都采取了这种对演讲录像的方式进行期末考试。因此，每到学期最后几周，同学们都会到学校的自动录播教室去上课，准备考试。从同学们期末演讲考试各个环节中的表现可以发现，绝大多数同学还是比较喜欢这种考核方式的。但是，从教学过程、学生建议以及与一些同学的交谈中得知，这种方式也明显存在一些问题。比较突出的有以下几点：①虽然有期末考试录像，但事后看录像并加以回馈的同学人数并不让人满意。当然，这里有一个非常重要的客观因素，通常本门功课考完后，同学们马上就会迎来学校的期末考试周，很多同学忙于应对考试，无法按时完成录像观后感的撰写任务。因此，同学们的演讲效果评估与回馈工作，无法真正落到实处。②存在平时老师讲得过多，学生演讲次数较少的问题。由于本次课程对象是毕业班，笔者在进行教学设计时确实有些顾虑，不愿意给学生过多的压力，因此，在原来的教学设计中我自觉地担任“主角”，自己讲得多，课程上让学生看录像、分析录像学习技能的环节较重，但学生通过实践过程来提升技能的环节明显较弱。这些都是当时存在的、必须认真面对并加以解决的问题。

二、从第 4 期开始，采取“N + 1 录像考核与过程控制模式”

为解决前 3 期教学中存在的问题，回应学生希望增加平时演讲机会的诉求，同时

① 从选过第 1 期同学的反馈得知，本课程前任教师采取了比较传统的方式来进行期末考核，即让同学们选个题目，在讲坛上讲上几分钟，然后给出成绩。

② Maxey Cyndi & Kevin E. O'Conner. *Present Like a Pro: The Field Guide to Mastering the Art of Business, Professional, and Public Speaking*. New York: St. Martin's Griffin, 2006. 57 - 59.

响应学校教务处鼓励老师采用阶段性考核的号召，笔者从第 4 期开始，根据本课程的特性，对本课程再次进行流程再造，对课程教学与考核设计展开优化和创新。即依据过程性考核的模式，将本课程的考核重新设计为“N +1 录像考核与过程控制模式”。

具体来讲，这里的“N” = 平时考核。一般来讲，每个学生平时应该参与不少于 3 次的考试（包括自我介绍、告知型演讲、劝说型演讲以及即兴演讲等）；“1” = 1 次期末考试，且均为录像考核模式。

所谓课程流程再造是指教学理念的更新和教学过程的精细化管理与控制。在新的考核模式下，以注重结果、提升学生的实际技能为导向，来重新设计教学过程与考核模式。在新模式下，学生和教师的角色发生转变。在课堂上，学生从原来的“配角”变成了“主角”，多讲多练；而老师的角色则发生巨大变化，从以前的“主角”变成了“导演和教练”，精讲精评。

而且，新模式注重过程控制，注意把握每个关键节点，实现了演讲考试前、演讲考试过程中、演讲考试后等全过程精细化管理。

第一，演讲考试前的相关要求。教师会把演讲主题的相关事项讲解清楚，并要求学生做到以下几点：①按照要求选好演讲题目，做好相应资料查找和收集工作；②认真撰写演讲稿，并按时（至少提前 3 天时间）提交给老师；③根据教师回馈意见进行修改，并做好相应演讲前排练工作。

第二，在演讲考试过程中，学生需要做到以下工作：①认真听讲，并根据演讲评价表对同学们演讲进行评价以上交表格；②积极发言，对演讲考试的同学表现进行点评。

第三，演讲考试后的环节。演讲考试后，所有考试的学生要做到：①认真观看自己的演讲视频，要求至少观看 5 遍；②根据老师开发的《演讲录像观后感考察要点表》来撰写观后感，并在考试后一周内上交（包括纸质版和电子版）给老师审阅；③期末所有考试结束后，所有学生需把个人本学期的所有考试相关资料（包括演讲稿、演讲录像、演讲录像观后感等等）打包上交给老师，作为老师总评成绩的依据。

从以上各环节的介绍可以看出，目前“演讲与口才”的教学设计真正实现了以学生为主体的转型和重构，强调学生多参与、多锻炼、不仅提升了学生的参与度，也提升了满意度。同时，对教师的要求不是降低了，而是提高了；教师的工作量不是减少了，而是增加了。因为教师要严格把握各个节点，对整个教学过程进行精细化管理，从演讲考试前的学生演讲稿修改，尤其是英文演讲稿的修改，到演讲考试时的点评，以及演讲录像观后感的评阅等环节都需要认真把关，全情投入，才能感染学生，带动学生，从而提升整个课程学习氛围，进而达到提升教学效果、提升学生演讲信心与能力的目标。

三、新模式下的教学效果与存在问题

目前，本课程新模式已经实施了两个学期，新模式实施的教学效果如何？存在哪些问题？是否仍有持续改进的新方向？

1. **教学效果评价之学生维度**

评价一个课程，基本上有两个维度：学生维度和同行维度。由于各种原因，同行评价往往无法成为评价一门课程课堂教学效果的主要维度。加之学生是课程的主要受众和参与者，因此，相对于同行评价而言，学生评价显得更具说服力。从学生参与教务处网上对教师测评的两项指标（数字定量评价和文字定性评价）来看，选课同学对本课程的教学效果还是比较满意的。（参见下表）

表1　本课程5年来学生网上测评情况汇总表①

序号	相对排名（%）	学期号	课程号	课程名称	学分	选课人次	测评人次
41	11.98	20101	2304220201	演讲与口才	2	39	38
42	5.21	20101	2304220202	演讲与口才	2	21	19
48	7.01	20111	2304220201	演讲与口才	2	21	21
49	10.75	20111	2304220202	演讲与口才	2	28	25
53	76.12	20121	2304220202	演讲与口才	2	23	17
54	7.46	20121	2304220201	演讲与口才	2	30	26
59	14.22	20131	2304220201	演讲与口才	2	17	16
60	1.38	20131	2304220202	演讲与口才	2	26	24
70	2.60	20141	0404490001	演讲与口才	2	39	36
71	1.73	20141	0404490002	演讲与口才	2	17	16

此外，从2007—2008年第1学年开始，教务处在教师测评网站上增加了一个“学生对改进教学的建议”的新栏目，意在让同学们对任课老师完成定量评价的同时，让他们有机会发表看法，对课程提出改进建议，这也构成了另一个定性（文字描述性）评价的途径。虽然教务处特意加括号说明此栏目“仅供参考”，但如果任课老师认真看待此类评价的话，会发现在冷冰冰的数字评价之外，或许会更喜欢这些活生生的文字评价与建议，无论正面或是负面。因为它们会让任课教师知道学生认同什么，有何期待。从中任课教师不仅可以找到认同感，更可以找到课程持续改进的方向与路径。

从教学处教师课堂教学测评网站上查知，自笔者教授本课程以来，在“学生对改进教学的建议”栏目中，总共有13人参与。其中，2010年第1学期的两个班仅有1个班中的1人参与；2011—2012学年第1学期有1个班的2名同学参与，2012—2013学年两个班无一人参与（因此留下了历史谜案……），2013—2014学年第1学期两个班仅有1人参

① 此表为过去5年来本课程10个班级的学生网上数据，由笔者本人根据学校教务处相关网上的资料整理而成。不过，笔者一直没有想通的是：为何2012—2013年第1学期两个班（课程序号分别为53和54）的学生评价差距会如此之大（学生网评相对排名分别为76.12%和7.46%，差距将近10倍之巨！）。虽然两个班学生的参评率有些差距（分别为73.91%和86.67%），但好似仍然无法解释这样一个现象——同一学期同一门课同一个老师任课，但教学效果的评价却出现如此大的差距。而且，在“学生对改进教学的建议”栏目里，也没有任何学生提出任何建议，两个班均如此。看来，这无疑要成为一桩历史谜案了。

与；2014—2015 年第 1 学期有 9 人参与，且两个班都有同学参与。由此可见，2014—2015 年第 1 学期的两个班同学提出的建议占本课程开课以来全部定性评价的 69.23%，具有明显的代表性意义。这两个班的评价如下（见表 2）。

表 2　2014—2015 年第 1 学期张万坤　演讲与口才学生建议

序号	学生对改进教学的建议
1	本学期最喜欢、花的时间和精力也是最多的课程。每一次演讲然后拍视频，回去写观后感的方式很好，能够让学生认识到自己在演讲中出现的问题。比较遗憾的是由于 3，4 节课人比较多，所以留给老师点评每个学生演讲的时间很少，不然可能会有更大的收获
2	演讲课自己成长了很多，但是班级人太多，没办法做到一一点评，整个学期很紧凑希望老师多讲授点演讲技巧方面的内容
3	老师多给一些建议吧！总觉得我的演讲能力还是不够啊！还是最喜欢即兴演讲了
4	坤哥男神!!
5	老师很棒！很喜欢您的双语授课方式。我知道我演讲方面不行，于是在听过您讲第一节课后果断选了您的课，因为被您上课的热情感染到了，very powerful，只是由于班上人数太多您讲得比较少，不过师兄师姐也很棒！
6	这门课很有趣，老师继续开啦
7	非选课学生是否让其上台演讲有待斟酌
8	老师很幽默
9	其实老师还可以举行演讲比赛，这样也可以让同学们学习到相关的知识，而且能够锻炼胆量

2. 存在的问题与努力方向

如前所述，虽然无论从定量还是定性评价来看，学生对本课程还是比较认同的，也给予了较高的评价。但是，从过去两年来新考核模式教学实践以及同学们的反馈建议中可以发现，本课程新考核模式实施中仍然存在一些问题与矛盾，需要认真面对、持续创新与优化实践。

首先，如何保持选课人数与老师课堂考试点评之间的平衡一直是一个令人困惑的问题。本课程的特性决定了其无法采取大班大教室上课的形式，只能采取严格限制选课人数的做法。从前面 5 期的经验来看，每个班比较理想的选课人数在 25 人左右，这样可以确保每次录像考试在两周之内完成，而且可以保证在每个同学考试之后教师可以及时给予 1 ~2 分钟的点评。从去年的两个班（1 个班 39 人，另一个班 17 人）教学实践来看，39 人的班级课堂氛围很好，但是由于人太多以至于教师无法给予及时和充分点评的情况尤为突出。而另一个 17 人的班级就没有出现这样的情况，因为人较少，不用赶着让每个学生完成考试任务，这样考试过程中，教师就有比较充裕的时间来进行点评，甚至偶尔可以让学生之间展开互评，效果确实不错。因此，新学期仍然需要解决这样的矛盾与困难。

其次，如何掌握演讲考试进程的流畅性和让学生多填写“演讲评价表”的要求之间的平衡也是一个难题。为了强化（内化）学生对演讲诸多重要环节的认知，笔者在配套教材提供的英文原版打分表的基础上，做出了一个优化版本的“演讲评价表”，并让同学们每次演讲考试时，对演讲考试的同学进行评价。从逻辑上讲，这的确是个很好的设计，但是，在实际操作过程中发现，在两节课十几个学生考试的情况下，对每个同学的演讲表现都打分根本就是无法完成的任务（Mission Impossible），同时过多的填表评价任务还会破坏演讲考试过程的流畅性，影响作为观众的学生的注意力，同时也会影响进行演讲考试的学生的情绪。因此，笔者目前一直采取一种折中做法，即每次考试每个学生都必须至少给两个学生打分，并签名作为平时成绩的一部分加以考核。这样既可以让学生掌握演讲打分评价的要点和思路，也可以让他们有一定程度的参与感。但是，笔者认为这种做法的强度不够，不是最佳模式，仍然需要继续探索，找出最佳解决方案。

最后，是否让旁听的学生和正式选课的学生一样参与演讲考试也是一个难题。本来，根据“有教无类”的原则和本课程的特性，笔者通常要求旁听生也和正式选课的学生一样参与课程的各个环节。道理也很简单：光看别人讲而自己不练等于纸上谈兵，对自己的能力提升是不会产生什么实际效果的。但是，在选课人数比较多的情况下，这个矛盾就会显得非常突出，因为它会让本来就很满的考试队列显得更加拥挤。这种情况在2014—2015学年的1班（39人，另有3名旁听生）表现得很明显，以至于有同学也提出了“非选课学生是否让其上台演讲有待斟酌”的问题。因此，如何平衡教师教育理念和学生现实需求，仍然是一个需要继续探索的问题。

四、结语

结果导向、过程控制、持续优化，是本课程5个学期以来教学设计与实践的核心理念与指导原则。以提升学生演讲信心和能力为导向，通过“N+1录像考核与过程控制模式”来持续优化，本课程不仅实现了教学过程的精细化管理，而且持续有效地提升了学生的演讲信心和演讲能力，也得到了他们的认同和较高评价。不久前有位上学期修读本课程的学生对我说，“录像不会撒谎（The video doesn't lie.）”“魔鬼在于细节（The devil is in the details）”。这两句话很多学生都烂熟于心，因为它们不仅对演讲课程有用，对他们大学生活与学习的方方面面也都有启发。

虽然到目前为止，本课程的教学实践取得了较为明显的效果，但课程实践中仍然存在着一些无法回避的困难和矛盾，课程仍然面临着持续优化的压力和挑战。因此，在今后的教学实践中，笔者还要多向各位同仁请教学习，多和学生交流，征求意见，持续进行课程优化和创新实践，这样才可能让课程教学效果更上一层楼，让学生更满意。

参考文献

［1］［美］史蒂芬·E. 卢卡斯．演讲的艺术（第8版）（*The Art of Public Speaking*）．俞振伟译．上海：复旦大学出版社，2007.

［2］Maxey Cyndi and Kevin E. O'Conner. *Present Like a Pro*：*The field guide to mastering the art of business*，*professional*，*and public speaking*，New York：St. Martin's Griffin，2006.

［3］Shel Leanne. *Say It Like Obama*：*the Power of Speaking with Purpose and Vision*，New York：McGraw－Hill，2009.

“创业营销”课程的教学改革实践与反思

陈星宇
（管理学院市场营销系）

【摘　要】“创业营销”是一门新开设的课程，有别于市场营销专业其他课程，“创业营销”是一门新而前沿的课程，其实践性很强，且对学生的参与度有较高的要求。因此针对“创业营销”课程的特殊性，课程建设负责人对其教学内容、教学方式及考核方法进行了调整和改革。实践表明，本课程建设和改革已经取得一定成效，但还有很多持续改进的空间。

【关键词】创业营销　教学改革实践　反思

“创业营销”课程是由市场营销专业老师开设的一门新的公共选修课程。本门课程的开设，一方面是为了契合学校对创业课程建设的要求，另一方面也是为了通过开设和学习本门课程让全校各专业学生在新营销时代背景下对营销管理有一个全面的了解。在业界，创业营销也是辅助管理人员增进对现代变幻莫测的市场认知，推动营销计划执行的重要方法体系。在人才培养方面，创业营销也是为了满足将来从事创业与营销相关工作的广大学生做铺垫。因此利用学校创业课程建设机会，市场营销专业的任课老师申请将该门课程纳入创业课程体系，并进行了一系列课程改革。

一、课程改革的内容

创业营销课程建设遵循的基本原则是：以培养创业市场为核心，以讲授创业中所需的市场营销知识为基础，以锻炼学生创业实践能力为关键。教学改革实践内容具体如下：

第一，沟通开课目的与整合教学内容。在开课之前，跟有意向选修本门课程的同学讲清楚本门课程的开课目的，包括：①重构营销新理论：对营销组合、品牌角色、客户关系等问题的再思考；②掌握创业营销新方法，包括病毒营销、口碑营销、微信营销、颠覆营销等；③从创业营销角度建立营销新视角，包括思考创业营销战略、创业机会、经营理念与商业模式、创业型销售以及超越销售的客户关系管理等；④对创业营销案例深度分析，包括国内外创业成功与失败的典型案例以及热门案例分析等；⑤培养未来的创业营销者，包括创业公司的营销人员及产品经理等。

在系统思考创业过程中常见的市场需求的基础之上，课程建设负责人将“创业营销”教学内容整合为以下六个模块：模块 1 为新营销空间（3 周），讲述双重发展趋势，创业营销的出现及营销新空间。模块 2 为新营销实践方法（3 周），讲授数字时代的新营销方法，网络与社交化营销。模块 3 为营销理论的反思（5 周），讲解未来顾客行为，创业市场调研，新品牌角色，创新定价策略及网络分销。模块 4 为创业营销相关概念（3 周），讲授创业营销战略，创业机会，经营理念与商业模式，创业型销售以及超越销售的客户关系管理。模块 5 为营销新考验（1 周），讲授企业的两难，营销与环境，利润最大化的再思考。模块 6 为创业营销项目演示（3 周），主要培养学生的沟通与项目展示能力。

通过课程内容的整合，创业营销课程建设的关键是要培养学生实践能力，必须让学生理解基本的理论与方法。课程建设者通过案例分析将创业营销方法融入内容讲授，通过开放式的课堂 、应用型的案例分析，并鼓励学生进行团队协作与分组讨论，实战项目等融会贯通本课程知识体系。

第二，改进教学方法及学生课后参与课程模式。“创业营销”是一门兼具实践操作及知识理论的综合性课程。要让学生掌握相关技能，实战项目是最好的方式，这样能让学生自己去思考和解决问题。此外，在教学形式上，本课程采取“基于项目的合作式学习”方式，利用“理论讲授＋项目研讨”组织形式，将实践项目融入日常教学过程中，不断让学生跟进其项目进度。“基于项目的合作式学习”在实践层面整合了“基于问题的学习”和“合作性学习”理论，通过引入调研项目，将学习置于一个具体、真实的问题情景中，运用理论讲授、案例教学和项目研讨穿插进行的教学组织方式，以项目带动团队合作、自主学习。

在整个课程教学中，项目建设者要求学生建立正式的 3～5 人的项目小组，为某一个虚拟或真实的产品做一个创业营销方案。学生选择具体的研究项目来完成课程实践要求，随着项目阶段性任务的展开，教师进行理论精讲，指导学生项目小组进行方案设计和项目实施。除了课堂教学，学生需要进行大量的自主学习、小组合作，以便完成创业项目。

本课程教材为美国著名商学院三位市场营销大师 Minet Schindehutte，Michael H. Morris，Leyland F. Pitt 联合编写的原版著作 *Rethinking Marketing – The Entrepreneurial Imperative*（*Basic Books*）。该书是国外最流行的创业营销参考书，作者均为国际知名的市场营销与创业学专家，既有很高的理论水平，又有丰富的实际调研经验。作者以生动、精练的语言，多年实践经验，介绍了创业营销的理论与方法体系。除教材外，项目负责人还参考了以下两本教材对课程内容进行完善：①营销管理[①]；②App 营销解密：移动互联网时代的营销革命[②]。第一本参考书作者为市场营销学的泰斗级大师，这本书能够为初学者全面了解营销学相关理论提供参考；第二本参考书作者为国内知名市场营销资深实务人士，其内容具有很强的实战性。

此外，项目负责人每周都为学生们准备了案例分析材料，包括众多创业公司的经典案例以及成功运用创业营销方法解决企业困境的热门案例。学生们在课后大量阅读之后，再将提炼点在课堂分享，大大提高了课堂教学的效率，学生也能在实践项目中扩大阅读量和知识面。

① ［美］菲利普·科特勒，凯文·莱思·凯勒．营销管理（第 14 版）．王永贵等译．北京：中国人民大学出版社，2012.

② 程成等．App 营销解密：移动互联网时代的营销革命．北京：机械工业出版社，2014.

第三，改进课程项目与学生评价体系。为保证学生重视实践项目，并且鼓励学生积极参与、和小组成员一起协作完成项目，本课程强调过程考核，不进行期末试卷考核。通过制定明确的过程考核细则，使每项考核都与学生的能力目标紧密联系，对学生的课堂讨论，参与小组学习、项目报告完成情况、演讲报告情况进行全方位考核，通过考核机制激发学生对创业营销的兴趣。最终成绩的比例为：平时课堂讨论表现（自主学习能力、团队合作能力）与个人项目感想占30%；创业项目报告与报告演示占50%；小组互评（Peer review）占20%。

占最大比例的课程项目评估又从以下6个方面展开：①创业产品的创意（10%）；②创业产品的整体营销战略（10%）；③创业项目的商业模式（20%）；④创业项目的整体营销方案（20%）；⑤过程中的团队协作与任务分配（20%）；⑥PPT的组织及内容呈现（20%）。平时成绩中加入个人项目体验与感想，是一种新形式，目的是在鼓励团队协作的同时增强个人的创新性，激励个人的提升与反思。另外小组互评的形式也是新增的一种评估方式，目的是教会学生怎么换一个角度思考项目，使学生有更多的机会学习和参与到不同的项目当中，加深对创业营销项目实践的理解。

二、项目实施的效果

项目实施后，收到了一定的效果。通过课程建设的探索与实践，初步构建了新的“创业营销”教学内容体系、教学方法与组织形式。帮助本课程学习的学生掌握最基本的市场营销理论与最前沿的创业营销方法。具体而言，能够运用市场营销相关专业知识，对创业过程和企业管理中的市场问题进行深入思考。并且学生在有限的时间与资源前提下，能够运用创业调研方法有效分析目前企业面临的问题，了解客户的需求等。此外，学生的独立观察和思考能力有所提升，能在团队合作的基础上对创业市场问题进行观察和分析，进而制订出可行性较强的企业战略计划。

学生对本课程的初步反应令人鼓舞。学生自行组成小组，每周至少一次，后期至少三次甚至熬夜讨论课程项目。随着项目的推动，学生们都进入了角色，积极性也很高。经常发邮件与任课老师讨论其课程项目的一些疑点。任课教师基本实现了从以知识传授为主向以能力培养及启发学生思考为主的转变，有效地调动了学生学习的积极性、主动性和创造性。学生对教师的教学态度、教学内容、教学方法、教学效果等测量指标均比较认可。本课程结束，学生网上测评成绩及相对排名在前5%。

三、课程建设的反思

通过本门课程的建设过程的描述，课程建设者有以下三点体会：

第一，实践教学的效果要优于纯理论教学。如果按常规的流程对创业营销理论与知识点逐一讲解，学生会觉得比较枯燥。虽然教师在讲解方法时，也谈到方法运用的情景，但学生始终觉得所学无法落地。而通过实践教学，让学生模拟真实的情景做时践项目，学生能在实践项目中模拟创业过程，了解创业可能面临的问题，教师在讲解时，将方法嵌入问题解决环节中，引导学生针对问题，采用科学方法加以解决，提高了学生主动探索的兴趣。

第二，有效地沟通教学目的以及对知识体系重新规划。此次课程改革，项目建设者重新对创业营销知识体系进行了梳理，根据项目推进的需要，循序渐进地讲授各个知识点。学生对整个知识框架和学习目的了解之后，在做实践项目时能够有的放矢。回归课堂之后，对于在项目中遇到的问题与难点能够深入思考，也能清楚在课堂哪个环节哪一知识点上能够找到相应问题的答案。

第三，考核方式的改变，使学生注意力焦点更多地转向能力提升。在课程改革中，项目建设者不设期末考试，而以小组调研项目报告与平时成绩作为考核标准，引导学生重视项目小组实践，提升实际操作技能。

课程建设虽取得一定成绩，但其对学生研究能力培养的长期效果还有待观察，并且仍存在一些问题，需要引起重视及加以改进：

第一，加强个人对团队的输入。在实践项目的设计之初，是希望学生们通过团队协作优化最终的输出。但在实践环节，个别学生还是会出现搭便车的现象，对同组的其他同学不太公平。在以后报告演示评价环节，或可引入小组内的学生互评，增强每个学生对团队项目的参与感。

第二，引入小组互助机制，确保实践项目的质量。本课程的实践项目虽然是以学生小组为主，但老师的辅导也很重要，从其他小组的输入对项目本身的作用也是不可替代的。此外，由于本课程选课人数比较多，项目问题比较多的时候（往往掺杂了很多协调方面和个人的问题），任课老师往往力不从心，因此可考虑在教学中引入大团队和小团队的概念，大团队负责项目问题的共同探讨及各项目团队之间的协调。

参考文献

[1] 刘静．市场营销案例教学中存在的问题和对策分析．现代经济信息，2014（19）：448.

[2] 李敏．市场营销实践教学模式改革初探．科技信息，2013（26）：251～252.

[3] 杨珩．基于项目团队教学法的市场营销实践教学策略探讨．职业，2014（27）：28～29.

[4] 梅芳，张丽媛．论高校国际市场营销实践教学的研究．现代营销（学苑版），2011（11）：161.

[5] 周叶．市场营销实践教学改革的几点思考．时代文学（下半月），2008（1）：240～241.

本科研究型课程教学的内涵、实施与实践探讨
——以供应链物流类课程为例*

马利军
（管理学院管理科学系）

【摘　要】本科研究型课程是培养学生发现问题、解决问题能力的重要手段。本文通过对本科研究型课程教学国内外现状的回顾以及对本科研究型课程教学内涵的探讨，分析了本科研究型课程教学的具体实施方法及注意事项。并对笔者在深圳大学开展供应链物流管理类课程研究型教学实践进行回顾，发现研究型教学能极大提高学生学习的积极性主动性，能有效提升学生发现问题、解决问题的能力。相关的教学实践值得推广。

【关键词】研究型课程教学　供应链物流管理　教学改革

一、引言

随着物流产业的快速发展，物流管理的知识不断更新，物流实践性的要求持续提高，物流研究的前沿领域也更加广泛和深入，从而使供应链物流管理相关课程的教学也面临着新的挑战。纵观国内外高水平大学的教学模式，世界一流研究型大学在人才培养方面都坚持教学与研究相结合，并实践着这种新型的教育和教学模式。

近年来，深圳大学确立了从单纯教学型向教学与科研并重型转变的办学目标，学校也非常重视科研工作。同时，对本科生开设科研短课，以培养本科生的科研兴趣。因此，构建与教学研究型大学相适应的教学模式，加快推进教学模式从传统的知识传授型教学向研究型教学转变，建立起以学生为中心、以教师为主导的理论教学、实践教学、自主研学、网络助学四位一体的教学模式，这就必须要本着拓宽基础知识、强化实验技能、培养创新思维的指导思想，用先进的物流理念对学生进行引导，培养学生学研结合的能力，使学生从原来的被动学习变成主动学习，充分发挥学生的活跃思维和兴趣热情。

深圳大学管理科学系率先全国在本校开设电子商务专业，并拥有管理科学与工程一级学科硕士学位授予点。深圳大学管理学院在管理科学方面凝聚了一批从事供应物流管理的学者，相关学者在顾客行为下的库存控制、环境友好下的供应链物流管理等方面做出了大量的研究，赢得了国内外同行的尊重。

尽管如此，在物流产业迅速发展的今天，在提倡构建学生自主、教师主导下的学

* 本研究得到 2014 年度深圳大学教学改革研究项目的资助，编号 JG2014039，在此表示感谢。

习、研究和实践相结合的教学模式下，如何改变教师、学生的观念，如何深入理解研究型供应链物流类课程教学的内涵？如何创建研究型供应链物流类课程教学资源和教学环境？如何构建研究型供应链物流类课程教学的内容？如何探索新的教学方法、教学手段和考核方式？如何使学生在具有扎实的专业基础知识的同时，实验技能和研究能力也能得到显著的提高？所有这些问题都需要明确研究型教学的内涵、环节及模式。

二、国内外研究型教学的现状及发展

早在19世纪初期，德国教育家威廉·冯·洪堡就提出了“教学、科研两者要相统一”的教育理念。20世纪五六十年代，美国著名教育心理学家布鲁纳提出了著名的“发现教学模式”。该教学方法鼓励学生发现自己的猜想价值及可修正性，培养学生运营心智解决问题的信心，培养学生的自学能力。该教学模式是探究性学习和研究型教学的先导。20世纪70年代，美国研究教学专家萨奇曼正式提出了研究训练教学模式。他认为学生会本能地对周围的新奇事物发生兴趣，并想方设法弄清这些新奇事物背后究竟发生了什么，这是一种进行科学研究的可贵的动力。在美国，提出本科生研究素质培养的历史，可以追溯到1969年麻省理工学院（MIT）的“本科生研究计划（Undergraduate Research Opportunities Program，UROP）”，这是世界各国研究型大学中最早、最成功的本科生科研方案之一，该计划资助本科生参与教师的研究项目。此后，西方各国特别是美国的本科生科研活动步入迅速发展时期。20世纪80年代初，美国国家科学基金委员会（NSF）创立了“本科生研究经验项目（Research Experiences for Undergraduate，REU）”，对本科生参与教师科研活动进行支持。20世纪90年代，英美等国许多研究型大学开始思考如何更好地将教学工作和科研活动相结合，以提高本科生的培养质量。美国著名高等教育专家伯顿·克拉克（Burton R. Clark）认为，科研的本质是对知识的探索，教学的目的是对知识的传播，学习的内涵是对知识的索取，大学应建立以知识为中介的“科研—教学—学习连接体（the research - teaching - study nexus）”。自20世纪90年代以来，西方许多大学以此作为本科教育改革的方向，一些大学采取了各种方式来加强学校的本科生科研工作，本科生参与科学研究的项目越来越多。例如，麻省理工学院的校长查尔斯·维斯特以及哈佛大学的校长德里克·博克都在不同场合强调教学与研究相互促进的研究型教学方式的重要性。此外，哈佛大学积极鼓励本科生自主从事科学研究，学校为此每年拿出100万美元来奖励那些在科研方面取得一定成果的本科生。到了1998年，美国卡内基教育促进发展基金会主席博耶（Boyer）起草了一份著名的研究报告——《重振本科教学：美国研究型大学的发展蓝图》，他对美国的高等教育弊端进行了深刻反思，第一次完整地提出要把对学生研究素质的培养推广到美国所有研究型大学中去的观点。目前，通过研究型教学培养学生研究素质已成为西方各国诸多大学的一项基本的教育理念。

我国高校的研究型教学还没有形成完整的体系和模式，还处于建设的起步阶段，许多大学借鉴了美国知名大学的一些成功经验，树立了优先发展科研和研究生教育的目标。这种目标导向使各大学的各种政策和资金倾向于科研和研究生教育，导致本科教育缺少足够的关注。目前，我国绝大多数大学的本科教育仍然停留在传统教学阶段，不利于培养学生的研究素质。针对这一问题，我国从 1999 年第 3 次全国教育工作会议以全面培养学生的综合素质为标志的素质教育的提出，到《国家中长期科学和技术发展规划纲要（2006—2020 年）》的制定和建设创新型国家理念的提出，显现出国家对本科生科研素质的培养有一定程度的重视。尽管如此，我国高校对于本科生研究素质的培养仍然缺少全面的实施方略和系统的理论指导，尤其是尚未形成具体的本科生研究素质培养教育模式。

三、研究型教学内涵

从国内外研究型教学的历史、现状及发展中我们可以看到各国都非常注重学生能力的培养，普遍采取了研究型教学模式。例如，用开设“独立研究”模块课程、进行“基于问题”的学习、开展“本科生科研计划”和推广“项目教学法”等方式培养学生独立分析问题、解决问题的能力，锻炼学生的实践动手能力和创造性思维。

对于研究型教学内涵，目前国内学术界对于这一定义尚无统一的认识。主要观点则包括以真实的科学研究活动为核心的观点和以课程内容和学生的学识积累为基础的观点。以真实的科学研究活动为核心的观点强调学生承担研究任务，引导学生独立发现问题、培养学生创造性解决问题的能力。因此，相关的教学应该是开放性的、自主性的、实践性的以及综合性的。教学的目标是多维度的，相关的教学评价也应该是多角度的（赵洪，2006；崔军，2008；张炳生，陈志刚，2008）。此种理念下，学生是教学的主体。以课程内容和学生的学识积累为基础的观点则强调引导学生创造性地运用知识和能力，自主发现问题、研究问题和解决问题，在研讨中积累知识培养能力和锻炼思维。该观点也强调把教学与科研有机结合，把人才培养与学科建设有机结合，把学习、研究、实践有机结合，让学生有更多的机会参与研究，以培养高层次、复合型、多样化的高素质创新型人才，体现始于问题、基于发现、倡导创造性特色的一种教学模式。其具体内容应包括教学理论、教学目标、操作程序、师生互动、教学策略、考试与评价等方面（彭先桃，2008；蒋侃，邓柯，2008）。此种观点下，教师则起着主动作用。

很明显，由于高校的不同定位，其对于研究型的教学内涵有不同的观点。对于深圳大学这类综合性大学而言，笔者更倾向于以课程内容和学生的学识积累为基础的教学内涵。此种观点下的研究型教学，就是为了改善教学效果，调动学生的学习积极性，扩大学生的知识面，培养学生的创新、发现和解决问题的能力，教师通过引导学生主动从事科研活动，让学生搜集资料，提出和验证假设，解决问题的综合性教学实践模式。

四、研究型教学的实施

1. 营造浓郁的研究型教育环境

为了实施研究型本科教学，我们需要积极探索创造一种全新的校园教学环境，使得教师、学者、研究生和本科生构成一个学习化社区。这样的大学社区，要致力于处理好以学生为中心和以研究为中心的关系，使得教授和学生都成为学习者和研究者，以他们的良好互动形成健康和富有生气的学术氛围。此外，研究型教学的实施还有赖于建设良好的社会人文环境。首先，高校要积极与社会联动，使得学生提早接触社会、了解社会，在接触和了解的过程中，将自己所学用于实践，并从中发现自己的不足进行再学习，这样学生学习的动力就会大大增加。其次，要构建一种“大学文化”环境。这种大学文化是实施研究型教学的宝贵养料。再次，有些大学本身具有浓厚的学术氛围，在此基础上，还应该创造一种国际化教育环境，招收一定数量的外国留学生进入大学。这样可以在校园里建立一种异质性、文化多元、种族多样的人文和学术生态环境，使大学成为新观念、新思维、新方法的集散地，使不同的文化在这里碰撞和融合。

2. 注重跨学科设置课程

一方面，由于科学技术的发展，学科不断分化和综合，社会上出现的许多新问题，需要运用多种知识、理论、方法予以解决，这种趋势使研究逐渐凸显了跨学科性。作为研究生培养基础的本科生教育也应该强调不同学科间的联系，尽量消除跨学科教育的障碍。跨学科教育的最大障碍就是大学的组织结构，各院系之间长期形成了相互的独立空间和自身利益，我们要设法打破这种机械式多层组织构架，建立一种跨学科的本科生教育机制，开设跨学科的综合课程，扩大跨学科选修和必修课的范围。另一方面，本科课程的设置要加强通识教育方面的内容。课程是教学内容的载体，单一的专业课程设置显然已不能适应当今知识型社会的需要。这就需要在课程内容上，增加通识教育的内容，要跨学科开设课程，通识课程类型应灵活多样。

3. 开展以研究为基础的教学活动

相对于传统的本科教学，研究型本科教学不再仅仅局限于传授知识，而是融探索、研究、创新为一体。教师和学生所扮演的角色在不断发生着变化，教师不再仅仅为了“传道、授业、解惑”，学生也不再只是知识的承受者。这样的变化必然决定教师和学生要共同参与知识发现的过程，在与教师的共同研究探索下，学生不仅可以了解到最新的知识，而且可以从中得到比获取知识更重要的宝贵财富——思维方式、研究方法。在美国的研究型大学中，本科生从一年级开始就参与教师与研究生的科研工作，这种师生平等的研讨有利于激发学生的积极性，开拓他们的视野，培养他们的科学探索精神。以研究为基础的教学，在欧美国家高等教育中，通常运用论文研究、基于问题的学习、案例研究等典型方法，这些方法对于我国高校亦有普遍的适用性。论文研究（Paper Research），其要旨是：学生从事论文研究，从文献阅读到选择研究题目，从设计和安排研究过程到采用合适的研究方法，从数据或资料采集到整理成文发表，所经历的是一个完整的研究过程。基于问题的学习（Problem - based Learning，PBL），其要旨是：学习过程不是始于教师讲解基本原理和概念，然后学生运用原理和公式解题并通过考试，而是从实际问题或疑问出发，有时甚至问题本身都没有很好地定义，需要学生自己或以团队合作的方式去发掘、收集和整理有关信息资料，提出问题和解决方案，并对问题以及采用的模型进行评价，通过研究的过程来学习掌握课程以及其他相关的知识。案例研究（Case study in Science），其要旨是：学习过程从一个具体的实际情景或问题出发，经过学生自己的分析，得到可能的解决方案，并进行评价，以此使学生在教科书和现实世界间建立联系。在研究型教学方法实施过程中，每个人都应当是一个探索者、发现者和学习者。教师给予学生最大的贡献，是帮助学生学会学习、学会自助，让学生在课程学习中变成发现、理解、评价和应用知识的主动参与者。通过研究型教学，一方面要培养学生批判性和创造性的思维能力；另一方面要培养学生提出问题、分析问题、解决问题和评价问题的实际操作能力。

4. 支持本科生参加科研训练计划活动

支持本科生参加科学研究训练计划活动，为本科生提供一个良好的理论与实践相结合的机会。学生通过参加科研训练活动，尝试探索学科的一些前沿问题，了解科研的全部过程，将有助于培养他们提出问题、解决问题的能力，培养他们的创新能力、自主学习能力以及战胜困难的毅力，让他们体会科学研究的精妙，加深对科研工作的热爱，为他们今后从事科学研究奠定坚实基础。1996 年，清华大学尝试启动大学生研究训练计划（SRT），首次在国内提出了类似美国研究型大学的本科生研究计划。1998年，北京大学陆续设立了三项“基金”，鼓励和引导学有余力的优秀本科生在导师的指导下参加科学研究活动。进入 21 世纪以后，国内的大学纷纷效仿，逐步探索和建立起自己的本科生培养机制。目前，深圳大学也实施了本科学生创新发展基金计划，制定了一套严格规范的工作程序和管理办法，设立了创新专项资金，每年设立数十个项目。目前国内很多高校都制定了各自的本科生科研规划、资助办法，有的已经获得了丰硕成果。但管理运作水平普遍不高，经费额度、支持力度还远远不够。

5. 调整教师评价机制

现代教育评价的理论发端于美国泰勒教授（R. W. Taylor）等人在 1933—1940 年所倡导的著名的“八年研究”。他们所提出的相对系统和完整的评价方法体系与原则，证明了教育评价的可行性与必要性。他们提出“教育评价的界定，应根据一定的标准，运用科学可行的方法，对教育的要素、过程和效果进行价值评判”。相比欧美大学而言我国许多大学虽然强调本科教育的重要性，但在实践中是把科研成果作为教师晋升和奖励的首要标准。在自身发展与利益的驱使下，许多教师并不重视去做那种既耗时费力又缺乏“评价效益”的教学工作。研究型教学没有激励制度保证，显现水平低下与效果不良的现况也在意料之中。因此建立一种公平、客观的教学评价机制至关重要。对于施行研究型教学的教师的评价要改革传统的考核方法，形成教师评价与学生评价相结合、专业素质考核与专业技能考核相结合的开放式、多元化评价体系。同时还要考虑人才成长和研究型教学的需要，制定教师的奖酬机制。其中教师的教学效果和成就应该是优先考虑的因素，在教师职称评聘和晋升中应占有相当的比重，对于在教学一线上做出突出贡献的教师应该给予精神和物质的奖励，鼓励杰出的教师从事本科研究型教学工作。

五、供应链物流管理类课程研究型教学的实践

1. 课程教学组织

学校一直重视本科学生的教学，自从李清泉校长上任以后，加大了研究型课程的建设力度，专门拨出教研经费鼓励有科研项目的教师开展对研究型课程教学的探索。笔者依托自己的国家自然科学基金项目“具有顾客可选交货期的库存管理模型”及“基于顾客选择行为的疫苗类生物制品供应链决策与绩效研究”，先后开设过“基于顾客选择行为的库存管理”以及“供应链管理前沿问题探讨”两门研究型课程。该课程人数基本限定在10人之内，上课方式、时间及地点都非常灵活。研究型教学的教学组织以学生为主体，根据学生的诉求有针对性地选择代表学科发展趋势的教学内容，并在有限的教学环节中将研究命题的相关知识尽可能地展示给学生，引发学生的思考。因此，教学环节的组织本着“以‘课堂教学’为主线，辅以‘课前知识储备’与‘课后自由讨论’”的模式进行。(见下图)

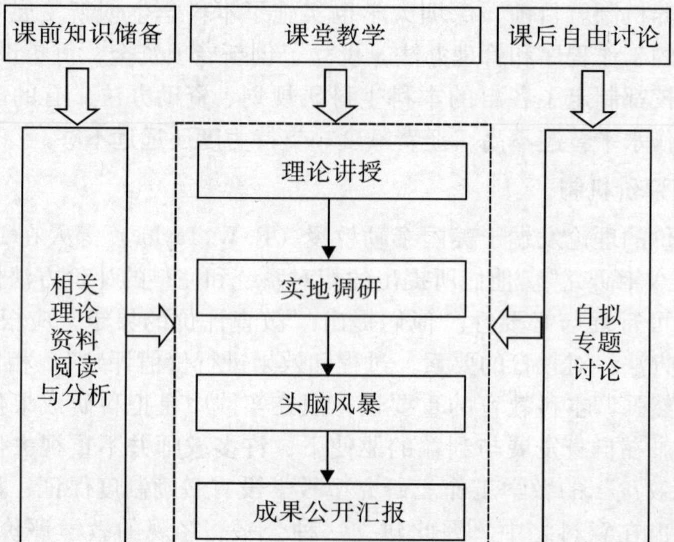

研究型课程教学组织示意图

首先，主讲教师要讲授方法性、过程性、学科前沿性知识，拓宽学生的视野。在研究型教学的第一个环节，要对相关的研究命题进行讲授，包括该研究的背景、发展现状、国内外先进的实例等。通过这样的专题讲座，结合前期学生自身的相关阅读，可以使学生对研究的课题有较全面综合的了解。这里，笔者基本上会把相关课程最核心的文献综述为学生进行讲述。

其次，通过实地调研等研究方法的运用，培养学生掌握研究的方法。课程教学的第二个环节是组织学生进行实地调研。通过调研，可以对研究对象有更加直观的了解。

在调研中鼓励学生采用问卷、访谈、取样等方式，对研究对象进行综合分析和评价。

再次，通过头脑风暴式的讨论，激发学生思考的主动性。教学的第三环节是对前面两个环节的有效承接，采用头脑风暴的形式，让学生列出自己的观点，并进行讨论。通常，笔者会要求学生通过 PPT、白板等展示设备，把自己的观点用最简洁的语言展现出来。在这个环节中，特别鼓励学生从不同的立场、角度提出观点，通过不同观点的碰撞、冲突，产生新的、更加综合、全面的结果。值得一提的是，通过这个环节的训练，很多学生学会了换位思考的模式，能更好地从不同人群、不同用途等角度去思考问题。

最后，通过公开成果展示，以学生的学习效果作为教学效果的反映。经过了前期的讨论，学生在课程的最后一个环节将成果公开地展示。这种公开的展示不仅仅是平面的、静态的展示图纸、模型，同时要组织一个现场的答辩环节。答辩人是参与课题的学生，答辩委员由所有参与课程教学的教师，以及邀请的相关领域的专家组成。在答辩过程中，每组同学首先要进行自我阐述，再对答辩组教师的提问进行解答、讨论。这个过程是学生与教师一起分析问题、提出改进方案的过程，是一个十分有效的成果提炼、提高的过程。展示的成果，反映了学生对知识的掌握和理解程度，也反映了教学效果。

2. 课程教学效果

笔者将研究型教学模式引入供应链物流管理类课程的教学，有效地激发学生主动学习的兴趣并提高了学习效率。通过教学实践，笔者发现学生参与课程的积极性与热情都很高，对研究型教学的效果也比较满意；学生的动手能力得到提升；有利于培养学生的团队协作意识与能力。总结供应链物流管理类课程研究型教学的得失，可以发现如下效果：

（1）极大地培养了学生发现问题、解决问题的能力。供应链物流管理类课程的目的就是培养学生发现问题、分析问题、解决问题的能力。研究型教学作为一种新的全过程教学方式，学生主动参与理论学习，并在教授的指导下发现问题，解决问题。在此过程中，都是以学生为主体，教师仅仅负责组织、引导、监督和效果评定。这种新型的教学方式极大地培养了学生的能力。

（2）充分调动了学生学习的主动性，激发了学生的创造力。课程通过论文、案例、游戏以及现实生活中的问题等多种方式，充分激发了学生的兴趣和想象力，进而引发了学生的思考，实现主动性学习。

（3）培养了学生的科研素养。通过研究型课程的学习，学生清楚地了解了知识是如何创造出来的，也培养了学生进行文献查找、文献综述、实验设计等科学研究的基本能力。不少学生在学习相关课程后都到国内外相关高校攻读硕士及博士学位。

六、结论及建议

目前，研究型本科教学在我国高等教育中仍处于探索阶段，虽然研究型教学已经得到国内一些大学的重视，部分大学已经根据自己学校的实际情况开展、实施了该教学模式，但对于我国的本科教育整体来说还远远不够。研究型教学水准也还基本处于起步阶段，在这一领域尚有大量问题需要深入研究。在当前强调创新精神与实践能力培养的高等教育目标下，关于研究型教学的探讨与应用已成为高等教育界的一个热点问题。2005 年1 月，教育部在《关于进一步加强高等教育本科教学工作的若干意见》中也明确要求："要积极推动研究型教学，提高大学生的创新能力。"因此，对于研究型本科教学的探讨与应用方兴未艾，任重道远。

对于深圳大学而言，研究型本科教学也只有短短三年的实践时间，还需要从整体课程设计入手，推动研究型本科教学的发展，为学校全面建成综合研究型大学奠定坚实的基础。

参考文献

[1] 崔军．高校研究型教学模式及其教学活动探析．高等理科教育，2008（1）.

[2] 邓元媛．研究型教学在本科高年级教学中的引入．教育与职业，2014（9）.

[3] 蒋侃，邓柯．信息化环境下研究型教学方法探索．当代教育论坛：学科教育研究，2008（3）.

[4] 卢国显．关于在大学本科教学中推行研究型教学模式的再认识．公安教育，2011（2）.

[5] 彭先桃．大学研究性教学的理念探析．教育导刊，2008（3）.

[6] 孙莱祥．研究型大学的课程改革与教育创新．北京：高等教育出版社，2005.

[7] 谭海鸥．大力开展产学合作教育，积极探索应用型人才培养途径．中国高教研究，2008（7）.

[8] 喻国华．研究式教学模式探究．教学与管理，2006（2）.

[9] 张炳生，陈志刚．工程应用型人才培养体系的构建与实践．中国高等教育，2008（17）.

[10] 张洪田，孟上九．应用型人才培养体系的探索与实践．中国高教研究，2008（2）.

[11] 赵洪．研究性教学与大学教学方法改革．高等教育研究，2006（2）.

[12] 周文成．研究型本科教学探析：衍进、内涵、措施．南京邮电大学学报（社会科学版），2008（3）.

“统计分析与 SPSS 应用”课程建设研究*

杨翩翩

（管理学院市场营销系）

【摘 要】本文围绕“统计分析与 SPSS 应用”课程的教学现状，总结该课程在本科教学上存在的一些不足，并针对这些不足提出若干建议以提升其教学质量。

【关键词】SPSS 教学现状 课程建设

“统计分析与 SPSS 应用”是经济管理学专业的重要课程之一。其特点是理论知识和实践相结合，强调技能性和实用性。本课程以统计学原理和概率理论为基础，授课以理论教学和实践教学相行并重，强调培养学生的数据分析能力和解决问题的能力。“统计分析与 SPSS 应用”课程内容分为数据录入、数据预处理、数据分析和数据解读几部分。其中，数据录入和数据预处理是基础，强调学生的上机实践能力，数据分析和数据解读部分是本课程学习的重点和难点，要求学生在理解数理统计的基础上能正确运用各种统计分析方法，熟练各种操作并能正确理解各种图表输出。但对于经济管理本科生而言，由于缺乏较好的数理统计基础，在理解各种统计原理以及解读输出图表方面存在一定的难度，以至于不能将课程上所学习的理论知识和技能灵活地运用到实际应用中。

一、“统计分析和 SPSS 应用”课程的本科教学现状

1. 本课程与相关课程安排缺乏系统性

“统计分析和 SPSS 应用”课程基于统计学原理和概率统计。因此，学生在学习 SPSS 之前须掌握一定的统计学和概率理论基础知识，方能理解与 SPSS 相关的统计学原理，熟练 SPSS 的使用并正确解读输出结果。然而，在教学实践中发现，很多学生并没有学习过统计学原理和概率论，以致不能理解本课程中的一些基本概念，如正态分布、标准差、显著性等。缺乏必要的统计学和概率理论基础知识不仅增加了学生学习使用 SPSS 软件的难度，而且使学生产生了畏难情绪，影响其学习 SPSS 的积极性和主动性。

2. 实验室没有及时更新 SPSS 软件

目前，实验室仍使用 SPSS 14 版软件。实际上，市面上已出现 SPSS 21 版软件。新版 SPSS 软件功能更完善，内容更全面。而且，使用的教材与新版 SPSS 软件相配套，

* 基金项目：深圳大学人文社会科学青年扶持项目。项目名称：消极预防型感情的觉醒水平与产品属性的相互作用对产品评价的影响及过程。项目编号：15QNFC29。

这导致教师和学生不能上机实践教材上介绍的部分操作，因为实验室使用的旧版 SPSS 软件没有相应的功能。

3. 理论知识脱离上机实践

“统计分析和 SPSS 应用”课程以统计学原理为基础，其众多的教科书中大篇幅介绍相应的统计知识，这使得学生花大量的时间和精力学习书上出现的各种公式和公式推导，而忽略了上机实践。笔者认为本课程有别于统计学原理课程，应强调掌握使用 SPSS 技能为主，了解背后的统计原理为辅。

另外，部分教师可能安排前半学期学习理论知识，后半学期安排上机实践。这会产生两种状况：一是学生在前面学习理论知识时易出现厌学情绪，觉得“统计分析和 SPSS 应用”课程晦涩难懂；二是学生上机实践的时间不够，并觉得上机实践和之前学习的理论知识相脱离。

4. 缺乏以问题为导向的思维训练

在教学中发现，尽管学生能按照教科书上的步骤得到相应的输出图表，但学生并不清楚这些操作能够解决何种问题。这致使学生在真正的实践中，不知道选择何种统计分析方法来解决所面临的问题。造成此种现象的原因是传统教学过于偏重理论教学和上机操作，但缺乏以问题为导向去寻找相应统计方法的思维训练。这使得学生在学习过程中没有真正了解并掌握每种分析方法的适用前提条件，可以解决的问题及其局限性，也没有将整个课程内容形成层次分明的知识体系。

二、课程建议

针对以上“统计分析和 SPSS 应用”教学现状，笔者给出若干建议来优化该课程的教学质量，以提升学生学习 SPSS 应用统计软件的兴趣。

1. 优化相关教学课程设置

“统计分析和 SPSS 应用”以统计学和概率理论为基础，因此，建议学生在大一、大二期间先修完统计学原理和概率理论，在大三学习“统计分析和 SPSS 应用”。相关课程系统地衔接有助于学生夯实基础，提升“统计分析和 SPSS 应用”教学质量。

另外，“统计分析和 SPSS 应用”可结合其他相关课程同时开设。例如，学生在“市场调查”课程中需运用 SPSS 的知识和技能去分析调查问卷。这样，学生有机会参与实际调查分析，将所学知识用于实践，消化“统计分析和 SPSS 应用”中所学的知识并提升相关技能。

2. 及时升级 SPSS 软件

建议学校购买最新的 SPSS 统计分析软件，或对旧版 SPSS 软件及时进行升级。另外，由于 SPSS 软件比较贵，部分学生并没有能力购买该分析软件。因此，建议学校将 SPSS 统计分析软件安装在图书馆电脑上，让学生有机会在课后进一步练习。

3. 强调课程的重要性

SPSS 是一门以技能为主的课程，其学习内容有别于其他管理类课程，学习难度亦比一般管理类课程大，故易让学生产生厌倦感。因此，建议教师强调SPSS的重要性和必要性，让学生认识到学习和掌握使用SPSS的必要性和紧迫性，从而调动学生学习SPSS的热情和主动性。建议教师在第一次上课时通过举例说明学习这门课程的用途来激发学生的学习兴趣。例如，本科毕业论文的完成，日后工作以及大数据时代的来临都需要掌握好SPSS统计分析软件的使用。

4. 以问题为导向，提升解决问题的能力

在教学过程中，教师应避免一味地教授学习统计分析方法的原理以及常用统计分析方法的操作步骤。教师应讲解如何运用SPSS软件来完成数据分析并解释分析结果。更重要的是，教师应让学生明白哪些分析方法可以解决哪种类型的问题。在实际应用中，学生需要寻找合适的分析方法来解决所面临的问题。"授其鱼不如授其渔"，教师需要培养学生的数据挖掘能力和分析能力，使得学生能从众多的看似杂乱无章的数据中通过找到合适的分析方法来挖掘有用的信息。

5. 教学内容案例化

尽管教科书上安排了一些实际操作案例供学生上机练习，但是笔者在教学过程中发现这些案例数量有限，不能完全满足学生上机实践的需求。另外，各个案例比较零散，缺乏系统性。以薛薇撰写的第三版《统计分析和SPSS应用》为例，整本教科书上出现的案例多达30多个。这些案例之间没有相关性，不利于学生形成系统的知识体系。对此，为增强学生解决问题的能力和理论联系实践的能力，笔者建议教师可以在教材原有案例的基础上新增加一份完整的案例供学生练习。在这份较完整的案例中要包括学生应掌握的基本知识点。当教师结束小章知识的讲解后，可按以下数据统计分析任务表的进度（见下表），进一步补充与现实生活关系密切的案例，提高学生的学习兴趣和学习主动性。

数据统计分析任务表

上课时间	工作任务	学习任务	技能要求
1~2周	录入问卷中的数据	理解三种不同的数据	录入数据，熟悉SPSS数据编辑窗口和数据示图
3~4周	数据预处理	学习数据转换，数据重新编码，数据分组	掌握数据转换的各种操作
5~6周	区分不同的组之间有无差异	学习参数检验，独立样本 t-检验，配对样本 t 检验	掌握各种参数检验的操作步骤，理解输出结果
7~9周	不同组之间是否存在显著差异	学习方差分析	掌握单因素方差分析以及多因素方差分析的操作步骤
10~12周	测量不同变量之间的相关程度	学习相关分析	掌握制作散点图；掌握相关分析的操作步骤

（续上表）

上课时间	工作任务	学习任务	技能要求
13～15周	预测自变量与因变量之间的回归关系	学习回归分析	理解向前，向后，逐步等几种主要的筛选变量的方法。掌握回归分析的操作步骤
16～17周	进行降维处理，提取新的因子，并给出新因子命名	学习因子分析，理解因子分析的核心含义，因子载荷矩阵，因子旋转矩阵，因子得分矩阵的含义	掌握因子分析的操作步骤

6. “及时纠错”，加强反馈

在课堂练习及课后作业中，教师会发现学生可能会犯同类错误。教师应就学生容易犯错误的点及时进行总结，并在课堂上讲解注意点及易出错的地方，并分析其背后的原因。通过此类“纠错”讲解，学生能明白不当的操作会产生哪些后果，从而加深对相应知识点的理解。

三、作业形式和考核方式

1. 作业形式

课堂练习时间有限，课后需要学生进一步上机练习才能较好地掌握SPSS的相关操作步骤，将各个知识点融会贯通。因此，笔者认为教师有必要布置课后作业督促学生学习，增强学生解决问题的能力。一般来说，课后作业应以一些重点章节的内容为单位，就本节课所学的内容设置一些问题。教师应精心准备一些统计数据。数据来源有：①教师科研数据；②本科毕业论文数据；③国家有关部门公布的最新统计数据。以回归分析为例，教师可让学生回答以下问题：①数据的判定系数；②回归方程的有效性；③回归系数的有效性；④写出回归方程；⑤是否存在残差序列自相关性；⑥是否存在多重共线性。考虑到整个课程的重点内容和学习效果，笔者认为整个学期布置5～7次作业是比较合适的。其中可以包括参数检验、方差分析、相关分析、回归分析以及因子分析这几个重点章节的内容。

2. 考核方式

由于“统计分析与SPSS应用”课程的实践性较强，应采取灵活的考核方式。笔者认为可将期末考核分为平时成绩和上机考评两部分。其中平时成绩占40%，上机考评占60%。平时成绩包括课后作业（30%）和考勤（10%）。上机考评可以基于一份真实的问卷，让学生回答5～6道题目，并让其给出数据结果和相应的结论，重点考查学生对SPSS软件工具的综合运用能力。

四、结束语

SPSS 统计软件是目前世界上使用最为广泛的专业统计软件之一。SPSS 课程则是提升经管专业学生实践能力的重要课程。掌握好 SPSS 使用对经管学院的学生而言尤为重要。建议学校将“统计分析与 SPSS 应用”的课程的开课时间安排得更加科学合理，及时更新 SPSS 统计软件并分享资源；建议教师能以问题为导向，启发学生思维，采用案例化教学，提升学生解决实际问题的能力。

参考文献

［1］赖流滨，崔冬梅．经管类专业 SPSS 软件课程实践教学的探讨．中小企业管理与科技，2015（3）：305～305.

［2］薛薇．SPSS 统计分析方法及应用．北京：电子工业出版社，2014，16～17.

［3］张琰飞，朱海英．经济管理专业 SPSS 课程教学改革路径研究．科技信息，2013（22）：18～20.

对“科研项目短课”的实践与思考

——以“卡通形象对品牌的价值”课程为例

张 宁
（管理学院市场营销系）

【摘 要】“创新研究短课”是深圳大学为本科生开设的一种能够激发学生的创新思维，培育学生的创新精神和实践能力的课程。“科研项目短课”就是其中的一类。本文以“卡通形象对品牌的价值”课程为例，对课程的进展情况、实施效果、存在的问题及改进的效果进行了分析。

【关键词】科研项目短课 实施效果 问题与改进建议

一、引言

培养创新创业型人才是深圳大学近年来提出的新的人才培养模式。从2012—2013学年起，深圳大学就为本科生开设了“创新研究短课”。由于只设置了18个学时，故称为短课。此课程强调学术性、研究性与实践性的结合，旨在为学生营造探究式学习和自主学习的氛围，激发学生的创新思维，培育学生的创新精神和实践能力。

2014—2015学年开设的本科“创新研究短课”分为“科研项目短课”“专题研讨短课”“专技实践短课”和“学院特色短课”四类。科研项目短课要求教师以国家级纵向科研项目为载体，把科研项目蕴含的科学问题、研究内容、涉及的基本理论、先进技术和研究方法与手段融入课程教学中，传授学生从事研究、创新的方法和技巧，学习项目选题立项、文献检索、申报论证、制订研究计划、完成研究过程和论文写作、提交成果等。专题研讨短课是由教师拟定与学科或专业相关的学术主题或科学问题，由教师组织学生围绕该主题或问题进行深入研讨，旨在对学生分析问题和解决问题的能力的培养。专技实践短课是学院针对学生开展科学研究所需的专业技能和职业发展进行必备的岗位技能训练，以教师讲授辅导和学生实操相结合的方式开展专用技术技能的集中培训，强调培训的针对性和实效性。学院特色短课由学院依据专业培养要求和特色人才培养需要自主开设。笔者开设的“卡通形象对品牌的价值”课程属于科研项目短课，依托于国家自然科学基金项目“广告中的虚拟代言人与消费者的品牌体验：调节匹配理论视角”（项目编号：71402100）。

科研项目短课实行师生双向选择招募制，学院和教师可通过适当方式公布开课信息（网站、BBS等），由主讲教师接受学生报名；学生也可在课程开课的第一周现场试听，由教师协调，择优录取。课程实行小班教学、集中授课的形式，教师可根据课程特点自行安排授课地点，如实验室、会议室等。开课学院或相近交叉学科的一至四年级学生均可选修，具体由任课教师决定，选课学生数为10人左右。开课教师所在学院的学生所获学分可折抵专业选修学分，非开课教师所在学院的学生所获学分可折抵综合选修学分。此课程不设期末考试，采取过程性考核方式，由主讲教师根据学生课程学习情况进行成绩评定（采用A、B、C、D、F等级记分制）。

二、“卡通形象对品牌的价值”课程项目简介

2014年3月，笔者以“广告中的虚拟代言人与消费者的品牌体验：调节匹配理论视角”为题申请国家自然科学基金项目，并于2014年9月份顺利获得批准。项目的研究背景是：随着品牌消费时代的到来，通过改善消费者的品牌体验提升品牌资产成为企业面临的一项具有挑战性的工作。因此，代言人策略在企业中受到广泛应用。然而，近年来，采用现实生活中的真人明星为品牌代言常常会给企业带来意想不到的风险，很多企业开始在广告促销中采用虚拟代言人。虽然越来越多的企业开始采用虚拟代言人策略，但真正被消费者熟知和认同的虚拟形象代言人却凤毛麟角。作为消费者获得品牌信息的重要信息源之一，怎样设计成功的虚拟形象代言人才能吸引消费者的眼球？虚拟代言人对消费者和品牌的影响机制又是怎样的呢？本项目基于现有的理论研究和营销实践，从动机心理学视角探究广告中的虚拟代言人对消费者品牌体验的影响。

品牌虚拟代言人不仅是一种能够代表企业的卡通形象，还是一种能够反映品牌内涵的、重要的品牌符号，需要学生具备基本的品牌理论知识。因此，本次招募的对象是正在修“品牌管理”课程的大二或大三级学生，最终共有14位学生报名。本次课程的具体目标有四个：①使学生了解什么是学术论文；②培养学生收集资料的能力；③培养学生从社会实践中发现学术问题的能力；④指导学生提前进入毕业论文的准备阶段。

整个课程分为以下几个阶段：在课程初期，笔者向学生们介绍了什么是学术研究、学术论文应该怎么选题、怎么确定模型、怎么写成一篇学术论文或毕业论文，以及他们的毕业论文应该达到什么要求。随后，基于“卡通形象对品牌的价值”，要求每位学生首先至少收集60个品牌虚拟代言人，然后基于这些虚拟代言人找出一个有兴趣的研究问题，笔者对每位学生的研究问题进行了逐个指导。学生们提出的研究问题包括“游戏卡通形象对品牌的影响研究”“虚拟代言人服饰变化对品牌（亲和度）的影响”“微博营销中品牌虚拟代言人对消费者购买决策的影响”“品牌虚拟代言人的体态比例对品牌态度的影响研究”“授权品牌虚拟代言人与自创品牌虚拟代言人对品牌作用研究”“品牌虚拟代言人的故事对品牌作用效果研究”“虚拟代言人在公共服务业中的应用研究”“关于虚拟人物代言和虚拟动物代言对品牌的作用效果研究”“品牌虚拟代言人的拟人化程度对品牌的影响研究”“关于虚拟偶像授权代言的研究——以初音未来和紫嫣为例”等。确定选题后，学生们开始收集资料和文献，通过与教师的几轮讨论后确定了研究的模型和方法。由于时间关系，短课期间并没有要求学生完成数据收集和论文写作等环节，但是，对于部分有价值的研究问题，笔者和学生会一起完成论文的写作。

三、项目实施的效果

在项目实施过程中，教师和学生都获得了很大的收获。对于学生而言，收获主要体现在以下三个方面：第一，明白了什么是学术论文，对学术研究有了一定的认识；第二，为大四即将开始的毕业论文选题和写作打下了基础；第三，在经历了近三年的系统学习后，学会了怎样将实践与理论相结合，怎样用理论知识解决实际问题。对于教师而言，通过与学生们的讨论，发现了一些新的、有趣的研究问题，为下一步的科研提供了新的思路。对于比较有意义的研究问题，教师可与学生合作，争取发表一些有价值的论文。

四、存在的问题及改进建议

这是笔者第一次开设科研研究短课，学生在此之前也从未接触过此类相关的研究课程，因此对教师和学生都是一种新的尝试。基于本次科研项目短课的教学过程和效果，笔者总结出了如下问题，并提出了相应的改进建议：

1. 选课人数相对较多

专题研讨短课和专技实践短课大多数情况下会让学生分组讨论或分组参与实践，但科研项目短课与其不同，分组的效果并不理想。起初，笔者让学生自愿选择分组或独立完成作业，有一多半的学生选择了小组形式（5 位学生选择独立完成作业，9 位学生选择组队）。但是，在课程的第二阶段，即选择研究问题时，组队完成作业的弊端显现出来，小组中学生感兴趣的研究问题不尽相同，部分小组同时选择了几个研究问题。等到课程的第三阶段，组队的学生纷纷独立，导致笔者要同时指导十几个研究项目。由于课堂时间有限，笔者指导每位学生的时间压缩到了几分钟，影响了教学的质量。基于此，笔者建议适当控制科研短课的人数，进行深耕教育，争取把每个研究问题都发展成一篇合格的学术论文。

2. 学生的学术理论基础薄弱

对于本科生而言，都要面临毕业论文的写作。笔者开设这门科研项目短课也是为了帮助学生提前为写毕业论文做准备。但是，笔者发现，学生基本上不知道什么是科研，什么是学术论文，甚至有些学生都不知道怎样在学校图书馆的网站上搜索文献资料。对此，建议在本科生写毕业论文之前为其开设与学术研究及论文写作相关的课程，增强学生的学术理论基础。

3. 学生选课的动机多样化

由于本次选课的学生全部来自于笔者正在上课的班级，所以凡是报名的学生都被允许选修此课。可是，后来笔者发现，大约有三分之二的学生是出于对课程的兴趣选择本课程，另有约三分之一的学生是为了获得学分。这两部分的学生在整个教学过程中表现差异非常明显，前者认真搜集资料、积极思考，对研究问题表现出了极大的兴趣，甚至希望在老师的指导下完成论文写作并发表在学术期刊上；后者则以完成作业、获得学分为目标，且作业的质量也不够理想。基于此，笔者会在以后的课程初期进行严格的筛选。

参考文献

［1］贺和平．“市场调研”创业课程建设：实践与反思．选自李丽．基于应用型人才培养的高校教学改革探索与实践——深圳大学管理学院研究论文集（5）．广州：暨南大学出版社，2013.

［2］马卫红．深圳大学本科“创新研究短课”述评．选自李丽．基于应用型人才培养的高校教学改革探索与实践——深圳大学管理学院研究论文集（5）．广州：暨南大学出版社，2013.

［3］韦化，曾冬梅，秦钢年．实验教学与科研相结合，培养学生的创新能力．实验技术与管理，2008（5）．

［4］周志民，刘世雄，张宁．品牌管理（第2版）．天津：南开大学出版社，2015.

提高大学课程案例教学趣味性的探讨
——以"新产品开发"课程为例

张 蕾 刘世雄
（管理学院市场营销系）

【摘 要】"新产品开发"是一门综合性学科，涉及知识面广、科学性强，选课学生的专业背景也存在明显差异，有一定教学难度。本文主要介绍"新产品开发"课程案例教学的设计思路，强调自然科学与人文社会科学的有机融合，进而提高课程趣味性，激发学生的创新思维，改善教学效果。

【关键词】新产品开发 案例教学 自然科学 创新

一、课程简介

新产品开发是指新产品构思、研制、生产和销售活动的全过程。产品是企业赖以生存和发展的物质基础，在日益激烈的市场竞争中，企业之间的竞争在很大程度上就表现为产品之间的竞争，产品的竞争促进了新产品的开发[1]。"新产品开发"是技术与艺术紧密结合的课程，综合性极强，在学科内容上交叉整合了营销学、社会学、经济学、知识产权、产品研发、工业设计等相关领域。本课程的教学目的是在理论知识的指导下，提高学生理论联系实际、综合运用已学知识的能力，培养学生的创造性思维[2]。

二、选课情况

回顾近三年来"新产品开发"课程的选课情况，非主修专业的学生所占比例分别为23%、25%和34%，其中主修自然科学类专业的学生所占比例分别为77%、57%和75%。这些非主修学生的主修专业，人文社科类主要有金融学、广告学、社会工作、电子商务、法学、汉语言文学、日语等；自然科学类则有光信息科学与技术、工程管理、机械设计、制造及其自动化、交通运输、通信工程、材料科学与工程、生物医学工程、测控技术与仪器、海洋科学、集成电路设计与集成系统、环境工程、应用化学等30多个不同的专业。学生知识背景的差异，特别是自然科学专业学生的加入，对任课老师而言既是一种挑战，也是一种机遇。

笔者曾询问过学生们在上第一次课以前对"新产品开发"这门课的看法，主修专业的学生普遍认为"听名字觉得很枯燥、无趣"；非主修专业的文科生多是因为"对这个领域比较感兴趣"，但"又怕理工类学院开设的课程听不懂"，将此课当作某种入门级的开发与设计的课程；非主修专业的理科生则主要认为“感觉跟工业设计差不多”，“就是来听听看有什么不同的”。这些有趣的观点对课程的教学内容设计和教学方法选择都有所启发。

三、教学方法

目前，纯灌输式的教学方法，沉闷、压抑的课堂气氛已经很少见，但就笔者的教学体验而言，仅仅依靠生动形象的多媒体教学也还是不够的，这种知识讲授形式可以激发学生的兴趣，上课时学生们似乎也听懂了，但并不一定能形成完整的知识体系和顺畅的思维逻辑，一旦遇到实际问题还是无从下手。现代的教育理念更强调提高学生的综合素质，教学的目标不只是单纯的传授知识，更是提高学生分析问题、解决问题和创新创造的能力。所以，在教学过程中，应强化学生的参与感和参与意识，充分调动学生的学习积极性，发挥主观能动性，并最终提高教学质量，改善教学效果。

对此，“新产品开发”课程主要采用的是案例教学的方法，在案例教学的基础上辅以启发式互动，希望能形成一种“以学生为中心，研究性、探索性、协作性学习”[3]的氛围。案例教学主要是把实际中真实的情景加以典型化处理，通过独立研究和团队讨论，进一步提高学生识别、分析和解决具体问题的能力，同时培养学生正确的设计理念、工作作风、沟通能力和协作精神。启发教学则主要是遵循学科规律，因材施教，教师把握核心知识，而后，以问启之、以问导之，循序渐进、由浅及深，促进学生自主、自由地思考，加强对学生实际操作能力和创新思维能力的培养。

所以，授课教师需要选择、开发和设计大量翔实的案例材料。本课程教学案例的来源主要有公开出版的期刊书籍、任课教师的学术项目、国际设计大赛作品、创新产品推介型网站、国内外众筹网站、学生的设计报告等，当然对某些产品、企业、行业的长期追踪、记录、分析和提炼也是必不可少的。

新产品开发是一项复杂的系统工程，涉及面广、科学性强，对案例的要求也更为严格。案例的内容应具有系统性和综合性，能巧妙整合教学内容，有序衔接理论知识点（知识点数量适中，彼此之间有一定的逻辑关联）；案例的内容应具有针对性和代表性，能着重提高某些方面的知识和能力，并易于举一反三、融会贯通；案例的内容应难易适当、文理交融，能充分启发学生，提高学习的趣味性和成就感[2]。

其中，“文理交融”是一个关键点。虽然，与理工类学院所开设的“产品开发”“工业设计”等课程不同，“新产品开发”强调以市场需求为导向，侧重对整个开发过程的管理和决策，但自然科学技术在新产品开发中起着相当重要的作用，是授课过程中无法回避的内容。对主修学生而言，一语带过这些专业知识可能会使得他们无法真正感受案例中的冲突、变革和决策所蕴含的力量，但过多的知识介绍又可能会让学生觉得浪费时间，甚至让教学偏离主题。所以，自然科学知识点的选择、出现的时机、难易程度、处理手法，如何与连贯的管理学知识点有机融合，这需要反复揣摩和试炼。

四、案例教学设计

（一）开篇案例

在第一堂课正式讲授理论知识前，先进行一次案例分析。这时多数学生对课程还没有概念，对新的班级成员也还不太熟悉。开篇案例所选择的产品、企业或行业应该非常贴近生活，并富有趣味性。以“马桶”这项产品为例，任课老师先通过多媒体，用音视频资料展示产品的发展变迁历程，在介绍的过程中，突出每次变化的目的，为本课程的市场导向埋下伏笔，也将本课程对新产品的界定渗透其中，同时辅以流体力学、人体工学、设计美学、医学等多元化知识的生动介绍，帮助学生适应文理交融的知识架构。而后，将主动权交给学生，请大家各抒己见，根据自己的需求开发新的马桶。在这种轻松自由的环境下，课堂会非常活跃。不断有学生提出自己的设想，有些脑洞大开的设计惹得大家哄堂大笑，而有些非常有创意的设计也会激发学生的共鸣或质疑。老师则需要总结和提炼这些想法所涉及的知识点，引导大家发现不同专业背景的学生所考虑的关键问题明显存在差异。开篇案例所做的铺垫能让学生更直观、深刻地理解本课程的侧重、导向、特点和学习内容，也为教学营造了良好的氛围。

（二）章节案例

针对一些逻辑体系完整、知识点众多的教学内容，在理论讲授完成后，可以安排一些系统案例研究，这些案例所选择的企业学生可能并不陌生，甚至曾在其他课程中接触过，但由于是新产品开发的切入点，能让学生从全新视角审视，对案例的认知也能更全面。例如，围绕“产品开发决策”这一主题，以三星电子为例，由老师分配主题，学生自行组合为 3 ~ 5 人小组，组员文理搭配，进行课堂前的资料收集与阅读、分析，以及课堂上的介绍、讨论甚至辩论，最后，老师进行总结和提升。在此过程中，老师可以在恰当的时机抛出一些人文社科类和自然科学类的问题（非主修学生的加入，让这些问题几乎都能得到回应，保证课堂节奏），引导学生通过回答问题调整或串联思路，将讨论向深度和广度发展。学生对问题的回答往往运用非常朴实易懂的表述，是学生自己的语言，交流效果好，参与度高。此外，在理论讲授的过程中，应运用大量的小案例，促进学生主动思考。例如，在“创新与创意”这章中，就先后介绍了“可以不打针的微针胶囊”“100 天不用洗的衬衣”“可正反穿拖鞋”“泡面便利叉”“可穿戴座椅”“夜光洗手间”等十多项来自于红点设计大奖和众筹网站的新产品，然后请学生点评。这些小案例往往对应某个或某些知识点，有助于学生掌握相关的理论知识和思维方法。

（三）案例集训

在学期末，可以专门留 2 ~ 3 个学时对学生进行新产品开发的集训，帮助大家回顾知识脉络、梳理开发过程、把握不同阶段的关键决策点。对于集训案例的选择，学生最感兴趣的是前几届同学的设计报告。笔者发现，总有一些学生的创意陆续成为现实，所以会留意整理这些被“实现”了的设计报告。例如，考虑到南方的多雨天气，几乎每届都有学生设计伞面可变化的雨伞，主要是在伞面的材料和结构上做文章，而近年来，中国、韩国、法国等地都有设计者在研发或试销空气伞（气流伞），原理是用空气取代面料，在手杖顶端形成一个圆顶气流，让雨水不得近身。针对相同的目的，运用不同的技术手段。考虑到国人的饮食问题，有学生设计了一款可以自主记录摄入饮食和集成了中医把脉技巧和脉搏感应装置的膳食均衡腕表，近年来也出现了可穿戴 AIM 和可穿戴针式按钮 eButton，通过摄像头分析食物并记录用户进食时的咀嚼次数来估算进食量。如 3D 家具定制、网上试衣间、在线导游 App、蓝牙寻物仪、变温水杯、可替换鞋跟等创意更是已经被完全实现了。将这些设计报告和后续的发展情况整合在一起作为集训案例，请学生分析、比较和改进，这样非常完整和直观，也能让学生意识到新产品开发甚至是开发成功并不像想象中的那么遥远。

图 1 气流伞 2050

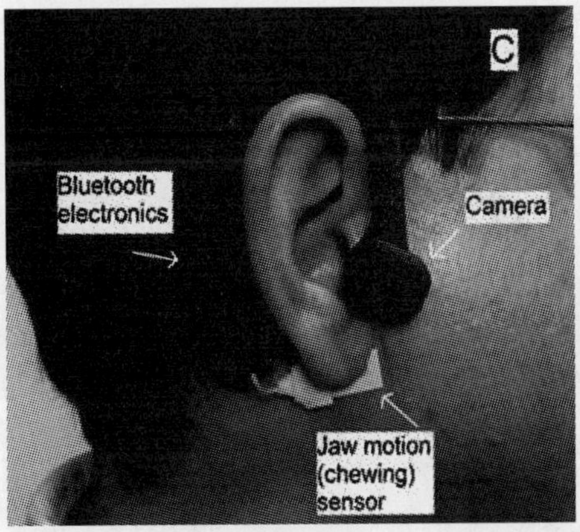

图 2 可穿戴 AIM

（四）设计报告

“学以致用、用以促学、学用相长”是教学的重要目的[4]。所以，设计报告不可或缺。由每个学生小组自主选题，分工合作，完成一项新产品的开发，包括创意的形成、方案筛选与评价、产品概念的形成与评价、产品研制和开发、商业化五个步骤，总历时 4～6 周。分组时的文理搭配能形成知识互补，保证新产品开发在一定程度上可行。在案例集训中的各种感触也能激发学生“我能做好”“要做，就好好做”的信心和决心。深大学生创新和创业的意识都非常强，有些小组甚至是把这个课程报告真的当作一项事业在做，反复多次地跑各大商圈卖场做调研、做试销，乐此不疲。报告完成后，各小组需要对全班同学做介绍和展示，老师和其他同学提问，汇报小组回答，最后老师点评和总结。

五、结语

创造理论证明，引发创造力的内部动机是乐趣、激励和刺激。在设计教学内容和方法时，应该将学生置于教育教学系统的核心，营造自由、轻松、包容的学习氛围，构筑多元化的知识体系，充分调动其学习积极性、主动性和独立性，挖掘学生自主、快乐学习的潜能，培养学生的创新能力和首创精神。

参考文献

［1］任君卿，周根然，张明宝．新产品开发．北京：科学出版社，2010.

［2］吴素香，魏颖慧．案例教学法在中药新产品开发教学中的应用．药学教育，2013，29（3）：53～55.

［3］屈文涛，宋红，徐剑波，冀婷．产品开发设计课程群教学方法与手段的改革与研究．中国电力教育，2010（35）：92～93.

［4］吴丹，丁甜，罗自生，叶兴乾，郭亚芳，吴晓琴．开放式食品新产品开发实践教学模式探索．安徽农业科学，2015，43（10）：372～373.

关于推进高校本科研究性教学的几点思考
——以科研短课为例

刘　筱
（管理学院公共管理系）

【摘　要】当前我国高校受传统教育理论的影响仍然存在，但是高校本科教育改革已在我校开展，其中科研短课的设立则为教学改革提供了重要的实践参考。本文以科研短课为例分析了研究性学习不同阶段的特点和适应范围，同时针对科研短课，提出了相应的教学策略与方法，为今后更深入的教学改革提供了参考。

【关键词】本科教育　研究性学习　科研短课

一、前言

当前我国大学课堂的教学方法基本上采取的是“讲授＋多媒体课件（PPT）”的形式。讲授式教学以传递信息为主，容易完成既定教学任务，便于评价，教师按照教学程序严格地组织教学活动，控制着课堂。这种单一讲授法和整齐划一的教学活动忽视了学生的主动性和个体差异性，难以做到因材施教、培养出创新人才。针对此种现象，深圳大学于近几年开设了针对本科生有时间弹性的科研短课，为本科教学创新提供了新的思路。

教的作用包含两个方面的内容：一是学生要置身于与所研究的问题相关的事物之中，即真实的事物而非书本或讲授的。使学生置身其中，方能使之继续思考并对认知的事物得出自己的结论；二是让学生阐释他们的理解，教师要力图去理解他们的阐释而不是直接向学生讲解事物。学生只有投入到某个事物中，才会尽力对它进行思考和理解，在进行阐释的过程中，才会发现哪些现象能给予他们启迪。教学即研究，也就是说，研究性学习指学生围绕中心主题发现问题、提出问题，以小组学习作为主要组织形式，以自主、合作的方式进行的探索、实践和开放的课程研究。而科研短课正是以此为方向开展教学设计。比如，一般短课人数为8～15人，1～3个小组单位，同时依托具体的导师科研项目，研究问题、研究技术手段与研究路径等都相对明确，在学习过程中教师的角色从知识的权威传授者转化为与学生进行课题研究的合作者、组织者和引导者，因而可以在相对短的时间内引导研究基础相对薄弱的本科学生领会如何开展研究。

教育学家贝恩认为，杰出的教师应当具备以下几种能力：以学生为出发点而非以自身的学科为出发点，侧重培养学生的思维；有能力抓住并保持学生的注意力；在课外也愿意帮助学生；善于创造学习体验情境。美国芝加哥大学校长罗伯特·芝莫尔在第四届中外大学校长论坛上指出：教育的目的是教会学生思考、创新、发明创造和掌握知识。而在中国的传统教育中，师生之间的关系是不对等的，教学过程的控制者是教师、教学活动的组织者是教师、教学内容的制定者和学生学习成绩的评判者也是教师，教师是绝对的权威。而在经过了从小学到中学的12年传统教育后，试图迅速让学生适应大学教育方法，显然需要系统地引导。大学的教学活动不是纯粹的人类知识和经验的传授与复制，而是有目的地引导学生学会认知，学会探究世界的方法的活动，是不断接近人类认识世界的实践。因此，自主学习并从中发现问题、解决问题、寻求创新是大学教育的目标与使命。而大学教师也因此不同于中小学教师，他们不仅仅是传授知识，更是要教会学生如何思考。学校的最高价值观不是尊重权威，而是自由开放、严谨求索。不论是教师还是学生，应习惯去挑战他人提出的假设，习惯于提出疑问，别人对自己的观点和分析有异议，也要能够倾听。

二、研究性学习阶段分析

授课教师通常采用的是课堂讲授式教学模式，教师用口头语言和多媒体课件连贯地向学生描绘情景、传述事实、解释概念、论证原理和阐明规律，学生被动地接受，这是目前广泛应用的课堂教学模式。在新媒体时代，课堂已不是知识的唯一来源，教师的作用更多的是传授研究方法和训练思维技能，指导学生如何查找、分析、比较、批判性地利用各种信息。教学模式就是学习模式，帮助学生获得信息、思想、技能、价值观、思维方式及表达方式，提高学生更有效地进行学习的能力，使他们既获得知识技能，也掌握学习过程。而科研短课正是这种以学生为中心、以研究方法传授、以研究思维引导为目标的教学模式，这种教学模式提升了学生的主动性与创新性。

（一）描述型研究学习阶段

描述型研究学习是以培养学习者问题意识、批判性的思维技巧以及认识问题能力为主要目标的学习。在教学过程中可采用个体自主研究方式或小组合作研究方式，通过收集文献资料以及相应的社会调查、观察等不同的研究方法去寻找相应问题具体“是什么”。这种研究性学习属于初级阶段，适用于前期的、基础的学习阶段。重点在于引导学生学会收集文献资料，并根据具体情况选择恰当的研究方法开展问题导向的研究。在科研短课的教学过程中，通常这一阶段处于学习初期，在与学生互动中提出问题，则重点向学生传授如何收集和整理资料，并探讨基本的研究方法类型与特征以及各自的适用范围、优缺点等，并引导学生针对不同的问题采用不同研究方法以全面描述问题。

（二）解释型研究学习阶段

解释型研究学习阶段属于提高阶段，集中关注某一概念或原理，采用相关的研究工具和研究方法对具体研究问题进行分析，试图回答“为什么”。学生自主探究或与他人协同合作，自主地进行知识的整合与建构。在科研短课学习中，教师的作用在于引导学生建构分析问题的框架，尤其是理论如何具体应用于研究中。在此过程中，学生完成了自身对知识的建构，同时也促进了学生对现实生活中复杂概念和技能的掌握。

（三）探索型研究学习阶段

探索型研究学习阶段是学习的最高阶段，它是以前两种学习模式和学习阶段为基础的更进一层的研究学习。强调学生能以现有研究为基础，寻找创新点。重点不在于分析问题，而是开拓新的研究领域或视角。在科研短课学习中，本教学阶段因人而异，具体与每个学生的研究基础和研究悟性有关，与创新思维能力有关，也与学生所拥有的知识体系有关。事实上学生的知识面越广，越能在相同的问题中发现不同的研究方向或是解决问题的思路。多学科交叉和碰撞极大地促进了探索性研究。

三、研究性学习的教学策略方法

大学教师不仅教授有关学科的内容，而且也传授思维方式和价值观。教师通过创设类似科学研究的情境和途径，组织教学过程从而引发学生的兴趣、促进学生对目标知识的理解、支持学生之间和学生与老师之间的合作、通过指导学生的研究性学习来完成教学任务。

（一）研究性学习中提出自我目标和提高自我意识

通过鼓励的方式，让学生来确定课堂学习目标，促使学生了解学习的目标，以激发和保持他们的学习动机。并非每一门课程对每一位学生都有相同的价值，教师应使学生明晰课程教材对实现他们的教育目标、个性目标、社会目标和职业目标的意义，激发他们的学习动力和学习积极性。学生需要学会如何处理不同目标，了解平衡多种目标的必要性，要协调成绩目标与学习目标。教师应通过教学策略使学生对自己的学习方式的总体特征，以及为完成学习任务所采取的特定行为进行反思。进行时间管理和掌握学习方法，增强学生的自我意识是开展有效的策略教学必不可少的。以笔者的科研短课为例，由于课题本身的创新性特征，要求学生在收集文献资料上要重点关注外文文献，因而对于部分学生来说，在中文文献整理的基础上，读懂外文并能进行文献梳理则是其最主要的目标。

（二）研究性学习中要关注先前知识和思维模式

理解和解决某一领域的问题，需要相关知识作前提，与新信息之间创建类比的关系，可以促进新理念或新技能的学习。我们应该努力在课堂中构建学科思维模式和学习策略模式。研究性学习中教师应该传授一般性的思维方法，这些一般性的思维方法是理解教学内容的前提，帮助学生从现有的知识结构转到更精确和更高级的知识结构；许多大学生用同样的方法学习所有课程，因此必须明确地讲授与课程特定领域有关的学习策略。比如科研短课需要用两节课的时间将研究背景和与学科专业的关系进行梳理，同时引导学生进行创新性思维。

（三）研究性学习过程的管理控制和情绪控制

大学课堂研究性教学的一个重要因素是管理控制，教师要帮助学生开展、保持和评价学习，即从头（确定学习目标）至尾（学习结果）对学习过程进行管理，以提高学生的学习效能和效率，如：确定学习目标，在目标完成过程中及时提醒，制定未来完成任务所需的有效策略组合等。教师可以通过鼓励学生分享其成功学习案例，帮助他们掌握自主学习。学习的中介是思维，学习的结果源于思维的过程。思维在学习过程中发展，但需要相应的方法或技术来支持，不同的思维类型适合不同的研究性活动。在短课学习过程中，因为每一位学生的掌握程度不同，基础不同，因而对于问题的分析存在一定的差距，又由于班级规模有限，因此要求老师对每一位学生都能有针对性、关键性的认识，控制好情绪、控制好过程指导是提升教学水平的重要途径。

参考文献

［1］周远清．周远清教育文集（三）．北京：高等教育出版社，2007.

［2］［美］威尔伯特·J. 麦肯齐．麦肯齐大学教学精要——高等院校教师的策略、研究和理论．徐辉译．杭州：浙江大学出版社，2005.

［3］王秀华．高校研究性教学课程评价体系构建研究．高等理科教育，2012（2）：91~95.

［4］钱国英，徐立清．创新能力与高校教学方略——本科研究性教学方法的策略与实例．北京：高等教育出版社，2010. 43~48.

香港大学本科课程体系特色及启示
——以社会科学学院为例

罗文恩
（管理学院公共管理系）

【摘　要】课程体系建设是本科人才培养与教育的核心工作之一。本文以社会科学学院为例，对香港大学本科课程体系进行了简要介绍和分析。笔者认为，港大本科课程体系有三个特色：①强调“术有专攻”和“学以致用”，循序渐进培养专业人才；②重视搭建跨学科的知识体系，多管齐下培养复合型人才；③注重开拓学生的国际视野，培养“全球公民”。这些特色值得内地高校在拟订本科人才培养方案时考察和借鉴。

【关键词】课程体系　跨学科　循序渐进　国际视野

香港大学是香港特别行政区历史最悠久、声誉最高的高等学府之一，根据国际高等教育研究机构 Quacquarelli Symonds（QS）2014—2015 世界大学排名可知其全球排名第 28 位。作为世界知名学府，港大在本科课程设计和素质教育方面也独树一帜，值得内地高校参考和借鉴。本文对港大社会科学学院的本科课程体系进行介绍和分析，期望对我校和学院本科教学改革及质量提升有所裨益。

港大社会科学学院成立于 1967 年，包括地理学系、政治与公共行政学系、心理学系、社会工作与社会行政学系以及社会学系五个系，是港大最大的文科类学院之一，2014—2015 年度一共有学生 3 209 人，其中本科生 1 472 人[①]。社科学院还设立了 6 个跨学科中心以及 1 个社科研究服务中心。这几年港大的本科课程体系正在由三年制向四年制转变，因此目前的本科生培养体系（undergraduate programme）既有全日制四年课程，也有少量全日制三年课程。社科学院的本科全日制学位课程包括社会科学学士、社会工作学士、社会科学学士（政府与法律）、新闻学学士等。此外，社科学院亦与其他学院联合举办了一些五年制双学位课程，包括与法学院联合开展的社会科学与法学双学位课程，与教育学院联合开展的教育学与社会科学双学位课程，以及与经管学院联合开展的工商管理学士（国际商业和全球管理）课程。

需要说明的是，香港本地高中生参加香港大学联招（JUPAS，即香港“高考”）考试时，需要填报上述学位课程的代码，也就是在入学前必须先选好“专业”。因此跟深大不同，不存在入学第二年才分专业的情况。港大及社科学院每年都会公布详细的课程信息（例如招生人数、培养方案、就业前景、师资等）供考生参考，让学生充分考虑之后选择心仪的课程体系深造。下面笔者对社科学院招录人数最多的四年制社会科

① 数据来源：香港大学社会科学学院网站，http：//www. socsc. hku. hk/statistics. html 。

学学士课程（Bachelor of Social Sciences 4 - year curriculum）作简单介绍[①]，并结合其他专业课程归纳港大本科课程体系的一些特色。

概而述之，四年制社会科学学士课程体系包括三个模块：校级课程（University Requirements）、专业主修（Disciplinary Major）和自选/其他主修/次修（Free Electives / Other Major / Minor），总计需要修满240个学分[②]。校级课程包括语言类课程和公共核心课（Common Core Courses）两个子模块，一共54个学分。语言类课程包括大学英语、专业英语和中文提升课，每门6学分，符合一定条件的学生可以申请免修。公共核心课程包括六门跨学科的基础课，一共36个学分，必须在前三年修完。港大公共核心课程与深大全校公选课类似，可供学生依据自身兴趣爱好灵活选课。不同之处在于，港大公共核心课程强调模块化，分为四大课程领域，包括科技文化（Scientific and Technological Literacy）、人文学科（Humanities）、全球议题（Global Issues）以及中国：文化、国家与社会（China：Culture，State and Society）。学生每个学期必须选一门公共核心课，但同一学期每个领域最多选一门，其目的是敦促学生跳出专业藩篱，涉猎广博的科学人文知识和了解全球人类社会的运作。

专业主修课程包括五个子模块，分别是入门课程（Introductory Course）、先修课程（Pre - requisite）[③]、高级课程（Advanced Course）、综合课程（Capstone Requirement）[④]和社会创新及全球公民课程（Social Innovation and Global Citizenship）。学生必须修满不低于96个学分，并且须在中国研究、地理、政治与公共行政、心理学、社会工作与社会行政以及社会学六个学科中选定一个主修的专业。以政治与公共行政学科为例，入门课程是"理解政治学科"，先修课程则是从比较政治、国际关系、政治理论和公共行政四门课中选择两门。高级课程学生可以从政治与公共行政学系提供的课程中选择，但必须包括一门政治学研究方法课程。综合课程只能在第七或者第八学期选择，学生可以在"政治与公共行政研究实习""政治与公共行政指定项目"两门课中选修一门来取得学分。社会创新实践课和全球公民实践课是社科学院推出的两门特色校外实践课，分别有12个学分。社会创新实践课目的是希望学生通过亲身经历和获得一手资料来加深对社会议题的理解。学生可利用寒暑假或者其他时间在香港或者其他地区到当地机构参与实习来完成课程。全球公民实践课旨在赋予学生知识、技能和价值观，培养学生成为"地球村"公民的活跃分子。学生可通过全球公民实习、全球公民暑期训练营、海外交换生项目或者学院认可的其他暑期项目等三种方式来完成课程，但必须在香港之外的地区学习或者实习才能拿到学分。

自选/其他主修/次修课程包括两个子模块，分别是跨学科主修课程（Multidisciplinary majors，72个学分）和次修课程（Minors，36个学分）。社科学院提供的跨学科专业课程包括认知科学、刑事学、咨询、全球学习、媒体和文化学习以及都市治理六个

① 根据港大社科学院的招生简章，2015—2016年度社会科学学士课程招录人数为195人，其他学士课程合计招生人数为136人。

② 港大的一门课（course）通常是6个学分（credits），因此240学分大约需修40门课。

③ 一些专业课程体系已会把先修课程并入到入门课程里面。

④ 与大陆的毕业设计类课程类似，即要求学生综合运用学科知识来解决问题。

领域，学生可以选择其中一个领域来学习。另外，学生亦可以选择其他学院的专业课程。

为了帮助大家更好地了解港大社会科学学院的本科课程体系的特色，笔者亦查找了社会工作与新闻学的课程体系。社会工作学位的校级课程同样包括语言课程和公共核心课程，如表1所示。专业课程方面，包括36个学分的入门核心课程和96个学分的高级核心课程，以及12个学分的选修课程。高级课程中大部分是实践类课程，例如社工实践实验室、社工实践基础、高级社工实践、岗位实习课（Field Work Placement）等。此外，该课程体系还包括每学年选修若干学分的“自选”课程（见表1）。

表1　香港大学四年制社会工作课程体系的结构

第一年	入门核心课程 （30学分）	语言课程 （6学分）	公共核心课程 （18学分）		自选 （6学分）
第二年	入门核心课程 （6学分）	语言课程 （12学分）	公共核心课程 （12～18学分）	专业选修 （6学分）	自选 （0～6学分）
第三年	高级核心课程 （48学分）		公共核心课程 （0～6学分）	专业选修 （6学分）	自选 （18～24学分）
第四年	高级核心课程 （48学分）				自选 （12学分）

新闻学学位课程如表2所示，其校级课程要求与社会工作专业类似。专业核心课同样包括入门课程、高级课程和选修课程三个层次。该课程体系的一个特色是，学生除了主修新闻学之外，还必须修满72～90学分的第二专业课程。

表2　香港大学四年制新闻学课程体系的结构

<table>
<tr><td>第一年</td><td>语言课程
（6学分）</td><td rowspan="2">第二专业
入门课程
（18学分）</td><td rowspan="3">公共核心课程
（36学分）</td><td rowspan="4">自选
（18学分）</td></tr>
<tr><td>第二年</td><td>入门核心课程
（24学分）
语言课程
（6学分）</td></tr>
<tr><td>第三年</td><td>高级核心课程
（48学分）</td><td rowspan="2">第二专业
高级课程
（54学分）</td></tr>
<tr><td>第四年</td><td>全球公民身份
（12学分）
专业选修
（24学分）</td><td>新闻学暑期实习（12学分）
综合课程（6学分）</td></tr>
</table>

通过对上述课程体系的分析，笔者认为港大社会科学学院的本科课程体系设计有如下三个特色，值得我们关注与参考。

特色一：强调“术有专攻”和“学以致用”，循序渐进培养专业人才。社科学院的课程体系都有明确的专业培养目标，并且根据培养目标来构建层次分明的专业课程体系。无论是新闻学、社会工作，还是政府与法律课程体系，都体现了鲜明的专业特色。即使是社会科学这一看似综合的课程体系，学院亦要求在政治与公共行政、心理、地理、社会工作等领域选择一个主修专业。专业课程的阶梯建设亦做得比较好，每个专业入门课程、先修课程和高级课程，都会在教学制度中清晰罗列出来，并要求学生依次学修。同时，课程体系也要求学生“学以致用”，不少高级专业课程都要求学生到机构实习，或者运用专业知识解决实际问题。社科学院的两门特色课程——社会创新和全球公民身份，也要求学生必须到校外参与培训或者实习才能拿到学分，鼓励学生融入社会，了解不同的区域和文化特色。

特色二：重视搭建跨学科的知识体系，多管齐下培养复合型人才。社科学院设置了不少专业的课程体系，例如广受学生欢迎的社会科学学士（政府与法律）培养体系，同时提供了政治与公共行政学系和法学院的专业核心课程。学生完成其五年制的课程更可以拿到社会科学学士和法学学士双学位。除了法学院外，社会科学学院亦与教育学院、商业和经济学院等联合开设了五年制双学位课程。一些四年制的课程体系同样也强调学习多学科的知识。例如新闻学学士课程除了主修专业外，还要求学生必须选择一个“第二专业”。社会科学学士课程，则要求学生同时选择一个专业主修和一个多学科主修。另外，港大的每一个课程体系通常都包括 36 个学分的公共核心课。通过选修其四大领域的通识课，有助于学生打破专业壁垒，结识来自不同学科背景的伙伴。

特色三：注重开拓学生的国际视野，培养“全球公民”。港大的本科学生国际化程度较高，除了来自中国香港和内地的学生外，亦有不少来自韩国、日本、中国台湾等亚洲国家和地区，以及欧美和拉美地区的学生。多元文化背景下，学生能够更客观、理性地看待当今全球社会的发展。除招生外，港大的课程体系设计亦凸显全球元素。例如公共核心课程的四大领域之一即为“全球议题”，开设了大量的有关全球经济、政治及社会文化的课程。社会科学学院的“全球公民”实践课程，更是鼓励学生走出香港地区，亲身感受与体验全球各地差异化的社会文化。

由于起步晚、起点低，加上过去十余年大规模扩招，国内高等院校的教育质量一直饱受诟病。尽管影响教育质量的因素很多，如教师素质、硬件和软件建设、师生比、生源质量、授课方法等，但课程体系的设计往往起到提纲挈领的作用。学习与考察境外高水平大学的人才培养模式和方法，有助于我们找出差距，少走弯路。希望他山之石，可以攻玉。

对电子商务案例分析教学的探讨

张灵莹　冯元粤　王　辉
（管理学院管理科学系）

【摘　要】互联网与信息技术的飞速发展使得电子商务的案例层出不穷。对电子商务案例的分析与教学是电子商务人才培养的核心，是将电子商务理论知识与实践应用相结合的最佳着力点。本文对深圳大学管理学院“电子商务案例分析”课程的课程建设及教学经验进行了总结与梳理，旨在为同类院校的电子商务案例分析教学活动提供行动参考及经验借鉴。

【关键词】电子商务　案例分析教学方法　实践探讨

电子商务的创新发展及其对传统行业的强有力的渗透，造就了许多新型的电子商务类企业，也极大地促进了多种行业的颠覆式发展。因此，各行业对电子商务人才的实际需要也随之发生了一些改变，提出了一些新的要求。而作为培养电子商务专门人才的高校电子商务专业，在人才培养上，必须把握社会经济和管理的发展趋势，提前布局和着手实施对创新电子商务人才的培养，以便使我们的学生能够符合电子商务发展对人才提出的创新能力要求。因此，为培养出能够与时俱进的复合型电子商务专业人才，在充分学习相关理论的基础上，我们的培养内容还必须充分考虑行业发展以及企业创新对电子商务人才提出的实际需要和新的综合能力要求。

总的来说，这种新的要求，不但要求我们培养的人才要掌握电子商务领域发展前沿的互联网和信息技术，还要学会如何利用这些互联网及信息技术实施企业的电子商务战略、帮助传统企业进行互联网升级改造，使互联网成为企业进行价值创造的重要渠道，提升企业的竞争能力。而作为电子商务专业的学生，应该具备较强的创新精神和不断学习的能力，以及具有面向互联网未来发展的规划、实施电子商务项目的全局掌控能力乃至创业能力，真正成为能够在未来电子商务相关领域获得提升和发展的复合型人才。

一、案例分析教学在电子商务人才培养中的作用日益重要

尽管在企业管理领域涌现的管理理论与管理经验大都是国外专家学者以及国外企业的发展经验，但不可否认的是，与国际企业相比，中国企业在电子商务领域的发展不容忽视，一些具有中国典型发展特色、甚至具有企业发展典型意义的中国企业已经享誉世界。所以，在培养电子商务人才的过程中，如何将电子商务的管理理论与企业的应用实践相结合，特别是，能够密切联系当下中国乃至世界互联网以及电子商务企业的实际发展以及未来企业的发展趋势，进行人才培养，值得我们认真思考，并通过课程建设具体实施相关的培养计划。

在电子商务专业培养计划体系中，案例分析教学始终是将学生所学理论知识与电子商务实际应用相结合的最佳着力点，贯穿于多项电子商务专业课程的学习过程中。不仅如此，为了培养学生综合运用所学的电子商务技术与经济管理理论知识发现问题、分析问题、解决问题以及提出创新的发展思路和解决对策的能力，依据国家教指委提出的电子商务专业能力模块的建议，我系专门构建了一门综合性电子商务应用与实践分析课程——“电子商务案例分析”。通过“电子商务案例分析”课程的教学，应能使学生对如何运用恰当的技术手段和管理方法来解决电子商务领域的现实问题、确定适应企业发展的商务模式有全面且深刻的理解；同时通过案例学习中团队合作式的分析与学习过程，培养学生的管理理念、工作作风、沟通能力和协作精神，为将来在电子商务领域的实践工作做好更完善的准备[1]。

二、“电子商务案例分析”课程特色与教学思路的确立

随着互联网和新兴技术的发展，电子商务以极快的速度向各个领域渗透，各类电子商务应用行业和领域不断扩展，商业模式日益多元化，企业运营也在不断进行改进和创新。所以，相关的电子商务企业案例的分析内容必须与时俱进地进行补充和修缮，需要结合电子商务和企业发展的实际进程，对内容进行不断更新。同时，还应该关注创新的互联网与电子商务的应用模式。尽管有些还处于发展的萌芽状态（或起步阶段），但只要顺应了价值创造的规则，可能其在不远的未来会有重大的发展前景。而这样的案例研究，对于培养学生的创新精神以及锻炼其勇于探索和实践的能力都会大有裨益。

“电子商务案例分析”是一门涵盖整个电子商务专业知识体系，以案例教学为核心教学手段的课程。该课程通过深入剖析电子商务企业案例、引导学生了解和掌握不同类型电子商务运营、管理等过程中的问题、战略措施、实施手段以及发展成效，培养学生自主分析问题、解决问题的能力，帮助学生将其所学的电子商务理论方法对企业应用实践进行综合化分析的一门偏重电子商务实战性的课程。

尽管有关案例分析的教学研究已有不少论述，其中也包括不少有关电子商务以及电子商务案例分析的研究[3]~[8]。但是，本文认为是否能够充分利用案例分析的教学方法来达到培养创新型电子商务人才的目标，需要从确立正确有效的电子商务案例分析教学思路着手。

在相关研究文献中，王凯风[1]的研究具有一定的借鉴意义。通过参考美国教育学家戴维·H. 乔纳森（David H. Jonassen）基于建构主义学习环境（CLEs）的设计模型，王凯风提出了“电子商务案例分析”教学的核心思路：将分析、解决现实问题的过程作为培养实践能力的渠道；以教学案例作为引导学生发现、分析并解决问题的工具，甚至可以引导学生代入案例所涉企业成员的角色，构建更接近真实商务活动的学习情境；在基本教学案例之外，要进一步指导学生开展相关资料的收集、整理、分析工作，并鼓励学生以案例研究团队的形式进行协作和自我管理；案例教学还必须紧密地联系社会和行业的最新发展状况。围绕这一思路，教师可以更好地利用现有教学资源，设计出更有效的课程教学方法体系。

三、“电子商务案例分析”教学关键内容把握

首先，教学案例的选择应与时俱进，根据企业的最新发展进行资料更新。尽管需要分析其发展历史经验，但也不应忽视其当下的发展策略对其未来的决策影响；其次，应注意教学资源的建设，特别是应充分利用互联网进行案例资源整合，通过师生共建，在帮助学生更有效地进行案例企业分析研究的同时，也注重对案例企业发展资料的保存和积累；最后，为培育和提升学生的创新应用能力，还应该寻找教材以及资源库没有的、面向未来技术与市场前景的、新型的互联网应用与电子商务类企业案例，进行分析、研判与预决策研究，培养学生的创新精神与创业能力。

1. 教学案例的选择

由于教材编写与出版的时间跨度大，导致现有出版的很多高校电子商务案例分析教材中的案例存在一些局限和不足。一些在编写过程中精选的成功案例，随着电子商务市场的变化与企业的发展，逐渐不能反映当前企业电子商务发展的实际情况，这就导致教材上的案例失去了一定的分析价值。因此，在这种情况下需要教师根据实际情况，调整教学内容来适应电子商务的快速发展。教师应提前做好充分准备，适时更新案例内容，补充企业发展最新资料，或根据电子商务市场和企业发展的新情况，选择一些新的、有代表性的案例进行分析。

2. 教学资源库建设与资源的集成应用

为弥补教材案例的局限与不足，我们在 2011 年获得中央财政支持的“电子商务创新创业实验室”建设规划设计时，就提出构建基于互联网的电子商务案例资源库建设的方案。建设之初，经过学科论证以及市场选择，购买了由南京财经大学与奥派公司联合制作的“电子商务案例库”，并在 2013 年 10 月，经过与软件公司的协调，促使南京奥派公司为我校电子商务创新创业实验室安装了网络版的案例库（第二代），其主要目的就是为了弥补“电子商务案例分析”教材中案例内容的时间滞后造成的分析价值的损失，以便能够更好地利用网络资源，及时补充完善案例资源信息。

经过我系 2014、2015 年连续两年的教学实践，我们又发现此案例库的更新还是无法赶上现实企业电子商务的发展，特别是缺少最新的企业电子商务应用模式的资料，以及最新的企业电子商务应用与行业发展的案例分析，这与我们试图希望通过案例分析教学培养学生创新能力以及面向未来分析解决电子商务相关问题能力的培养目标仍然存在一定的差距。因此，作为任课教师，还需要结合最新的电子商务发展现状，发现和构建新的电子商务案例，并及时将之应用于教学实践，以便有效地完成教学目标，更好地培养电子商务人才的创新和应用能力。

此外，教师还应该综合利用校内外的实践平台及各类资源，将教学手段进一步多样化。构建实践教学所需的模拟商务环境，使开展案例分析的学生能够在实验室内构建逼真的环境，通过模拟商务操作等方式，对案例问题的解决方案进行研究和检验，如我们在电子商务创新实验室搭建了电子商务电子沙盘，一直在探讨和尝试具体的应用解决方案。

3. 电子商务案例分析与讨论的内容安排和组织实施对策

组织学生对案例进行分析和讨论是案例教学的核心环节。夏克坚等人[2]指出在进行案例分析与讨论过程中，一般由教师提出要求，学生分组研讨案例，然后通过一个学生小组说明案例、分析问题并提出解决问题的手段，其他的学生小组则从不同的角度展开分析，阐述自己的看法，对案例进行补充分析。通过互动讨论，帮助学生学会如何通过案例分析，学习分析问题、解决问题的思路，学会对企业发展进行适当判断并形成自己的观点。

我们认为，对于电子商务案例分析和讨论方式的组织实施方法不能局限于此。由于电子商务一直在不断地创新发展，课堂上只讨论一些成熟的电子商务企业案例，对学生的创新应用能力的训练还不够，因此对教师的教学内容安排、教学活动的组织实施提出了更高的要求。通过在教学过程中的探索与实践应用，我们提出了电子商务案例分析与讨论的内容安排和组织实施对策：首先，确定电子商务案例的教学内容应紧跟电子商务对各行业的渗透以及企业发展的最新动态，符合当前社会的实际需求以及未来电子商务的发展愿景；其次，教师的组织安排应充分调动学生的学习主动性和积极性，引导学生通过互联网等渠道进一步获取已成型的电子商务企业更详尽、更全面的案例信息，以追踪新技术、新应用促生的新型电子商务企业类型和可能的未来电子商务应用模式；最后，应加强实战训练，帮助学生学会利用所学的理论知识和方法，积极探寻新型电子商务企业可能面临的问题，寻找可行的解决方案与对策，并大胆地对其未来发展前景进行展望与分析，培养学生的创新思想与实践能力。

为此，我们将“电子商务案例分析”课程内容划分为三类，分别采用不同的教学方法以及按照不同的组织方式展开教学。具体实施过程如下：在课程教学初期，由教师精选一些具有典型意义的已成型的企业电子商务案例，提供丰富的案例资料，结合在线企业网站的实际发展，由主讲教师开始进行深入的讲解分析，帮助学生掌握案例分析的基本思路和方法。在掌握企业电子商务各阶段发展状况的基础上，分别展开对企业技术应用、战略选择、商业运作、管理绩效、未来发展等多方面的分析，使学生了解案例分析的过程和要素，并通过问题反馈和案例总结，帮助学生掌握案例分析的要点。接着，通过引入企业面临的互联网与电子商务的新技术、新的应用领域以及企业面对的新的市场竞争态势，在课程教学中引入一些新型电子商务企业面临的挑战以及亟待解决的问题案例。引导学生通过课后资料准备和小组分析研究，深入探讨案例中既有问题的解决方案，鼓励他们尝试利用所学理论知识以及通过自己的比较分析，帮助企业找到可行的解决方法，并需要提供方案的论证依据。然后，通过课堂讨论的形式，进行师生互动。讨论结束后，由老师进行案例分析点评并鼓励学生根据自己的分析与体会撰写案例分析报告。最后，也是本课程最重要的训练，我们会要求每个小组寻找能够反映当下最新的电子商务模式的企业作为小组案例分析对象，从中判断该企业可能出现的问题、趋势和相关作用因素，并提出可行的应对措施。最后阶段的小组案例分析评价最重要的依据就是小组成员是否对于所选的企业案例分析具有创新思考与创新应用。

四、结语

随着电子商务发展的日新月异，对电子商务人才综合素质的要求也在不断更新与变化。电子商务案例教学对于培养电子商务专业人才的创新应用能力是行之有效的教学手段，需要我们不断探索，并通过不断的教学实践，完善教学方法和提升教学质量。相信只要我们用心实践，就会找到可行且有效的解决办法。

参考文献

[1] 王凯风．“电子商务案例分析”课程教学的改进与创新探析．现代商贸工业，2012（12）：144～146.

[2] 夏克坚，黄骏江，赖文伟，姚菊英．企业电子商务管理案例教学实践研究．江西教育学院学报，2007（3）：46～49.

[3] 李震．电子商务专业学生的实践应用能力培养研究．经济研究导刊，2011（2）：232～233.

[4] 孙莹丽，刘杨．经济管理专业电子商务案例教学模式分析．中国管理信息化，2014（13）：129～130.

[5] 李萍．创新驱动下电子商务专业案例教学的新应用．盐城工学院学报（社会科学版），2014（1）：92～94.

[6] 何建华．案例教学法在电子商务课程教学中的应用．教学研究，2013（2）：74～76，80.

[7] 王旭．运用案例教学提高电子商务教学质量．经济研究导刊，2008（18）：207～208.

[8] 刘影．《电子商务案例》课程中形成性考评的应用研究．市场周刊（理论研究），2010（8）：116～117，126.

第五编

创新旨趣

教学的革新源于对新方法、新技术、大数据、创新实践的尝试。

管理类专业大学生毕业论文三个问题的前置思考

刘　军

（管理学院人力资源管理系）

【摘　要】管理类专业大学生毕业论文研究中的种种问题，表面上看是因为学生在论文上的精力投入不足、吃紧的就业压力以及教师心力不足与无奈的同情心，而本质上则反映出在专业课程学习中，教师主导的教学模式的不足、粗略甚或缺失。本文分析提出，在专业课程教学中应采用基于“知—感—悟”三段式问题导向的教学模式，使问题从根源上得以解决。

【关键词】管理类　大学生　毕业论文

一、问题提出

作为准管理人才的管理类本科大学生，在校四年的最后一门功课，就是毕业论文研究。说它是研究是因为任何可以称之为论文的，实质上不仅是撰写的产出，而且更是调查分析、研究的成果。因为，论文有现象的观察与描述，有问题的思考与提炼，有文献的研究与综述，有原因的归纳与分析，更有解决问题对策的最终提出与论述。可以说，论文的产出，不仅有文笔表达基础的功劳，还有知识平台的支撑，其背后更有作者对管理理论功夫与对管理现实的感知、感悟从而构建问题的能力支持，而最具价值的则是对问题原因的理论分析、判断和问题解决的策略能力的作用，因为这是一篇管理论文最终的落脚点。

结合笔者30余年大学执教生涯及毕业论文指导经验，管理类本科大学生毕业论文的研究，确实能使学生针对大学四年中的所学，在知识综合运用、学术与专业实践整合上获得一定的能力提高和思维锻炼。但此意义近年来却被打折不少，存在的问题不容忽视。

管理类专业大学生毕业论文中大量存在着“选题大、内容空，研究浅、论述浮、思路乱、观点缺”问题，其普遍外显出的种种表现，使我们有必要认为，在高等教育大众化日渐深入的今天，如果不寻求解决途径予以扭转的话，大学管理类专业大学生的核心能力将大打折扣，也必将严重影响到管理类专业的办学水平和办学形象。

二、毕业论文研究中的种种表现

从笔者所参与答辩的历届管理类专业本科大学生的毕业论文来看，以下情形并不少见：

论文选题大而空、空且泛。不少学生不会也不知如何选题，空泛且太过宏观的题目比比皆是。一名人力资源管理专业的本科生的毕业论文题目居然可以是“论中国企业人力资源管理的四大特点”，根本不问管理论文的边界；另一名工商管理专业的本科生的毕业论文题目则更大，叫“浅谈中国管理未来发展的大趋势”。凡此种种，不一而足。结果必然是大题小做、空做、泛做。

论文研究浮而浅、浅且飘。不少学生在准备毕业论文期间，面对选题不作破解，甚至连起码的概念都还未建立起来，就匆忙上阵，大写论文。一名工商管理专业的学生撰写了题为“×××公司 KPI 法方法应用初探”的论文，在答辩时，他被导师问及“KPI 的英文单词是哪几个？该方法的创立者是谁？当初的意图是什么？其应用的边界在哪里？”等问题，竟然一时语塞。如此作风，写出来的论文一定是不扎实的。

不少学生根本不知道论文研究必须遵循“三部曲”，开篇就是本文认为要如何如何，虽然是开门见山，但为什么要这般“如何”，却不作问题阐述和原因分析的铺垫，何来说服力？当然有的论文还算“不错”，终于能把问题摆出来了。如一位同学的论文在问题阐述中这样表达：“①中国企业极不重视人力资源培训与开发；②中国企业人力资源培训的内容过于陈旧、方法笼统简单；③中国企业人力资源培训者与被培训者的意愿不高。”但却不是一手调研得来的，也不是二手资料搜集归纳来的，然而却敢如此武断地下判断、构建问题，答辩中当被老师问及依据是什么时，学生竟答：本人认为……还有的论文提出的问题有根有据，让人看了“喜不自胜”，然再往下看，真让人眉头陡皱，论文后半部分的对策中，提出要解决的问题竟然并不全包括论文开头提出的问题，不知是何逻辑。

对于以上种种表现，作为多年指导毕业论文的老师不能不感到遗憾，反思我们的教育，原因是多方面的。

三、问题原因分析

产生上述问题的原因是多方面的，根据笔者与学生的交流，从表面看，主要有以下三个原因：

1. 学生在论文上的精力投入不足

近年来，“大一忙活动，大二忙学习，大三忙拍拖，大四忙工作”成为不少在校大学生的真实写照。迫于就业的压力，有的学生刚进校门就开始操心将来办公桌的位置，大多数进入大四的同学，会花整个学期的时间忙于各职场面试，一头扎进“面试技巧”之中。这种“超前思维”本没有错，但将毕业论文当成副业，抛在一边，应付了事，一心只为找工作，找到工作就先去上班，然后再请假回来作论文答辩，四年学制当三年的做法，显然是本末倒置。

事实表明，未经过充分的本科毕业论文研究训练，学生不仅会丧失毕业前应该有的专业知识综合运用能力的提升，也会失去对本专业中的理论与实践问题的分析和解决能力的提升，还会直接影响到将来参加工作后做管理工作时思维水平“后劲”的提高。可怕的是，很多学生对此一无所知、知之甚少甚至熟视无睹，如此共同的漠视，必然导致那些本来可以在严格要求氛围下有所成就的学生变的庸惰、浮躁、贪玩，用心不够。

2. **教师心力不足与无奈的同情心**

近年来，随着高校学生人数的连年增长，高等教育从过去的精英式教育向大众式教育转变，学校多为超规模容纳，社会就业压力的传递，使得高等教育资源与需求之间缺口变大，而教育资源是有其固有的周期性建设与成长特点的，特别是高校教育资源中占主体地位的教师资源，要成为一名优秀的大学教师，没有“心智”的长时间磨练和“技智”的长周期开发与培养，几乎是不可能的。显然，优秀教师资源的严重不足是高等教育资源紧缺的最核心、最集中的反映。现有教师指导毕业论文的工作量已严重超额，少的一个学期要指导10多人，多的甚至要指导20多人，此外还有授课、科研等任务，心有余而力不足就不足为怪了。而撰写毕业论文的大四学生也正是忙于工作的时候，学生理直气壮，老师满心同情，没有固定的论文工作室，网上远程遥控式的指导语传递确实有点高效，但绝不是当面“耳提面命”式的那种感受所能比拟的。论文指导难度加大，指导成本也随之增加，教师的指导效果必然大打折扣。

3. **学生训练欠火候**

面对指导老师针对论文中存在问题的责问，不少学生会自觉不足而表情显愧，甚至有的学生在微信上大呼：“撰写论文真是一件非常痛苦难熬的事！”但当被问及原因时，大多数学生则立马理直气壮起来：过去从来没有训练过！

反思我们的教育，大学的课堂上充斥着满堂灌的现象，填鸭式的纯知识传递多过启发式的能力学习，刻板式的单记忆训练多过互动式的思维提升。时间久了，就有了面对繁杂的现象无从下手，不会有较高的理性思维、不会构建问题、更不会寻求基于理论架构作对策思路分析的现象了。

四、前置思考

“学生精力投入不足、教师指导工作量与难度加大、教学方式问题”这三大原因，从表面看确实如此。但若要深究，笔者认为，“教不严，师之惰”，这其中所折射出的背后更深层的原因却是坚守“教育本分”意识的缺失或不足，是教师细究“启发学生、与学生互动”教学模式，以使学生的专业课程学习变得深刻的前置思考的不到位。

针对管理类专业本科生毕业论文中所存在的问题，笔者提出以下的对策思路：即专业课程应采取“三段式”问题的导向教学模式。

专业课程本就与管理实践尚少的大学本科生有一定的距离，若只采取平铺直叙的教学方法，在投影机上学管理，极易导致学生“雾里看花”。而基于“三段式”问题导向的教学模式就是将“知—感—悟”的学习节点串联形成认知链。

首先是“知”。教师在专业课程教学中，要有意识地不断提出“为什么”，循循诱导，让学生跟着老师的思维走，提高他们对专业课内容“知”的兴趣，激发其求知欲望，由此获得管理认知的基础。

其次是“感”。教师在讲授管理知识时，要有与管理实践相关联的意识，通过“概念＋管理示例”的模式，使管理概念活起来，有弹性，特别是不易明白的管理学上的概念，让学生能够迅速感知，加快理解。

最后是“悟”。“悟”是深刻的路径，也是学习的最高境界，久悟必成性，所谓的举一反三的悟性就是思想水平、思维能力的表现。教师在教学中要带领学生从多“知”到常“感”，最终必会喜“悟”，让他们享受专业知识升华所带来的学习快乐。

五、结语

进行“知—感—悟”的多门课程训练与交互，是带给学生面对需综合专业思维毕业论文时的能力基础储备。而当学生专业思维能力足够或富余时，“心有旁骛”找工作的一点分心、教师多指导一些学生论文的用心，都已不是问题。

创新性教学改革教学模式研究
——以“聚徒教学”“创新研究短课”为例*

牛　奔　张芳芳
（管理学院管理科学系）

【摘　要】为探索创新创业型人才培养新模式，笔者将“聚徒教学”“创新研究短课”纳入本科教学过程中。本文具体介绍了“聚徒教学”和“创新研究短课”教学模式，并根据笔者的实际教学经验，总结比较了这两种教学模式的异同，提出了一些建议。

【关键词】教学改革　聚徒教学　创新研究短课

一、前言

创新型、研究型本科生教育与一般大众型、适应型人才培养有明显的不同，其更加注重学生的科研意识、创新意识和科研能力的培养，属于“精英型”教育模式。给本科生提供更多的科研训练机会，使本科生尽早进入科研领域，接触学科的前沿知识，了解学科的发展动态，可以有效培养本科生的科研创新能力。为了进一步加强对学生实践能力、科研能力和创新性思维能力的培养，我们有必要对研究性教学改革的模式、方法进行探索。

为探索创新创业型人才培养新模式，营造探究式学习和自主学习氛围，激发学生创新思维，培育学生创新精神和实践能力，充分体现深圳大学办学特色，笔者根据所在学院的实际情况，决定将“聚徒教学”“创新研究短课”纳入本科教学的过程中，进行创新性教学改革。“聚徒教学”“创新研究短课”强调学术性、研究性和实践性。

二、聚徒教学

“聚徒教学”原是古代私塾的一种教学形式，其形式灵活，同时也蕴含了极丰富的内涵和教学理念[1]。“聚徒教学”是指以加强学术交流、思想交流和情感交流为特点，以研究性教学为基础的，小范围、近距离的“精英式”教学模式，它是对当下课堂教学的一个必要而有益的补充。其目的是为师生提供良好的交流和学习平台，优化学术

* 2015年度深圳大学教学质量与教学改革建设项目及2015年度深圳大学教学改革研究项目（创新研究短课及聚徒教学）

氛围，提高学生的学术兴趣，培养学生独立思考和解决问题的能力。

“聚徒教学”是一种小众化、个性化、师生互补的学习方式，注重学生思维的拓展与养成，从“人”的角度去进行学术性、探索性的教学[2]。教师将真正热爱研究且又学有余力的少数学生聚集在一起，使其可以相互沟通学习，在相互学习的过程中共同进步。在“聚徒教学”中注重以学生为本，实施“教师主导，学生主体”的教学模式，既有系统性的教学又有个性化的指导。

1. 教学对象

对于教学对象的选择，实行师生双向选择制，学生自愿报名参加，根据课程实际需要挑选学生，将真正热爱研究、具有一定创新实践能力且学有余力的学生聚集在一起。学生报名与筛选工作由课程负责人组织完成，并应在所设课程申请前确定学生名单。原则上，课程负责人筛选学生时应考虑学生绩点，并通过面试或考核等方式进行筛选。

2. 教学地点

不限，由课程负责人根据学生人数及教学内容自行安排。

3. 教学内容

围绕所设课程内容及教师研究领域进行专题研究、课题指导、竞赛指导等。

4. 教学方式

“聚徒教学”属于课堂外教学，要求采用互动式、案例式、研讨式或辩论式等多样的教学方式，加强师生交流。笔者采用的教学模式主要有：行为修正模式、社会互动模式、人格发展的个人模式和信息加工模式。

三、创新研究短课

“创新研究短课”设立的目标在于培养精英学子，由一批优秀的教师授课，主要研究的是科学前沿和热点问题，教学的目的在于提升学生的创新思维能力、学术视野和实践能力，是以学生为中心、以学生自主学习为基础的新型课堂教学。在教学过程中，引入大量探索性、研究性的教学活动，使学生初步掌握科学研究的方法。“创新研究短课”是人才培养方案很好的补充，有利于培养学生学习科研的兴趣、创新思维能力和实践动手能力。

“创新研究短课”的首要任务是，培养学生的学习和科研兴趣，促进学生自主学习和自我发展；其次，在教学过程中，发现好苗子，培养科研生力军。

“创新研究短课”作为人才培养的一种创新教学模式，对于培养学生的学习科研兴趣、创新思维能力和实践动手能力等都具有重要意义，符合学校培养新创业人才的育人理念，体现了层次化教学、个性化发展的特点。同时，“创新研究短课”对于拉近师生之间的距离、密切进行思想交流具有重要意义。

1. 教学对象

对于学员的选拔，“创新研究短课”可在交叉学科、协同育人方面做出新的尝试，同时更加灵活地安排授课时间。

2. **教学要求**

教师可将自己的科研项目带入课堂，转化为课程教学。以科研项目为载体，把科研项目蕴涵的科学问题、研究内容，涉及的基本理论、先进技术和研究方法与手段融入课程教学中，传授学生从事研究、创新的方法和技巧，学习项目选题立项、文献检索、申报论证，制订研究计划、完成研究过程和论文写作、提交成果等。

课程结束后，课程主讲教师可以挑选热爱研究且具有一定创新实践能力的学生进入项目组，参与教师科研项目的研究活动。

3. **课程设置**

实行“短课制”，于5月初开课、6月底前结束。共开课6次或9次，每次3学时或2学时，共18学时，计1学分，学生所获学分可折抵专业选修学分，但不计入绩点。

4. **教学地点**

实行小班教学、固定时间地点集中授课的形式。主讲教师可根据课程特点自行安排授课地点，如实验室、会议室等。

四、教学效果及建议

在“聚徒教学”“创新研究短课”过程中，笔者开设了“仿生管理学”“仿生管理学理论与实践”等课程，通过笔者及学生团队的共同研究和讨论，获得了国内外同行的认可，取得了较好的教学成果。主要成果如下：

（1）提出面向复杂管理决策问题的改进的细菌觅食求解算法和蜂群求解算法。

（2）发表科研论文多篇。

（3）多次指导学生参加“挑战杯”大学生课外科技作品竞赛并获奖。

经过“聚徒教学”“创新研究短课”的尝试，笔者对这两种教学模式有了一定的认识。针对“聚徒教学”的运行和发展问题，现根据自身实施“聚徒教学”的实际提出一些经验和建议，具体如下：

（1）可适当延长课程的周期时间，使学生形成完整的知识体系。

（2）运用过程考察的方式对学生进行考核。

（3）为使“聚徒教学”得到可持续发展，应研究建立更有效的运行和激励机制。

（4）以学生为本，以学生素质和综合能力提升来衡量实施效果。

（5）要经常认真总结和反思，不断优化，确保“聚徒教学”的效果。

（6）建立QQ、微信等交流互动平台，增强教师与学生之间、学生与学生之间的凝聚力。

针对“创新研究短课”的运行和发展问题，现根据自身实施“创新研究短课”的实际提出一些经验和建议：

（1）为使“短课”工作更好地开展，教务部门要提供管理和服务更具个性化的平台，实现规范化管理。

（2）教师要以培养学生兴趣为基本要求，进行“短课”的教学设计。

（3）教学运行和考核方法可通过课程的实际情况进行灵活设定。

五、“聚徒教学”和“创新研究短课”的比较

“聚徒教学”和“创新研究短课”作为教学改革的方法，既有共同点，又有不同点。

（一）共同点

1. 注重学生的学术创新能力和科学研究能力

大学教育的目的不仅是需要传授科学文化知识，而且还需要培养学生参与科学研究、敢于创新、勇于实践的探索精神。一般的大学教育只是对学生进行全面素养的培养，但“聚徒教学”和“创新研究短课”等创新教学模式更加注重学生参与社会实践与开展研究活动的兴趣培养。能否培养学生的研究能力是判断大学教学成功与否的重要标志之一。

2. 人才培养模式具有多样化特点

“聚徒教学”“创新研究短课”都可采用科学试验、社会调查、专题研究、辩论等多样化的教学方式。教学过程比较开放，教学方法丰富多样。

3. 师生关系的民主化与交往的科学性

师生间宽松自由的民主关系不仅有利于促进大学生的自我约束、自我管理、适应社会能力的发展，也有利于大学生的批判性思维的发展。

（二）不同点

1. 课程内容侧重点不同

在“聚徒教学”中贯彻以学生为本的教育理念，教师将真正热爱研究且又学有余力的少数学生聚集在一起，做到既有系统性的教学又能有个性化的指导。“创新研究短课”则偏向于对当前科学前沿、社会热点的讲解，具有前瞻性。

2. 教学目的不同

“聚徒教学”更加注重学生之间的交流和互相学习，通过专题研究、课题指导、竞赛指导等方式，提高学生的学习能力，目的在于提高学生的学习能力。“创新研究短课”注重培养学生从事研究、创新的方法和技巧，学习项目选题立项、文献检索、申报论证、制定研究计划、完成研究过程和论文写作、提交成果等，目的在于培养研究型人才。

六、结语

“聚徒教学”“创新研究短课”的教学方式，有利于培养创新型、有独立精神和健全人格的人才，其创造学术自由的氛围将极大促进学术的进步，同时也将促进教师自

身素质的提高，构造和谐师生关系。在目前大学教育中引入“聚徒教学”“研究创新短课”方式，是大学本科教育很好的补充。教师可根据自身以及学生的特点、课程的需要，选择不同的教学方式，实现更好的教学，培养更多的人才。

参考文献

[1] 王夏凯．清代胶东地区书院研究．中国海洋大学硕士学位论文，2014.

[2] 谢永鑫．中西比较视域中的孟子勇论及其当代价值．江汉学术，2013，32(3)：113~116.

[3] 王晓燕，叶大鹏．“本科教学工程”管理模式创新探索．在 2013 年全国教育工作会议上的讲话．

浅谈设计科学与“数据库原理及设计”的应用型教学*

杨 辰 牛 奔 冯元粤
（管理学院管理科学系）

【摘 要】作为一门应用型课程，“数据库原理及设计”的教学过程可以考虑引入设计科学的思想，本文探讨了两者相结合的一些思路。

【关键词】设计科学 数据库 应用型教学

数据库技术起源于20世纪60年代，随着信息技术的迅速发展和信息系统的广泛普及，数据库在当今时代已经广泛运用于各行各业，小到饭店的点餐系统、超市的售货系统，大到权威电子文献数据库的管理系统和航空公司的售票系统[1]。可以说，数据库与每个人的生活都息息相关，对于新时期下的管理信息系统领域的学生来说，其重要性不言而喻。而“数据库原理与设计”这门课程，作为信息管理和电子商务专业的核心课程，同时也是很多信息系统设计和开发类课程的先行课，对于本专业学生无疑是一门重要而又基础的必修课。作为一门以应用为导向的课程，其实际操作性是非常重要的。然而一些学生上完数据库课程后，动手能力依然很差，这对于从事与本专业相关的工作来说，是一个很大的隐患。本文将从设计科学的角度，提出一些数据库应用型教学的新思路。

一、“数据库原理与设计”的教学要求

数据库开发，是指根据客户的实际需求，在具体的环境下，开发设计出一个合理有效的数据库及应用系统，以满足用户的各项数据存取、检索和运算要求。具体包括需求分析、概念设计、逻辑设计、物理设计、验证设计和数据库的运行维护设计等。其中有大量的步骤和细节需要设计开发人员具有创新意识和解决实际问题的思维能力，比如创建数据字典、绘制E-R图以及数据结构的优化等。这些过程通常没有标准答案，某种程度上可以说是一门艺术。因此，教材本身只能传授给学生一些较为死板的知识，活学活用才是领悟数据库设计的关键所在。

然而一些学校的学生对数据库课程的学习热情和学习效果却一直不尽如人意[2]，表现在：学生对于数据库的开发与设计缺乏实际的概念认识；在短短的理论和实验课上并不能充分领会到数据库实际设计和开发的精髓。这也导致了学生上完课、考完试，就会把所学知识还给老师的恶性循环。

* 2015年度深圳大学教学质量与教学改革建设项目及2015年度深圳大学教学改革研究项目（JG2015076）。

二、设计科学简介

设计科学（Design Science）是信息系统领域研究的一个主要流派。设计科学研究和其方法论有几个突出和重要的定义。如设计科学研究方法的六个步骤，有研究者定义了设计科学的过程[3]，包括“研究问题的识别和动机的发现，为解决问题设定目标，设计和开发，论证，评价和交流”。这种方法论被信息系统领域设计科学的研究人员所广泛接受。设计科学也被认为是创造出对人类和组织知识有贡献的信息技术产品，以及对信息技术的使用的科学。

笔者比较认同 Alan Hevner 对设计科学的观点：（设计科学）旨在通过创造新颖的和有创意的信息技术产品来实现对人力和组织能力边界的扩展，并对信息系统领域的知识库做出贡献[4]。设计科学的核心是创建和评估信息技术产品，以解决组织和机构中的实际问题。他认为“设计”的过程需要遵循严格的流程——“设计产品以解决问题”“做出研究的贡献”“评价设计”和“与对应的受众沟通结果”。这里所提到的信息技术产品包括“构念、模型、方法和实例”。对于数据库开发设计来说，信息技术产品指的无疑是数据库实例。根据以上定义，设计科学指导下的开发过程可以分成两个主要阶段，即构建阶段和评估阶段。

三、“数据库原理与设计”课程教学中的设计科学思想

数据库的开发本身就是设计一个新的信息技术产品。而设计科学的原则和方法论也是设计信息技术产品的总纲要。本文将探讨如何利用设计科学的思路进行数据库的教学指导，其核心观念是构建和评估。下面将从几个数据库教学中实际的例子出发来讲述设计科学的思想。

以对范式标准的理解和运用为例，在数据库教材中[5]，第一范式是最基本的范式，要求在关系模式中的所有属性值都具有原子性，不可以再进行分解。在关系型数据库中涉及的研究对象都应当满足第一范式的关系。第二范式要求在满足第一范式的基础上，每一个非键属性都完全依赖于关系模式的键，这体现了实体的唯一性。第三范式则在第二范式的基础上要求每一个非键属性都不传递依赖于此关系模式中的任意候选键，也就是说字段之间不可以互相派生。在设计表和字段的时候，满足第三范式对于规范化设计有很大好处，但是往往并不能取得最优效果。例如下面的学生选课学分统计表：

数据库设计中的范式标准理解

学生学号	必修课学分	选修课学分	总学分
SA10110011	8	4.5	12.5
SA10110012	9	5	14

从上表中可以看出，此表格的设计显然不符合第三范式的规范。但是在设计学生选课统计表的时候，从设计科学的角度来看，应当充分考虑到信息技术产品的组织和机构环境，以及受众（利益相关者）的实际需求。因此，在评估设计产品的时候，不能只是简单地考虑一些生硬的条条框框。冗余数据的本质是利用空间换时间，现在的硬件发展速度要远远高于软件，在适当的情况下，合理的冗余是可以接受的。学生的选修课学分统计表的使用者多为主管教学的老师，而比较重要的功能是检查学生的单项学分和总学分是否达到教学大纲的要求，虽然本表中总学分可以通过必修课学分和选修课学分相累加而计算出来，但是在实际的使用环境下，对于时间的需求明显要比对于空间的浪费意义更大。因此本表格增加了一个冗余的字段“总学分”，并不是画蛇添足。

根据设计科学的总体思想，在概念设计阶段还应当保留对于第三范式的要求，但是在物理设计时，应当根据实际情况进行评估，适当放宽对满足范式标准的要求，比如在本例中，就可以加入实际工作中常用的冗余字段，提高工作效率。

类似的，虽然原则上关系数据库系统中的对象都要满足第一范式的要求，避免出现各种异常，但是，实际设计关系模型属性时，是否应该全部是不可分割的原子，还要取决于实际研究对象的具体情况和重要性。

March 和 Smith 曾经提出了信息系统的一种二维研究框架[6]：“第一个维度是基于设计和自然科学研究的广泛类型的活动：构建、评估、推论，并证明。第二个维度是基于设计研发的广泛类型的产出：代表性构念、模式、方法和实例。”他们把信息技术产品划分为两个维度：描述性和规范性维度。前者属于自然科学，旨在理解信息技术的本质及产品的知识；后者属于设计科学，致力于改善信息技术的性能，并使用这些知识。从上面这段话不难看出，设计数据库（产品）需要运用到相关的技术背景知识，同时也要紧密地把握实践者和利益相关者的需求所在，活学活用，以改善信息技术的相应性能。数据库本身是一件工具、一门技术，设计数据库产品时，要能抓住问题的本质，而不是被条条框框约束住，这是关键所在。

根据设计科学构建和评估的原则，设计数据库的基本表时，如果发现实际运用时该表的记录数太多，比如达到千万级别，这时候对该表进行操作的速度可能会非常缓慢。在这种情况下则要对该基本表进行水平分割，即按照主键的区域，分割为若干平行子表格。类似地，如果发现某个表的字段数太多，例如数百级别，影响到实际的操作与运算速度，则应当纵向分割该表，保持表的字段数在合理的范围内。因为数据库本身是为人所用的信息系统产品，其应用型的属性要求在设计和维护数据库时，能够因地制宜。把握住这种核心思想，也就能培养出学生良好的数据库设计和管理基本意识了。

除此以外，还有很多例子。如《敏捷软件开发：原则、模式与实践》[7]一书中的案例观点，非常强调设计团队与业务专家之间的紧密沟通和协调。敏捷软件开发在信息系统产品设计的开端几乎不进行任何预测性估计和针对性设计，但是一旦发生变化，设计人员应该重新整理整个框架设计，并且能够对系统架构进行修改，设计出能针对该类变化举一反三的产品。这充分体现了设计科学的核心思想：为我所用，因地制宜。

信息系统产品（如数据库）的设计者应该和用户（利益相关者）进行大量面对面的沟通，同时对于实际的情形要能够抓住核心，在设计产品架构的时候应具有一定的灵活性。

四、结语

本文简要阐述了设计科学的一些基本思想，并就“数据库原理与设计”课程的教学实际情况，列举了一些二者结合的案例。作为一门应用型课程，给学生传递出学以致用、活学活用的基本思想是非常有必要的。信息管理和电子商务专业培养的都是面向市场的高级复合型人才，在教学过程中如果能够面向应用、面向市场、面向用户，对于学生的职业能力和基本技能的培养将产生重大的影响。

参考文献

[1] 孙贵磊．数据库技术在高校管理与教学工作中的应用研究．中国科技信息，2011，17（1）：193～193.

[2] 喻勇，王群，刘向阳．“数据库原理及应用”课程教学改革初探．中国水运，2008：103～104.

[3] Peffers K，Tuunanen T，Rothenberger M A，et al. A design science research methodology for information systems research. *Journal of Management Information Systems*，2007，24（3）：45－77.

[4] Hevner A R，March S T，Park J，et al. Design science in information systems research. *MIS Quarterly*，2004，28（1）：75－105.

[5] 萨师煊，王珊．数据库系统原理（第2版）．北京：高等教育出版社，2000.

[6] March S T，Smith G F. Design and natural science research on information technology. *Decision Support Systems*，1995，15（4）：251－66.

[7] 邓辉，孟岩．敏捷软件开发：原则，模式与实践．北京：清华大学出版社，2003.

基于多元智能理论的人力资源开发教学反思

苏方国
（管理学院人力资源管理系）

【摘　要】传统智能开发将智能局限在认知能力这一单一指标之上，导致对于其他智能的忽视或者开发不足。哈佛大学心理学教授加德纳提出多元智能理论，其核心是强调以学生的独特智能为中心。因此，我们将多元智能理论整合到“人力资源开发与培训”课程中，就需要从教学目标、教学方式、教学素材、教学效果的评估等方面多管齐下，才可能为学生提供实践与开发多元智能的机会。在这个过程中，教师角色需要转变，教师不仅是知识的传授者，还可能需要兼顾多种角色。

【关键词】多元智能理论　人力资源开发　教学反思

一、一个学生的典型案例

2008级人力资管理专业曾经有一位同学（考虑到隐私，此处不披露他的姓名），他在人力资源管理专业课考试成绩比较一般，在修专业课“人力资源开发与培训”之前的学分绩点也仅在及格线上。但是我发现，该同学有较好的语言智能，较强的沟通能力，吐字清晰，音质很有磁性，而且声音洪亮，在课堂上回答问题时可以不用麦克风就将声音传到每个人的耳朵里。在“人力资源开发与培训”课堂上，我有针对性为他提供练习与展示其他智能的机会，让他组织管理拓展训练项目的实施与事后的分享，结果他能够非常有序地组织实施，并取得了很好的训练效果。后来，该同学还担任深圳大学团委下面的拓展培训营开发部部长，主要负责培训项目的开发与实施，在拓展培训营中表现出色。大三暑期，虽然该同学还有一年才能够毕业，校外企业已经愿意聘请他做拓展训练经理，并提供全额薪酬来聘用他。其实，这个学生的情况并非孤例，每个学期都可以遇到具有各种独特智能的同学，传统的讲授方式与考试评价并不完全适合这类同学，也不利于独特智能的进一步开发，如何整合不同学生的独特智能与“人力资源开发与培训”教学成了一个现实问题。

二、多元智能理论

传统智能开发局限于认知能力的开发上，主要是通过智力测验来评价个体的智力水平。遗憾的是，因为人们将智能局限在认知能力这一单一指标之上，导致对于其他智能的忽视或者开发不足，也导致很多人才被埋没或者没有得到很好地开发。而哈佛大学心理学教授加德纳发现并指出，一个人的智能并不是单一维度，而是多元的。智能为“一种处理信息的生理心理潜能。这种潜能在某种文化背景之下，会被激活以解决问题或是创造该文化所珍视的产品”。加德纳（1990，2008）在《智能的结构》最初提出了7种基本的智能，即语言智能（Linguistic Intelligence）、音乐智能（Musical Intelligence）、逻辑—数学智能（Logical – Mathematical Intelligence）、空间智能（Spatial Intelligence）、身体—动觉智能（Bodily – Kinesthetic Intelligence）、人际智能（Interpersonal Intelligence）、自我认知智能（Intrapersonal Intelligence）。简单解释一下这七种基本智能：语言智能是指能够通过口头或者书面文字有效表达自己思想、与人有效沟通的能力，典型代表有语言学家、作家、诗人等；音乐智能是指对于节奏、旋律、音色、音调的敏感性能力与表达能力，典型代表有作曲家、歌唱家、演奏家等；逻辑—数学智能是指传统智力测试重点测试的内容，主要是指认知、推理、联想的能力，典型代表有数学家、科学家等；空间智能是指对线条、形状、空间方位及它们之间关系的敏感性与表达能力，典型代表有画家等；身体—动觉智能是指在运动过程中身体协调能力、判断力与爆发力等运动能力，典型代表有专业运动员等；人际智能是指对于他人情绪、需要性格、意向的观察力与敏感性，能够洞悉他人潜在的甚至是有意隐藏的情绪或意向的能力，典型代表有外交官、政治家等；自我认知智能是指对于自己的内在心理情感与情绪变化的了解、有效识别、有效管理，具有理解自己内心与指导自己行为准则的能力，典型代表有哲学家等。加德纳（2008）又增加了博物学家智能（naturalist Intelligence），是探索自然，对于自然物质细微差别的敏感性。但是加德纳（2008：20）也指出，“今天在发达国家，很少有人依靠博物学家智能生存”。因此，我们也将讨论重点放在前7项基本智能上。

查普曼（Chapman，2004）将多元智能整合于课程之前，这多元智能分为三类：第一类为与语言能力有关的智能，包括语言智能和音乐智能；第二类为与对象有关的智能，包括逻辑—数学智能、空间智能、身体—动觉智能与博物学家智能；第三类为与个人有关的智能，包括人际智能与自我认知智能。查普曼（Chapman，2004）认为，将多元智能整合于课程之中，可以通过提供丰富的教学主题来激发差异性的想法与思考方式，为学生提供多种选择，这类丰富主题可以培养学生对于学科核心内容的洞察力与从不同角度审视问题的开放式思考方式，从而有利于学生的多元智能开发。我们认为，仅仅依靠教学主题还不足以开发学生的多元智能，还需要从教学目标、教学方式等多个方面着手。

三、基于多元智能理论的人力资源开发课程教学反思

1. 教学目标

教学从单一目标向多目标转变。传统教学目标的重点在于知识的获得与吸收，多元智能理论的人力资源开发课程设计教学目标在于学生多元智能的开发与全面发展，做到因材施教。多元智能理论需要教师根据每个学生不同的智能特长去挖掘学生的多元智能。

2. 教学方式

人力资源开发课程教学方式不仅需要传统的教师讲解，还需要学生倾听。教师可以利用案例等教学素材，引导学生参与讨论，并深入探讨理论的成立条件等。教师可以在课堂上提供有两难困境的问题来吸引学生广泛参与研讨、诘问与争辩，深入了解问题背后的逻辑。教师还可以采用管理能力训练中比较新的教学方式。例如，管理游戏项目导入，让所有学生参与到解决具体的管理问题中，而且可以对学生进行分组，鼓励学生进行与他人有效协作与沟通的智能开发，在管理游戏进行过程中进行观察，抓住涌现出的问题，并在管理游戏项目操作结束之后，先进行小组问题讨论，引导学生进行自我反省与总结，最后总结在团队任务过程中与他人互动的人际智能的经验与不足，以及将来如何进行改善与提高。除了管理游戏项目这类教学方式之外，教师在课堂上还可以采用角色扮演、无领导小组、公文筐联系、敏感性训练等多元教学方式，开发不同学生的多元智能特长。

3. 教学素材

除了采用传统的教材进行知识传授以外，还要有户外拓展设施与拓展训练项目素材，以及教学训练的设施与场地等多元教学素材。

4. 教学效果的评估

传统的评估方式是以知识点的记忆理解为主的考试方式，虽然有了很多改进，比如分阶段考试、期末考试中加入平时课堂讨论等其他智能的评估，但是这些评估占比最高是40%，而且这40%中还包含了作业的评分。这样的考试评估系统依然还是强调逻辑—数学智能与语言智能的培养与开发，这类评估方法在帮助学生掌握知识体系与专业知识方面确实富有成效，但是很显然，它忽略了学生多元智能中其他智能的开发与培养。因此，要开发学生的多元智能，教学效果的评估标准也必须多元化。针对多元智能教学进行评估，Campbell，Campbell，Dickinson（2004：339）提出，可以通过图表、角色表演、反思日记、核查表等方式，更有利于开发学生的多元智能。因此，可以说，教学效果的评估标准的多元化是诱导与鼓励学生多元智能发展与差异性潜能发挥的关键。

多元智能理论的核心是强调以学生的独特智能为中心，因此我们将多元智能理论整合到“人力资源开发与培训”课程中，就需要在教学目标、教学方式、教学素材、教学效果的评估等多个方面多管齐下，才可能为学生提供实践与开发多元智能的机会。在这个过程中，教师角色需要转变，不仅仅是知识的传授者，还可能需要兼顾多种角色。正如Campbell，Campbell，Dickinson（2004：371）所建议的，在多元智能开发的过程中，教师需要在教学过程中扮演学生学习的协助者、教练者、导师、激发者以及联网者等多重角色，来组织与引导师生之间和同学之间的互动。

参考文献

［1］［美］加登纳．智能的结构．兰金仁译．北京：光明日报出版社，1990.
［2］［美］霍华德·加德纳．重构多元智能．沈致襄译．北京：中国人民大学出版

社，2008.

［3］［美］Mindy Kornhaber，Edward Fierros，Shirley Veenema. 学校中的多元智能——创新的研究与实践．阎力主译，北京：中国轻工业出版社，2005.

［4］［美］Linda Campbell，Bruce Campbell，Dee Dickinson. 多元智力教与学的策略（第3版）．霍力岩，沙莉等译. 北京：中国轻工业出版社，2004.

［5］［美］卡罗林·查普曼．在课堂上开发多元智能．郅庭瑾主译. 北京：教育科学出版社，2004.

［6］［美］罗宾·福格蒂，朱迪·斯托尔．多元智能与课程整合．郅庭瑾主译. 北京：教育科学出版社，2004.

MOOC：大数据时代的教学变革

赵 洋

（管理学院管理科学系）

【摘 要】随着信息技术的飞速发展，大数据应用日渐深入，而 MOOC 正是大数据时代的产物。MOOC 的出现使得传统的教学模式受到了冲击。MOOC 以个性化的学习方式和混合式的教学模式展现出了前所未有的魅力。本文在介绍大数据的基础上，对 MOOC 这种新的教学模式对传统教学方法的改变进行了分析。

【关键词】MOOC 大数据 教学变革

在教育全球化和信息化的背景下，人们对于传统的教学模式给予了重新审视。大数据、MOOC 的出现使得高等教育出现了一道曙光。在信息化时代下，大数据是趋势，而翻转课堂、MOOC 则是大数据时代引领教育发生变革的重要手段和方法，同时这两者又是息息相关的。本文从教学层面阐述在大数据背景下，MOOC 这种新型教学方式给高等教育带来的新的冲击和变革。

一、大数据的内涵

随着信息时代的深入，数字世界也呈现出爆炸式的增长。谷歌公司每天要处理超过 24PB 字节的数据，其数据处理量是美国国家图书馆所有纸质出版物所含数据量的上千倍。Facebook 公司每天更新照片超过 1 000 万张，每天人们在网站上点击“喜欢”按钮或者书写评论大约有 30 亿次。You Tube 公司每月接待多达 8 亿人次的访客，平均每秒钟就会有一段长度在一小时以上的视频上传。[1] 而 Twitter 上的信息量也是以几乎每年翻一番的速度在增长。数据正以难以想象的速度在不断增长，大数据时代已经到来。

目前对于大数据有不同的定义。维基百科对大数据的定义是指利用常用软件工具捕获、管理和处理数据所耗时间超过可容忍时间的数据集。除此之外，不同的学者也从不同的角度对大数据的特性给予了定义。然而认同度比较高的是 4V 的定义，该定义认为大数据应该具有“4V”的特点，即：Volume（数据量大）、Variety（种类丰富）、Velocity（实时性强）、Veracity（真实性）。

大数据时代最显著的特点表现为数据正以前所未有的速度扩张，对数据的获取和使用更为方便，对数据价值的深度挖掘更为容易，所以大数据时代的到来使得人们的工作方式和思维方式也发生了重大变革。大数据时代的新特点，使得高等教育教学变革成为可能，因为没有数据的留存和深度挖掘，教育信息化只能流于形式[2]，而信息化和大数据的产生刚好为教育信息的深度挖掘提供了条件。数据专家涂子沛说：“大数据，将成为我们下一个观察和监测人类自身社会行为的‘显微镜’和‘仪表盘’。”[3]由此可见，大数据是未来教育的基础和根源。

二、MOOC 的起源和分类

1. 起源

在教育信息化和全球化的背景下，2008 年加拿大学者 Dave Cormier 和 Bryan Alexander 提出了 MOOC 这一概念。同年 9 月，学者 George Si - emens 与 Stephen Downes 在“联通主义和联通制式在线课程”中开始尝试采用 MOOC 的方式进行教学，这是 MOOC 第一次真正应用在课堂教学上。

2012 年，斯坦福大学 Sebastian Thrun 与 Peter Novig 教授的“人工智能导论”课程，对全世界学生开放，有 190 个国家超过 16 万人注册学习。由此开始，MOOC 三大平台（Coursera、edX、Udacity）先后成立，拉开了借助高校优质教育资源，创造高等教育课程的新模式。[4]

MOOC（Massive Open Online Course，大规模网络开放课程）是基于网络的开放式资源获取的在线课程。它除了提供视频资源、文本材料和在线答疑外，还具有强大的交互参与机制，可以为学习者搭建交流社区，使得学习者可以通过这个平台交互参与、讨论释疑，这是它与传统网络课程的显著不同之处。MOOC 是开放教育运动的新发展和新突破，它体现了大数据、大学堂的教育理念，体现了课程与教学的全面创新与开放，标志着人类文明传承和知识学习方式将发生革命性的变化[5]。

2. 分类

由于 MOOC 的发展非常迅速，不同课程在设计理念、传播范围、教学目标的设计上有不同的侧重，所以也有许多不同的分类。莱恩（Lisa M. Lane）（DS106）认为，每一门 MOOC 包括社交网络（Networks）、任务（Tasks）和内容（Contents）。根据针对三者的设计侧重点不同，可将 MOOC 划分为三种类型，分别为基于社交网络的 MOOC（Network - based MOOC）、基于任务的 MOOC（Task - based MOOC）和基于内容的 MOOC（Content-based MOOC）[6]。而现在被大多数人认可的分类是按照学习理论分类的方法，即 cMOOC 和 xMOOC。

（1）基于关联主义学习理论的 cMOOC：以建构主义、联结主义学习理论为指导，即知识是网络化连接的，学生基于同一话题在社交化网络中讨论，每个学习者在活动探究中拥有对知识的个性化建构[7]。在这种课程模式中，教师提供的资源成为知识探究的出发点，学习者产生的内容成为学习和互动的中心[4]。关联主义 cMOOC 具有以下几个特征：基于社交网媒的互动式学习、非结构化的课程内容、注重学习通道的建立、学习者高度自治和学习具有自发性等[8]。

（2）基于行为主义理论的 xMOOC：一般通过采用大量典型的认知—行为主义教学法，强调对内容的记忆，学生主要通过观看教学视频学习，辅以在线测评、同伴互助及编程练习，属于知识复制型。全球三大慕课机构（Coursera，Udacity，edX）的开放课程主要采用 xMOOC 模式。[9]

三、MOOC 对传统教学的影响和变革

MOOC 是大数据时代的产物，它的诞生与发展使教育从资源易用度、丰富度、介质形态、呈现方式等方面发生了很大转变。从单纯的资源共享转变到课程与教学模式的革新，为人类的学习方式带来了新的理念和突破。MOOC 对传统的高等教育模式带来了新的冲击。

1. 个性化的学习体验

MOOC 引发了学习革命。由于 MOOC 的开放性，学习者可以根据自己的知识结构在全球的高校中自由选择课程和教师。因此学习已经不再为时间和空间所限制，而是基于兴趣和偏好。同时，学习者还可以按照自己的环境条件、思维特点、接受能力来构建自己的知识体系，控制学习进度，它赋予学习者更多的自主权利，比如可以根据实际需要跳过某些内容或者重复学习某些内容。

在实际使用中，MOOC 系统为不同的学生建立不同的学习模型，并为不同类型的学习者打造个性化的学习路径，每个人的学习内容不再千篇一律，会根据用户个性化的学习轨迹动态呈现[2]。在学习中采用引导启发、动态协作的方式进行交流学习，从而激发学习者的主动性和创造性，完成了从“教”到“学”的转变，完成了从“课堂”到 MOOC“学堂”的转变。

MOOC 之所以能实现这样革命性的突破，在于互联网和信息技术的发展。很多 MOOC 的倡导者认为：正是大数据、云计算和人工智能等技术将高等教育从工业时代带到数字化时代[8]。在大数据时代，学生在学习过程中留下一串串数字碎片，如课程选择、学习方法、交流反馈、问题求助等，这些数据被挖掘、分析、整理、综合后形成了学习者特有的行为模式。所以每个学习者既是大数据的使用者，也是大数据的创造者。

2. 混合式的课程教学

在实际应用中，MOOC 的利用方式可以有多种，既可以将 MOOC 作为主要授课方式形成翻转课堂，也可以将 MOOC 作为课程的强化与补充，形成混合式课程。这里我们主要介绍混合式的课程教学。

混合式的课程教学是将 MOOC 课程与本校面对面课程进行混合教学，进一步实现校际教师间协作授课。2012 年秋，圣何塞州立大学（San Jose State University，SJSU）与 edX 项目进行联合试验，测试 edX 平台对传统教学的影响力。Khosrow Ghadiri 教授使用 edX 项目中麻省理工学院提供的“电路与电子学”课程资源来补充和强化他在 SJSU 中的“电路分析”课程，形成混合式课程（Blended Course）[11]。学习结束后对学习者进行考核，结果是进行混合式课程学习的班级，期末测试通过率由 55% 提高到 91%。

这一出人意料的结果使 edX 项目决定将合作范围进一步扩展到加利福尼亚州立大学的 11 所分校。这次合作的成功充分证明了科学设计混合式教学的形式，可以更有效地服务于教学，更大程度地吸引学习者，混合式学习的效果比单独的室内教学效果更好。

混合式教学是传统教学模式的一种进步，教师的地位和作用与传统课堂教学不同，

主导人的角色相对弱化，突出了课程发起人和协调人的角色。当然，这种教学方法的实现同样离不开信息技术和大数据的支持。我们通过数据的整理和挖掘，能够帮助教育研究者重新审视学生的需求，找到合适的方法并能精确定位课程，以确保学生以最有效、最高效的方式学习，从而达到改进教学的目的。

3. 本源化的 MOOC 学习生态系统

学习生态这一概念是由“学习无国界计划”负责人 JanVisser 提出的。之后，美国施乐公司副总裁、首席科学家、PARC 主任约翰·布朗（John Seely Brown）将学习生态系统（Learning Ecology）描述为开放的、动态变化而又相互依赖的、具有自组织适应性功能的由交叉重叠的兴趣团体构成的系统[12]。

作为一种开放类型的课程，MOOC 基于信息技术支持，在社会机构、教育机构等的参与和推动下，提供了新的开放课程资源与学习方式，构建了一个由社会环境、技术环境和教学环境组成的学习生态系统，如下图所示[8]，实现了学习自组织与他组织之间的动态平衡。

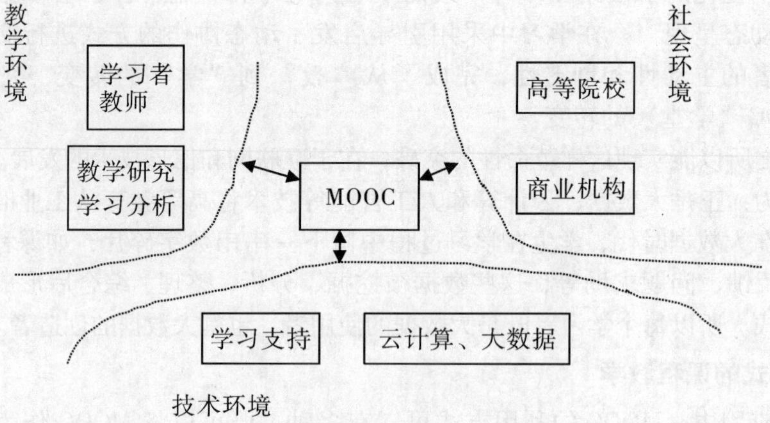

学习生态系统

其中，教学环境由 MOOC 项目平台上具有共同志趣的学习者自组织起来的社群与教学者、教学资源等共同构成。在 MOOC 教学过程中，体现了学习者、教学者和学习资源等多种要素之间相互依存、相互作用的动态平衡关系。生态系统的技术环境离不开网络、信息化和大数据的支撑，而高等学校和相关商业机构共同构成了系统的社会环境。在 MOOC 系统中，正是各个要素间的相互协调发展，使得学习者、教学者和学习环境呈现出开放自由、和谐共生的状态。

学习是人与生俱来的一种本能，也是满足个体精神需求和成长的需要。但是在传统强制性的教育模式下，个体的内在需求被忽略，主动学习变为被动接受。而在 MOOC 所形成的生态系统中，学习成为人成长的一部分，学习者同时也成为知识的创造者。由于系统的各个部分相互协调促进，完成了学习者兴趣化和个性化的学习，体现了探寻学习本源的效果。

四、结语

教育者和研究者们不断关注传统课堂教学中存在的各种问题，而 MOOC 的迅速发展无疑引发了一场教育革命。它不仅震动了教育界，同时也引起了科技、商业等领域的关注。MOOC 的成功也是互联网、大数据等现代科技进步的结果，可见教学模式的改革创新是技术与教育深度融合的重要体现。中国大学正以更加开放的心态推进 MOOC 实践，期望在不久的将来 MOOC 这一教学新模式能够取得更丰硕的成果。

参考文献

[1] 金陵．大数据与信息化教学变革．理论与争鸣，2013（10）：8～13.

[2] 姜强，赵蔚．基于大数据的个性化自适应在线学习分析模型及实现．中国电化教育，2015（1）：85～91.

[3] 涂子沛．大数据：正在到来的数据革命．桂林：广西师范大学出版社，2012.

[4] 张鸷远．“慕课”（MOOCs）发展对我国高等教育的影响及其对策．河北师范大学学报（教育科学版），2014，16（2）：116～121.

[5] Massive open online course. 2013 －04 －16. http：//en. wikipedia. org/wiki/Massive_ open_ online_ course.

[6] Lisa M. Lane. Three Kinds of MOOCs. 2013 －05 －20. http：//lisahistory. net/wordpress/2012/08/three－kinds－of－moocs/

[7] James Taylor. IBM big data and information management. 2011 －05 －01. http：//www－01. ibm. com/software/data/bigdata/.

[8] 王萍．大规模在线开放课程的新发展与应用：从 cMOOC 到 xMOOC. 现代远程教育研究，2013（3）：13～19.

[10] 苏芃，罗燕．技术神话还是教育革命？—— MOOCs 对高等教育的冲击．清华大学教育研究，2013（4）：6～12.

[11] 张振虹，刘文，韩智．从 OCW 课堂到 MOOC 学堂：学习本源的回归．现代远程教育研究，2013（3）：20～27.

[12] 张建同，何鸿．电子化学习生态系统及其评价体系的建立．电化教育研究，2009（10）：64～67.

[12] 陈坚林．大数据时代的慕课与外语教学研究———挑战与机遇．外语电化教学，2015（161）：3～8.

MOOC 会如何影响我们的学习世界

张树剑
（管理学院当代中国政治研究所）

【摘　要】大型在线公开课程以其巨大的商业冲击模式挑战了传统高等教育的精英特质，市场和业界褒贬不一，未来走向也不明朗；但是其对高等教育的授课模式以及接受教育者的要求确实面临着前所未有的改变，身处互联网高速发展时代的高等教育者，无法回避对这一模式的综合性思考。

【关键词】慕课　教育产业化　教育方式　高教影响

MOOC，中文俗称“慕课”，是“大型在线公开课程”（Massive Open Online Course）的英文缩写。近年来不仅影响、冲击着高等教育界，而且让整个世界也为之欢呼、议论。MOOC 的发端主要是在 2012 年，众多 MOOC 企业推出为大众提供免费高等教育的机会，并迅速吸引了上百所高校合作。我们在日常生活中也会经常收到欧美一些高校的广告邮件，推出他们的远程学位项目，其中授课就是采用在线课程的方式，只不过具体的学位项目的课程并未如慕课一样公开，但是其手段非常类似，最终的教育便利性以及产业化的目标是一致的。可见，在线教育模式特别是慕课的运作已然成为全球教育产业化的一个方向。

近几十年来，人们一直在尝试用科技手段改变高等教育的校园模式。伴随着现代邮政体系的建立，欧美最早开始出现函授课程，而广播电视的普及又催生了广播课程和电视课程等形式。20 世纪六七十年代，斯坦福大学率先使用电视频道为企业进行授课，英国公开大学也开始承认电视授课部分学分。伴随着互联网的兴起，美国麻省理工学院、耶鲁大学和加州大学伯克利分校公开了大部分课程的视频资料、习题和作业，全球教育工作者和学生、社会专业人士争相下载。中国的众多名牌大学也纷纷应邀加入了慕课系统，一方面为慕课系统提供了众多的免费课件，另一方面也想借机在激烈的高等教育市场中占得先机。可以说，慕课的出现是互联网时代远程教育应势而发的结果。

一、慕课产业的正面作用

在笔者看来，慕课给社会带来的最大便利是提供了终身学习的可能性以及解决了远程教学的难题。现代社会一方面高速发展，专业分工越来越精细，另一方面物质文化极大丰富，各个年龄层的人接受终身教育、跨界教育的需求越来越多。传统的课堂似乎已经对此无能为力，高等教育更是因为其资源的稀缺性，对这样日益庞大的社会需求显得更加捉襟见肘。

据美国一家权威慕课教育机构的用户数据显示，其用户覆盖从8岁到95岁的人群，平均年龄为26岁；55%的用户是持续教育者，40%是高校学生，5%是高中生；且70%左右的用户来自美国境外。这样的数据很有力地说明了终身教育与跨地域接受教育的需求与慕课产业发展的匹配度。

从这个角度来说，慕课已经具备利用知识传播的手段来改变世界的基础。而且，对于公众而言，慕课还大大降低了教学成本，消除了大学的物理围墙，让全世界的求知者都能获得平等接受高等教育的机会，并且时间利用和学习效率上都得以充分提高。同样地，对教育行业而言，慕课课程动辄有成千上万来自世界各地的学生报名，他们的学习数据和个人意见都会及时反馈到课程教师手中。而大部分高校教师所擅长的是自身领域的研究，而非教学方法或授课方式，他们在慕课之前从未有过这样深刻反省和改进自身教学方法的机会。慕课为提高教学质量提供了数据或参考样本。大数据效应在慕课行业中得以运用，拓宽了教师在编写课程内容时的依据。

科技的发达使得世界各大名校的竞争更加白热化，麻省理工学院等世界一流名校急于推出慕课课程系统，想必也是出于竞争优势的考虑，慕课系统使得顶级名校可以更好地推广自身品牌，巩固自己的地位和声誉度。多年来，在中国各大城市高校聚集区推行的跨校选课系统就是此类系统的雏形。但是那时候的课程还是要有统一的物理空间和统一的授课时间，只是不同层次的大学的学生可以有机会分享其他大学的优质课程和名师的授课。从效率上来讲，并没有发生翻天覆地的变化。

慕课也会使得课程的形式更加丰富和人性化。与其他在线学习和传统的校园学习方式相比，慕课还有一大创新之处在于整合各种免费平台进行教师和学生之间、学生与开发平台之间的互动交流。授课者会根据学生的反馈和理解程度及时修改课程内容，并积极参加各式互动，完善教学方法；而学生之间也会频繁在各种社交网络上进行互动，并参加其他线下讨论活动，甚至作业分数也由同学互评。这种线上和线下结合的慕课教学方式可谓一种教学手段的变革，会对社会人士的远程高等教育质量带来相当正面的促进作用。

政府也开始意识到慕课对教育创新、人才培养和社会服务的好处，而这一点恰恰事关未来慕课产业能否真正与社会发展相契合。美国总统科技顾问委员会曾致函奥巴马，建议联邦政府帮助慕课系统的发展，并提出具体的建议：第一，让市场决定在线教学；第二，鼓励学位认证机构不拘一格承认教育创新；第三，支持关于提高教学和学习效率的研究和结果分享。英国政府也发布类似报告，建议政府进行风险评估和控制体系：第一，鼓励英国高校积极研究和开展慕课课程，以维持并促进其所保有的国际教育和职业培训市场份额；第二，密切关注别国慕课平台的最新发展趋势并借鉴其经验。报告还指出，英国慕课平台的优势应定位在技术层面上对学习者个人特征的深入分析，对学习成效的考核和认证及对同学互评的甄别技术上。高校服务社会必须有政府的响应，社会政策、财政政策的配合和保障。英美政府率先在类似的领域做出前瞻性的判断，对于慕课系统的发展是一个较为正面的回应，同时为慕课系统将来真正走进社区、服务大众打下基础。

二、慕课产业的难点及负面影响

慕课产业的发展一开始就和金融扯上了关系，随之而来的排名也与资金实力挂钩。这和传统大学的积淀式发展路径差别甚大。这也是人们担忧的地方，甚至已经有人担忧慕课会让传统的大学消失，至少部分消失，届时评价教育机构的尺度和金钱、人气挂钩，不免让人失望。人类近代高等教育的发端是以建立一个个学术共同体为基础的，如果这样的气氛和吸引力丧失殆尽的话，那么高等教育在人类社会中的地位就会发生偏移，这也许将是一场灾难。以美国 Coursera 公司为例，2013 年，美国教育私人企业融资额排行榜中，Coursera 名列第四，一年内吸引资金 6 300 万美金，投资者不乏国际金融公司和业界著名风险投资公司。这样的企业平台首先考虑的恐怕不是真正的教学氛围，而是投资与回报之间的关系和速度。

各大平台在迅速扩张慕课系统的时候，所提供的大部分的慕课课程尚属简单易懂，合作院校提供的往往都是明星教授的通识课程或初级专业课。但是这样的课程往往与科普和知识普及书本没有多大区别，值得当今世界集聚大量资金和企业平台专门来做这个事情吗？而且，并不是所有的课程都适合慕课形式，上过大学高等数学的每一个学生都知道，大学数学教师别说用电子版的课件，就连用 PPT 上课都不行，因为数学课的整个过程就是不断地演算和推算，哪怕老师在黑板上推算错了擦掉重来，这样的反复过程让下面的学生终生难忘，这就是言传身教的大学教育。另一些非常注重学习方法和教育条件的科目也很难在慕课上实现，比如语言学习或需动手的实践课等。有些著名高校的教授也感慨：慕课并不能提供校园教育的社交氛围，学生对完成课程缺少动力；教授不能面对面及时指出学生的错误；慕课也没有提供使用和应用知识的环境。

那么，一味地将慕课课程与名校扯上关系是不是就可以解决问题了呢？也未必！著名高校吸引一大批优秀学子，这些学生最后走向成功很大程度上得益于这些著名高校的学习氛围和强大的校友资源，还有一点，那就是名校浓厚的研究气氛。而这些恰恰又是慕课系统所不能做到的。著名高校的教师的奋斗目标都是终身教职，而终身教职的评价标准是学术研究，具体而言是论文的质量和数量，甚至有时候这些水平的体现与教学水平毫无关系。

慕课产业链上的企业累积了数百万的注册用户并吸引了巨额的投资，但他们的发展还有很多问题有待解决。其中最被各界诟病的就是由于缺乏监督而引发的学习的随意性。宾夕法尼亚大学教育系曾发表报告，宣布宾大在 Coursera 平台上的 16 门课程，报名者总数一百万，可只有 4% 完成了课程学习，其课程的平均完成率只有 6.8%。长此以往，慕课平台最终还是会遭弃用，那么大型慕课企业为此筹措的巨额资金的回报率就会成为整个行业发展的障碍，届时会不会落得人财两空也不得而知。

其实，不管是 Coursera 还是其他慕课平台，都面临着这个障碍。他们纷纷尝试成立线下教学中心，也提出了各式各样的创新：推出小型私人在线课程，对入读人数和入读条件都有了限制；开创超级慕课，一门课同时在三个学校教授，并在线共享，让不同学校的师生共同学习，互评作业；还有深度学习慕课、移动慕课等，然而这些做法又走回了老路，远离了慕课“大型”（Massive）的初衷。而且，这样的微小平台的运行又要靠有学习经验的学生来配合才能达到目标，这又和慕课推行之初的服务大众的目标相去甚远。

事实上，目前各类慕课平台的盈利面很窄，对于高校和慕课平台而言，课程制作价格不菲。课程内容虽如囊中取物，为确保课程质量，他们仍需在整个制作过程上花费大量的时间和财力。也许顶级学府为顺应时代潮流、打造品牌抢生源、巩固校友和捐赠者关系，短期内还会继续在慕课上联合企业进行投资。但一般学府财力有限，实无必要源源不断地提供新慕课课程。对高校讲师而言，一旦完成现有课程的教授，也很难再去关注同一门课的在线教学。

三、慕课该向何处去

对于解决这些困境，有人认为慕课可以做新时代的教科书。一方面慕课机构认为这可以很好地迎合当今时代人们的快餐式阅读文化和社交媒体的兴盛势头，另一方面也可以从大批量的廉价教材提供中谋取盈利。毕竟，用科技提高教育质量、扩大教育范围已是时代洪流。这样两头兼顾的方针也许是慕课行业目前需要的思路，既可以不让投资人感到前途渺茫而突然中断投资兴趣，也可以让更多大众运用各种慕课平台。

慕课提出的理想目标是：任何人，在任何时间、任何地方，学到任何知识。这样的价值目标是值得坚守的。因为全球教育仍然面临着极大的不公平现状。如果按照这个思路，慕课的最大受益者至少可以是那些免费享用慕课资源的求知者，这些人可以用知识改变命运，从而改变世界。而且，在某种程度上，慕课系统的广泛应用也会改变目前全球高度关注极小部分著名高校的发展的现状，使得教育在一定程度上回归其大众性。而至于现状中存在的众多慕课系统的不足，只有等待时间去慢慢完善。

微信工具在“资本投资学”课程教学中的应用

林瑞基
（管理学院工商管理系）

【摘　要】微信平台自从开发以来深受广大用户所喜爱，用户已达到5亿以上，并且在商业、营销、创业、金融、信息沟通、媒体广告等多方面得到广泛应用。同样，微信可以应用于大学课程的教学，解决以往教学过程的疑难问题，起到非常好的教学效果。本文将微信平台工具应用于“资本投资学”的课程教学，取得很好的教学效果。现将经验和效果与大家分享，以期将微信工具推广到其他课程教学过程中。

【关键词】微信　大学课程　教学　资本投资学

一、资本投资学课程

资本投资学课程是管理学院的一门专业选修课，该课程内容涉及的知识面很广，课程具有很强的综合性和实践性特点。要学好这门课程并加以应用，对学生提出很高的要求：学生不仅要有经济学、管理学、心理学、数学、社会学、逻辑学等方面的知识基础，还需要学生有天分，对盈亏局势的敏感知觉、对数字的感觉、冷静和理性的性格、浓厚的兴趣、应对风险局面的良好心理素质等；更需要学生有综合判断能力、因果关系分析能力、冒险精神和规避风险的平衡能力、快速计算与反应能力等。最重要的是要把所学知识、理论和方法应用于实践，只有通过不断地实践、经常性的实际操作、切身亲临实际盈亏情境，学生才有亲身的感觉和深刻的理解。为了进一步拓宽课程教学的深度和广度，本学期开学时（2015年3月）正值中国股市突破3 000点前夕，在十分有把握牛市将来临的判断基础上，鼓励学生以实际股票操作或模拟操作进行亲身实践。结合去海通证券营业部实地考察学习，运用微信平台工具对学生的学习、实际操作、理论和方法的实际应用进行经常性和实时性的交流和指导，学生边学习、边实践、边交流，使他们快速理解和掌握资本投资的核心和关键，通过该课程感兴趣的学习和实践，学生所掌握的知识、理论、方法和技能将终身受用。

二、微信在投资学课程中的应用

微信（Wechat）是腾讯公司（Tencent）于2011年1月21日推出的一个为智能终端（手机、平板电脑等）提供即时通讯服务的免费应用程序，最早只是一个社交通信工具，但随着用户的增加和更新改进，功能不断强大起来。朋友之间可以发送即时语音短信、视频、图片和文字等信息，通过“朋友圈”，朋友之间还可以做到信息共享，具有了公共媒体的类似功能。通过社交插件和服务插件：“二维码”“扫一扫”“摇一摇”“漂流瓶”“附近的人”“朋友圈”“公众号”“语音记事本”“各种应用App下载使用”“微信红包”“消息推送”“绑定QQ号、手机号、银行账号”“语音、视频聊天”等，微信实现了其超媒体功能、社会服务功能、一对多传播功能、交易与支付功能、娱乐功能、创利性功能等，极大满足了人们的社交好奇心、社交便利性、社交广泛性、“信息资源共享性”等方面的要求。截至2015年第一季度，微信已经覆盖中国90%以上的智能手机，月活跃用户达到5.49亿，全球超过6亿登记用户，覆盖200多个国家、使用语言超过20种。此外，各品牌的微信公众号总数已超过800万个，移动应用对接数量超过85 000个，微信支付用户则达到了4亿左右。微信公众平台更是实现了微信的自媒体功能和一对多媒体传播行为功能，一时间商家微官网、微会员、微推送、微支付、微活动，微报名、微分享、微名片热潮汹涌，微信已经成为一种主流的、颠覆性的线上线下互动营销方式。

教学显然是一对多的互动信息传播活动，微信既然已经实现了超媒体的一对多互动传播功能，那应该在教学特别是高层次教学活动中有特别好的应用。上学期（2015年3月1日—6月30日）在资本投资学课程教学中根据课程内容和特点，在教学过程中对微信进行如下几个方面的应用：

（1）开学第一天：要求学生以班级为单位加入微信群，两个班级分别命名为“资本投资1”和“资本投资2”两个微信群。并且要求学生使用自拍真实头像和真实姓名，这点很重要，在下面应用效果中会谈到。

（2）在牛市确立的情况下，开学第一天就鼓励学生开户炒股。开户可以利用微信扫描证券公司二维码远距离进行，快捷方便。股票实际操作买卖则可以下载证券公司的App在手机上进行。对进行实际操作的学生，添加到微信通讯录，进行个别辅导和分析研究，避免他们在股票投资中产生大的损失。

（3）通过微信群，学生可以提出问题、讨论问题、交流问题、发布财经资讯、交流投资心得体会，老师可以回答问题、发布个股和财经信息、与学生讨论问题、解释理论和方法及其应用。通过微信群的师生信息互动，可以掌握许多情况：哪些同学比较有兴趣、比较活跃、实际操作频繁、经常提问题，老师当然会记住他们的头像形象，在课堂上可以寻找、对比头像和真人增进对学生的了解。

（4）通过朋友圈发布每日股评、个股资讯、财经资讯、投资知识等供学生学习参考、分析依据和实操应用，这部分内容很多，相当费时费力，但效果不错。学生阅读后一般会点赞或给出评论，这为老师提供了很多判断学生学习积极性和主动性的信息。

（5）通过公众订阅号“林博士股票研究中心”和“林博士投资研究中心”向学生发布有关投资理论、知识、方法的文章和资料，推送个股分析报告、行业分析报告、每日股评、财经资讯等资料供学生阅读学习，定期回答和讨论学生的问题。公众号推送的资讯一般更有价值，对学习更有帮助，当然也更加私密。

（6）通过微信红包奖励实际操作有效果的学生、学习成绩好的学生以及股票大跌时沉着冷静的学生。这对鼓励学生的学习兴趣、学习积极性、主动性效果良好。

三、微信在课程教学中的应用效果

通过一个学期微信平台在“资本投资学”课程中的应用，学生反映良好，取得了不错的效果：

（1）解决了学生课堂出勤点名、课堂表现印象、平时成绩考评难题。深圳大学学生平时成绩占总成绩的30%～40%，比例相当高。平时成绩一般由学生三个方面的表现来评定：课堂出勤率、课堂表现、平时作业。如何从这三个方面的记录或结果来准确地评定学生的平时成绩一直是困扰我校教师课堂教学的一个老大难问题。其他高校也应该有类似情形，学生课程总成绩由平时成绩（30%～40%）和期末考试成绩（60%～70%）之和组成。期末考试成绩是由改卷定量评定的，没有什么误差，而平时成绩的评定带有主观印象，其中考勤是最难的一部分。传统的方法是老师点名、签到表、学生干部记考勤、固定座位空档等，能准确记录出勤率的当然是点名，但点名是相当费时费力的，特别是在上大课的时候。本来在校大学生都是成年人，有着成熟的心理行为以及学习的目标，自觉到堂上课、学习知识是大学生不需要别人监督的主动性行为。但在学风渐下的时代，学生到堂上课倒成了要经常强调的学生行为准则。课堂表现具有外显性，与学生的内外向型性格，以及师生互动有关，老师一般喜欢提出问题和讨论问题的学生，对他们的印象较深。平时作业也是可以精确评定成绩的，所以最模糊的部分是课堂出勤率的问题。微信群、朋友圈、微信公众号在投资学课程中应用，使师生互动的频率、范围和时间大大增加，学生的名字、模样频繁出现在手机屏幕上，使老师能够记住学生的名字和形象。研究表明，当老师认得学生并能叫出他们名字时，学生旷课的概率就小多了。通过微信中学生名字、头像的重复记忆，老师上课的时候自然会留意到哪些学生经常没有出现在课堂上，有个有趣的现象是学生每次上课都会习惯性地坐在教室里的同一个位置，这个现象也有助于老师确定学生的出勤率。当然，最简单的方法就是拍照回去对比一下微信群里的姓名头像，谁没有上课也就一目了然了。

（2）课堂教学无限延伸到课外。课堂教学的时间是有限的，没有伸缩性，能传授的知识量和传播的信息量也是有限的，但课外的时间和空间十分广阔。微信工具的应用，有效地实现了课堂到课外的延伸，微信公众号、朋友圈、微信群都可以实现课程知识、理论和方法的进一步阐述，加深学生对知识、理论和方法的理解和实际应用。微信工具的应用还可以即时回答学生提出的问题，实际上加强了教学中的答疑环节，学生有问题可以在课外的时间里提出来，通过老师的解答及时解决学生的疑问，无形中提高了学生的学习兴趣和主动性。应用微信工具还可以拓展学生的阅读范围，扩大学生的知识面，例如可以推送或发送一些与课程相关的文章、每日股评、财经资讯、个股分析报告、行业分析报告等，经过一个学期的应用实践，许多学生对证券投资知识、理论和方法的应用，以及股票投资实际操作都达到了一定的水平。

（3）教学互动在形式、内容、范围上都发生了改变。教学活动从来都是一对多的双向传播互动过程，互动性教学最好的办法是学生带着问题来上课，老师针对问题的知识、理论和方法来讲授，学生的印象也是最深刻的。微信工具的应用不仅使课堂互动延伸到课外互动，师生双方都可以提出问题让对方解答或思考，重点问题、关键知识点可以带到课堂讲解和解答。微信上传授的知识范围更加广泛，有些知识在课堂或书本中是无法学到的，例如每日股评、个股分析报告等。

四、结论

通过一个学期微信工具在“资本投资学”课程中的应用，解决了以往大学课程教学中的一些难题，丰富了教学内容，扩大了教学范围，加强了教学互动，取得了不错的教学效果。微信工具在“资本投资学”课程能够应用并取得一定的教学效果，同样也可以在其他课程教学中加以应用，笔者希望此文能起到抛砖引玉的微薄借鉴作用。当然，微信工具还具有其他方面强大的自媒体功能和信息传播功能，在今后大学课程的教学实践中有待进一步开发和应用，使微信工具在教学过程中发挥更大的作用。

参考文献

[1] 刘兆洁．高等学校教育心理学．北京：北京师范大学出版社，1995.

[2] 从 IM 到电商微信：开启腾讯全新时代．http：//article. pchome. net/content-1585691-all. html.

[3] 微信公众平台．www. baidu. com. 百度百科，2015 年．

大众创新下的商业模拟实训探索

黄凯珊
（管理学院现代管理教学实验中心）

【摘　要】在国家大力推动“大众创业，万众创新”的政策指引下，全国各高校逐步建立起创新创业教育机制。商业模拟实训作为一种新型的教学模式，一方面能够弥补当前管理类学科实践教学的不足，另一方面也能提高人才培养的质量。本文梳理了相关的国家政策指引，分析了商业模拟实训的内容及其模式的意义，最后探讨了该模式实施的几个具体措施及成效，旨在为创新创业人才培养模式提供参考及借鉴。

【关键词】大众创新　商业模拟　实践教学

一、引言

近年来，国家及教育部大力出台相关政策及文件，在高等学校开展创新创业教育，重视实践教学，提升学生创新能力，鼓励学生自主创业。因此，全国各高校逐步建立起了创新创业的实践教学教育机制。商业模拟实训教学作为创新创业教育的一种新型方式，以及管理类专业实践教学改革的重要方向，集知识性、挑战性、趣味性、实用性、创新性于一体，具有传统教学方式无法比拟的优越性，弥补了当前创新创业教育的不足，提高了人才培养的质量，促进了创新创业教育的发展。本文以“大众创新下的商业模拟实训探索”为题，根据笔者2015年7月26日出席“全国工商管理实验教学交流研讨会”时的主题报告，进一步思考实训教学。

二、大众创新下的国家政策指引

21世纪是“创新、创业教育的时代”，高等教育改革应当将培养学生的创新精神和实践能力作为全面发展教育改革的重点。2010年5月，教育部出台《教育部关于大力推进高等学校创新创业教育和大学生自主创业工作的意见》，推动高等院校开展创新创业教育，培养学生创新精神和实践能力，积极鼓励高校学生自主创业，以创业带动就业。同年，《国家中长期教育改革和发展规划纲要（2010—2020年）》也提到，支持学生参与科学研究，强化实践教学环节，加强就业创业教育和就业指导服务，创立高校与科研院所、行业、企业联合培养人才的新机制。

2012年3月，教育部继续出台《教育部关于全面提高高等教育质量的若干意见》，把创新创业教育贯穿人才培养全过程。制定高校创新创业教育教学基本要求，开发创新创业类课程，纳入学分管理。2012 年 10 月，党的十八大报告提出，“加大创新创业人才培养支持力度，重视实用人才培养，……鼓励多渠道多形式就业，促进创业带动就业，做好以高校毕业生为重点的青年就业工作，……加强职业技能培训，提升劳动者就业创业能力，增强就业稳定性”。2013 年 5 月，全国普通高校毕业生就业工作会议指出，“在高校开展创新创业教育和推进大学生自主创业工作，既是高等教育培养创新人才、提升人才培养质量的重要基础性工作，也是教育服务经济发展方式转变、落实创业带动就业的重要举措”。这为高等院校开展创新创业教育提供了指导方向。

2014 年 9 月，李克强总理在夏季达沃斯论坛开幕式中讲话，要借改革创新的“东风”，推动中国经济科学发展，在 960 万平方公里土地上掀起“大众创业”“草根创业”的新浪潮，形成“万众创新”“人人创新”的新态势。2015 年 6 月，国务院出台《国务院关于大力推进大众创业万众创新若干政策措施的意见》指出，“推进大众创业、万众创新，是发展的动力之源，也是富民之道、公平之计、强国之策，对于推动经济结构调整、打造发展新引擎、增强发展新动力、走创新驱动发展道路具有重要意义，是稳增长、扩就业、激发亿万群众智慧和创造力，促进社会纵向流动、公平正义的重大举措”。

三、商业模拟实训简介

在“大众创业，万众创新”的时代背景下，创业创新日益成为综合国力竞争的制高点。而大学生作为最具创业活力和潜力的群体，如何培养其创业创新能力，是摆在当前社会发展面前重要紧迫的课题。高校作为大学生创业创新人才培养的摇篮，深化高等学校创业创新教育改革，是国家实施创新驱动发展战略，促进经济发展提质增效升级的迫切需要，是推进高等教育综合改革，促进高校毕业生更高质量创业就业的重要举措。商业模拟实训模式，作为理论授课、案例教学之后新兴的一种教育模式，尤其是对经管类学生，具有传统教学方式无法比拟的优势，弥补了当前传统教育的不足，促进了创新创业教育的发展。

商业模拟实训，是指学员在讲师的指导和帮助下，在虚拟的商业环境中，进行企业创建和企业经营管理等商业活动的学习与演练过程。其核心构架在“企业资源规划、分析与经营决策”上，引领学员进入一个模拟的竞争性行业，涉及整体战略、产品研发、生产排程、市场与销售、财务、团队沟通与建设等多个方面。

这种实训模式采用体验式、互动式的教学方式融入角色扮演、案例分析和专家诊断于一体，让学员身临其境，真正感受到市场竞争的精彩与残酷，体验承担经营风险与责任、感悟做人的道理以及个性特点与角色胜任的关联性，培养共赢的理念和坚持诚信信念。通过对“公司”当年业绩的盘点与总结，反思决策成败，解析战略得失，梳理管理思路，并通过多次调整与改进，切实提高学生综合管理素质。这种教学方式对积累实践经验，增强创新创业能力，降低创业风险，提高创业成功率和企业存活率具有重要意义。参加商业模拟实训，不仅可以帮助学习者树立稳固的市场意识、竞争意识、创新意识，还可以培养学员的自我意识和团队意识。

通过基于商业模拟实训的创新创业教育模式探索，为学生提供模拟企业经营及竞争的平台，激发学生自主探索学习的兴趣，促进学生理论结合实践能力，培养学生创新创业的思维意识，丰富学生企业经营与管理的知识，增长学生创新创业能力，提升学生人际交往能力与分析问题能力，为今后创新创业打下坚实的基础。

四、商业模拟实训模式实施探索

商业模拟实训模式，是一种基于实践的教育理念和教育活动。其实施需要强化实践，以能力培养为核心，以创新创业为导向。在教学实施过程中，要加大实践教学比重，丰富实践教学内容，改进实践教学方法，激励学生创业实践，增强创新创业教育教学的开放性、互动性和实效性。模式实施方面，通过创新创业项目、商科模拟竞赛、商业演讲、学生社团等方式，注重引导学生对企业经营管理能力的训练，提升学生自主学习、商业意识、运作能力、抗压强度、团队精神等能力。最终，将创新意识、创业精神、创新创业能力等培养融入人才培养体系，贯穿在模拟实训过程中，分类施教，注重素质教育，扩大辐射效果，实现可持续发展。

现根据笔者多年指导学生参与商业模拟实践教学的经验，结合深圳大学管理教学实验中心在实践教学环节中的摸索及成果，将商业模拟实训模式实施的一些措施及成效整理归纳为以下几条：

1. 力争学校重视，组织参加各类赛事或研讨会

商业模拟实训模式，在国外已经有50多年的历史，但是在国内还是一种较为新型的教学模式，其发展仍需要相关教师推动，因此，获得学校及领导们的认可及重视，显得尤为重要。我中心负责的老师一方面向领导汇报，申请资源，将学生带出去；另一方面积极组织承办各类全国性商业模拟赛事及研讨会，将资源引进来。这两个方面都可以得到资源的扶持，但相对而言，后者更能体现出这种模式的价值。因为举办全国性的赛事或研讨会，需要校内各个部门及其资源配合，很多时候都需要得到校领导班子的审批及认可方可启动，这样就有助于这类型项目在学校的推广及提升辐射作用。

2009年7月，我中心成功承办了“2009年全国大学生创业大赛”及“全国高校创业创新高级人才培养”研讨会。来自全国各高校的120余位教师、500余位学生参加了此次大赛及研讨会。2013年7月22日，我中心又承办了由教育部高等学校国家级实验教学示范中心联席会经济与管理学科组主办的“2013全国大学生管理决策模拟大赛总决赛暨全国经济管理实验教学研讨会”。

2. 获得各方经费支持，组织创建实训平台

我中心从2006年开始，组织带领学生参加各类商业模拟实训比赛，从一个沙盘比赛开始，发展到如今每年组织参加五六个全国性比赛，这期间经费问题始终是一个关键。每一项全国性的商业模拟赛事，基本都需要从校内选拔赛、省赛、大区复赛、全国决赛甚至全球总决赛，一层一层地不断晋级。没有经费的支持，就没有办法组织带领学生参与赛事，也没有办法让老师们走出去学习最新的教学模式。因此，经费在整个模式的推进中起到了相当重要的作用。

这几年，我中心用多种方法获得经费，从学院到学校，从支助经费到竞赛项目立项，一直不断地在进步。最初参加比赛时，要通过打报告获得经费，而如今学校已经形成学科竞赛经费支持机制。每学年初设立学科竞赛项目经费，以项目立项结题方式，提供每个赛事申请经费。2014 年，我校立项大学生学科竞赛项目 30 个，金额共 110 万元，我中心申请立项 3 个（含 1 个全球赛），金额达 15 万元；2015 年，我校立项大学生学科竞赛项目 32 个，金额 120 万元，我中心申请立项 4 个（含 1 个全球赛），金额 18 万元。

3. 调动教师资源，建立教师激励机制

作为商业模拟实训的指导教师，可谓是推动学校实训模式的中坚力量。这些教师掌握着这个领域的知识体系，带领学生参与各类赛事，指导学生完成各类实验项目，自己还需完成教学改革的项目。可以说，无论是参加商业模拟竞赛指导，还是进行实践教学，都离不开实践教师的组织和指导。因此，学校必须重视实训教师队伍建设，建立相应激励机制。

实训教师队伍应该是一支数量可观、结构合理、了解社会需求、把握行业发展、业务熟、能力强、师德高、相对稳定、专兼结合的实践教学力量。学校采取切实可行措施，为其创造良好的环境与氛围。比如，设立专项资金，用于实践系列人员参观、学习、培训、交流；支持高端人才“请进来，走出去”活动，加强交流，扩大视野；按教师系列待遇支持实验技术系列年轻人的学历提升教育；出资鼓励他们通过国家资格考试获取各种资格证书；每年对发表高水平实验教学论文或取得相关成果者予以奖励等。

如今，为进一步规范并更科学地做好我校本科学生竞赛管理工作，培养学生创新实践能力和团队协作精神，学校鼓励学院积极开展竞赛活动，并给予指导教师一些政策支持，如指导学生参加学科竞赛或完成相关实验项目等工作，可换算成教师的工作量；对指导学生获得奖项的教师颁发奖项，如实践教学贡献奖、优秀创新团队奖等奖。带领学生获得一定级别全国奖项的，还可以换算为学术论文等。这些措施都有利于稳定实训教师队伍，提升实训人员教学热情，促进实训教学发展和改革。

4. 获得竞赛成绩，提升校内辐射示范作用

自 2011 年以来，我中心组织带领学生参加国内外各类商业模拟竞赛，指导学生参赛团队上千个，培训指导学生数上万人次，获得各类奖项 193 项，全国性 155 项，省级 38 项。其中包括：全球奖 5 项，特等奖 17 项，一等奖 43 项，二等奖 83 项，三等奖 17 项，优秀教师 24 项，最佳团队 1 项，最佳风采奖 1 项，最佳组织奖 1 项，最佳创意奖 1 项等（具体参见下表）。这些奖项和荣誉，可以使学科竞赛获得更多支持和认可，从而提升校内辐射示范作用。

近5年学生实训竞赛成果及奖项一览表

序号	项目时间	竞赛项目名称	指导老师	主要完成人	获奖情况	主办单位
1	2015.7	2015"创新创业杯"全国管理决策模拟大赛	王小汀、黄凯珊	刘靖钰、朱伟耿、张溪心、王一帆	全国二等奖3项 奖项总数：3项	教育部高等学校工商管理类专业教学指导委员会、管理决策模拟大赛组委会
2	2015.5	第九届广东大中专学生科技学术节"新道杯"企业经营模拟沙盘大赛	李丽、王小汀、黄凯珊、张江乐	谢康强、钟震晓、林志辉、左嘉炜、张智	广东省二等奖5项 奖项总数：5项	共青团广东省委员会、广东省教育厅、广东省科学技术厅、广东省科学技术协会、广东省学生联合会
3	2015.3	第7届"尖峰时刻"全球商业决策模拟挑战赛中国区决赛	崔世娟、黄凯珊、陈雪	简月洁、林秀妮、朱伟耿、谭丽莹、左嘉炜、付汀汀、李郁君、廖郡、蒋依伶	优秀指导教师3项、全国一等奖4项、全国二等奖5项 奖项总数：12项	中教国际教育交流中心、尖烽时刻组委会
4	2014.11	全国大学生"网络虚拟运营"创业专项赛全国总决赛	黄凯珊、王小汀	欧乾浩、李灿锋、巫凯平	全国三等奖3项 奖项总数：3项	共青团中央学校部、全国学联秘书处
5	2014.11	全国大学生"网络虚拟运营"创业专项赛全国总决赛	黄凯珊、王小汀	黄浩雄、谭景德、谢康强	全国三等奖3项 奖项总数：3项	共青团中央学校部、全国学联秘书处
6	2014.7	第十届全国大学生"用友杯"沙盘模拟经营大赛全国总决赛	李丽、王小汀、黄凯珊、张江乐	李加彬、谭丽莹、林志辉、钟震晓、蔡澄鋆	全国二等奖5项 奖项总数：5项	高等学校国家级实验教学示范中心联席会

（续上表）

序号	项目时间	竞赛项目名称	指导老师	主要完成人	获奖情况	主办单位
7	2014.7	“2014年全国大学生管理决策模拟大赛”全国总决赛	王小汀、黄凯珊	刘靖钰、郑嘉贤、简月洁	全国一等奖3项 奖项总数：3项	高等学校国家级实验教学示范中心联席会
8	2014.7	“2014年全国大学生管理决策模拟大赛”全国总决赛	王小汀、黄凯珊	张静、赖俊阳、马斯悦	全国一等奖3项 奖项总数：3项	高等学校国家级实验教学示范中心联席会
9	2014.6	第八届广东大学生科技学术节之“用友杯”ERP沙盘模拟大赛	李丽、王小汀、黄凯珊、张江乐	谭丽莹、林志辉、钟震晓、蔡澄莹、谢康强	广东省二等奖5项 奖项总数：5项	共青团广东省委员会、广东省教育厅、广东省科学技术厅、广东省科学技术协会、广东省学生联合会
10	2014.5	2014年“学创杯”全国大学生创业综合模拟大赛总决赛	王小汀、黄凯珊、丁婉玲	欧乾浩、伍鸿莹、黄浩雄、蔡瑞华	全国特等奖4项、最佳指导教师3项 奖项总数：7项	教育部高等学校国家级实验教学示范中心联席会
11	2014.5	“2014年全国大学生管理决策模拟大赛”全国半决赛	黄凯珊	简月洁、钟震晓、蔡澄蓥、刘靖钰、纪伟川、李加彬、朱伟耿	半决赛一等奖4名、半决赛二等奖3名 奖项总数：7项	高等学校国家级实验教学示范中心联席会
12	2014.3	2014年“学创杯”全国大学生创业综合模拟大赛区域赛	黄凯珊	欧乾浩、廖栩林、黄浩雄、林志辉、钟震晓、巫凯平、林洁纯、朱伟耿、谢康强、李绪佳、陈伟涛、赵向辉	区域赛一等奖3项、区域赛二等奖9项 奖项总数：12项	教育部高等学校国家级实验教学示范中心联席会经管学科组

（续上表）

序号	项目时间	竞赛项目名称	指导老师	主要完成人	获奖情况	主办单位
13	2014.3	第六届“尖峰时刻”全球商业决策模拟挑战赛中国区总决赛	崔世娟、黄凯珊、陈雪	陈淑贞、刘傲雪、刘靖钰、纪伟川、李加彬、林秀妮	全国一等奖6项、优秀指导教师3项 奖项总数：9项	中教国际教育交流中心、尖烽时刻组委会
14	2013.7	“2013全国大学生管理决策模拟大赛”全国总决赛	王小汀、黄凯珊	刘俊凯、李燕锐、李必婷、廖江衡、刘靖钰、顾展	优秀指导教师2项、最佳组织奖1项全国二等奖6项 奖项总数：9项	高等学校国家级实验教学示范中心联席会
15	2013.7	“用友杯”全国大学生创业设计暨沙盘模拟经营大赛全国总决赛	王小汀、黄凯珊、张江乐	陈炜中、詹溢锋、李加彬、苏奕如、陈伟安	全国二等奖5项 奖项总数：5项	高等学校国家级实验教学示范中心联席会
16	2013.6	“2013全国大学生管理决策模拟大赛”全国半决赛	王小汀、黄凯珊	廖江衡、陈诗欣、谢浩培、黄宽胤、陈江锋、陈嘉汇、何亚男、冷月、林冬荣、张泽阳、姜茗元、叶志聪、刘靖钰、胡羽璇、纪伟川、刘俊凯、李必婷、李燕锐	一等奖6项、二等奖12项 奖项总数：18项	国家级实验教学示范中心联席会

（续上表）

序号	项目时间	竞赛项目名称	指导老师	主要完成人	获奖情况	主办单位
17	2013.05	第七届广东省大学生科技学术节“用友杯”ERP企业经营模拟沙盘大赛	李丽、王小汀、黄凯珊、张江乐	陈炜中、詹溢锋、李加彬、苏奕如、陈伟安	广东省一等奖5项 奖项总数：5项	共青团广东省委员会、广东省教育厅、广东省科学技术厅、广东省科学技术协会、广东省学生联合会
18	2013.4	第五届“尖峰时刻”全球商业模拟挑战赛中国区总决赛	黄凯珊、陈雪、崔世娟	廖江衡、黄凯、涂诺菲、曾宇星、邢博、陈俊杰	优秀指导教师3项、最佳团队合作奖1项、全国冠军特等奖6项 奖项总数：10项	尖峰时刻组委会
19	2012.8	“2012全国大学生管理决策模拟大赛”全国总决赛	王小汀、黄凯珊	廖江衡、谢浩培、陈诗欣	全国特等奖3项、优秀指导教师奖2项 奖项总数：5项	教育部高等学校国家级实验教学示范中心联席会
20	2012.7	“用友杯”第八届全国大学生创业设计暨沙盘模拟经营大赛全国总决赛	李丽、王小汀、黄凯珊、张江乐	陈健鹏、郑旭添、张溢锋、林文斌、李加彬	全国二等奖5项 奖项总数：5项	高等学校国家级实验教学示范中心联合会、用友新道科技有限公司
21	2012.5	第六届广东大学生科技学术节之“用友杯”企业经营模拟沙盘大赛	王小汀、黄凯珊、张江乐	陈健鹏等5人	省级三等奖5项 奖项总数：5项	共青团广东省委员会、广东省教育厅、广东省科学技术厅、广东省科学技术协会、广东省学生联合会

（续上表）

序号	项目时间	竞赛项目名称	指导老师	主要完成人	获奖情况	主办单位
22	2012.3	第四届“尖峰时刻”全球商业决策模拟挑战赛中国区决赛	崔世娟、黄凯珊	钟诚等12人	一等奖2项、二等奖10项、最佳风采奖1项、优秀指导教师奖2项 奖项总数：15项	尖峰时刻组委会
23	2011.8	“用友杯”第七届全国大学生创业设计暨沙盘模拟经营大赛全国总决赛	王小汀、黄凯珊、李丽	黄泽灿、陈霖鑫、黄泽锋、刘文龙、凌云鹏、陈健鹏	全国三等奖6项 奖项总数：6项	高等学校国家级实验教学示范中心联合会、用友新道科技有限公司
24	2011.07	第三届“金蝶杯”全国大学生创业大赛（本科组）全国总决赛	王小汀、黄凯珊	钟诚、杜秀珍、陈炜中、商庆一	全国银奖4项、优秀指导教师2项 奖项总数：6项	教育部教育管理信息中心、中国教育信息化理事会、金蝶软件
25	2011.07	“2011年全国大学生管理决策模拟大赛”全国总决赛	王小汀、黄凯珊	黄泽灿、陈霖鑫、叶嘉淇	全国一等奖3项、优秀指导教师2项 奖项总数：5项	教育部高等学校国家级实验教学示范中心联席会
26	2011.05	第五届广东省大学生科技学术节之“用友杯”ERP沙盘模拟大赛	王小汀、黄凯珊、李丽	黄泽灿、陈霖鑫、黄泽锋、刘文龙、凌云鹏	省级二等奖6项 奖项总数：6项	共青团广东省委员会、广东省教育厅、省科学技术厅、省学生联合会
27	2011.05	第十二届“尖峰时刻”全球商业模拟挑战赛总决赛	崔世娟、黄凯珊	项志文、陈霖鑫、吴雨、戴宝珊、欧慧琴	全球第五5项 奖项总数：5项	“尖峰时刻”全球组委会、斯德哥尔摩商学院

（续上表）

序号	项目时间	竞赛项目名称	指导老师	主要完成人	获奖情况	主办单位
28	2011.03	第三届“尖峰时刻”全球商业模拟挑战赛中国区总决赛	崔世娟、黄凯珊	项志文、陈霖鑫、吴雨、欧慧琴、韦楚城、肖卓伟、梁懿、黄文敏	本科特等奖4项、一等奖4项、最佳创意奖1项、优秀指导教师2项 奖项总数：11项	中国发展中管理与创业教育联盟、芬兰CESIM、尖峰时刻中国区组委会

5. 建立校企合作关系，扩大校外辐射示范作用

学校要与企业广泛合作，将学校与企业有机结合、资源共享，共建良好实践环境，延伸实践教学，扩大校外辐射示范作用。校企可以通过创新创业项目、情景模拟、案例研讨、顶岗实习等多种方式开展合作。以实际开展的项目为中心，通过场景模拟或实际参与，不断积累经验，促进学生理论学习的深度扩展，养成问题意识，提升实践技能。

建立校企合作关系，有助于充分利用社会资源，能有效提升和加强学生的实务技能和职业素养；向学生提供更为广阔和高层次的实践机会；丰富教学素材、教学资源和教学手段，提升教学质量，促进教学模式改革；互通有无，互惠互利，深化校企合作，促进资源共享；依托合作关系，向合作单位输送智力资源，服务社会，回馈社会。

我中心先后与用友新道科技有限公司、金蝶软件有限公司、上海派金有限公司、深圳市电子商务协会等20余个单位建立了学生实践教学基地及校企合作关系。每年接纳学生到实习基地进行学习和实践，大大提高了学生实践应用能力。同时，开展包括课程建设、师资培训、专题讲座、企业参访、社会实践、教材出版等多方面的专业合作。让学生适应社会需求。依托校企合作，实现了专业学习、行业证书、人才孵化三位一体的有效结合，引进实践实验课题。通过校企合作，走“学、研、证”相结合的道路，打造理论实践融合的教学模式。

6. 依托学生社团，创造创新氛围

学生社团是大学生展现自我能力的舞台，也是增长知识才干的课堂，具有广泛的参与性。因此，利用学生社团组织开展商业模拟竞赛是扩大竞赛参与面、储备优秀参赛选手、管理和运行实训设备的有效途径。

目前我中心已成立的ERP学生俱乐部，由中心负责管理，给予政策支持，定期组织各类模拟竞赛，以扩大该类竞赛在学生中的认知度和影响力，吸引更多学生了解和走进实验室。另外，通过以“ERP学生俱乐部”为代表的学生“小老师”队伍和实验室学生助理方式，形成了学生自主管理的实践教学环境，协助完成实训课程及各类大赛的组织指导，以及实验室繁重的开放值班、管理、课程辅导等工作。

7. **结合创新项目，推广实训成果**

为了贯彻“万众创新、大众创业”的科技精神，鼓励和引导大学生参与科学研究、技术开发、社会实践等创新活动，培养学生崇尚科学、锐意进取的创新合作精神。学校应鼓励和提供实验实践平台，支持教师指导学生完成创业研究、创新创业项目和实验基金项目等教学研究。这些项目的申请及完成，有助于促进学生对知识的交融和应用，提高学生对商科知识的理解，提高学生的实验能力、数据分析能力和团队合作精神，增强学生的就业创业能力，进一步推广实训成果。

近年来，我中心实验教学团队教师结合商业模拟实训成果，指导学生团队共同完成实验实践、教研项目151项，其中省级优秀教学成果2项，校级教学成果3项，广东省实验室研究会基金项目1项，深圳大学教改项目10项，深圳大学实验室与设备管理研究基金项目23项，深圳大学实验室开放基金项目82项，大学生创新创业项目国家级5项，省级10项，校级15项。

五、结语

商业模拟实训模式，作为一种新兴的创新创业教育模式，是培养高级应用型人才的一种重要方式，是教学改革中的一种创新体现，是推进高等教育综合改革、促进高校毕业生更高质量创业就业的重要举措。因此，应开放视野，多方支持，资源整合，加大投入，坚持不懈地完善商业模拟实训模式，更好地推动创新创业教育的可持续发展。

参考文献

［1］韩增芳，马堃．大学生创新创业教育现状调查分析．出国与就业，2011（14）：50～51.

［2］国务院：大力推进大众创业万众创新．人民网．http：//tech. qq. com/a/20150616/023822. htm.

［3］黄凯珊，王小汀．商业模拟运营竞赛与实践教学相结合的培养模式探讨．基于应用型人才培养的高校教学改革探索与实践——深圳大学管理学院研究论文集（5）．广州：暨南大学出版社，2013，33～39.

［4］高晓杰，曹胜利．创新创业教育——培养新时代事业的开拓者．中国高教研究，2007（6）：51～56.

第六编

协作效应

课堂内外、校园内外以及区域和国际间的协作为管理教育构建了多样、生动、互助的生态。

大学课堂师生互动有效性影响因素及提升途径
——以“战略外包管理”课程为例*

冯元粤　黄怡瀚　牛　奔　杨　辰
（管理学院管理科学系）

【摘　要】随着高等教育教学改革的推进，师生互动形式在大学课堂教学上被日益重视并广泛运用。然而，在教学实践中部分教师片面地追求互动的热闹气氛，而忽视了对互动有效性的关注，限制了教学质量的提升。本文在对大学课堂师生互动的相关研究文献进行回顾的基础上，以管理类综合选修课“战略外包管理”为例，对当前大学课堂师生互动有效性的影响因素进行分析，并就提升大学课堂中师生互动有效性，改进教学质量提出有针对性的建议。

【关键词】大学课堂　师生互动　互动有效性

一、引言

互动主要是指人与人、人与群体或群体与群体之间，借助语言、文字等符号进行的交互活动及其影响。而师生互动也称师生交互作用、师生交往现象，既包括了师生间相互作用和影响的方式和过程，也包括了师生间通过信息交换和行为交换所形成的相互间在心理上和行为上的改变。[1]课堂的师生互动是在课堂的特定环境中，教师与学生间以教学内容为媒介，为达到教学目标而产生的所有相互影响和作用。[2]在大学课堂里，增强师生之间的互动，既有助于学生学习知识和掌握技能，达成教学目标，也有助于培育学生的创造性思维和批判性思维，同时也可以帮助学生掌握良好的社交技巧，更有助于形成健全的人格。[2]然而，现有研究多集中于对中小学课堂师生互动的探索与讨论，针对大学课堂的互动，尤其是对大学课堂互动有效性和互动质量的研究则相对较少，以致在教学实践中许多教师盲目地追求课堂气氛的热闹，而忽略了对互动有效性及互动质量的提升。本文将基于大学课堂师生互动相关的研究文献，以管理类综合选修课程“战略外包管理”为例，分析大学课堂师生互动有效性的影响因素和提升途径，这对于充分发挥师生互动的特点及优势，提供大学课堂教学质量具有非常重要的意义。

* 本文的出版得到了2015年度深圳大学教学质量与教学改革建设项目及2015年度深圳大学教学改革研究项目（JG2015076）的资助。

二、文献综述

1. **大学课堂师生互动的概念及有效性评价标准**

大学课堂师生互动与一般意义上的师生互动不同，是建立在大学课堂教学的特定情境下，为了完成一定的教学任务而开展的，是具有较强情境性和目的性的活动。大学课堂师生互动的有效性是大学教学有效性的重要组成部分。胡进军和郑高峰认为，大学课堂的师生互动，其有效性应综合三个方面的标准来共同认定：首先，课堂气氛是否活跃，参与主体是否真正互动，这是大学课堂互动有效性的最根本标志；其次，师生互动活动是否顺利开展，教学设计是否顺利实施，这是大学课堂互动有效性的先决条件；最后，是否完成了预定的教学目标，提高了教学质量，这是大学课堂互动有效性的归宿。[1]

2. **影响大学课堂师生互动有效性的因素**

现有的研究已从不同的角度，对大学课堂师生互动有效性的影响因素进行了辨析。部分学者引入心理学的相关理论，对影响课堂师生互动的心理因素进行了划分。如国内学者赵坤等人将促进大学课堂师生互动的心理因素分为认知因素、情感和动机因素、社会心理因素以及人格因素四类。[2]国内学者佐斌则指出，根据不同的线索划分，影响课堂师生互动效果的心理和行为因素可以分为教师因素与学生因素、物理因素与社会心理因素、认知因素与非认知因素、课堂内与课堂外因素等几大类。[3]另一部分学者则从课堂教学参与主体的角度，对影响课堂师生互动的因素进行了区别。如胡进军和郑高锋将影响大学课堂师生互动有效性的因素归纳为教师因素、学生因素、课程因素三个方面。教师因素主要包含了教师的职业责任感和使命感、对学生的爱心与热情、教师自身的知识结构与教材处理的技术、互动情景的创设，以及教师的人格魅力、语言表达能力、教学调控能力和授课方式和技巧等；学生因素主要包含了学生的个性、学习动机、同伴压力，以及先前的知识积累等；而课程因素则主要包含了课程设置、课程难度、师生对课程内容的关注点和兴趣点等。[1]与之类似，彭雪梅也将影响大学课堂师生互动的主要因素分为教师因素、学生因素及环境因素三个方面。[4]此外，还有一些学者从自身的教学实践经验出发，对影响大学课堂师生互动的因素进行了总结。如张晶晶指出，片面追求形式化互动、互动方式过于单一、互动内容过于拘泥是影响大学课堂互动效果的三大因素。[5]而刘洪深和黎建新则认为，师生互动教学模式在互动形式和互动内容上还存在着一些问题。互动形式过于单调，师生互动较多，生生互动较少；互动内容过于偏颇，认知互动较多，情感互动较少。[6]本文认为，从课堂教学参与主体的角度对大学课堂互动有效性影响因素进行划分更为全面和合理。大学教师在提高课堂互动质量时应该综合考虑到教师、学生以及课程环境等方面的因素。

3. **提升大学课堂师生互动有效性的途径**

现有研究对如何提升大学课堂师生互动有效性也提供了不少有价值的建议。胡进军和郑高锋认为，教师应该灵活选用互动形式、努力营造互动氛围，学生应该强化学习动机、提高心理素质，并做好课前准备，增加相关的知识储备。[1]同样地，王雪勤和王瑛芳也从教师、学生、教学环境以及课程设置、教材更新等方面对提高大学课堂师生互动提出了相应的针对性建议。[6]而刘洪深和黎建新则更为具体地阐述了加强高校师生互动教学模式有效性的一系列措施。他们认为，教师的角色转换是互动有效性的前提，师生情感培养是互动有效性的条件，激发学生兴趣是互动有效性的保证，特定情景的创设是互动有效性的关键。[7]

三、“战略外包管理”课程提升师生互动有效性的实践经验

随着社会化大分工的进一步深入，越来越多的企业开始实施外包战略，将自身的生产过程和服务业务交由企业外部的供应商来管理和运行。“战略外包管理”是一门讲授企业如何对外包项目的各个方面进行全生命周期管理的课程。该课程既有一定的理论体系，也具有较强的实践性。“战略外包管理”的教学目的有两个：一是帮助学生掌握企业外包项目管理的基本理论及基本原理；二是帮助学生有效地学习外包项目管理的实际技能。传统的、由教师主导的灌输式教学方法，只能勉强达到该课程的第一个教学目的。在这种“填鸭式”的教学方法下，学生处于次要的地位，只能被动地接受知识，丧失了主动学习的积极性和勇敢探索的创新意识，仅仅停留在对枯燥的理论知识和概念原理的记忆上，并没有获得运用所学知识解决实际问题的能力。目前，国内相当一部分的管理类课程仍然使用这种传统的教学方法，收效甚微。互动式的教学模式能够充分调动学生的积极性和主动性，提高学生对外包项目管理基本理论和概念原理的理解程度，帮助学生掌握外包项目管理的基本技能，并将所学知识运用到解决实践问题上。因此，笔者在该门课程的教学实践中采取了互动教学的模式，并从教学理念、教学组织体系、教学互动方法以及教学模式创新等方面对提升课堂互动有效性的途径进行了有意义的尝试和探索。下述，本文将对“战略外包管理”课程增强课堂互动有效性的策略和措施进行归纳与总结。

1. 构建互动式教学理念，创造互动学习的环境

教师是课堂教学实践活动的组织者，也是知识的拥有者和传授者，因此教师个人的理念、素质和能力是影响师生互动的效果的重要因素。因此，教师必须构建互动式教学的理念，不断更新观念，持续学习，努力提高自身的专业知识和技能，只有这样才能够获得学生的肯定与信任，也只有这样，教师才能最大限度地满足不同学生对知识的需求。同时，教师应该坚持深入研究各种互动式教学技巧和教学策略，掌握灵活多变的教学方法，坚持以学生为中心，给学生创造出一种轻松、自由、愉快的学习环境，激发学生的求知欲和学习兴趣。笔者在该课程的教学实践中，注重积累与课程内容相关的知识、案例和行业最新发展动向，扩大自身的知识面、实践能力和行业熟悉度，以此来担当好学生的知识领袖和发挥好“引路人”的作用。同时，笔者还关注每一个学生的成长和发展，保持教与学的均衡发展，积极采用案例教学、课堂问答、情景教学、小组讨论等多种方式鼓励学生参与互动和实践，提倡启发式、教练式的教学方法，倡导发现式、批判式、创造式的学习，从而进一步营造良好的课堂互动环境。

2. **完善教学组织体系，激发学生学习的动机和兴趣**

在互动式教学的实施过程中，教师应该不断完善教学组织体系，在教学内容、教学方式和教学环节等方面努力下功夫，激发学生的学习兴趣，调动学生的学习积极性。首先，教师要优化教学内容，合理有效地开发和利用教学资源，创造性地使用教材和教案，使学生保持较高的学习欲望，使课堂成为充满活力的互动场所。笔者在该课程的授课时，鉴于该课程通识化的特点，以及该课程在国内尚无权威教材的现实，选择自行开发教学教案及教学课件。在课件的设计上，注重将外包项目管理方面的知识、原理和概念与生动、真实的企业外包案例和历史事件相结合，鼓励学生以小组为单位在课堂上进行案例分析与讨论，提高学生从案例中发现问题、提出问题、分析问题和解决问题的能力。同时，采取有效的激励手段，鼓励学生在课堂上提问和积极回答教师的问题，对积极参与课堂互动环节的学生给予成绩上的奖励及物质上的奖励。其次，教师要把握学生的认知特点和认知结构，遵循学生的认知心理规律，培养学生对课程知识的持续兴趣。笔者在该课程开始时，即对所有学生的专业背景有一个全面的掌握，对所有学生在外包项目管理方面的知识水平进行摸底，从而确定学生的原有知识状况，并依此适当地调整教学计划，由浅入深地安排教学内容，使之更容易为学生理解和接受。同时，在每节课开始时，笔者都会为学生简单回顾前述所学内容，帮助学生明晰前后知识点之间的逻辑联系，并弄清楚学生对哪些知识点还存在疑惑。心理学研究表明，人们对“一知半解”的事物更容易产生探究的欲望。笔者在教学内容的编写上，注重在新旧知识的交接处增加启发性和矛盾性的问题，引发学生的认知冲突，引导学生进行探究性思考。对某些难以把握的知识点，教师有意识地参与学生的讨论，从而促进师生之间和学生之间思维的碰撞，增强有效的师生互动。此外，教师也应该充分掌握学生的认知需求，从学生的知识和能力需求出发，努力统一学生的学习目标与课程教学目标。笔者在课程的第一节课上，就向学生了解他们选修该门课程的原因，了解学生学习该门课程的实际需求和发展需求，从而有针对性地改进课程的知识和技能范围。

3. **设计有效互动的教学方法，培养学生的互动互学意识**

在互动式的教学模式中，教师也应该科学地设计有效的教学互动方式，将课堂营造成学生的学习和互动场景，努力为学生提供合作与交流的场所和机会。首先，营造浓厚的课堂互动气氛。笔者在授课时着重与学生建立平等交互、和谐进步的师生关系，鼓励学生对教师的观点提出质疑，鼓励学生对教师的教学内容和教学方法提出反馈意见。其次，灵活地选用课堂互动形式。不同的互动形式适用于不同的场景。要把握“因材施教”的重要原则，根据授课对象和授课内容来科学选择互动的形式，在保证基础知识传授的基础上最大限度地增加课堂的互动性与趣味性。学生之间在学习能力上总是有差异的。笔者在准备教学内容的时候充分考虑到了这一点，在课后练习题和案例分析题的设计上，着重体现了不同的难度和层次，为不同层次的学生设定不同的学习目标，也鼓励学有余力的学生挑战较有难度的题目。同时，笔者在讲授理论性较强的知识时，选用讲授式的教学方法；而在讲授技能性和实践性较强的知识时，则综合选择案例分析、情景模拟或角色扮演等方式。这样既实现了知识传授的教学目标，又实现了技能培训的教学目标。此外，笔者还要求学生做好课前准备，鼓励学生通过课前预习和自学的方式增加相关的知识储备。笔者在课前会提前将上课课件上传至网络上，让学生下载预习，课件中会放入一两道案例分析题，供学生预习时进行思考。这样一方面提高了学生的预习效率和预习的针对性，另一方面也激发了学生的求知欲望和学习兴趣。

4. 创新互动的教学模式，提高沟通交流效率

在课堂教学中，由于时间和场地的限制，教师并不能完全地接收到学生对教学的反馈信息，不能及时地掌握学生对知识的理解程度，因此必须借助于课外的网络互动教学来弥补课堂教学的缺陷。笔者在该课程的授课过程中，注重利用短信、电话、电子邮件以及学校的网络课程平台等网络媒介来提高与学生的课外互动，一方面，笔者鼓励学生将平时预习、复习过程中遇到的疑难问题通过网络及时反馈给教师，另一方面，笔者也鼓励学生之间利用网络工具进行即时沟通，合作完成小组项目。此外，笔者还会定期分享一些与课程相关的网络资源给学生，促进学生的自主探索学习，并鼓励学生走出课堂，与外包项目的实践者和管理者进行互动和交流，获得最真实的一手资料。

四、结语

尽管互动式教学模式相较于传统的讲授式教学模式有着其先进性，但是在实际教学实践中也应该合理、科学、适时地运用课堂互动，才能充分发挥互动教学模式的强大作用。将来的高等教育教学研究者和实践者们应该进一步探索互动教学模式的有效作用情境以及互动教学模式有效性的评价标准，为互动教学模式的进一步普及和发展提供坚实的理论指导及实践参考。

参考文献

［1］胡进军，郑高锋．大学课堂师生互动有效性的影响因素与提升途径．郑州牧业工程高等专科学校学报，2010（4）：56～57.

［2］赵坤，宋岩，程萍．促进大学课堂师生互动的心理因素分析．南京晓庄学院学报，2011（2）：76～78.

［3］佐斌．课堂师生互动的心理学研究．武汉：华中师范大学出版社，2002，66～80.

［4］彭雪梅．大学英语课堂师生互动模式探究．中国科教创新导刊，2010（34）：33～34.

［5］张晶晶．大学课堂互动的有效性探讨．现代企业教育，2011（2）：125～126.

［6］王雪勤，王瑛芳．湖北高校师生课堂互动的挑战与未来发展——以武汉高校为例．品牌，2015（1）：268～270.

［7］刘洪深，黎建新．高校课堂教学中师生互动模式的有效性研究．中国电力教育，2011（1）：52～53.

在创业研讨类课程中建立“O2O”学习社群的教学实践探索

陈 雪

（管理学院工商管理系）

【摘 要】“O2O”学习社群研讨是通过教师设计研讨主题，学生参与互动讨论的方式来对课堂知识进行实践体验的一种教学方法。利用微信中的群组讨论功能，介绍组织“O2O”学习社群如何进行分组、设定研讨的任务和话题、进行差异化推进和确定研讨互动的激励和评价机制四个步骤。本文以“创业研讨类”课程为应用背景，介绍了如何利用“O2O”互动研讨方法来让学生在课程开设的学期时间内跟踪关注创业环节中的具体问题，提高开展情景教学的深度与广度。

【关键词】学习社群 O2O 差异化 情景教学

一、引言

学习社群（Learning Communities），是指通过设计和运营，使来自同一组织的一群人基于共同的兴趣、任务或价值观，有组织、交互式地发生群体学习行为的一种学习模式。在传统的课堂一维教学空间里，教师是传递过程和结果的控制者，学生通过课堂讲授学习来掌握前人所创造的经验知识，将其转化成自己的知识，这是一种接受学习。但随着移动互联网技术的发展和社区 SNS 的兴起，通过网络结识他人、进行人际互动的便捷性和体验不断增强，成本却逐渐趋零，这使得以线上新媒体工具为载体的社群学习成为可能。社群学习是组织行为学、教育心理学等多门学科通过移动互联网技术在新时代学习中的体现，是一种基于人性的学习模式。特别是在创业研讨类的课程中，教学目的不仅仅是要求学生对知识的掌握，而是能够培养学生知识综合运用能力、系统思考能力、发现问题和解决问题的能力、创新能力与实践设计能力，所以需要为教学创造多维的拓展空间。

“O2O”即 Online To Offline（在线离线/线上到线下）的英文缩写，是指将线下的交互与移动互联网上的内容相结合。建立“O2O”的学习社群，是指于教学活动中，在立足于传统的线下课堂教学的基础上，组织学生在移动互联网平台环境上进行有交互式的学习形式，并且根据线上社群互动的情况，在线下进一步进行差异化的深入指导。根据学生接受程度、专业背景、思考方式等信息的差异性，可以让有相近信息的学生组成社群，在教学期间有效进行互动交流，并根据他们的特点做到差异化的教学推进。这种学习法，强调学生不再是被动的、消极的知识的接受者，而成为主动的、积极知识的探究者。教师也从知识的传授者的角色演化为学生探索过程中的引路者。

二、在教学中组织“O2O”学习社群的意义

在创业研讨类课程中开展基于“O2O”学习社群的差异化教学实践是指利用微信、QQ、微博等社交媒体，搭建一个线上（on－line）学习社群，让具有相似背景和兴趣点的学生，结合课堂线下（off－line）授课内容对创业实践中的有关话题进行持续性地关注和讨论的新型学习方法，并且在课堂上，对这种社群线上互动进行差异化的点评、指导和知识延伸拓展，这种差异化的教学方法是将学生从知识被动接受者转变为主动获取者，是对他们个性化思考学习过程的尊重和满足。

通过构建“O2O”线上线下双重环境下的学习社群体验，引发学生对具有创业实践中的问题形成讨论话题，并设计线下互动讨论的有关任务，让学生对课堂讲授的理论有深层次的理解，从而对课堂教学质量产生显著提升的效果，主要意义有以下两个方面：

首先，根据社群特征的差异性教学有助于提高教学内容选取的针对性。在日常与学生的交流中发现，创业课程的教学存在的一个现象是教师讲授的知识过于宽泛，有创业兴趣的学生对创业实践中能够活学活用的知识需求还无法得到满足。但是在教学过程中，又无法让教师扮演一个“咨询者”的角色。所以，在创业研讨类课程中有必要增加个性化、差异化的深度教学内容，弥补当前课程设计上的不足。让学生结合社群讨论的观点来提出问题，在课堂上进行适当点评梳理，课后让学生在社群中自行梳理真实的感知表象与课堂讲授知识之间的关系。

其次，有助于提高学生对课堂讲授内容进行情景化延伸，并形成深入思考。研讨主题是选取创业实践中发生的现象或问题。学生学习社群在对实践现象有了初步分析后，教师引导进行引导和深度分析，并要求学生利用课堂理论对现象的机理进行解释，实现课堂教学的空间的拓展，而且留下更多的不确定性问题让学生去讨论和研究。

三、开展“O2O”学习社群的实施步骤

1. 对学生整体进行社群分组

考查学生背景知识、性格及在创业领域的兴趣、远景与机会，做到社群内成员既有合作的共性基础，又有差异化的个性特征，为后面进行一学期的研讨做好组织准备。90后有创业兴趣的本科生群体思维活跃，对网络环境熟悉，并且具有跨学科的背景，这些都是分组可以参考的维度。

2. 设定研讨的任务和话题

创业研讨课程中的社群研讨具有双重任务：首先，对课堂教学内容的渗透性进行延伸；其次，对学生在创业实践中思考的问题能产生针对性的指引效果。社群研讨的内容与问题的设定，则可分为三种类型：一是从课堂讲授的知识为出发点，引导学生比较理论的适用性和实际可操作性；二是以同学们提出的在创业中碰到的具体实际现

象特征为对象，让学生探索性地选择课堂将讲授的合适的方法和工具进行分析；三是突破本课程现有的教学框架，引导学生综合运用各个课程学习的知识理论，对提出的问题现象进行分析和解释。

3. 根据线上社群研讨内容在课堂教学上实现差异化的推进

对授课教师而言，在课堂就不同社群同学们在总结最近讨论结果和过程进行分析评述，得到他们的反馈后，还可以跟进提出新的思考问题，这样各组的研讨主体可能随着差异化的推进会有所不同，但是还会围绕课堂教学的核心内容，这样能有效地激发学生的学习兴趣和创造性，尊重学生的个性，并且激发他们参与社群研讨的兴趣。

4. 确定研讨互动的激励与评价机制

网络环境中的评价机制不是以往课堂教学中所采用的课率、小测验、回答问题情况和小组展示等激励机制，而是可以设计一套基于社群线上研讨和线下课堂表现的评价机制。评价的核心构成因素可以包括以下几个方面：①个人线上讨论的活跃度及表现；②不同学习社群讨论问题的效果（深度、精准度、发现问题的能力、总结能力等）；③在课堂对所学相关知识的灵活运用能力和教师差异化任务的推进的沟通反馈效果。

四、教学案例：以“新业态创业模式设计与研讨”课程为例

“新业态创业模式设计与研讨”是通过课堂讲授、研讨、课后对创业企业的具体观察和思考，引导学生如何把初期的创业灵感或想法完善为具有商业价值的企业模式，使学生掌握进行商业模式设计的基本框架、商业模式创新设计的流程与实施办法。需要在课堂上熟悉商业模式的构造方法与价值主张的内涵意义，了解寻找客户以及搭建与客户进行沟通的渠道，了解创业企业的核心资源和关键业务的内涵与分类，掌握创业企业的收入与成本的估算方法。特别对当前的一些适合大学生创业的新业态，进行深度剖析和解读如“O2O”“移动互联”“大数据”“新媒体”“跨界”“互联网金融”等的结构剖析。对学生中已经或者潜在会形成创业的想法，进行深入挖掘其商业价值的模式设计训练，培养学生的创新思考能力、创业执行力与团队合作精神。本节将以“新业态创业模式设计与研讨”课程为例，利用微信中的群组讨论功能，介绍组织“O2O”学习社群如何进行分组、设定研讨的任务和话题、进行差异化推进和确定研讨互动的激励和评价机制四个步骤进行展开。

1. 社群分组

可以采用游戏的方式进行，每个人进行3分钟的自由演讲（free talk），通过心理测试，了解大家在感性、理性思维上的差异，再辅助以学科、年级、经历等其他信息，由学生自由组成创业社群。特别是每组搭配有些跨专业选修和双学位的同学，他们对某些行业或技术的理解更深。

2. 设定研讨的任务与话题

首先，在课堂讲授如何设计模式的相关步骤阶段，鼓励大家进行发散式的讨论，

可以把握商业模式设计的某一个环节详细开展；其次，在形成初步的具有商业挖掘价值的想法后，固定该组的讨论主题，进行进一步的细化设计的讨论。

3. 差异化推进

选择研讨的延伸可以根据每组已经形成的想法进行进一步推进。比如讨论关键伙伴的时候，就已经初步设计的创业模式，考虑与其他团队进行合作，如何进一步进行模式创新。这都需要有充分的创意和想象力，无法按部就班的按照课堂讲授的理论展开，而需要和同学们已经熟悉了解的模式紧密结合，才能形成有意思的想法。

4. 确定研讨互动的激励与评价机制

每位同学作为所在创业团队的创立者，在微信群中对创意想法进行发散讨论，在上课前一天由组长对讨论情况进行评述。采用了以下两种激励方法：一是每周的发言情况记录（数量、质量）为平时成绩；二是根据各组线下讨论情况及在课堂上进行展示的形式，以鼓励大家进行更加深入的思考。

五、启示

新媒介的应用，为课堂教学的创新提供了基本的工具，微信、QQ、微博等社交媒体在90后的本科生中广泛使用，特别是方便的建群功能给予组织学习社群的线上研讨，拓展教学开展的情境空间。在课堂授课过程中，线上社群中讨论的内容可以作为教师在教学中引用的案例；在学期结束期末考核时，持续性讨论的内容还可以渗透到试题设计与展示环节，让学生对持续性研讨的内容进行系统性的回顾和总结，这种教学方式可以贯穿课堂内外，提高学生学以致用的能力。同时也考验了教师对课程学生的社群分析，设计方案、评价制度及差异化都有较强的控制能力和引导力，还需要在实践中不断探索完善。

参考文献

［1］李薇．基于微博、QQ群的网络学习社群实证研究．东南传播，2014（1）：17～19.

［2］林晓凡，胡钦太．社会网络分析视角下的混合学习社群协作策略研究．现代教育技术，2014，24（10）：73～80.

［3］乔雪峰，黎万红．从特质视角到发展视角：专业学习社群的研究路径．全球教育展望，2013，42（3）：73～81.

［4］邢清清．共同体和社群：大学生学习行为的两种研究视角．江西教育科研，2007（2）：101～102.

香港高等教育体系现状探析

梁雨晴
（管理学院公共管理系）

【摘 要】香港高等教育历经100多年的发展，取得了优异的成绩。本文通过简单梳理香港高等教育的体制架构与香港高校办学模式，指出香港高等教育多元且相互制衡的机制保证了高等教育发展的资金支持和独立性。高质量的师资及办学理念的国际化使得香港向本地及世界提供源源不断的高质量的国际性人才。这些经验对于我国的高校发展具有重要的借鉴意义。

【关键词】香港高等教育 体制架构 办学模式 国际化

香港高等教育体系的构建基本沿用英国模式，自1911年香港第一所大学——香港大学建立以来，至今已有100多年的历史。香港向社会提供多元化、多阶进出的升学途径给予学生接受高等教育①。现时，香港有30多所可提供各种类型高等教育的学校，其中8所属于政府资助的可颁授学位的院校，包括香港大学、香港中文大学、香港科技大学、香港城市大学、香港理工大学、香港浸会大学、岭南大学及香港教育学院。尽管香港高等院校数量少，但是其所取得的教学科研成绩却在世界上名列前茅。根据《泰晤士报》近年的大学排名，香港大学、香港中文大学、香港科技大学和香港城市大学均排在世界前200名，前三所高校更是位列全球前50名，亚太地区前10名。香港区区数所大学，为何在能整体取得如此优异的成绩？本文试图梳理香港高等教育体系的现状，探究其体制特点，对上述问题作出解答。

一、香港高等教育的体制架构

香港高等教育体制主要由教育局、各大院校，以及中介机构三个部分组成。三者各司其职，相互联系，维持香港教育体系的整体有序运作。

（1）教育局的职责主要包括三个方面：一是负责高等教育宏观计划的制订和把握，包括制定和检讨教育政策、计划和法例，监察教育计划；二是监察教育中介机构所提供的服务，如大学教育资助委员会、香港学术及职业自理评审局等；三是每年通过大学教育资助委员会（教资会）划拨教育经费给8所政府资助院校。教育局的这一职责定位将政府与大学进行了一定的分离，从而保证了大学从事教育、科研活动的相对独立性。

（2）香港奉行政府不干预政策，因而香港社会各领域都存在数目庞大的社会自治

① 香港教育局，http：//www. edb. gov. hk/tc/edu - system/postsecondary/index. html。

或半自治机构向相关行业提供专业的服务。在高等教育管理方面，政府同样遵循“不干预”政策，除了给予高校较高的自主权外，一些法定及非法定机构也发挥了重要的管理职能[1]。如香港大学教育资助委员会（教资会）、香港学术及职业资历评审局等，这些机构各自有明确的职责范围，可以防止政府直接介入高校管理，同时为高校发展提供更为专业化的服务。在此重点介绍教资会的基本情况。香港大学教育资助委员会（教资会）是一个非法定的咨询委员会，负责根据香港各高等教育院校的发展及所需经费，向政府提供意见①。教资会于 1965 年成立，其成立之初的职责是为当时两所高校——香港大学和香港中文大学的发展和所需经费向政府提供意见。2001 年开始，教资会负责将政府对教育经费的拨款分配给 8 大院校[2]。虽然，教资会建立之初的主要职责是为政府提供教育发展方面的咨询，但它却一直保持在政府与高校之间的中立地位。正如教资会在公开职责介绍中所标明的：“教资会在须恰当地对公众及在财务上问责的前提下，将致力维护院校自主和学术自由。”为了确保教资会能够提供专业的教育发展方面的建议和意见，教资会的人员主要由高等教育界知名人士组成，包括香港境内及境外的著名学者、高等教育行政人员，以及本港的杰出社会领袖，这些人士以个人身份获特区行政长官的委任②。教资会可以看作是高校与政府沟通的桥梁，并为双方服务。一方面，教资会向资助院校分配拨款，根据政府款项额度与政府商议各学年招生学生的总体指标，并对高校所提供的教育质量进行监督、考核。教资委还会向各院校提供有关国际学术水平和惯例等事宜的意见和建议。此外，研发资助也由教资委进行审核后向院校划拨。另一方面，教资会会咨询各院校可收学生数，并就其所需资金向政府提出建议。对于校舍建设等硬件设施的筹划，教资委会根据院校提供的方案分别向院校和政府提意见。

（3）香港高校作为教育体制中最重要的组成部分，在香港属于法定机构，其根据本身的法定条例成立，享有自主权并设有校董会。香港高校以政府制定的教育规划为发展导向，并在一些发展规划方面通过教资会与政府进行沟通、协商，8 大院校的资金来源主要是政府公币。但是，各高校在课程与学术水平的控制、教职员与学生的选拔、研究课题的提出与进行，以至资源的内部调配等方面都享有很大的自主权③，从而保证学校可以独立进行学术研究和教学，为社会培养具有独立思考意识的公民，避免政治力量的过度影响。

二、香港高校办学的国际化

香港作为国际化大都市，其高校的办学理念也没有囿于本港范围，而是注重与国际接轨，培养具有国际竞争力的学生。香港各院校的官方语言均为英语，在其整个教学过程中注重培养学生的国际视野，并注重与各国知名院校的学生交流。以下从师资和教学模式两个方面简要介绍香港高校的办学方式。

① 香港大学教育资助委员会章程，http：//www. ugc. edu. hk/big5/ugc/policy/policy. html.

② 教育资助委员会组成 ，http：//www. ugc. edu. hk/big5/ugc/policy/policy. html.

③ 教育资助委员会组成，http：//www. ugc. edu. hk/big5/ugc/policy/policy. html.

第一，教研人员的来源国际化。香港高校通过向教研人员提供具有国际竞争力的薪酬，在世界范围内招揽优秀学者。香港的教研人员主要分为讲师职系和教授职系。讲师职系以教学工作为主，向本科生教授课程，分为助理讲师、讲师、高级讲师和首席讲师[3]，讲师不一定需要拥有博士学位，但随着香港高等教育界的竞争越来越大，很多讲师应聘者通常也具有博士学位。教授职系分为助理教授（assistant professor）、副教授（associate professor）和教授（professor）。教授兼具教学和科研两个任务，但是课时数的要求远少于讲师。教授晋升的评定主要根据其在学术领域的成绩。由于较为高的学术要求，在香港能最终晋升为教授的比例比较小。为了保证高校教师的学术积极性，所有教授职系的教师入职时须与高校签订合同，学校每三年对助理教授的科研成果进行评定，不达标者不予续聘，从而给助理教授以压力，促使他们积极开展科研。而当助理教授晋升为副教授后，便可转为长期雇佣合同。香港高校教师的高待遇与较大的竞争环境一方面保证了香港高校可以吸引到世界范围内优秀的人才，另一方面也促使各科研人员努力工作，因而使得香港学术界拥有较高较好的学术产出。而优秀的师资意味着学生可以接收到多元、丰富的知识，从而促进香港高等教育良性发展。

第二，香港高校对于本科生的教育也与国际接轨。首先，课程设置注重对学生能力的培养。香港高校课程设置主要分为两部分：一部分是教师的课堂讲授，目的是将该学科的基本知识系统传授给本科生，使他们对学科体系有一个基本、清晰的认识。第二部分是课堂讨论，一般穿插在课堂讲授之间。课堂讨论注重培养学生独立思考问题、提出问题、分析问题的能力。为了保证课堂讨论的效果，每个参与讨论的班级人数要控制在一定范围内（通常不会超过 30 人），对于超过 100 人的大班级，课堂讨论的组织无法仅靠授课老师单独进行，因而往往需要将班级分为几个小班，由讲师或教学助理分别负责一个班级来组织讨论。课堂讨论的主要角色由教师转为学生，在老师的引导下，学生就老师规定的一个主题和指定的参考文献进行深入讨论。其次，为了使本港学生具有国际视野，香港高校与世界很多学校建立了学生交流计划，其中不乏牛津大学、麻省理工等世界名校[4]。本科生、研究生都有机会提出申请，参与交流。本科生的交换期一般为半年至一年，交流院校实施“学分互认”。对于希望直接进入职场的学生，学校会向学生提供众多的实习岗位和机会，学生可进入与学校建立合作关系的政府、企业实习。最后，香港高校鼓励学生参加各种社团活动。社团组织根据自己社团的宗旨和特点组织活动，高校尽可能保证他们活动的自主性和独立性。例如，学生会经常会根据学生的需求举办各种活动，并且在学校某些管理问题上也具有一定话语权。

三、启示与思考

香港高等教育之所以能取得如此优异的成绩，与其多元主体参与、相互制约的教育体系，以及高校国际化的教学理念和教学方式密不可分，值得我们学习。

香港在制度上保证了政府、高校和中介机构的制约、协作关系。大学教育需具有一定的独立性。大学的宗旨包括为社会培养精英以及推动人类科学发展。社会需要一批能够独立思考、分析问题、解决问题，并且具有社会责任感的公民。科学事业的发展也需要科研人员可以独立从事研究。这些都需要高校具有一定的学术自由和自主权。香港通过建立专业的中介结构，避免了政府对于高校教育的过多干预，同时又搭建了政府与高校沟通的渠道，并在其中起到调和作用，从而建立了一个动态、制衡的良性体系，有利于香港高等教育的长远、健康发展。

多元化的师资系统使高校教师充分发挥特长。教学与科研之间如何平衡是高校教师普遍面临的问题。在实践中，经常会出现教课很好的教师，但是论文数量却无法达到要求，也有科研做得出色的老师，但是却不擅长教学。教学和科研对于高校来说都是非常重要的职责，缺一不可。然而，如何分配精力和时间，这对于高校教师是一个难题。香港高校通过建立两个职系，即讲师及教授职系，使教研人员按照自己的兴趣和特长进行选择。讲师通常授课能力较强，因而承担较多的教学任务，而教授职系兼具科研任务，因而分配给其教学的任务较少，利于其投入更多时间和精力在科研上。香港高校还建立了两种晋升渠道，有利于两类职级的教师充分发挥自己的特长。

国际化的教学理念和办学模式有助于培养国际型人才。在经济全球化的今天，我们培养的人才不应将眼光只放在本地、国内，而应培养能够在国际舞台上有竞争力的人才。我们的大学教育应注重对学生独立思维、社会责任感的培养，让他们明辨是非对错，并且也应大力开拓与其他国家高校的联系，为我们的学生了解世界、走出国门提供良好的平台。

参考文献

［1］钱伟．香港高等教育政府管理模式分析．教育评论，2015（4）：138～140.

［2］彭泽平，姚林．香港高等教育外部质量保障：背景、架构与经验．现代大学教育，2012（1）：56～61.

［3］李建超．香港高等教育和高校内部管理体制的特点与启示．中山大学学报，2006（1）：118～128.

［4］吴青，翟建设．香港大学办学的“国际化”因素分析．中国大学教学，2006（11）：33～35.

新加坡智库组织发展战略及其启示

李淑飞
（管理学院公共管理系）

【摘　要】智库组织发展不仅对提升地方和国家层面的公共行政和国家治理水平十分重要，同时公共政策导向的实证研究又能对大学公共管理教学和研究产生积极的推动作用。新加坡的智库组织虽然数量不多，但在国际影响力和世界智库排名中都有卓越表现。本文对新加坡智库组织的发展状况和发展战略进行考察，借之探讨其对深圳大学公共管理系、深圳甚至中国智库组织发展的参照意义。

【关键词】新加坡　智库　战略

智库组织通过向政策制定者和公众提供有关国内和国际事务方面的研究、分析和报告，参与到公共政策分析和政策报告制定的环节中。[1] 根据宾夕法尼亚大学智库与公民社会及国际关系项目组发布的《2014 年全球智库指数报告》数据，全球共有 6 618 个智库组织，其中美国是世界上拥有智库组织数目最多的国家，共有 1 830 个智库组织。中国虽然在智库数量上以 429 个智库组织位居世界第二，但在智库组织水平和质量上乏善可陈，仅有七家智库进入“全球 150 强智库榜单”，反观美国则在全球十大智库排名中独占了六席。另外值得注意的是，根据《2014 年全球智库指数报告》，中国四百多家智库组织中有四家入选“世界顶级智库排名 100 强（非美国）”，新加坡参与排名的智库组织虽然在总数上只有六家，却有三家智库入选此百强榜单。[2]

中国的智库组织根据机构性质大致分为党政军智库、社会科学院智库、高校智库和民间智库。[3] 在中国当前的政治社会制度下，社会科学院或各级政府的政策研究室等具有较大影响力的智库组织，多为体制内的官方或半官方机构。作为中国智库主体的他们，虽然和欧美传统概念体系下强调的具有“独立性”的智库组织有较大差异，但却同样在现实的政治社会体系下真正发挥着智库的功能和作用。[4] 与欧美不同，新加坡在政治社会环境上和中国较为相近，过去曾多年被当成中国政治社会制度改革学习的对象。同时，新加坡的智库组织在性质上和中国接近，即同样与政府具有非常紧密的关联性。因此，新加坡智库机构虽然在数量上非常少，但鉴于其卓越的国际影响力、快速成长的发展路径及与中国智库组织性质的相近性，对新加坡智库组织的发展状况和发展战略进行考察，反而对当今中国智库机构的发展和改革具有更多的借鉴和参考价值，也对身处中国改革开放前沿的深圳大学及其公共管理系探讨教学、科研和公共政策服务三者定位具有启示意义。文章分三部分来探讨新加坡智库组织发展战略及其对中国智库组织发展和深圳大学公共管理系教研定位的启示。第一部分首先对新加坡智库组织及其发展状况进行介绍，接着第二部分探讨新加坡智库组织的发展战略，最后一个部分讨论新加坡的智库发展战略对中国智库组织发展和深圳大学公共管理系教研定位的启示。

一、新加坡智库组织发展状况

新加坡智库组织数量很少，除了新加坡国际事务研究所（SIIA）和东南亚研究所（ISEAS）分别成立于1961年和1968年，其他智库如国防与战略研究所（IDSS）、战略与发展研究中心（ISDS）和政治风险评估组织（Political Risks Assessment Group）等大多建立于20世纪90年代之后，成立时间较短。除了以上国家层次的智库外，新加坡的大学里孕育的智库机构也在新加坡智库体系里扮演着重要角色。在亚洲卓有盛名的新加坡东亚研究所和李光耀公共政策学院坐落并隶属于新加坡国立大学，而南洋理工大学则拥有拉惹勒南国际研究院。

新加坡的智库虽然数量不多，但却分别专注于各自细分的专业领域，而且大多在较短时间内就在其所属领域建立起专业卓越的口碑。新加坡国际事务研究所和国防与战略研究所分别专注于国际事务和国防战略研究；隶属于新加坡国立大学的李光耀公共政策学院和东亚研究所分别从事公共政策和中国与东亚事务研究；位于新加坡国大校园内，却在机构设置上独立的东南亚研究所主要从事东盟相关课题的研究，并在此研究领域久负盛名；南洋理工大学的拉惹勒南国际研究院则是新加坡从事外交关系研究的重要智库机构。

二、新加坡智库组织发展战略

新加坡智库组织之所以在短时间内就能在世界顶级智库中占据重要位置和话语权，这和以下几个方面的因素密切相关，这些因素也是新加坡智库组织成功崛起的重要发展战略。

1. 政府支持，突出优势

新加坡的智库机构和中国相似，都在资金经费和人员聘请方面得到政府的大力支持，正因如此，作为小国的新加坡不可能在智库战略上追求大而全，政府在选择智库支持方向时，只能采取专而精的发展战略。不少人在讨论中国智库发展层次较低的原因时，常常认为智库组织的官方或半官方身份使其缺乏“独立性”身份，这是制约中国智库发展的重要因素。但从新加坡智库发展的案例看，“独立性”其实并非发展为顶级智库的核心要素。例如，新加坡东亚研究所虽然隶属于新加坡国立大学，但却同时是新加坡政府的一个法定机构，东亚所虽然每周都要向新加坡政府递交政策报告，但这种政府背景却并不妨碍其在短时间内快速发展成为世界顶级智库组织之一。[5]

2. 交流频繁，务实开放

作为极易受国际环境影响的小国，新加坡在独立建国过程中承传下来一种国家意识，即在瞬息万变的世界体系里始终对自己的脆弱和危机保持紧迫感。这种危机意识让新加坡政府特别重视人才和知识在国家战略规划和科学决策中的作用，不但在智库建设中支持智库组织大力引进外国人才，加强与国际政府和社会的交流，而且愿意虚心听取智库机构的政策建议，并且将有用的建议迅速应用到公共政策的实质规划和决策中去。同样以新加坡东亚研究所为例，其年度预算的四分之一被用于学者交流项目经费，而且每年到东亚研究所进行交流研究的各国外来人员的比例就占到研究所专职研究人员的一半左右。

3. 机制灵活，教研相长

虽然新加坡政府是新加坡智库机构资金来源的主要渠道，但这并不妨碍智库组织在机制和研究上的自由度。而且新加坡这些智库机制非常灵活，研究人员、政府官员及社会精英之间的流动十分频繁并保持常态化，大学智库机构中的教学和研究也结合得特别紧密，致力达到教、研相互促进的效果。新加坡政府在每年初会召开一次智库会议，政府相关部门会向相应的智库组织提出意向性的研究要求，但却不会干涉智库机构的具体研究工作，而只是进行宏观监控。智库机构除了参与政府机构的特定项目，向政府机构定期递交政策报告外，在人员编制、项目研究等方面拥有很大的自由度和灵活度。经费充足、机制灵活的新加坡智库机构能给研究人员提供优异的研究环境，保证他们能够在收入水平上进入中产阶级，在新加坡体面地生活，不需要再为日常生活而打拼。大学里智库机构的评估体系中，强调学术、政策报告和教学的良性结合，职称评定更加注重论文的质量而非数量。[5]

三、新加坡智库组织发展启示

通过对新加坡智库组织的考察，我们可以明确认识到，一方面，“独立性”并非智库存在和发展的必要条件，与政府关系密切的新加坡智库组织同样可以在世界顶级智库序列中占据重要位置，具有较强的话语权。同时，政府部门应对智库组织有选择地侧重性支持，确保特定智库在细分的专业领域内迅速成长为具有卓越研究水平的顶级智库。另一方面，智库组织要对政府保持相对的独立性，在研究中保持客观的中间立场，为决策者提供不同的政策路径选择，告诉决策者不同政策选择所可能导致的不同政策后果，而不是代替政治家进行决策。

最后，智库机构要保持务实开放的研究氛围和自由灵活的研究机制，为研究人员提供较好的研究条件的同时，在考核机制和职称评定上确保研究人员在学术、教学和政策研究相关工作量上的良性结合和相互促进。以上智库发展的新加坡经验，不一定全部适用于中国或深圳智库建设，但对我们的智库发展实践却有一定程度的启示意义。

参考文献

[1] James G. McGann. 2014 Global Go to Think Tanks Index Report. p. 8.
[2] James G. McGann. 2014 Global Go to Think Tanks Index Report. p. 62 – 64.

［3］上海社会科学院智库研究中心．2013 年中国智库报告——影响力排名与政策建议．

［4］徐晓虎，陈圻．智库是什么——关于智库研究的新观点．中国社会科学报，2011－05－26．

［5］晋志平．中外智库建设之异同——中新学者畅谈智库建设之道．中国社会科学报，2012－09－03．

宾夕法尼亚大学学生评教系统及其对我国大学教学评价的启示

蒋建武
（管理学院人力资源管理系）

【摘　要】建立科学合理的课程教学质量评价体系是提高课程教学质量的长效机制。本文着重介绍宾夕法尼亚大学教学质量评价的特点，分析其评价内容和指标，以期为我国大学教学质量评价工作提供参考和借鉴。

【关键词】教学评价　指标体系　发展性评价

大学课程教学是高等教育的主渠道，也是影响人才培养质量的关键环节。建立科学、合理的课程教学质量评价体系是提高课程教学质量的长效机制。教学质量评价是依据一定教学目标，多方面收集信息，对教学过程和结果做出客观分析与评定，提供信息以改进教学及对评价对象做出价值判断[1]。美国高校非常重视对教育质量的监控，尤其在教学质量评价方面积累了许多有益经验。作为常青藤联盟之一的宾夕法尼亚大学，严把教学质量关，这对不断提升教师队伍的教学水平和大学生的素质起到了十分重要的作用。本文着重介绍宾夕法尼亚大学（以下简称"宾大"）教学质量评价的主要特点，对评价内容和指标进行分析，以期为我国大学教学质量评价工作提供参考和借鉴。

一、"教得如何"与"学到了什么"

教学是教与学互动的过程，是教师不断满足学生对知识渴望的过程，并使学生在能力、知识、认知等方面得以提高。宾大教学评价指标兼顾教师课堂授课质量与学生的学习过程与结果，包括 11 个方面：课程质量、教师质量、沟通能力、激发学生兴趣、老师接访时间、阅读材料的价值、学习收获、课程难度、课堂努力要求、向本专业学生推荐程度，以及向非本专业学生的推荐程度。

上述指标注重教学效果与学习效果的双重平衡。尤其是在学生的学习过程与结果方面，强调学生学会了什么，以及为了改进学习效果，学生还可以做哪些方面的努力。老师采取了哪些措施来帮助学生提高学习效果，有什么好的建议等。

简言之，宾大的教学评价更多地从学生出发去评价教师的教学效果，把学生对于教学的亲身感受作为教师教学考核的重要内容，不单纯评价"教师做得如何"。相比较而言，中国大部分高校的教学评价更多是在单纯地评价教师在课堂上的好坏，着重关注教师本身的各种教学行为。

二、课程质量评价与课堂教学评价分离

课程是高等教育的基本要素，对学生的知识、能力、素质等方面具有十分重要的影响，课程质量直接影响到人才培养质量[2]。从某种程度上讲，高校课程质量的高低与人才的培养质量的好坏都取决于高校课程设置的合理性与课程管理的规范性。基于此，宾大评教系统将课程质量评价与教师教学质量评价相分离。教学质量评价指标体系不仅包括对教师授课的客观评价，也包括对课程设置与课程内容的评价。例如，让学生评价某一课程有多大价值，并说明理由。

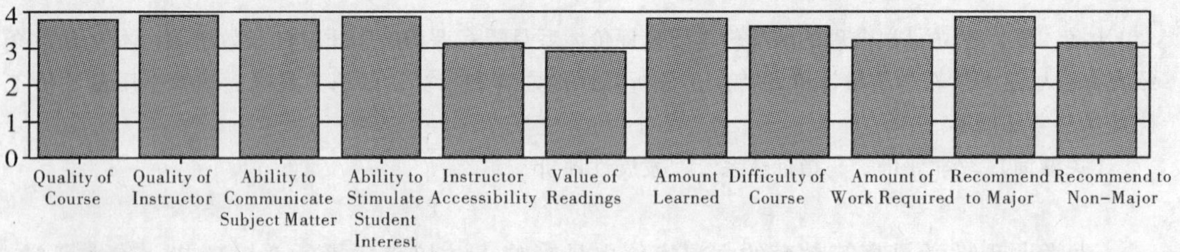

数据来源：http：//www. upenn. edu/ctl/resources/ general_ guidance/resources_ for_ new_ faculty/course_ evaluations。

三、教师学生共同参与评价指标设计

从指标体系设置来看，宾大采用封闭式与开放式、事实判断与价值判断、量化与质化相结合的方法，允许学生在评教问卷最后提出对于评价量表本身的修改建议与意见。这种方法有助于克服以往对教师教学质量的评价过分强调定量评价而忽视了定性评价的特点，尤其可以区分两个得分相同或相近的教师各自的教学特点与风格。例如，为了深入挖掘学生的真实想法，在设置量化指标的同时，设置了叙述性问题，给学生留出了充分表达意见的空间，希望学生能更好地表达个性化观点，防止信息的丢失。该方法的好处在于倾听学生的更多样声音，更深入地挖掘学生的真实想法，摸清学生的学习状况，更好地了解学生，从而促进更好的教学，同时希望学生在评价课程时自省。

值得一提的是，宾大在指标体系中注重对教师专业发展的评价，在学校制定总体指标体系后允许教师根据实际情况做出微调，给予学生和教师适度的话语权，既体现了对师生的尊重又可以使指标体系趋于人性化，使教师处于一种主动状态，可以充分调动教师的积极性。这样，既可以为教师改进教学提供有用的反馈信息，又可以消除教师对评价的抵触心理，使教学评价起到预期的效果。

四、奖惩性评价和发展性评价相结合

教师教学评价主要有两个基本目的：一是客观反映教师的工作业绩；二是促进教师

专业不断完善发展。一直以来，奖惩性评价在教师教学活动中发挥了不可忽视的影响和作用，但其弊端也很明显：一系列过细的量化评价指标，忽视了教师劳动的特殊性，影响教师教学特色的形成和发展。宾大教学评价采用奖惩性评价和发展性评价相结合的方式，充分利用奖惩性评价和发展性评价制度的优势，在奖惩性评价和发展性评价中保持一定的张力，从而最大限度地发挥教学评价的功效。

五、评价结果的公开化

宾大所有老师的评价得分可以从公开途径获取，以便学生查询与参考。学生每个学期初进行选课时，可以参考最近几年其他学生对这门课程的评价来决定是否选择它。评价结果公开化的价值在于：不仅影响学生选课意愿，更重要的是学生可以结合教师教授课程的情况调整有利于自己的学习方法。对于教师而言，则可以利用评教结果反思自己的教学方式与方法，在知道学生想要学什么和如何学后进行调整，主动将教与学塑造成咬合完整、相互促进的动态系统。

表 1　宾大某教师教学测评得分表

教师姓名：

序号	指标	得分	序号	指标	得分
1	教师教学质量	3.87	7	学习收获	3.81
2	课程质量	3.78	8	课程难度	3.58
3	沟通能力	3.83	9	课堂努力要求	3.20
4	激发学生兴趣	3.85	10	向本专业学生推荐程度	3.84
5	老师接访时间	3.12	11	向非本专业学生的推荐程度	3.11
6	阅读材料的价值	2.92			

表 2　宾大部分院系教学测评最高得分简表

序号	学院（系）	教师教学质量最高得分	课程质量最高得分
1	管理系	3.21	3.11
2	市场营销系	2.73	2.57
3	会计系	2.97	2.77

数据来源：http：//www.upenn.edu/ctl/resources/general_guidance/resources_for_new_faculty/course_evaluations，经作者翻译。

六、结语

高等学校的教学评价是一项由多个部分组成的系统性工作，包括评价制度的建立、方法和形式的选择、内容的设计以及结果的使用。教学评价应从教师的“教”和学生的“学”两方面综合考虑，确立发展性的评价观，采用定性定量相结合的方式，科学地对课堂教学进行评价。

参考文献

［1］梁伟东．中美研究型大学教师教学评价制度比较研究．教育与职业，2014（3）：98～100.

［2］许迈进，杜利平．美国研究型大学本科教育的变革与创新．浙江大学学报（人文社会科学版），2004(7)：29～36.

［3］http：//www. upenn. edu/ctl/resources/general_ guidance/resources_ for_ new_ faculty/course_ evaluations.

国内外校企协同育人模式比较研究

崔世娟　李郁君
（管理学院工商管理系）

【摘　要】本文通过对比和探究国内外典型校企协同育人模式，总结和提炼了校企协同育人不同模式的各自特点和优势，挖掘和提出了进一步完善及构建面向应用型人才培养的协同育人模式的改革思路和方法，为积极培养应用型人才，推动高等教育改革提供富有针对性的建议。

【关键词】校企协同　育人模式　人才培养　比较研究

一、研究背景

（一）现实背景

改革开放几十年，我国经济发展的路径从依赖资源和劳动力向依赖创新和人才方向转变，企业对既具有理论基础和专业素养又能将知识运用到实际的应用型人才的需求旺盛。[1]同时，随着我国高等教育规模的扩大，以及从精英教育到大众化和普及化教育的转变，高等教育从学术型和研究型转向应用型已是大势所趋。[2]

近年很多高校顺应趋势，大胆改革，尝试以培养应用型人才为宗旨的校企协同育人的教学实践。如北京大学与一汽—大众奥迪、清华大学与恒大集团、南开大学与摩托罗拉、中山大学与南方电网、南京工程学院与 7 家世界 500 强、27 家著名企业等。我国为促进校企协同育人模式的发展制定了一系列的相关机理政策。《国家中长期教育改革和发展规划纲要（2010—2020 年）》明确指出："不断优化高等教育结构，优化学科专业、类型、层次结构，促进多学科交叉和融合。重点扩大应用型、复合型、技能型人才培养规模。"[1]2011 年 4 月 24 日，胡锦涛总书记在清华大学百年校庆上的重要讲话中指出，要积极推动协同创新，通过体制机制创新和政策项目引导，鼓励高校同科研机构、企业开展深度合作，建立协同创新的战略联盟，促进资源共享。[3]为贯彻落实胡锦涛总书记在庆祝清华大学建校 100 周年大会上的重要讲话精神，2012 年 3 月 15 日，教育部决定实施"高等学校创新能力提升计划"（以下简称"2011 计划"），计划提出建立协同创新机制与体制。2012 年 4 月 20 日，教育部发布《全面提高高等教育质量的若干意见》继续坚持走协同创新、校企育人的路子，全面启动实施了"高等学校创新能力提升计划"。2015 年 5 月，国务院办公厅发布了《关于深化高等学校创新创业教育改革的实施意见》。校企育人模式为我国高校培育应用型人才进行教学改革提供了非常明确并行之有效的思路。[4]

（二）理论背景

1. 协同教育的内涵

协同学最初产生于物理学，现今被广泛运用于自然科学和社会科学。将某一领域的系统或要素运用到教育系统中，产生联系和协同效应，并影响教育系统发挥的功能和效果，这种教学方式即被称为协同教育。高校与企业之间的合作教学协作关系被称之为校企协同。校企协同可以是一个包括校内、校际、校企、校所、校地及跨境合作等多元主体的协同体系，其本质属性是合作教育模式的创新，目的是提升学生的实践能力和发展创新能力。[14]

2. 协同教育的优势

校企协同教育具有其他教育模式无法替代的优势，是培养集实践型、应用型和创新型能力于一体的一种新型人才培养模式，是全面提高人才培养质量的有效途径。校企协同教育可以实现校企资源共享，功能优势互补，促进校、企双方共同发展，[5] 最终实现人才的精准培养。

二、国外校企育人模式

国外一些国家较早开始尝试校企协同育人的教学方式，校企协同育人已经形成了较成熟的模式，如美国“硅谷”模式、英国“三明治”模式、德国“双元制”模式、新加坡“教学工厂”人才培养模式、澳大利亚“TAFE”人才培养模式、日本“产学合作”人才培养模式等。

（一）美国“硅谷”模式

美国的科学技术和经济的领先水平在一定程度上得益于美国高等教育的“硅谷”模式。所谓“硅谷”模式是依靠一所或几所大学在其周边建立高新技术产业园，将大学的科研成果第一时间转换为市场需要的产品，缩短科研向市场转换的时间，提高校企合作的效率。同时，大学也可以凭借科研成果独立成立风险投资企业，再与企业进行合作。

该模式的合作主体主要有大学、企业和政府。政府给予大量的补助，以计算机、生命科学等高新技术为导向。该模式是典型的市场机制主导下的高新技术推进型的产学合作模式。[11]

（二）英国“三明治”模式

“三明治”课程模式是一种“理论 + 实践 + 理论”的人才培养模式，主要是在学校学习期间的正规学期中安排工作学期，形成“学—用—学”交替模式，让学生将学校学习的课程和在相应实践领域的实践紧密联合起来。这种培养模式主要有两种形式：第一种是先在企业工作一年，然后回到学校学习相应的理论 2 年或 3 年，然后再回到企业实习一年，主要是“1 + 2 + 3”和“1 + 3 + 1”模式。第二种模式即“2 + 1 + 1”模式，与第一种模式恰恰相反，学生先在学校学习两年，然后到企业实习一年，最后一年再回到学校。这种工读交替制的学生也分为两类：以企业为依托的和以学院为依托的。

实践证明，这一模式有利于学生更好地理解理论知识，掌握生产技巧和生产过程中较为重要的管理知识，熟悉自己所从事的生产活动在整个生产过程中的地位及其前后衔接的生产程序和关系。[7]

（三）德国“双元制”模式

德国的“双元制”模式因其二战后给德国带来巨大的经济效益而闻名于世，被称之为德国经济发展的秘密武器。德国的“双元制”模式是社会市场经济机制主导下的技术推进型的产学合作模式。[11]

所谓“双元”，就是学生是在两个场所接受教育：一个是学校，学生在这里接受理论教育和与专业相关的专业知识；另一个在企业，接受实际技能培训。“双元”学制一般2~3.5年，学生30%~40%时间待在学校，另外60%~70%的时间待在企业，主要以企业的培训为主。在这种模式中，企业的参与程度高，所有的课程都是由企业和学校共同开发完成设定的，并让企业参与教学、测评、调整。德国政府设立“产业合作委员会”对校企双方予以监督，并立法使其制度化。相关制度规定企业为学校提供职业培训和实习基地，且按财力支援来分享教育成果；学校为企业提供人才并可获得企业的资金资助。政府对接受此种校企协同育人的企业给予一定的政策优惠，如减免税收。[7]

（四）新加坡“教学工厂”人才培养模式

新加坡“教学工厂”人才培养模式，是世界教育领域最为成功的模式之一。该教育模式是一种将先进的教学设备、真实的企业环境管理引入学校，将现代企业的生产、经营环境融合到学校的教学活动中，形成学校、实训中心、企业“三元合一”的综合教学模式。“三元合一”模式使学生在学习中直接参与企业的生产经营活动，在教学中体验实际工作过程。在这一模式下，学校可以直接参与到企业的生产经营中去，为企业主动研发新项目、新产品。其专业课程设置以市场为导向，保证毕业生的素质能与市场需求对口。其中，项目教学是“教学工厂”的一大特色，通过开发项目学习，真正实现在实践中学习。新加坡“教学工厂”受到政府的重视，得到了政府的立法保护和丰厚的资金支持。[8]

（五）澳大利亚“TAFE”人才培养模式

自20世纪70年代以来，澳大利亚的职业教育取得一定的成就。标志性的教学培养模式是“TAFE”人才培养模式。

“TAFE”是以能力培养为核心，教学质量考核以实践为主的人才培养模式。该培养模式主要是解决学生就业问题，教学同样以就业为导向。在招生方面，没有年龄、学历的限制，采取灵活多样的方式、方法和手段培养人才，建立“学习—工作—再学习—再工作”的多循环的终身教育体系。[9]

这种教学模式得到了澳大利亚政府的支持和投资，实践教学设施数量多，且具有较高水平。联邦和各州TAFE基本框架和重要文件对国家认证框架、国家资格认可标准、培训外包等问题有详细规定，培训具体课程的开发是以行业为主导制定、由政府颁布的方式出台。[9]

（六）日本“产学合作”人才培养模式

日本的“产学合作”人才培养模式取得良好的效果，较好地促进了产学合作，增强了产学合作实力，并使得专利数量不断增加。日本“产学合作”是以日本政府为主导，以市场需求为导向的运作模式。[11]

该人才培养模式分为两种主要形式。日本的产学合作按阶段层次划分为中等阶段产学合作和高等阶段产学合作。参与日本“产学合作”的主体主要包括企业、大学和政府，三者相互促进和监督。其“产学合作”的动力来源主要是来自三个方面：科技竞争力的推动、以知识产权为核心的经济转型的驱动力、日本科技创新体制改革的动力。这些外在驱动力充分调动了合作方的积极性。在产学合作组织化层面，日本大学通过在学校内设置知识产权本部、科学园、风险经济研究室等组织机构，为产学合作提供了组织保障机制。[12]

以上校企协同育人存在一些相同的特点：高校和企业都是教育的主体，企业全程参与教学，双方互动性强，合作程度高，致力于将教学、研究与应用一体化；以学生的就业方向为主导，设计教学目标和课程，以满足市场需求；政府作为第三方积极发挥监督作用，积极提供财力支持，使得校企合作有可靠的保障机制；校企双方合作共赢，创造了较成熟的校企协同创新平台。

三、国内校企育人模式

我国校企协同育人起步于20世纪80年代末。近年来，随着国家对协同育人的重视和关注，校企协同育人模式也日渐丰富。我国校企协同育人模式主要有基于产业园的校企合作模式、校企共建技术研发中心模式、校企合作共建二级学院模式、“订单式”模式、学工结合模式等。其中，大部分模式都源于对国外优秀模式的模仿和改进。

（一）基于产业园的校企合作模式

基于产业园的校企合作模式是由学校、企业、政府、行业组织四方合作创办的教学模式。一般来说，高校在教学用地上建立产业园，由政府颁布优惠政策吸引与学校对口的企业入驻。在此平台上，校企协作，共同培养人才，实现集融资、研发、生产、教学、实训和服务为一体的校企合作办学模式。

这种模式可以降低校企合作成本，充分发挥校企的主动性，同时，校企双方合作有一个具体的平台——产业园，也更利于校企协同育人的有效开展。[6]

（二）校企共建技术研发中心模式

校企共建技术研发中心模式其本质是一种产学研合作模式，是一种可持续发展的校企协同育人模式。科学技术是第一生产力，研发技术是校企合作的原动力，也是校企合作动力机制的基础。在该模式下，院校依托技术研究中心，开展集教学、研发、生产为一体的人才培养方式，培养学生的技术应用能力和创新能力等综合职业素质，企业通过与院校合作也取得技术创新与应用收益。[6]

在高等学校建立工程（技术）研究中心这种校企合作模式最早是由美国开始的。

1984 年，美国国家科学基金会（NFS）提出建立 25 个“工程研究中心”（ERC）的计划，并于 1985 年开始实施。我国这种校企合作模式开始于 1993 年，截至目前，“工程研究中心”总数达到了 287 个。按依托单位划分，其中企业 105 个，占 36. 59%；高校 70 个，占 24. 39%；科研院所 112 个，占 39. 02%。[13]这种模式因其独有的优势有着巨大的发展潜力，是校企协同育人模式的质的飞跃。

（三）校企合作共建二级学院模式

校企共建二级学院合作模式是一种“双主体”合作模式，是目前较为普遍的一种校企合作模式。所谓二级学院，是依托高校已有的专业，和企业共同投资、建设、管理的股份制二级学院。合作企业方有较强的经济实力，能够承担起硬件设施建设，包括校区设施、设备、后勤的建设，而合作学校方则提供师资力量以及行政管理。该合作模式对于合作双方都具有长远的意义。企业可以获得长期的教育投资回报，而学校可以解决资金缺乏的问题，获得自身发展。

我国的各高等职业学校是校企合作共建二级学院模式的主要实施者。依据合作内容的不同，我国高职院校目前校企合作共建的二级学院大致可以分为三种类型：一是以培养全日制学生为主的二级学院；二是全日制学生培养和企业员工培训并重的二级学院；三是以企业员工学历进修和培训为主的二级学院。[6]

（四）“订单式”模式

这种模式往往是由企业根据其近几年的人才需求情况，向相关专业的高校发出人才培养需求信号，提出人才培养需求，与高校签订人才培养“订单”。学校根据“订单”内容的不同，再细分为定向招生模式、定向分配以及预就业招生培养模式。[14]在学生培养过程中，企业参与教学管理，根据自身需求与学校共同制订培养方案，达到协议预定标准的学生毕业后直接进入企业工作。该模式具有要求具体、培养目标明确、学生就业压力小等特点。

（五）学工结合模式

在学工合作教学模式中，学生有两个身份，一个身份是全日制学生，另一个身份却是企业的“准员工”。目前学工合作教学模式可以细分为两类：交替制——学生一边工作，一边上课。白天常规的工作时间学生在企业进行常规实践，再利用业余时间进行专业理论知识学习，通过分析、讨论等方式把理论与实践联系起来。轮换制——把学生分为两组，一组留在学校上课，一组去企业接受专业培训，按学期轮换。

一般来说，学生从大学二年级开始根据协同企业的生产和研发的实际需求，随时参与研发或接受实训，不受专业课学习计划的限制。通过“函授”学习、“网络”学习和自学等方式，把专业课学习与研发实训紧密结合起来，更加突出和强化工程实践的重要性。该模式具有接受实训时间长、实践环节接触多、过程完整、就业适应期短、易激发创新（业）行为等特点。[14]

四、国内校企育人模式存在的问题

虽然，近年来我国的校企协同育人得到了长足的发展，但仍存在着不少问题：首先，政府的组织协调能力尚不能适应校企合作工作的需要。政府各部门之间还未建立起真正促进校企协同育人的沟通机制和长效保障机制，相关的法律法规尚未健全，没有起到校企协同育人的主导作用。其次，高校主动性不够、管理体系落后。高校是校企协同教育的主体，可是部分学校办学理念落后，没有走进企业，融入产业，不能主动与企业联合制定人才培养方案，保持相同的利益目标，更无法与企业维持亲密关系。并且，高校机构设置陈旧，教师力量薄弱，相关专业设置与产业脱节，其现有管理体系不能适应企协同育人的机制。再次，企业缺乏校企协同育人意识，动力不足。一些企业，尤其是中小企业缺乏人才意识，更没有意识到与高校合作教育，为企业的发展带来的好处。在这种情况下，企业参与协同育人积极性不高，无法承担起作为校企协同育人的另一重要主体的责任。这些都严重制约了校企协同育人的效果。

五、完善国内校企协同育人模式的建议

校企协同的育人模式因其特有的优势而日益受到高校和企业的关注。为了更好地发挥该育人模式的优势，产生正向协同效应，实现校企双赢，校企协同的育人模式应当遵循互利共赢原则、诚信致远原则、整体优化原则、主动服务原则和风险共担的原则。[10]校企协同育人可以采取以下具体措施，建立和完善校企协同的模式和机制，从而实现正向协同效应最大化。

（一）完善校企合作模式，完善校企合作运行机制

校企双方应寻求共同的利益契合点，建立完善动力机制，建立切实合作目标。校企双方应共同设定教学目标、共同设计教学体系、共同参与教学过程，实现多角度全方位的合作方式。高校和企业在功能及优劣势方面均具有差异，因此可以在不同方面、不同阶段发挥各自的优势，实现优势共享。但双方必须都参与其中，以优化校企合作模式，确保应用型人才的培养质量。同时，要保证合作成果利益共享，对成果商业化后所产生的收益进行科学合理的分配是校企协同育人良好稳定发展的保障。

（二）实现校企文化共融，减少育人过程的文化冲突

学校的目标是培育人才，企业的目标是获取收益，二者在文化价值方面存在着很大的差异。为了减少文化价值观冲突，使人才培育更具系统性，双方育人时能够达到相通相融的状态，校企双方应该主动实现文化共融。实现校企文化共融，需要校企双方寻找各自的相同点，努力构建校企双方共通的文化，营造出良好的育人环境。

（三）建立第三方监督机制，保障校企合作长效运行

因校企双方的战略目标不完全一致，使得校企双方在执行他们既有目标时往往会出现偏差，因此有必要建立健全第三方监督机制。政府作为独立的第三方，具有一定的公信力，可以较好地发挥其监督作用。由学校、企业、政府三方利益相关者选取代表组成监督委员会，可以对校企协同育人机制进行监督、检查、协调、改进，进而更好地达到校企协同育人的共同目标，培养更多更优秀的应用型人才，为国家经济发展打造具有竞争力的人才。

（四）政府提供宏观政策支持以及财力支持

政府或可采取立法的手段对校企协同育人操作细节或过程进行明确规定，下发条款明晰的文件要求企业主动承担培养应用型人才的责任。无论是设备采购、模式运作、师资培养还是学生实习，都需要大量的资金投入，所以政府应对承担职责的企业要进行大量的教育投资，采取如对提供实习的企业减免税收、给予参与实习的学生一定的补贴等方式对校企育人进行扶持，从而为校企协同育人模式的实施提供可行性的保障。

（五）加强行业组织建设，发挥行业主导作用

校企育人是以行业及企业需求为主导，以培养市场需要的应用型人才为目标的一种教育模式。在这种模式中，行业组织具有不可替代的作用，应在开发专业、设计培养方案、办学质量评估、师资培养等工作中逐步发挥主导作用。因此，尤其要重视行业组织的建设，加强行业组织对行业教育的指导和服务职能。

（六）发挥学生的主观能动作用，更好地培养学生主动性和创造能力

校企协同育人的最终目标是培养应用型人才，发挥学生自身的主观能动作用才能更好地驱动学生自主能力和创造能力的提升。所以，不论是学校还是企业都应激发学生自主学习能力和创造能力，培养出适合时代发展和满足市场需求的运用型人才。

参考文献

［1］吴中江，黄成亮．应用型人才内涵及应用型本科人才培养．高等工程教育研究，2014（2）：66～70.

［2］王建华．高等教育的应用性．教育研究，2013（4）：51～57.

［3］梁雪松，郑雅萍．校企联盟培养“职业适应性”人才研究：协同教育理论的视角．教育发展研究，2013（9）：59～73.

［4］祝春．高职校企合作协同机制研究．广东技术师范学院硕士学位论文，2013.

［5］曹毅．基于战略缺口假说的校企联盟动因分析．职大学报，2011（2）：111～114.

［6］兰小云．行业高职院校校企合作机制研究．华东师范大学博士学位论文，77～129.

［7］石丽敏．国外校企合作办学模式的分析与研究．高等农业教育，2006（12）：81～84.

［8］冯帆．行业企业参与职业教育的国际经验借鉴与启示——以新加坡“教学工厂”人才培养模式为例．继续教育研究，2014（9）：136～140.

［9］朱建峰．澳大利亚 TAFE 人才培养模式研究．四川师范大学硕士学位论文．2008.

［10］杨路．校企协同的原则与机制．辽宁科技大学学报，2012（5）：513～515.

［11］刘家磊．日本产学合作模式、机制与绩效分析．学术交流，2012（5）：115～118.

［12］日本国立大学协会．国立大学产学合作的措施田．日本国立大学协会季刊，

2006. 1 ~12.

［13］国家工程技术研究中心依托单位分布情况. http：//www. caerc. gov. cn/Index/centers/aatune. aspx.

［14］杨路. 校企协同的内涵与模式. 教育求索，2012（12）：193 ~194.

高校国际合作办学的探索与思考

——以深圳大学与比利时列日大学“2+1+1+1”电子商务专业国际合作办学项目为例*

冯元粤 牛 奔

（管理学院管理科学系）

【摘 要】当今世界，经济全球化大大促进了高等教育的国际化，现代大学的国际交往日趋频繁。国际合作办学在引进国外优质高等教育资源、促进我国高校的教育国际化方面起到了积极的推动作用，但也面临着一些新的情况和问题。本文在系统回顾国际合作办学相关文献的基础上，详细地介绍了深圳大学与比利时列日大学“2+1+1+1”电子商务专业国际合作办学项目的基本情况，全面地分析了该项目进展过程中遇到的问题及解决思路，并对该项目未来的发展进行展望，以期为国内同类高等院校开展国际合作办学项目提供参考及借鉴。

【关键词】国际合作办学 深圳大学 电子商务专业

一、引言

国际合作办学在引进国外优质教学资源、推进我国高等教育国际化、满足人民群众日益提高的教育需求等方面起到了十分关键的作用。教育部在《关于中外合作办学若干问题的意见》（教外综〔2006〕5号）中明确指出：“坚持引进优质教育资源，加强能力建设的政策导向。开展中外合作办学，要密切结合国家、地方和区域经济发展对各类人才的需求以及学校学科建设的需要，鼓励在国内急需、薄弱和空白的学科领域与外国高水平大学以及具有优势学科的大学开展合作办学。”[1]《国家中长期教育改革和发展规划纲要（2010—2020年）》第十六章第四十九条也规定：“引进优质教育资源。吸引境外知名学校、教育和科研机构以及企业，合作设立教育教学、实训、研究机构或项目。”以上意见和规定明确了引进国外优质教育资源的意义和重要性。国外优质教育资源在一定程度上弥补了我国高等教育资源不足的问题，满足广大教育消费者多层次、个性化、多样性和选择性需求，增加就业，扩大主流社会群体，提高国民素质，推动我国高等教育全民化，培养适合我国现代化建设需要的国际型人才。

高等教育国际化，其本质是提高一国或一所高等教育机构的办学水准，培养具

* 2015年度深圳大学教学质量与教学改革建设项目及2015年度深圳大学教学改革研究项目（JG2015076）。

有国际视野和国际理解力的人才的过程，具体表现在教育观念的国际化、教学内容的国际化、学生及师资来源国际化，以及教育管理国际化等几个方面。《国家中长期教育改革和发展规划纲要（2010—2020 年）》指出了推进高等教育国际化的具体做法，就是要“加强国际交流与合作。开展多层次、宽领域的教育交流与合作，提高我国教育国际化水平。提高交流合作水平，扩大政府间学历学位互认。支持中外大学间的教师互派、学生互换、学分互认和学位互授联授。加强与国外高水平大学合作，建立教学科研合作平台，加强国际理解教育，增进学生对不同国家、不同文化的认识和理解”。

随着我国经济的全球化发展，国际合作办学成为国际上教育交流合作的主要方式，逐渐被我国高等教育机构所重视。据教育部教育涉外监管信息网发布的统计数据显示：截至 2014 年 8 月，除地方政府审批设立的项目外，经国家教育部正式审批和复核的本科以上中外合作办学机构和项目总数为 957 个（含内地与港澳台地区合作），其中本科层次中外合作办学机构及项目 811 个（机构数 51 个、项目数 760 个），本科中外合作办学机构项目数占本科及以上中外合作办学机构项目总数的 84.7%。[2]我国高等教育的国际合作办学在总体上呈现出办学区域分布广、办学模式多元化、人才培养规模化、合作对象多元化、学科专业设置覆盖面较广，以及社会认可度逐步提高等发展特点。[3]国际合作办学有效地推动了我国高等教育改革，培养了大批具备国际视野的优秀人才，对我国经济、文化的发展起到了很大的辅助作用。然而，因我国启动国际合作办学模式比较晚，目前仍处在摸索阶段。大多数国际合作办学项目仍存在合作资源不优，专业设置结构失衡，师资薄弱、教学方法陈旧，双语教学难以真正实施，教材采用不合理，生源质量偏低，以及规模混乱、设施缺乏等突出的问题[4][5]。如何合作办学，如何将不同文化背景、教育模式的国家教育资源进行完美整合，能否克服这些关键问题，将直接影响我国高等教育国际合作办学的质量，并直接关系到我国高等教育国际化战略的成败。本文将在系统回顾国际合作办学相关文献研究的基础上，对深圳大学管理学院与比利时列日大学开展的“2 +1 +1 +1”电子商务专业国际合作办学项目的基本情况进行介绍，对项目进展中存在的问题及解决思路进行分析与思考，并对项目的未来发展路径给予展望。本文对国内同类高校开展国际合作办学具有启发性的指导与借鉴意义。

二、文献回顾

目前关于国际合作办学的研究主要集中在两个方向：一个是对国际合作办学模式的研究；另一个是对国际合作办学的管理机制及体制的研究。

（一）国际合作办学模式

办学模式可以简单地理解为教育教学管理、人才培养等方面的模式，实际上是办学任务、培养目标、办学体制以及管理体制等方面的综合体现。现有研究从不同的角度对国际合作办学模式进行了区分。如张永文依据国际合作办学的中外双方在合作上的紧密程度，将国际合作办学模式划分为融合型、嫁接型和松散型三种。[6]融合型模式是将中外合作院校的课程体系和教学模式有机地融合在一起。在这种模式中，中外双方根据实际教学情况共同制定切实可行的教学计划、大纲等教学资料，教学实行外方派相关专业教师来中方授课和接受外方系统培训的中方教师双语授课相结合。嫁接型模式的中外合作双方院校保留各自的教学模式，通过双方对各自开设课程的评估，互认学分及对方院校颁发毕业证书和学位证书。通常所说的“2 +2”“3 +1”或“3 +2”等模式便属于此类。松散型模式是指通过聘请国外教师来中国讲学，或者中国教师去国外进修，学习借鉴国外先进的教学管理经验，或者通过学生去国外短期学习、实习等手段，实现中外教育的接轨。这种划分虽然较为笼统，但却具有很大的创新性。此外，也有不少学者从办学基本属性（学历教育与非学历教育）、办学机构主体（单校园和双校园）、学生接受教育方式（全日制与非全日制）、文凭发放（单文凭和双文凭），以及生源质量（计划内招生和计划外招生）等办学的具体形式上对国际合作办学的模式进行划分。[7][8]这是对国际合作办学模式更为细致和全面的划分，具有很大的说服力。还有一些分类方法则缺乏明显的分类标准，仅从现象上对国际合作办学的模式进行划分。[9][10]

（二）国际合作办学的管理机制及体制

在对国际合作办学模式进行区分的基础上，部分学者也对国际合作办学的管理机制及体制进行了探讨。如王楚鸿等从风险管理的角度，将国际合作办学项目中存在的风险分为差异风险、质量风险、安全风险、经济风险、招生风险、失误风险、诉讼风险、环境变动风险、信息不对称风险、不对等合作风险、政治风险、其他风险 12 类，并提出了强化国际合作办学项目风险管理的一系列措施与对策。[11]杨皓岚和刘黎则从项目管理的角度，对国际合作办学项目在宣传推广、学生选拔、教学及海外跟踪管理等方面的问题进行了分析，并提出了改进项目管理工作的若干建议。[12]近期，也有部分学者从质量管理的角度入手，对国际合作办学项目的办学质量和教学质量进行了分析，提出了相应的质量保障机制及体系。[13][14]

三、深圳大学与比利时列日大学“2 +1 +1 +1”电子商务专业国际合作办学项目的进展概况

为顺应深圳市加快建设国际化城市步伐的需求，深圳大学近年来一直致力于提升国际交流的质量和层次，打造国际化大学。我国政府“一带一路”发展方针的确定以及跨境电子商务的快速发展，对高校电子商务专业国际化人才的培养提出了更高的要求。而电子商务专业作为一门新兴的、交叉性的复合型学科，其知识体系更新发展迅速，这就要求人才培养体系必须在立足本土的同时，紧跟国际先进水平，培养国际化和本土化并重的创新型人才。基于上述考虑，深圳大学管理学院与比利时列日大学 HEC 管理学院签订合作协议，开办了“2 +1 +1 +1”电子商务专业国际合作办学项目。该国际合作办学项目的核心——电子商务专业本硕连读国际班已经纳入 2015 年电子商务专业培养计划目录中。

（一）项目简介

1. 项目培养目标

培养具有国际视野，系统掌握计算机信息技术、市场营销、国际贸易、管理、法律和现代物流的基本理论及基础知识，具有利用网络开展国际商务活动的能力和利用计算机信息技术、现代物流方法改善国际企业管理方法，提高国际企业管理水平能力的国际化复合型高级专业人才。

2. 学生来源

深圳大学2015级全日制本科注册在籍的新生（专业不限）。

3. 培养模式

第一学年、第二学年在深圳大学管理学院学习，中文授课（在进入第三学年阶段学习之前英文需达到要求）；第三学年列日大学HEC管理学院教授到深圳大学以英文教授四门课程；第三学年第二学期，学生在完成深圳大学第三学年要求的其他课程学习后，学生暑期到列日大学HEC管理学院参加为期三周的夏季课程学习，全英文授课；第四学年学生在比利时列日大学HEC管理学院学习。完成双方院校本科课程学习并顺利毕业的学生，可同时获得深圳大学管理学院电子商务专业本科毕业文凭、学士学位证书和列日大学HEC管理学院经济与管理专业的学士学位证书。

取得双方院校学士学位证书的学生，无须参加列日大学硕士入学考试，第五年即可直升列日大学HEC管理学院管理专业硕士学习，于列日大学HEC管理学院校本部就读管理专业的硕士课程；一年后修满全部硕士课程，完成毕业论文与实习后，学生可获得比利时列日大学HEC管理学院的管理学硕士学位证书。

4. 申请条件

申请者须为已被深圳大学录取的2015级注册在籍的全日制本科生（专业不限），高考英语成绩优秀，适应能力强，家庭具有一定的经济基础。

5. 招生组织

符合申请条件并有意参加本国际合作办学项目的学生须于入学时提出申请，参加面试择优录取。深圳大学管理学院将根据申请人的高考成绩、英语综合测试（开学时由学校组织）成绩确定面试名单。面试由专业的委员会组织实施。深圳大学管理学院将向被录取学生发出录取通知，并将在深圳大学招生信息网站及深圳大学管理学院网站发布电子商务专业本硕连读国际班的招生选拔办法、进程和结果。

6. 课程设置

该国际合作办学项目的核心知识模块包括管理学基本原理与方法、财务管理、项目管理、战略管理、供应链管理、电子商务管理、经济学基本原理与方法、电子商务经济、国际经济、金融学、电子商务技术，所有参与该项目的学生都必须完成以上模块的课程。

7. 师资团队

该团队由深圳大学管理学院及比利时列日大学HEC管理学院的优秀师资组成。协作团队由教务处、深圳大学管理学院办公室建构。项目组织由深圳大学管理学院管理科学系统筹安排，已经搭建了项目的网络宣传及管理平台。

8. 项目特色

深圳大学与比利时列日大学联合举办的“2 +1 +1 +1”电子商务专业本硕连读国际班的培养特色是小规模、高水平、跨学科、重基础、研究型、国际化、新模式。具体内容如下：

①本硕直读。学制“4 +1”年，其中本科4年、硕士研究生1年。顺利取得双方院校本科学位证书的学生，无须参加列日大学硕士入学考试，即可直升列日大学HEC管理学院管理专业硕士学习，于列日大学HEC管理学院校本部就读。

②两校三证。该本硕连读国际班由深圳大学与比利时列日大学签订合作互认协议，顺利完成五年学习的学生可以获得深圳大学和列日大学分别颁发的两个学士学位证书及列日大学颁发的硕士学位证书，所有证书均受到国际认证，并被中国教育部承认。

③全英文授课。该本硕连读国际班的所有国际课程均采用国外教材，由教学经验丰富的知名教授讲授，全英文授课，教学品质、教学质量均有保证。参加本项目的学生，在外语能力、国际交往、专业基础和综合素质方面将获得明显的优势。

④专项奖学金。该本硕连读国际班特设专项奖学金，对成绩特别优异者，列日大学将提供1至2名学生部分或全额奖学金。

⑤一站式留学。“入学即留学”，免去自费留学申请所需的诸多烦琐手续和中介费；硕士学位一年完成，省去一年留学费用20多万元。

⑥适应性好。该项目本科阶段以第三学年在深圳大学学习为缓冲，解决了学生直接到国外学习的不适应性。学生第一、二学年在深圳大学就读，第三学年在深圳大学就读，由比利时列日大学派教师到深圳大学授课，授课内容与比利时列日大学的本科课程完全一致，第四学年学生再到比利时列日大学本部就读，这样不仅避免了学生直接到国外学习的不适应性，也减轻了在国外高额生活费的负担。

目前，该国际合作办学项目已经正式启动，处于招生宣传阶段。计划于2015年9月招收第一批共70人组成本硕连读国际班。

（二）项目进展中的问题及解决思路

本国际合作办学项目人才培养以创新为核心，以国际化为导向，使学生具备国际化的视野和基本的职业素养，具备电子商务相关的技术及管理知识能力以及相应的实践经验，以适应国际市场的需要，满足企业对国际化电子商务创新型复合型人才的要求。基于实施现状，本项目在将来的开展中还有需要进一步解决的问题。

1. 项目招生宣传推广工作的普及性和针对性问题

目前，本项目的招生宣传及推广工作已经展开。除了利用招生宣传册，招生宣传传单以及招生宣传海报等线下传统的媒介进行招生宣传外，还应利用网站、微博、微信等线上的新媒体进行招生宣传。对于与本项目相关的活动（如项目签约仪式），也应该加以新闻报道，并鼓励与本项目相关的管理人员接受新闻媒体的采访，进一步扩大本项目的宣传面。在综合利用多种渠道来提高项目宣传推广普及性的同时，也应该注重本项目宣传推广的针对性。由于国际合作办学项目学费较高，且选择就读项目的学生多数有出国留学的意愿，因此在招生宣传时应该重点向这部分家庭环境较好的学生进行推广。此外，因本项目是在已被深圳大学录取的新生中选拔，因此在高考录取结果出来以后，应重点向当年深圳大学录取的新生进行宣传推广。

2. 项目生源的数量和质量问题

若参加项目的学生数量太少，项目就无法正常开展。然而，如果参加的学生数量太多，又会使项目的生源质量大打折扣。由于国际合作办学项目对学生的外语水平要求较高，且整个项目的课程压力较大，因此在选拔学生时，应从外语水平、个人对电子商务专业的兴趣，以及个人的独立生活能力等方面来综合考察和评估。

3. 教学体系的本土化与国际化平衡问题

教学体系是教学过程的知识基本结构、框架、教学内容设计、教学方法设计、教学过程设计和教学结果评价组成的统一整体。一个完整的教学体系应包括以下教学要素：完整独立的教学大纲、教学计划、教材、教学设备及场所、教学运行管理、教学质量评价及考核方法。基于本国际合作办学项目培养立足中国国情的国际化电子商务人才的目标，在教学体系的设计上应充分体现本土化与国际化的有机结合，保障国际合作办学项目的质量。

第一，要转变传统的教学理念，从人才培养方案入手，从项目国际化人才培养的整体考虑，中外双方共同合作，不断修订和完善教学大纲及教学计划，科学合理地分配理论学时和实践学时的比重，逐步建成完整的重基础理论、强实践技能、强综合素质、重创新能力的一体化培养方案。国内传统的教学理念是努力学好理论知识，是典型的应试教育。而国外的教学理念则倾向于具体操作技能的传授，两者教学理念存在着很大的差异。因此，在国际合作办学的过程中，应将这两种相互冲突的教学理念进行糅合并优化改革，让学生既掌握能够指导实践的理论知识，又能够通过实践对所学的理论进行加深记忆和灵活运用。

第二，要结合电子商务专业自身的特点和国际合作项目的实际情况，改革教学内容，优化课程体系。在课程体系的设置上要中外兼顾，因时因地制宜，最大限度地发挥合作办学的优势，实现办学双方的优势互补。在课程设置方面，技术与管理并重，重视学科交叉，全面提高学生素质。考虑到本项目在国外部分的课程中经济与管理类的课程占了大多数的实际情况，国内部分的课程将一部分原来的技术类专业选修课调整为专业必修课，增加了专业核心课程中技术类课程的比重，使学生在学习经济及管理相关知识之前就已经拥有了夯实的技术基础。整个课程体系呈金字塔形，最底层为基础平台课程群，往上依次为专业基础、专业核心课程群以及少量随市场变化的专业选修及全校公选课程群，其中基础平台课程群、专业基础和专业核心课程群占了较大的比重，这种设置在保证金字塔底部稳定的同时，也保持了顶部的柔性。同时，为保证学生出国学习前具备扎实的语言能力和基础知识，在国内部分的专业课程中应尽量引进国外教材和教案，并尽量采用双语教学，实现中外双方课程的无缝对接，降低学生出国后适应国外课程学习的难度。此外，也应该增加一些介绍国外生活及人文环境的辅导性课程，使学生出国后能够尽快适应国外的生活。

第三，要引进国外优良的教学方式和方法，引导学生自主学习，积极参与实践训练。目前，许多高校的教育机构还在采用陈旧的灌输式和填鸭式的教学模式，以致学生在出国后无法适应国外课堂的学习模式。因此，在国内部分的课堂教学中，教师应该多采用讨论式、启发式和问题型研究型的教学方式，增强师生互动过程，增加实践练习环节，使学生尽早适应国外的实践性教学模式。

第四，在师资队伍的建设上，要充分利用国外优秀教学资源，培养国际化的师资队伍，合理地配备和管理师资队伍，提高师资队伍的国际化水平，从而保证国际合作办学项目的教学质量。在对外方师资队伍的配备和管理方面，要对外方教师进行严格的审查和考核，进行长期聘任，增加他们的责任感；要为他们营造良好的生活环境和工作环境，增强他们的归属感；同时还必须建立合理的教学评价体系，外方教师对中方学生的教学和课程评分要遵循中方学生的特点和能力。在对中方师资队伍的配备和管理方面，要坚持“引进来”和“走出去”相结合的原则。要招募一定数量具有海外留学背景的教师，并安排他们以双语的形式来讲授专业核心课程。外籍教师来华授课时，应鼓励本校授课教师旁听，学习国外的教学方法。同时，应该安排部分本校授课教师赴国外合作机构参加教学培训和课程进修，提高教师的国际化教学水平。此外，应该选择优秀的中方助教来辅助学生进行外方课程的学习。要充分发挥班主任和辅导员的作用，遴选具有赴国外学习访问经历及班级管理和教学经验丰富的班主任，并加强对班主任和辅导员的职业道德、思想政治教育和爱国主义教育，提高他们的自身修养和政治觉悟。这些都是保证国际合作办学项目顺利开展的必要条件。

第五，在教学管理方面，要构建多方联动的信息共享和协同管理的网络平台，使得中外双方的教师、教学管理人员、在读学生以及毕业生能够通过网络平台充分地共享信息和资源，并及时、有效地沟通和反馈意见。同时，要打造完善的教学质量保障及监督体系，保证对办学项目教学质量的定期考核和跟踪管理，从而进一步提升办学项目的质量。

四、项目未来的展望

在深圳市政府及学校的大力支持下，凭借现有坚实的学科基础、国际化的教学意识、创新性的培养模式和一流的实践平台，该国际合作办学项目自2015年启动以来取得了一定的成果。展望未来，本项目将建成本土化与国际化有机结合的教育教学体系。具体而言，本项目将构建教学理念、培养方案、教学计划、教学大纲、教学内容、教学方式、师资队伍以及教学管理等各方面的本土化与国际化相互融合，相辅相成的教育教学体系。在教学理念上，本项目将秉承中外结合、兼收并蓄的原则，吸收中外双方优秀的教学思想，制定理论与实践紧密结合的培养方案及教学计划和教学大纲；在课程体系上，本项目将强调技术与管理并重，建立金字塔形的课程体系；在课程设置上，本项目将采用国外优秀教材，进行双语教学，注重对语言能力和专业基础能力的国际化培养，并辅以生活类课程的辅导；在教学方法上，本项目将增加实践性教学模式的比重；在师资队伍建设上，本项目将加强对中外双方教师的配备和管理，发挥助教、班主任和辅导员的辅助作用；在教学运行管理上，本项目将构建多方联动的信息共享与协同管理网络平台；在教学质量评估及管理上，本项目将致力于打造完善的教学质量保障及监督体系。

五、结语

当前，我国高等教育已由考生争夺高校逐渐转向由高校抢夺生源的“拐点”。在这个社会背景下，国际合作办学异军突起，发展迅猛，高校纷纷通过各种途径和形式开展中外合作办学。但是在国际合作办学项目的开展过程中出现了诸多的问题，对合作办学项目的质量带来了许多负面的影响，严重阻碍了合作办学项目的顺利开展。本文在系统回顾国际合作办学相关文献研究的基础上，对深圳大学与比利时列日大学的“2+1+1+1”国际合作办学项目进展中存在的问题进行了细致的分析与探讨，有针对性地提出了存在问题的解决思路，并对项目的未来发展进行了展望。本文的研究成果能够促进该国际合作项目的顺利开展，也将为同类高校开展国际合作办学项目提供经验借鉴。

参考文献

［1］赵凤兰．高校中外合作办学引进国外优质教育资源研究．中国成人教育，2014（22）：45~47.

［2］本科中外合作办学机构与项目（含内地与港台地区合作办学机构与项目）名单．http：//www. crs. jsj. edu. cn/index. php/default/approval/rglist s/2，2014-09-18/2014-10-04，2014-10-06.

［3］郭强，周南平．本科层次中外合作办学：现状剖析与路径反思．学术论坛，2014，37（10）：157~162.

［4］王悦，房红．中外合作办学存在的问题及对策．科技创业月刊，2014，27（2）：123~125.

［5］杨莉．中外合作办学创新性人才培养模式．学习月刊，2012（16）：77~79.

［6］张永文．谈高职院校中外合作办学模式．重庆电子工程职业学院学报，2009（1）：10~12.

［7］施余兵．高职院校中外合作办学模式及其完善．北京政法职业学院学报，2010（3）：112~115.

［8］魏胜强．中外合作办学模式研究．扬州大学学报（高教研究版），2012，16（1）：37~46.

［9］李兰巧．高职中外合作办学培养模式探讨．世界教育信息，2004（11）：31~32.

［10］周文婕．论中外合作办学模式与发展对策．教育探索，2005（5）：64~65.

［11］王楚鸿，吴剑丽，左彦鹏．国际合作办学项目面临的主要风险及其管理对策．扬州大学学报（高教研究版），2009（3）：10~13.

[12] 杨皓岚，刘黎．研究型大学国际合作办学项目管理问题研究——以四川大学为例．科教导刊（上旬刊），2010（10）：104.

[13] 吴健康．中外合作办学质量现状及解决途径研究．教育教学论坛，2014（53）：78～80.

[14] 宗平．中外合作办学中教学质量保障机制的研究．江苏高教，2015（1）：76～78.

芝加哥大学、纽约大学、伊利诺伊香槟分校创新创业考察报告

李　彤
（移动互联产业化研究所、管理学院工商管理系）

【摘　要】该文对美国东部三所高校创新创业教育的发展和现状进行了探讨。通过对芝加哥大学、纽约大学ITP项目和伊利诺伊香槟分校等地的考察，了解美国高校与社会的创新创业生态环境，包括创新人才培养模式和组织运行机制等，并结合深圳大学的实际情况，提出了一些思考和建议。

【关键词】创新　创业　教育　培养模式

一、引言

“创客”一词来源于英文单词“Maker”，是指努力把各种创意转变为现实的人，其共同特质是创新、实践与分享[1]。

2015年两会政府报告发布，“万众创新，大众创业”和“互联网+”成为热门词汇，创新创业也将会在中国生根发芽。

随着信息技术和互联网的发展、知识社会的来临，传统的以技术发展为导向、科研人员为主体、实验室为载体的创新1.0模式正在转向以用户为中心、以社会实践为舞台和以共同创新、开放创新为特点的用户参与的创新2.0模式转变。

当今，数字化生产得到了极大的发展，世界各地的数字化工厂，通过云技术可以向拥有数字设计和信用卡的普通人提供基于互联网的按需制造服务。如此一来，创意可以直接转换为产品已不是梦想，将自己的设计产品模型转变成产品，却无须自行建立工厂或公司成为可能。制造业也变成了另外一种可由网络浏览器获取的“云服务”，只要你需要，就可以在需要时通过少量的工业设备获得。这正是目前整个世界发展的趋势，也是万众创新、大众创业的基础。

深圳一直注重引进各类创新人才，欢迎创业者、大学毕业生到深圳创新创业。深圳已经明确提出打造“国际创客中心”的目标，“深圳将是全球创客能实践自己想法的强大硬件平台”。并已经确定要把每年6月份专门设立国际创客周，吸引全球创客。另外，深圳市政府还将着手搭建平台，让创造者与配套商对接，吸引企业支持甚至风投的关注，为创客提供更好的服务，助力他们将创新想法变成现实。

但我国的原创式创新与国外先进国家相比还有很大的差距，创新教育是我们最大的短板之一。

着眼于了解美国在创新创业教育方面的最新进展，将为建设深圳大学“互联网+”众创中心提供参考，2015年8月，深圳大学移动互联产业化研究所、管理学院等一行学者前往美国几所高校创新创业教育中心、实验室及创业社区进行了考察。考察团先后考察了芝加哥大学Booth商学院、Polsky创业与创新中心、纽约大学创新实验室、理工工程学院孵化器、伊利诺伊香槟分校创业领导力学和技术创业中心，与相关创新创业教育的负责人进行了交流，详细了解了他们的建设理念、运行机制、课程体系等情况。

二、国外三所大学创新创业教育状况

通过对国外几所大学的考察，发现不同学校情况不一样，芝加哥大学注重校友捐赠人的作用，纽约大学注重社会资源的利用及其作用，而伊利诺伊香槟分校由于位于小城镇，更加注重技术创新。

（一）芝加哥大学

芝加哥大学创新创业教育充分利用学校的所有资源，主要机构有Booth商学院及其Polsky创业与创新中心、芝加哥创新交流中心（CIE），芝加哥大学技术发明开发中心（UChicago Tech）。其中Booth商学院及其Polsky创业与创新中心是创业创新教育活动的引擎；芝加哥创新交流中心是面向全校和校友会员制的企业孵化器。芝加哥大学技术发明开发中心是为技术发明研究项目提供咨询、协助商业化、知识产权申请保护等服务的机构，其运营的核心是技术发明开发收益分享协议，发明者获得25%，10%收益归实验室，5%归系，5%归学院所，剩下55%的收益归中心，中心利用收益资助开发新项目。下面重点介绍Polsky创业与创新中心。

Polsky创业与创新中心通过在校内外乃至全球广泛的活动，包括学术、研究、会议、比赛开发创业、创新的理论知识，推动在实践中的进步。Polsky中心为芝加哥大学的学生和校友提供了实现他们梦想的平台，是他们实现创业和投资事业最重要的资源。

芝加哥大学在20世纪70年代就开始提供创业课程。有很多的有识之士资助者这一课程计划，如1998年，大学受惠于Ewing Marion Kauffman基金，成立了创业中心，2012年Invenergy LLC的创始人CEO Michael Polsky先生持续支持该创业中心，并冠名为Polsky创业与创新中心，他希望中心是一个“完整的创业者企业家平台”，2012年他将每年的投入增加了一倍，使Polsky中心成为整个大学的创业和风险投资的引擎。

Polsky创业与创新中心的运营团队由非常专业的业内人士组成，包括国内较著名的企业家、风险资本家和私募股权投资基金管理者等，他们致力于推动和支持创业创新，同时作为创业顾问委员会，主要通过赞助会议、竞赛、学生实习和其他中心的活动帮助营造在芝加哥大学的创新创业精神氛围。

1. 中心的使命

通过具有创新性和严谨性相结合的工作作风，Polsky中心将创新和创业的火花洒遍校园内外，是芝加哥大学风险创造的引擎。

2. 课程设置

芝加哥大学 Booth 商学院前沿的创业课程设置将学生置之教室外，允许学生在真实的世界测试他们的创新想法，通过课程、比赛和实验室，让学生开始获得所需的实用工具，逐渐到融资和管理自己的业务和事业。课程分为学术课程和实践课程。

3. 学术课程

集成了基本的商业原理课程，包括市场、金融、运作和战略课程，帮助学生开发他们从事商业活动中的技能，包括创建企业、投资、筹集资金、评估商业机会等。学术课程具体包括：创业金融和 PE 私募股权投资基金、商业化创新——研究和分析企业的工具、全球化创业金融、社会企业家实验室（通过参与非盈利机构和具有社会责任的盈利机构工作，直接理解探索社会企业；学生需要推荐信参与该项活动）、初创企业的销售、新社会企业设计（需要将计划交于老师、企业家、基金管理者和慈善家）、互联网创业的风险、回报和失败，新创企业和小企业实验室（参与新创企业和小企业的实践，帮助他们进行竞争分析、市场研究、战略开发，制定市场计划、价格模型等）、私募股权投资基金实验室、房地产实验室，房地产的挑战、创业机会的发现（新创业者和企业内部创业者往往浪费了大量的时间、金钱用在错误的机会上，苦恼于怎样辨别什么是真正的商业机会）、清洁技术实验室、以用户为中心的企业设计实验室、新产品和服务开发、新产品和战略开发实验室、技术战略、并购中的冲突管理、风险资本与企业家的交易结构、市场研究、服务运营管理、统计分析洞察营销、咨询和创业中的问题、INTOPIA 应用战略管理仿真。

4. 从实践经验中学习

芝加哥布斯创业教育的长处之一是专注于通过广泛提供严格严谨的实践课程和实验室、构建了一个打通理论和实践之间鸿沟的桥梁。课程和项目包括新创企业实验室、Elfman - Wareham 私募股权投资基金和风险资本实验室、Edward L. Kaplan 年度创业挑战赛（NVC）、创业实习计划（由资助人补贴学生参加初创企业实习）、新产品和战略开发实验室（加入到著名的咨询公司中）、社会企业家实验室、清洁技术实验室（清洁技术开发项目，包括运营、市场、战略或商业化计划）。

（二）纽约大学

创新创业驱动深深扎根在纽约大学的 DNA 中，自从 1831 年作为 14 个创办人之一的 Samuel F. B. Morse 教授（电报的发明者）来到纽约大学起，纽约大学培养了不计其数的发明家、科学家和企业家。

纽约大学的创新创业教育主要分布在商学院、工程学院和艺术类院系，创业项目和活动主要由纽约大学创业研究所、Berkley 创新创业中心以及理工工程学院的创新创业办公室主导的孵化器等机构负责实施。

1. 纽约大学创业研究所

创建于 2012 年，它引导了整个校园的创新创业加速的步伐，它通过提供教育项目、主办创业活动，提供资源和纽约大学的创新创业基金，帮助了 60 000 名学生教师和研究者创建了他们的初创企业。它提供项目和活动包括：①纽约大学创业节、纽约大学技术风险创业竞赛、纽约大学夏季创业上线台、纽约大学创造、纽约大学创业博客、初创企业训练营、创业者人脉网，创业实战课程——创业精益上线平台班（理工工程学院的提供5天的实战课程1.5个学分）。②纽约大学 Leslie 创业实验室、纽约大学产品原型基金、创新风险投资基金。而且，纽约大学在纽约常年招募有创业经验的能辅导学生的专业创业导师。③Lab 实验室，Mark 和 Debra Leslie 创业实验室。这是一个坐落于纽约大学华盛顿广场的5 900平方英尺的设施，是一个激励学校创新创业精神的地方。它让全校无论哪个学院系所的学生和教职员工都能相遇相知到合作，充分利用实验室大量的资源将其创意和发明开发实现商业化。设施包括灵活的合作工作空间，会议室，活动室，产品原型制造实验室，实现创意产品原型化等工作，鼓励相互交流合作共同将创意和原型商业化。④Prototyping Lab 产品原型制造实验室。该实验室免费为全校学生和教师研究人员开放，设备包括：第五代3D 打印机、3D 扫描仪器、激光切割机、各种传感器：加速度计、气压计、光感仪器、烙铁、钻床、钳等。另外，还有电子线路板设计制造设备、3D 软件等。

2. Stern 商学院下的 Berkley 创新创业中心

它是纽约大学创新创业教育的主力军之一，每年中心为超过1 100 名有志于创业的纽大学生、校友和教职员工提供了一对一的帮助，协助他们创立新企业或加速已有企业的成长。他们提供有特色的服务项目由企业帮助台（Help Desks）、创新实验室、创业挑战赛等。

（1）Help Desks 创业帮助台。

中心提供专业的人员，为有创业烦恼的人答疑解惑，每个专题每月提供1~2 次的服务，服务的专题范围包括：①Accounting 会计服务，包括：财务报表准备、税务申报、财务预算。②Branding & Media Relations 品牌与媒体关系服务，包括：品牌建立战略、通过公共和社会媒体与你的听众沟通、什么是有价值的新闻，获得媒体的心、润色你的创业故事、信誉的建立、危机预警与管控等。③Legal 法律服务，包括：知识产权、法人治理结构、投资协议、财务预算等。④Sales & Marketing 销售和市场营销服务，包括：市场营销战略、沟通渠道战略、引导消费、销售计划与运营、营销活动策划等。

（2）创新实验室（Innovation Lab）。

合作与创新是该实验室的宗旨。它面向全校所有专业学科具有创意的思想者开放。

实验室接受全校所有建立团队开发新产品（服务）和新商业模型的学生、教职员工、校友，为他们提供培训，利用专业的方法流程优化、细化他们的创意。参加的团队将建立专门的专利和无形资产档案来保护他们的创意，并且可以出售这些资产给工业界。实验室的参与者必须愿意并且能够投入平均每周额外的4~8 小时的课程作业和项目，从该计划中获益。

实验室虽然专注于团队的发明创造，并且改进团队的发明，当然你也可以选择独立地从事发明工作。

由实验室主导的20 万美元创业挑战赛是纽约大学最重要的赛事之一。四轮比拼，最高20 万美元的奖金，让人筋疲力尽的8 个月，一次巨大的机会是对该挑战赛的总结，挑战赛旨在发现和培养纽约大学下一代的商业领袖。该挑战赛的核心是需要颠覆性的创意，该创意需要足够的震撼力和影响力，需要激发可能性。参加挑战赛并发现什么是真正需要创立的企业，可以获得创业所需的现金，并获得有经验的导师的培训和辅导，至少可以了解掌握创业的一些技能，如：怎样构建稳定的商业模型，决定正确的市场适合的产品，构建健全的财务规划，正确与投资者打交道，创建一个成功的创始人团队。无论怎样，它都会给你带来创新创业的新视野。这些活动都离不开志愿者、合作伙伴和赞助者（商），志愿者贡献他们的时间，合作伙伴贡献他们的才干，赞助者（商）贡献他们的财富。

纽约大学其他几个主要创业赛事比较一览表

	新风险创业 New Venture	社会企业创业 Social Venture	技术风险创业 Technology Venture
创业应用领域	All except Consulting, Franchises, Real Estate Syndications	All including nonprofit, but must have an earned revenue stream	Life Sciences, IT and Clean Tech
除外条款	Existing ventures with sales over $250K; Existing ventures with $250K or more in outside financing	Existing ventures with sales over $250K; Existing ventures with $250K or more in outside financing	
知识产权要求	None	None	Venture must be based on IP developed while working or studying at NYU
团队要求	Must have at least 1 current NYU student or Stern alumnus	Must have at least 1 current NYU student or Stern alumnus	Must have at least 1 NYU student, researcher or faculty member
参赛费	$150 alumni/ $100 students	$150 alumni/ $100 students	$150 alumni/ $100 students
主办单位	创业研究所	社会创业基金	理工工程学院
奖金	$75 000	$50 000	$75 000

（3）合作伙伴项目（Programs with Partners）。

中心是纽约中心区创业生态的一部分，通过参加城市商业社区管理培训项目分步战略成长（SSG）获得巨大的影响力。该项目是纽约城最大的帮助小企业成长的计划。

（4）夏季创业奖学金。

奖学金由 Stern 商学院 MBA 为在读的 MBA 学员提供，参加该计划参与者可以获

得：①奖金＄10 000没有股权要求；②10周的项目计划加速参与者的创业；③获得导师和顾问；④法律、市场、财会和其他的顾问服务。

申请者要求：①必须是现MBA学生，无论是否是毕业季，参与者都将承诺整个夏季为该创意工作。②必须是两个以上的团队，且有创意必需的技术能力。③非已获得创业投资的项目，产品或服务原型已开发。④Stern创业者交流俱乐部（EEX）和社会企业协会SEA活跃成员的项目优先。⑤获得学校其他资助计划的创意项目谢绝申请，其他资助是指the Lean LaunchPad，SIIF or the ＄200K Entrepreneurs Challenge等。

3. 纽约大学理工工程学院

发明、创新和创业是理工工程学院学术和研究的基础。通过用工具和资源武装教职员工和学生，将他们的灵感转变为面向市场的应用、产品和服务。

理工工程学院的创新创业教育由学院创新创业办公室负责。办公室提供项目计划、资源、机会、孵化器空间将学生和老师与纽约市的创业生态连接起来。项目主要围绕着孵化器展开，包括DUMBO和Varick两个孵化器，以及几个特别针对生物技术、退伍军人和妇女的创业课程计划。

（1）孵化器。

纽约大学孵化器是第一个公私合作机构，目的是营造一个可持续发展的孵化器计划。其作用有三点：关注风险投资成功率的增长，为社会带来正面的经济影响力；为创业者带来人才，带来市场，带来资本，带来研究；入住策略，包括现场租客和虚拟租客。

孵化器对现场租客的报价：

①所有公司提供空间和服务价格低于市场价，每个工位每月＄400。②基于理工工程院IP和纽约大学IP成立的公司提供低成本甚至是免费的空间和服务 。③股票期权换取入住孵化器：公司可以用股权选择权给工程院换取空间和服务，工程院不干涉公司的管理运营。

孵化器对虚拟租客的报价：每月＄200，每天＄10，雇用工程院学生需要付最低的管理费用，费用按小时计价。

DUMBO孵化器提供的服务如下：每天24小时安保服务，一个共享行政管理服务，一个带多媒体设备的会议室，可主办大型活动的会议厅，附带相关设备，协作项目管理软件和房间排班软件。标准办公室设备高速internet网、电话、邮件、打印机、复印机，头脑风暴用的白板、厨房和休闲空间。

Varick孵化器提供的服务如下：每天24小时安全进出办公室服务（现场租户）、带家具的私人办公室（现场租户）、公用接待员服务、共享行政管理服务、两个带先进媒体设备的会议室、容纳大团队的教室、协作项目管理软件，标准办公室设备高速因特网、电话、邮件、打印机、复印机等。

导师计划：学院负责介绍校友、企业家、领域专家和发明家作为学院孵化器的导师，导师负责提供管理、技术和产品开发、商业开发、战略、市场营销和品牌等方面的指导。孵化器帮助企业介绍导师，促进导师与企业的关系，但具体服务内容和条款需要企业与导师自己协商确定。

（2）理工工程学院的生物技术和创业（工程）项目计划。

30 个学分的课程计划分两个部分：

①Required Courses（必修课）（15 学分）：生物技术和制药产业，3 学分；生物技术与保健产业，3 学分；生物传感器和生物芯片，3 学分；生物催化剂产业，3 学分；创业学，3 学分。

②Elective Courses（选修课）（6～15 学分），至少选择 6 学分：会计与财务，3 学分；知识产权管理基础，1.5 学分；项目管理，3 学分；技术革新和创新管理，3 学分，创业财务基础，1.5 学分；创业财务，3 学分；企业成长管理基础，1.5 学分；创立公司基础，1.5 学分；初创公司市场营销和销售基础，1.5 学分；初创公司市场营销和销售，3 学分；技术社区介绍，3 学分；蛋白质工程，3 学分；生物技术特别主题，3 学分；生物工艺与神经科学介绍，3 学分；生物技术中的免疫学——概念、机制和应用基因工程，3 学分。

（3）退伍军人创业培训项目（VET）。

10 周的夏季课程，为退伍军人创业提供了商业与技术相结合的学习平台。

（4）孵化器知识和职业技能培训项目计划。

该计划为本科生和研究生提供奖学金，旨在使学生理解创业和职业环境所需的知识和经验，将创业和职业环境发扬光大。

4. 其他的创新创业机构和活动

工业联盟办公室：帮助发明者发明创造和申请知识产权保护，它同时也是纽约大学技术授权和知识产权开发办公室。Catherine B. Reynolds 社会企业创业基金：旨在吸引鼓励培训新一代公共服务领袖。Greenhouse 绿房子：创意与合作的家园，由理工学院提供常年有学院孵化器导师和工业界专业人士参与其中，为学生提供创意交流、技能分享、机会寻找的场所。

Entrepreneurs Network 创业网络联盟：多学科合作的 21 世纪创业联盟，主要由学校本科生和研究生相关的社团组成，为有意于创业的新手了解创业、寻找志趣相投的伙伴提供平台，同时促进了各个学科学院的交流，为建立创业生态做出了贡献。科学创业协会：这是一个主要由对科技商业化感兴趣的博士生和博士后参加的俱乐部。该俱乐部每个月举行活动，有嘉宾演讲、讨论会等形式，活动会提供茶点，营造一个轻松开放的交流环境。创始人论坛：由理工学院创业和创新协会主办，纽约大学创业联盟协办，每学期两次；纽约技术找伴聚会（Meetup）网：成立于 2004 年的纽约技术聚会网是全世界最大的网上技术社区，它是一个非盈利组织，包括了来自纽约各个技术社区的专业技术大拿人员。

（三）伊利诺伊大学香槟分校

伊利诺伊大学创新创业具有悠久的历史，曾创造了世界上最具有革命性的产品，如肉毒中毒抗毒素血清，有声电影，ILLIAC 大型计算机，核磁共振成像，超导理论，晶体管，合成橡胶，集成电路，发光二极管，Mosaic 浏览器和 YouTube 网站等，也培养了很多著名的企业家和商界领袖。

其创新创业教育由学校多个部门从不同角度在学校开展，主要有创业领导力学院

(AEL)、技术创业者中心（TEC）、创新生活学习社区（LLC）、企业关系办公室(CR)、研究公园企业工坊（RP EW）、伊利诺伊风险基金、技术管理办公室等。

伊利诺伊香槟分校坐落在两个美丽的小城厄巴纳和香槟镇上，因此它的创业教育更加注重工程技术的创新创业。

1. 创业领导力学院（AEL）

伊利诺伊大学虽然具有悠久的创新创业历史，然而，创新创业都是分散在各个研究机构和院系之中。为打破各自分离的现状，进行学科融合和互补，学校于2004年成立了创业领导力学院AEL，并授权研究院进行跨学科整合创新创业资源，进行课程开发、学术研究和经济开发，让更多的人参与到创新创业大潮之中。

研究院由商学院管理与资助，学院联合了其他学科学院，其顾问委员会由12个学院所中的9个正院长担任，使学院的发展获得了广泛的支持。

创业领导力学院AEL，是关于创业的研究机构，它关注企业分拆、大企业内部的创业问题，对该问题进行有益的研究，指导了相关大企业内部的创新创业实践。

教学上，研究院整合了59个科系的教职员工，使开发与创新创业相关的课程数目翻了一番。有些课程还获得了国家的奖励，如由Madhu Viswanathan博士开发的“生活市场的产品和营销开发”课程在公司杂志上获评“2011国家最佳课程”之一。开发了技术管理科学硕士课程、生活科学中的创业与管理认证课程，为研究生和教职员工开发了商业认证模块课程。

学院获得了来自阿尔伯特和亚历山大·戈尔茨坦500 000美元赞助，创建的“伊利诺伊上线平台”，它作为校园范围内努力建立创业上线“管道”的一部分支持和促进学生创业创新业务。伊利诺伊州的第一个四年帮助支持成功上线50多个新项目，34个项目已收到超过130万美元的启动资助资金、风险投资或天使投资，12个公司已经创造了收入。

2. 创新创业教育课程与实践

学校与创新创业教育相关的部分课程与实践活动如下：

（1）创业教育与研究。

①年度夏季创业奖学金计划。

该奖学金计划为顶尖的创业团队在整个夏季进行原型制造、构建客户价值主张、测试用户需求、研究竞争环境、验证市场规模加快项目发展进行保驾护航。奖学金可为参与者提供空间、资源和必要的导师，将其创意变为可实现梦想的企业。

②创业和管理认证项目（CEM）。

A. 对商业、经济和法律感兴趣的工程、生命科学及相关学科的博士生、博士后提供高科技创业认证课程。

学习以团队小组方式分为教室课程和实践经验学习分享，实践经验学习分享部分主要包括基于Fast TracR Tech Venture计划模型的“干中学”，内容包括：确定市场机会和探索使其能成功的商业战略、定义目标客户群体、开发稳定的市场计划、建立高效的管理团队、每个发展阶段财务需求、探索达到财务目标的最好方法、校内外成功失败经验分享。

B. 非商科研究生商业课程认证（CIB）。

内容包括：市场营销、领导力、财务管理、财务指标报告与决策控制、企业家精神与创业、谈判协商技能、流程管理、商业伦理、项目管理、公司注册务实。

注：商业论证课程不计算学分。

③创新生活学习社区（LLC）。

学校创业孵化器，提供现场课程和工作坊，与学校的技术创业中心（TEC）紧密合作。现场课程包括：创新介绍（1 个学分）；创业基础（3 学分）；技术创业（1 学分）。④技术创业中心（TEC）课程。

创建于 2000 年的技术创业中心，突显了伊利诺伊大学丰富的创新历史和文化，中心激励学生成为下一个世纪改变世界的领导者和企业家。这些将通过它的课程、风险投资与产品竞争、工作坊等其他创新活动向学生揭示技术创新与市场接受之间的奥秘来努力实现。中心提供线上线下课程、认证课程以及学生与校友互动的活动，特别包括年度 Cozad 新风险创业大赛和伊利诺伊创新大奖赛以及一些其他创新创业活动。

⑤创新认证课程。

针对创新创业、产品设计感兴趣并且有能力的工程一年级新生。

课程包括：发现和理解客户问题并提出解决方案、创造力的思维和习惯、基于真实客户需求的工程项目设计交付实施、创业指导课、指导学生问题解决、建模、原型开发和商业领导技能、阅读与创意的产生、创意的追求、社区中的学习、工程创业中的法律问题、技术创业、高技术风险市场、创新辅导、创业辅导会、高技术企业、从创意到企业。

⑥学术课程。

课程包括：技术创业中的法律问题、工程技术创业、高技术风投市场、管理领先技术、技术价值评估、知识产权保护、技术风险投资管理、从创意到企业、突破性创新团队。

技术商业化基础、创新与工程设计、工程管理财务、风险基金与创业。

（2）实践活动。

①创业创新大赛：伊利诺伊香槟分校提供多方面的创业大奖赛。主要有：Cozad 创业竞赛；伊利诺伊创新大奖赛；员工创业奖金计划。

②与社会融合：硅谷创业工作坊；创想芝加哥（Think Chicago）；知识产权诊所；创业论坛；学生创业冒险计划（Student Startup Madness）。

三、认识与建议

通过对美国几所高校创新创业教育的建设理念、运行机制、课程体系等方面的考察，我们对在高校开展创新创业教育形成如下认识和建议：

在培养目标方面，高校创新创业教育的目的在于培养学生的社会责任感、创造性思维、独立思考和实践动手能力，使学生愿意付出毕生的努力来实现自己的梦想，从而造福于人类。

培养目标方面，特别是创造性独立思考能力的培养，我们与国外的差距还非常巨大，我们需要营造一个宽松、敢于试错、容许犯错的文化环境。而首要的是让思想的翅膀飞翔，让敢想成为习惯，连“想”都不敢想更谈不上“干”了。

在教学模式方面，需要更多地关注直接来自于实际世界中的问题与挑战，解决问题时应打破学科界限，建设跨学科协同创新课程计划和实验室，开放全校范围内所有相关实验室，并开展系统的培训训练，开发以实际成果为导向的课程项目和实践活动，注重“干中学”，加强学校与企业常态性的交流活动以及与国际同行间的交流活动。

在师资队伍方面，应当凝聚学校有志于从事跨学科创新人才培养的教师、广泛招募知名企业技术专家、投资家和企业家组成导师团队，充分利用好校友资源，共同建设实际需要的跨学科、创意引导的实践技能和综合创新项目类课程。

在课程体系方面，建议结合企业的实际需要和学生教职员工的创意开设包括跨学科的以创意和问题为导向的创新设计、实践技能和综合创新项目类课程。

在运行经费方面，学校先期设立创意项目库、并根据企业的实际需要投入开展创新教学项目开发，后期运行经费必须逐渐来自合作企业项目、政府专项基金、社会捐助和教育培训，实现自主运行、良性循环。

四、结语

通过考察我们发现，第一，深圳大学的创新创业教育还处在自由发展时期，各个院系学生通过一些全校的项目如创业精英班、学生团体进行交流，而在教职员工层面却缺乏交流沟通。

第二，目前学校及社会上的创新创业比较急功近利，不重视原创技术的研发与创新。

第三，学校与社会实际的接触偏少，使得学术和现实世界有巨大的差距。

第四，我国创新创业研究与教育资助主要来自于政府，而政府并不是直接的需求者，这样使得研究开发成果商业化存在巨大的鸿沟。

总之，我们应不断总结经验教训，将我国的创新创业事业推向新的高度。

参考文献

[1]［美］克里斯·安德森．创客：新工业革命．北京：中信出版社，2012.

[2] Scott Doorley，Scott Witthoft. Make Space：How to Set the Stage for Creative Collaboration. *Wiley*，2012.

[3] 2015年政府工作报告（全文实录）．人民网，2015（15）：44. http：//www. people. com. cn/n/2015/0305/c347407 -26643598. html.

[4] 国务院发文支持众创空间，推动大众创业万众创新. 凤凰网，2015 -03 -09.

[5] 期待“万众创新”新浪潮早日到来. 央视网，2014 -09 -11.

[6] 万众创新潮涌荆楚　释放万千草根创新活力. 新华网，http：//hb. xinhuanet. com/2015 -03/08/c_ 1114559978. htm，2015 -03 -08.

高校协同创新模式研究
——以深圳大学为例*

崔世娟 付汀汀
（管理学院工商管理系）

【摘 要】高校协同创新是指在政府等机构的支持下，在高校内部或以高校为中心，协同科研机构、企业进行的创新活动。高校协同创新活动涵盖内部协同创新活动和外部协同创新活动两个部分，其中内部协同创新活动是指高校内跨学科之间的创新活动，而外部协同创新活动是指高校与科研机构、企业之间的创新活动。高校协同创新中各要素协同所产生的效果，远远超过单个要素创新的绩效。因此，探究高校协同创新模式，对提升中国高校以及整个社会的创新能力都具有重要意义。本文选取深圳大学为研究对象，通过分析深圳大学内部和外部的协同创新活动，提炼出高校协同创新模型，并总结得出：高校协同创新目标需高远、学科需融合、平台是基础、机制是支柱、市场为牵引、政策为保障。

【关键词】协同创新 协同创新模式 深圳大学

一、引言

2011 年，胡锦涛总书记[1]在清华大学百年校庆的重要讲话中强调，要积极推动协同创新，通过体制机制创新和政策项目引导，鼓励高校同科研机构、企业开展深度合作，建立协同创新的战略联盟。高校协同创新是大学对办学理念和发展定位的再思考，促使其更加明确自身的发展定位和凸显自身的特色和优势，从而符合时代发展趋势和科技发展规律，同时高校协同创新也是高校向政府、企业、科研院所和其他社会组织“借力”，提高自主创新能力，推动创新型国家建设的重要途径。

深圳大学作为一所典型的特区综合性学校，以培养“素质好、基础好、上手快、转型快的事业骨干和创新创业型人才”为目标，践行“有教无类、因材施教、厚积薄发、经世致用”的办学理念，努力实现各类协同创新。深圳大学内部院系之间、与企业和科研机构之间的协同创新都受到深圳市地方政府的大力支持，总结深圳大学的内部和外部协同创新模式，能为我国高校提升协同创新能力提供指导与借鉴，也能为政府相关部门制定政策措施提供有益的依据，具有一定的现实意义。

* 项目资助：广东省高等教育教学改革项目．面向应用型人才培养的校企协同育人模式及机制创新研究——以广东高校为例（GDJG20142278）。

二、文献回顾

美国麻省理工学院斯隆中心（MIT Sloan's Center for Collective Intelligence）的研究员彼得·葛洛最早对协同创新（Collaborative Innovation）给出了定义，即“由自我激励的人员所组成的网络小组形成集体愿景，借助网络交流思路、信息及工作状况，合作实现共同的目标”。[2] 我国学者在此基础上，对协同创新的内涵进行了完善，认为所谓协同创新是指通过整体中各要素或子系统间的协同作用而共同完成创新的全过程或创新的某些环节的行为活动。在协同创新过程中，通过资源共享和优势互补，进行双向创新的整合，从而提高创新的效率。[3] 所以，协同创新不单纯是联合创新或合作创新，更是一种跨领域、全方位和异质互补的创新模式。[4]

基于协同创新的概念，高校协同创新被认为是指高校内部各学科教师之间、高校与高校教师之间以及高校教师与科研院所和企业的研究者、生产者、管理者之间，围绕国家重大战略需求、重大科技项目、解决行业关键和共性技术以及生产实际中的重大问题，投入各自的优势资源和能力，在政府、科技服务中介机构、金融机构等相关主体的协同支持下，合作攻关，从而力求在科学研究、技术开发上取得重大进展和突破的创新活动[5]。因此，高校协同创新是指在政府等机构的支持下，以高校内部及以高校为中心，协同科研机构、企业进行的创新活动。

从协同创新实现途径的不同，可将协同创新分为内部协同创新和外部协同创新两种。[6] 内部协同创新的主体是产业组织本身，其实现依赖于组织内在要素之间的互动；外部协同创新的实现主要取决于产业组织与其他相关主体之间的互动。[7] 高校协同创新活动也涵盖内部协同创新活动和外部协同创新活动两个部分，其中内部协同创新活动是指跨学科之间的创新活动，而外部协同创新活动是指高校与科研机构、企业之间的创新活动。内部协同创新和外部协同创新并不是截然分离的，内部协同创新为外部协同创新提供支持，外部协同创新为内部协同创新提供动力。

随着研究的深入，国内学者从不同的角度对高校内部和外部协同创新的模式进行了研究。

何海燕指出目前我国高校内部科研组织模式主要以“校—院—系（所）”型的直线职能制为主[8]。科研管理体制大多以学科为中心，对科研机构与人员的管理多附属于行政建制的院系（所），缺少跨学科、跨院系、跨部门的科研组织形式以及针对跨学科研究的具体配套政策和实施机制，科研团队的学术背景较为单一，协同创新体制机制环境不够完善。因此，应改革高校科研组织结构，实现从传统“直线职能型”向新型“任务矩阵型”的转变。高校应充分发挥学科交叉与融合的优势，改变传统封闭、分散的科研组织结构，整合优势科研资源（如图1）。

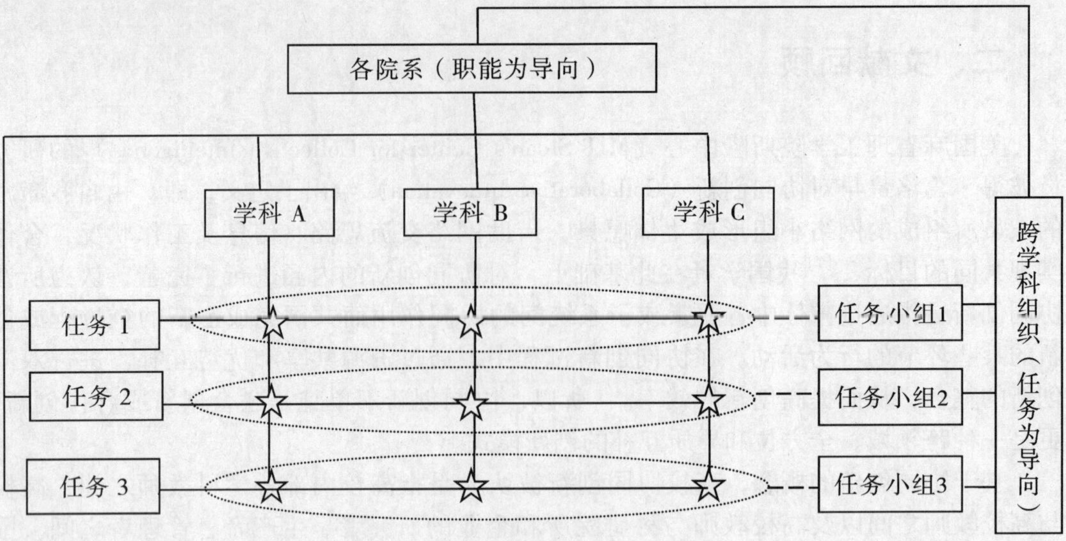

图 1　高校内部协同创新组织模式

高校与科研机构、企业之间的合作通常被称为产学研合作。郭灿章等指出产学研合作是指企业、大学、科研机构之间的合作。一般而言，合作的形式主要有技术转化、专利许可、合作（委托）开发、合办企业、技术入股、共建研究开发机构等。[9]罗维东指出高校引领下的产学研协同创新机制应以市场需求为牵引，充分整合积聚政府、高校、企业、科研院所等各种力量，实行高校主导、政府推动、企业联合共建的发展模式，承担起创新网络建设和战略技术联盟的重要联结点的角色（如图 2）。[10]

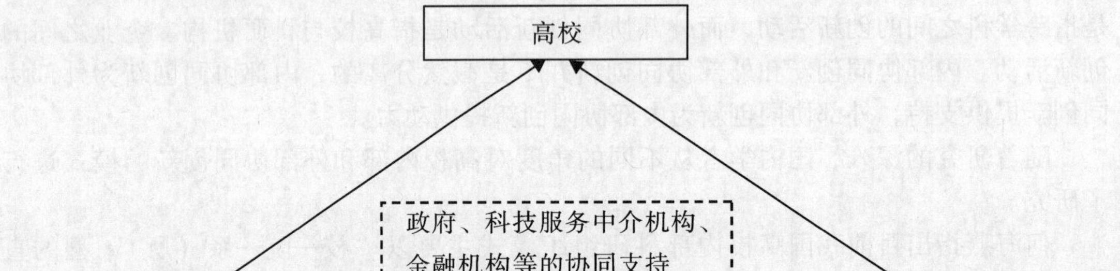

图 2　产学研协同创新模型

陈士俊、柳洲认为理想的合作应建立在合作各方地位完全平等的基础上。其实合作各方由于彼此能力和拥有的资源存在差异，在实际合作过程中，是不可能完全平等的，随着合作的不断展开，各方的地位将发生变化，形成一个动态博弈的过程。[11]从合作的动力角度，结合我国的实际情况，他们提出了如图 3 所示的“钻石琥珀模型”。

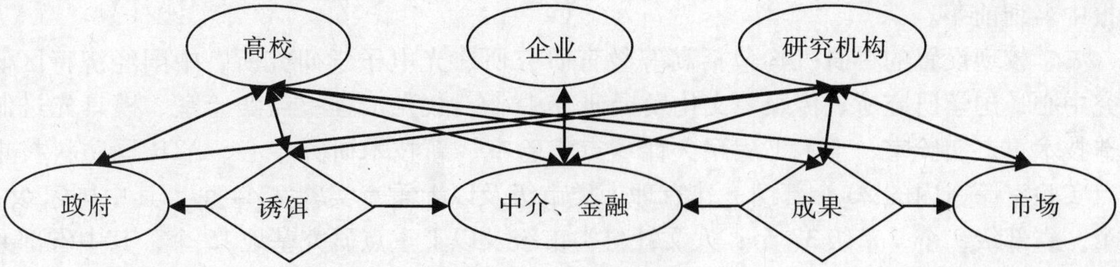

图3 钻石琥珀模型

孙文对美国、英国和日本的高校协同创新进行了归纳和总结，提出美国的高校协同创新模式主要有：①专利许可与技术转让模式；②科技工业园区模式；③企业孵化器模式；④工业—大学合作研究中心及工程研究中心模式。英国的高校协同创新模式主要有①沃里克（Warwick）模式；②教学公司模式；③中介转让组织模式。日本的高校协同创新模式主要有：①委托研究与委托研究员模式；②共同研究与共同研究中心模式；③尖端科学技术孵化中心模式。需要注意的是，各种模式之间并不是截然不同的，也不是完全分开的，更不是相互排斥的，一个高校基于项目特征和自身能力可能会同时采用多个协同创新模式。[12]

上述研究表明，对于高校协同创新的内涵和外延的研究成果已经相对成熟，但高校协同创新模式还需要深入发掘。因此，本文将以深圳大学为研究对象，探讨高校协同创新模式，希望能为后续研究者的研究提供借鉴。

三、案例介绍

深圳大学1983年经国务院批准创办。建校32年来，实现了办学规模由建校规划4 000人到实际在校生3万余人的快速发展，实现了办学层次由学士、硕士到博士教育的三级提升，成为有一定影响力的综合性大学。学校全日制在校生总数3.45万余人，其中本科生2.69万人，研究生6 111人，留学生1 500人。现有教职工2 831人，其中专任教师1 708人。在岗教师中，教授424人，副教授612人；具博士学位1 055人，外籍教师42名；教职工平均年龄42岁。

学校设有25个教学学院，80个本科专业，现有哲学、文学、经济学、法学、教育学、理学、工学、管理学、医学、历史学、艺术学11个学科门类。深化科研体制改革，努力建立以代表性成果为评价对象、以学术影响和社会贡献为评价标准的科研水平评价模式。“十一五”期间共承担科研项目4 030项，其中“863”“973”课题，国家自然科学基金、国家社会科学基金、国防科研项目等国家级课题、项目293项。2013年，文理科实到科研经费3.74亿元。科学研究贴近社会需求，横向项目和经费不断增加。973计划项目、国家社科基金重大项目、杰出青年基金项目连续实现突破。2013年新增自然科学基金项目105项，国家社科基金项目17项。《深圳大学学报》理工版被《工程索引》和《科学文摘》收录，2013年影响因子为0.950，在全国403种大学学报影响因子学科排名中居第13位；人文社科版论文转载量在全国综合性大学学报中名列前茅。

学校现设置的科研机构包括高等教育研究所、光电子学研究所、中国经济特区研究中心、国学研究所、传媒与文化发展研究中心、激光工程重点实验室、模具先进制造技术重点实验室、土木工程耐久性重点实验室、新技术研究中心、ATR 国防科技重点实验室等在内的 20 个部门。建有理工类市级及以上重点实验室 44 个，其中国家级 2 个，省部级 9 个，市级 33 个；人文社科类市级及以上重点研究基地 15 个，其中省部共建基地 3 个，省级重点基地 4 个，市级及其他共建类 8 个。信息化校园建设成效显著，校园无线网覆盖主要区域。[13]

四、案例研究

（一）深圳大学内部协同创新模式

通过文献研究，高校内部协同创新的主要子类别要素是研究人员、教师和学生，他们以各类项目为导向进行科研人才与资源的调配，通过设立独立于传统院系的科研机构或组建跨学科的团队，进行协同创新。深圳大学内部协同创新具体体现在：

1. 以跨学科专题研究为导向的协同创新模式

深圳大学重视跨学科研究与多学科交叉创新型人才的培养，通过尝试建立跨学科研究机构，在交叉学科教学与研究、创新型人才培养、助推特区经济发展和服务社会等领域取得了良好的成效与声誉。深圳大学文化产业研究院成立于 2009 年 5 月，为学校首个跨学院、多学科的综合性研究机构。研究院从学校各学院与文化产业相关的多个专业中抽调 50 多位研究经验丰富的老师担任研究人员，积极承担各类文化产业研究课题，服务深圳“文化强市”的战略，成为助力于深圳市文化创意产业发展的重要学术交流平台。

2014 年，深圳大学“校内特区”高等研究院正式成立。深圳大学高等研究院是一个本科与研究生培养、侧重交叉学科教学和研究的校内新型教育机构。研究院采用教授治院的模式，在一些跨学科前沿领域开展跨学科创新人才培养、基础科学研究和高新技术开发，将助力深圳地区经济与社会发展，带动和促进深圳大学整体发展，引领中国高等教育革新。

2. 以区域建设为导向的协同创新模式

深圳市是中国第一批经济特区，改革开放的先锋，毗邻香港，近邻澳门，区域特征显著。深圳特区改革开放的发展历程是独一无二的，是促进中国的改革发展、丰富和发展中国特色社会主义的伟大实践。其发展过程中的经验、教训以及规律，具有明显的时代特征和区域特征，因此，深圳大学也搭建了一系列的针对区域政治、经济和文化的协同创新平台，设立了独立于院系的研究机构开展跨学科、多层次、多视角的经济特区与中国特色社会主义实践的综合性研究。这些研究机构主要包括中国经济特区研究中心、移民文化研究所、港澳基本法研究中心、当代中国政治研究所、深圳国际化发展战略研究中心等。

3. 以重大课题项目为导向的协同创新模式

重大课题项目面向国家经济、社会可持续发展和科技发展的重大需求，选择具有战略意义的关键科学问题，汇集创新力量，开展多学科综合研究和学科交叉研究，充分发挥导向和带动作用，进一步提升我国基础研究源头创新能力。深圳大学研究人员、教师及学生跨学科组成了多种团队承担着面上项目、重点项目、重大项目、重大研究计划项目等国家自然科学基金项目。

4. 以专业竞赛和创业项目为导向的协同创新模式

深圳大学通过专业竞赛以及创业项目的形式鼓励不同院系、不同专业的学生组成学科交叉互补的团队进行协同创新。其中，不仅有老师指导、学生自由组合的各种兴趣社团，也有由学院发起，跨专业名师打造的学生创业精英班，还有“挑战杯”“创新杯”等综合性赛事。例如，管理学院发起的创业精英班项目，集中跨学科师资力量和来自教务处、就业办、学生创业园的协作团队，招收来自不同院系的优秀学生，以创新策划及创业活动的实施为核心，指导学生积极参与各类模拟的创新创业实践，并给予资金扶持，培养学生的创新能力。而“挑战杯”“创新杯”等专业竞赛也是深圳大学推动学生协同创新的综合性赛事，这些专业竞赛要求参赛者自由组成学科交叉、优势互补的竞赛小组，并针对具体的项目进行研究创新，提升了学生们进行协同创新的意识和能力。

（二）深圳大学外部协同创新模式

结合文献研究，我们认为高校外部协同创新的主要要素为高校、企业和科研机构，这些要素在政府、科技服务中介机构的支持下，通过产学研用合作项目进行协同创新。深圳大学的外部协同创新模式表现在：

1. 市场牵引下的高校协同创新模式

深圳大学与国内外多个企业在专业领域签订了战略合作协议书，就相关产品或服务领域的技术创新、人才培养和成果转化等方面，开展相应的合作。如通过共同申请项目、建立联合实验室、建立实践基地以及产品或服务应用合作等方式，进而实现双方优势互补，促进人才培养，技术创新和推广。这些战略合作伙伴企业包括佳兆业、深圳电信、中国银行、建设银行、华强集团、深圳移动等知名企业，通过与这些企业进行产学研合作，有利于促进学校科研管理，使高校与企业形成合力，提升科研能力与成果转化率。

2. 政府推动下的高校协同创新模式

深圳大学与多个政府部门开展直接的合作或在政府部门的推动下进行重点研究与校企合作，政府部门的介入成为推动协同创新的重要力量。例如，深圳市政府、深圳市科技局针对材料科研项目攻关，推动深圳大学建立了深圳大学材料学院深圳市特种功能材料重点实验室。在政府的经费支持以及学校的配套资源和人才投入下，该研究室在新型功能材料、薄膜材料科学与技术、材料的表面改性与修饰等领域取得了一批高水平、有影响的研究成果。此外，还有深圳大学与市交通委在智能交通领域研究方面的战略合作、与汕尾市科技局合作建立光电科技产业孵化园、与龙岗区政府在高新技术与人才方面的合作，以及与南山区政府合作共建深大南山工研院作为科技创新平台等。

3. 科研机构合作下的高校协同创新模式

深圳大学与有关科研机构之间开展共同的学术研究、学术交流和人才培养方面的合作。其中，深圳大学与中国科学院等离子体物理研究所建立联合实验室，侧重等离子体壁材料制备研究以及面向等离子体部件性能测试等领域的研究，并在相关的科学研究、国家重大项目申报、人才培养等方面展开充分合作。而深圳大学文化产业研究院与北京大学文化产业研究院也开展高校科研机构之间的合作，包括课题研究、举办会展和论坛、学术交流与互访、人才培养等项目，进而实现资源互补，互利共赢，共同推动文化产业的研究和发展。

4. 科技服务中介机构协助下的高校协同创新模式

中国国际高新技术成果交易会（以下简称“高交会”）是深圳大学利用的典型的科技服务中介机构。自高交会举办以来，深圳大学连年组织参展，高交会已经成为学校科技成果转化的“加速器”和产学研合作的良好平台。截至2014年，依托高交会，深圳大学与企业签订合作协议362个，意向合同金额1.73亿元；与香港科技大学、澳门大学、台北科技大学、华为等21家单位公关成立了深港澳台技术转移联盟，一大批具有自主知识产权的优秀科研成果实现了产业化；与国内外多家企业签订了战略合作协议，进行技术合作，取得了良好的经济效益和社会效益，更促进了校企协同科技创新体系的完善。

综上所述，根据对高校协同创新的定义，本文认为企业协同创新活动是由内、外部多种创新要素有机联系的一个网状结构，它是为实现高校及整个社会创新绩效的复杂、非线性协同系统。高校内部的协同创新要素主要为研究员、教师、学生，外部协同创新要素主要为高校、企业、科研机构等，并且内部和外部的协同创新都与市场的牵引，政府、金融机构等的支持密切相关。参照 Etzkowitz 和 Leydesdorff[14] 提出的“三螺旋模型”，本文概括出以深圳大学为代表的我国高校协同创新研究模型（如图4）。

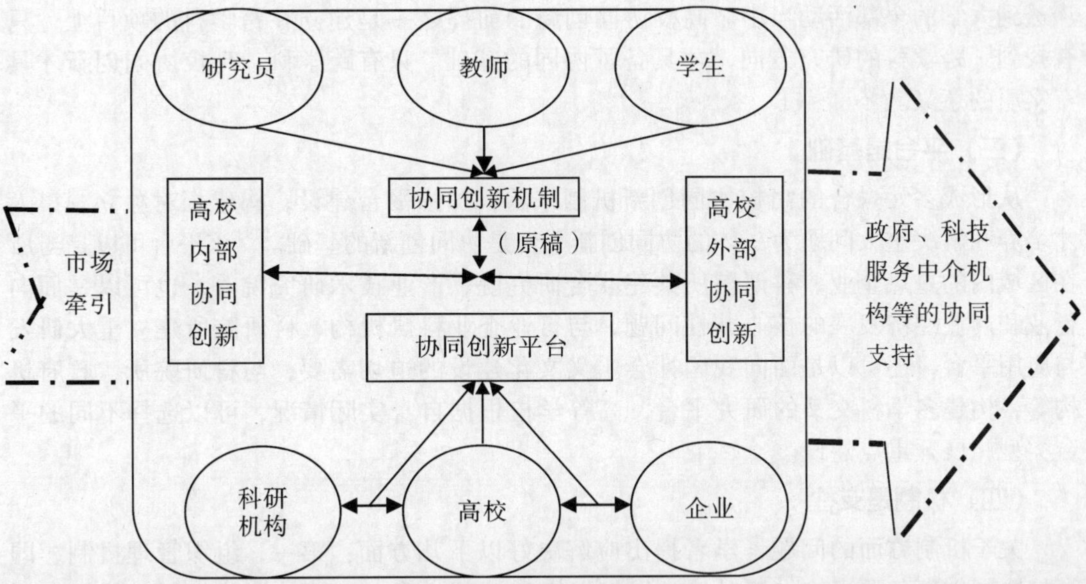

图 4　高校协同创新研究模型

五、结论

当前，随着协同创新的加速发展，经济全球化的步伐越迈越大，越迈越快。同时，国与国之间创新实力的竞争日趋激烈，创新能力的提高成为一个国家或地区跻身世界先进行列的重要法宝。江泽民同志指出，"创新是一个民族的灵魂，是国家兴旺发达的动力。一个没有创新能力的民族，难以屹立于世界先进民族之林"。高校不仅是协同创新的一支重要力量，也是发展协同创新相关产业的一个重要方面军。加强协同创新是时代赋予高等学校的神圣使命，其在构筑国家创新体系和增强创新能力方面责无旁贷。[15]通过对以上高校协同创新模式的总结分析，本文可以得出以下结论：高校协同创新目标需高远、学科需融合、平台是基础、机制是支柱、市场为牵引、政策为保障。

（一）目标需高远

高校协同创新的目标不能是发表文章、申请专利、获得经费等低层次的目标，而是要以对历史负责任的态度为发展科学文化和提升国家竞争力作贡献。[16]也有学者指出，协同创新甚至在引领高等教育的变革，从单纯的学术本位价值理想到转向"学术、市场、人文"三元辩证统一。[17]所以高校应面向国际学术前沿，积极参与到国际协同创新中，一方面整合科研力量，创造更高的社会价值，从而使高校协同创新的国际化趋势进一步明显；另一方面改进高等教育质量，提升高校教育水平，将高等教育人才培养目标与国家发展的目标有机结合，实现共赢。

（二）学科需融合

实现高校协同创新的基础是合作，前提是共赢，迫切需要改革传统的科研理念、组织方式和管理模式，加快学科融合交叉，推进跨学科研究。当今的许多重大科学研究，几乎都是在跨学科领域展开，许多世界一流大学已经把跨学科作为一种大学理念，渗透到大学的全部活动当中。高校协同创新的前提之一是建立在跨学科的项目上，只有找到了跨学科的研究方向，才具备了协同的基础。只有跨学科，高校协同创新才具有实质的意义。[18]

（三）平台是基础

从形成多元融合的高校协同创新机制来看，加强平台建设，构建相对独立、集人才培养和解决重大问题为一体的协同创新平台是协同创新的基础。[19]该平台可以是与所在区域内的重点企业、科研院所共建联合研究院、产业技术研究院等，也可以是面向行业和产业经济发展的核心共性问题，与行业企业科研机构、科研院所建立重大研发与应用平台，还可以是面向我国社会主义文化建设的迫切需要，与科研院所、政府机构等，构建多学科交叉的研究平台，高等学校根据自身实际情况，可以选择不同的平台类型，展开重点建设。

（四）机制是支柱

关于机制方面的问题，学者提出应解决好以下几方面：第一，组织管理机制，即高校协同创新各要素应如何对接、如何组织和管理；第二，绩效评价机制，即如何正确评价高校协同创新各要素的绩效；第三，权益分配机制，即如何公平分配高校协同创新各要素的权益；第四，资源共享机制，即如何合理分配高校协同创新各要素的资源；第五，信息沟通机制，即如何真正实现高校协同创新各要素的有效沟通。[20]由于协同创新涵盖了多方主体，在风险管控、组织管理、绩效评估和利益分配方面不可避免地存在冲突，因此在机制设计上必须以公平互信等原则建立规范化的合作机制。

（五）市场为牵引

学者通过研究认为，中美两国高校协同创新之所以会存在着“冷暖两重天”的情况，主要原因是高校的市场导向有问题。我国很多高等院校、研究院所的研究缺乏明确的市场导向，很多成果虽然从技术标准上看不错，甚至非常优秀，但生产成本却很高，只适合在实验室制作，不具备产业化生产能力，因而不具备市场竞争能力，由此导致技术转移比较困难。要从端正思想认识和改善政策机制入手，引导高等学校的科研工作与市场需求接轨，加速科技成果的转化。[21]

（六）政策是保障

有学者指出，政府在协同创新中的作用不局限于建立相关法规制度与改进大学管理体制。在项目的洽谈、衔接和协调方面，政府也起到了不可忽视的作用。[22]

事实上，我国政府和美国、英国、日本政府一样对高校协同创新给予了高度重视。我国政府根据《科技规划纲要》和《教育规划纲要》的共同部署，加快建立科技基础条件平台共享机制，中央和省级财政也设置了“支持协同创新战略联盟计划”等方案，在未来，国家和地方政府仍应基于促进科技创新、转变经济发展方式的考量，通过财税、金融、评估等多种政策手段，以更“接地气”和更高效的执行力保障和推进高校协同创新的发展。

参考文献

［1］胡锦涛．在庆祝清华大学建校 100 周年大会上的讲话．人民日报，2011－04－24.

［2］Gloor P. *Swarm creativity*：*Competitive advantage through collaborative innovation networks. Oxford University Press*，2005.

［3］汪馥郁，李敬德，文晓灵．产业集群呼唤学科集群——谈产学研协同创新．中国科技产业，2010（6）：62～65.

［4］周健，刘永．学科集群与产业集群协同创新能力评价研究．河南图书馆学刊，2011（5）：2～5.

［5］李忠云，邓秀新．高校协同创新的困境、路径及政策建议．中国高等教育，2011（17）：11～13.

［6］李祖超，梁春晓．协同创新运行机制探析——基于高校创新主体的视角．中国高教研究，2012（7）：81～84.

［7］张钢，陈劲，许庆瑞．技术、组织与文化的协同创新模式研究．科学学研究，1997（2）：56～61.

［8］何海燕．探索高校协同创新科研组织模式推动产学研用结合深入发展．中国科技产业，2012（3）：85～87.

［9］郭灿章，张桂兰，徐玉红．乡镇企业制度创新研究．经济经纬，2001（3）：33～36.

［10］罗维东．高水平行业特色型高校在协同创新体系中的定位思考．北京教育（高教），2012（1）：8～10.

［11］陈士俊，柳洲．产学研合作的“钻石琥珀模型”及其启示．科学学与科学技术管理，2008（2）：14～18.

［12］孙文．产学研合作技术创新——国外主要产学研合作组织模式研究．江苏科技信息，2011（7）：1～4.

［13］深圳大学——特区大学、窗口大学、实验大学．http：//www. szu. edu. cn/2014/overview. htm，2015－06－30.

［14］Etzkowitz H，Leydesdorff L. The Triple Helix－University－industry－government relations：A laboratory for knowledge based economic development. *Easst Review*，1995，14（1）：14－19.

［15］刘小明．福建省高校科技创新能力与体系研究．福州大学，2004.

［16］毛钟红，余国扬．高校产学研模式及实践思考．科技管理研究，2009（7）：250～251.

［17］李伟．论协同创新语境下研究生教育的文化转型．中国教育学刊，2014（S4）：57～58.

［18］王树国．乘势聚力协同创新推进世界一流大学建设．中国高等教育，2011（17）：5～8.

［19］薛传会．论高等学校的协同创新战略．当代教育科学，2012（7）：29～31.

[20] 汪馥郁，李敬德，文晓灵．产学研结合新模式学科集群与产业集群协同创新．创新科技，2008（2）：14～15.

[21] 赵巍，刘苹，赵聪．中美两国产学研模式比较研究．黄冈师范学院学报，2007（4）：121～123.

[22] 施莉莉．论大学与企业协同创新中政府的作用——基于日本大学与企业创新体制的演变．高校教育管理，2015（3）：22～29.

第七编

学生心声

学生的成长不仅有赖教师的指导，更依赖于自身的行动，每一篇习作都是成长的表现。

MOOC在地方高校参与者体验的调研及优化推广建议
——以UOOC联盟部分高校为例

巫晓威　叶婉欣　冯　靖　吴智斌　占　颜
指导老师：陈雪
（管理学院工商管理系）

【摘　要】MOOC浪潮席卷全球，并对中国教育界产生了巨大的冲击。作为地方高校而言，抓住MOOC发展机遇并为教育发展助力，在现阶段必要且紧迫。MOOC在地方高校实践当中，出现了诸如学生积极性不高，教师对MOOC了解程度较低等问题，本文通过调查MOOC在地方高校实践当中参与者的体验与认知，探索切实可行的优化推广措施，希望为我国的MOOC推广及实践应用提供参考。

【关键词】参与者体验　MOOC推广　UOOC　参与理论

一、引言

（一）现阶段国际MOOC发展现状

MOOC（Massive open online course）即大规模在线开放课堂[1]，在2011年底，美国硅谷掀起一阵在线学习浪潮，而2012年出现了三大知名MOOC平台：Coursera、Udacity和edX，被称为全球MOOC元年。在2014年初，MOOC上线课程数量已达1000多门，同时各学府开始着眼于MOOC在大学生中的推广。

而在国际上，MOOC发展到2014年，形成了以Cousera、Udacity、edX三大课程平台，九百多万注册数及683门在线课程为主，其他小型在线课程平台为辅的一千多门在线课堂共享资源平台，其中合作高校来自9个国家35所高校的课程平台Coursera的手机移动客户端也陆续在2013—2014年上线，而edX，截至2014年3月已有32家高校参与合作，Udacity注册人数也达到160万人。同时MOOC展现出以史无前例的规模向全球传播教育的潜力。国际学者从研究的视角所撰写的学术论文也开始出现在同行评审的传统媒体上。[2]

（二）中国现阶段MOOC发展现状

相较于国际，中国国内在线教育起步较晚，发展势头却很迅速。随着耶鲁大学公开课视频在互联网上掀起的热潮，2010年，中国门户网站网易也顺势推出网易公开课。截至2013年，共有200多所知名高校参与课程建设，共计有120多门课程向社会免费开放。高校在MOOC课程探索中采用引进和发掘相结合方式，也在如火如荼进行：2013年，清华大学、北京大学、香港大学、香港科技大学4所大学加盟edX；清华大学“学堂在线”更是取得 edX 在中国唯一授权。北京大学、复旦大学、上海交通大学、“国立”台湾大学、香港中文大学、香港科技大学 6 所大学加盟 Coursera。2014 年 6 月，复旦大学、上海交通大学与 FutureLearn 在伦敦就 MOOC 建设签署合作备忘录，将在该平台开设优质课程。

（三）UOOC 联盟发展情况及优化必要性分析

2014 年，以深圳大学为首的地方高校组建的大型 MOOC 平台——UOOC 联盟成立，标志着地方高校也开始规模化的参与到线上课程建设的大军中。

优课联盟（UOOC）整合地方高校的资源，现阶段已有 75 所地方高校加盟，覆盖学生超过 200 万人。相较于国内外其他 MOOC 平台，UOOC 对于地方高校的教学资源整合，师资力量共享，以及教学交流有着不可替代的作用。但同样，在各 MOOC 平台上出现的精品课程不足、师资力量不平衡、学生积极性不高、结课率过低等问题在 UOOC 上也慢慢显现。特别是对于地方高校学生来说，对于 MOOC 课程的接纳程度还需要时间的检验，通过对于 UOOC 联盟内的 MOOC 参与者的调研反馈也变得十分必要，参与者的反馈将从用户体验的层面对于 MOOC 的优化及推广提供具有可行性的建议和方案。

二、研究实施与问卷设计

本次调研的研究问题为：

（1）在 UOOC 中 MOOC 参与者与尚未参与的人群对 MOOC 有什么态度和看法？

（2）UOOC 内 MOOC 参与者有怎样的参与体验与感受？

（3）UOOC 内的 MOOC 参与者与尚未参与的人群对 MOOC 推广有怎样的看法？

（一）问卷设计

本调研查阅了相关研究资料与结合参考国内外现有的研究调查，并参考了格雷格·柯瑟林（GregKearsle）的用户参与理论，用户参与理论指出用户体验包括可用性、情感、注意力、反馈、动机、感官吸引度等因素。[3] 最后根据其理论自主设计了两份问卷，分别是《学生对于 MOOC 课程体验及改善的反馈问卷》及《教师对于 MOOC 认知与体验的反馈问卷》。

此外，在问卷初步设计成稿后，问卷凭借以下四个方面进行咨询与修改，以此提升其专业性以及有效度。第一，问卷咨询了指导老师及相关老师，并根据其修改意见进行调整；第二，问卷根据深圳大学 UOOC 中心副主任及相关管理者的建议，从管理者角度进行问题补充；第三，对两位 MOOC 讲师进行深入访谈，根据访谈要点对问卷进行补充修正；第四，通过问卷星开展预调查，共回收问卷 10 份，部分受访者通过微信，邮件或面谈等形式反映填写问卷时遇到的问题，根据预调查的反馈对问卷进行了最终的修缮，并完成问卷终稿。

《学生对于 MOOC 课程体验及改善的反馈问卷》内容包括六个方面：基本信息、MOOC 认知、参与体验、学习行为、课程喜好与优化推广意见及建议。基本信息板块聚焦于学生所在地，年级专业等信息，为研究大学生课程学习体验差异提供丰富的不同类型的大学生的样本；MOOC 认知板块聚焦于学生对 MOOC 的优势与缺陷的认识；参与体验板块聚焦于大学生在学习 MOOC 中对于 MOOC 教学形式与课程设置的感受与体验情况；学习行为主要聚焦于大学生学习 MOOC 的动机，课程参与的情况等，课程喜好、推广意见及建议聚焦于学生对 MOOC 推广可能采取的一些措施的看法。

《教师对于 MOOC 认知与体验的反馈问卷》内容包括五个方面：基本信息、MOOC 认知、参与体验、课程情况、优化推广意见及建议。基本信息板块聚焦于教师所在地，年龄与教龄，授课专业等信息；MOOC 认知关注教师对 MOOC 的定位，与传统课堂对比的优劣之处；参与体验关注教师对开设 MOOC 情况，开设与否的动机，开课态度等；课程情况关注开课教师在开授课程中所遇到的困难，学生参与情况以及今后的教学计划；优化推广意见与建议关注教师对翻转课堂的态度，推广方式的喜好以及改善建议。

（二）调查范围及对象设定

本次调查范围设定为 UOOC 联盟内部的部分地方高校，问卷覆盖地区涵盖广东省、湖南省、广西省、山东省等地，其中以广东省为主。其次，调查对象为 UOOC 部分地方高校的大学生及教师，《学生对于 MOOC 课程体验及改善的反馈问卷》以深圳大学大一、大二学生为主，而《教师对于 MOOC 认知与体验的反馈问卷》以深圳大学教师为主。

（三）调查数据收集与处理方法

在数据收集上，本次调查以方便性广泛性为目的，通过“问卷星”在线调查平台发布问卷。由于问卷传播受地域限制，为了尽可能找到合适的样本，问卷在 UOOC 课程平台的课程论坛、部分高校校园贴吧、UOOC 课程交流讨论群以及在身边的同学群体进行了推广发送。与此同时，为更好的寻找样本，在教师问卷的发布上，我们使用纸质问卷的形式以及发送邮件的形式获得来自各高校的 MOOC 课程讲师与普通教师的数据。在数据处理上，本次调查的量化数据采用 SPSS19. 0 进行分析与处理。

本次学生问卷共回收问卷 343 份，剔除掉无效问卷，胡乱填答等情况，最终回收有效问卷 305 份，占比 88. 92%。而教师问卷共回收问卷 48 份，其中部分教师因对 MOOC 缺乏了解婉拒继续填写或仅完成基本信息，未填写完全问卷，产生无效问卷 20 份，最终回收有效问卷 28 份，占比 58. 33%。

除调查问卷之外，本次调研还采访了两位教授，分别是《积极心理学》授课主讲王晓钧教授及《模拟电子技术》授课主讲费跃农教授，以及部分参与 MOOC 课程的学生。每次访谈都在 40 ~ 50 分钟之内，就课程体验、参与感想、学习自主性等方面对不同采访对象有针对性地提出问题。

三、调查结果的分析与研究

（一）在校大学生问卷反馈情况及分析

1. 受访者基本信息

本版块将从受访者来源、学习阶段、专业类别三个方面进行分析。

从所在院校地区分布来看，调查范围涵盖联盟内的广东省内院校及省外院校。除了 UOOC 联盟发起者深圳大学学生占多数，联盟内的广东省内院校与省外院校学生各占 11% 左右。

从所处的学习阶段分析，调查的学生对象主要为 UOOC 联盟高校本科生，范围主要为大一到大四，没有研究生及以上学位的学习者参与其调查。其中大二学生居多，其次为大一学生，两者合计比例超过 80%。

表 1　受访者基本情况

您所在的年级是	您所在的大学是			合计
	A. 深圳大学	B. 广东省内高校（除深圳大学）	C. 广东省外高校	
大一	87	3	4	94
大二	119	18	20	157
大三	28	13	3	44
大四	5	2	3	10
合计	239	36	30	305

从所在的专业来看，来自经济管理专业的学生达到总体的一半，其次为人文社科类、信息工程材料类、建筑规划土木工程类的学生，除了经管类学生，其他专业的分布比较平均，平均在 4% ~7% 之间。

2. 参与程度与学习情况

在“对 MOOC 的了解程度”方面，22.55% 的受访者对 MOOC 比较了解，超过 33% 的受访者表示对 MOOC 了解一般，有 38.23% 受访者了解较少。这表明大多数学生听闻或有了解过 MOOC 课程，MOOC 已经逐渐进入学生的视野。

在“参与了几门 MOOC 课程”方面，64% 的学生表示没有学习过，33% 的学生学习过一门或两门以上。

在这两个方面的基础上，通过 SPSS 建立相关性分析，得出受访者对 MOOC 的了解程度与参与课程的数量的相关系数为 0.885，说明两者呈正相关关系。

学习了一门或以上 MOOC 课程的学生对 MOOC 比较了解，没有参与过 MOOC 的受访者集中在对 MOOC“一般了解”以及“比较不了解”的区间。由此可以看出，学习 MOOC 是学生了解 MOOC 的关键途径之一。

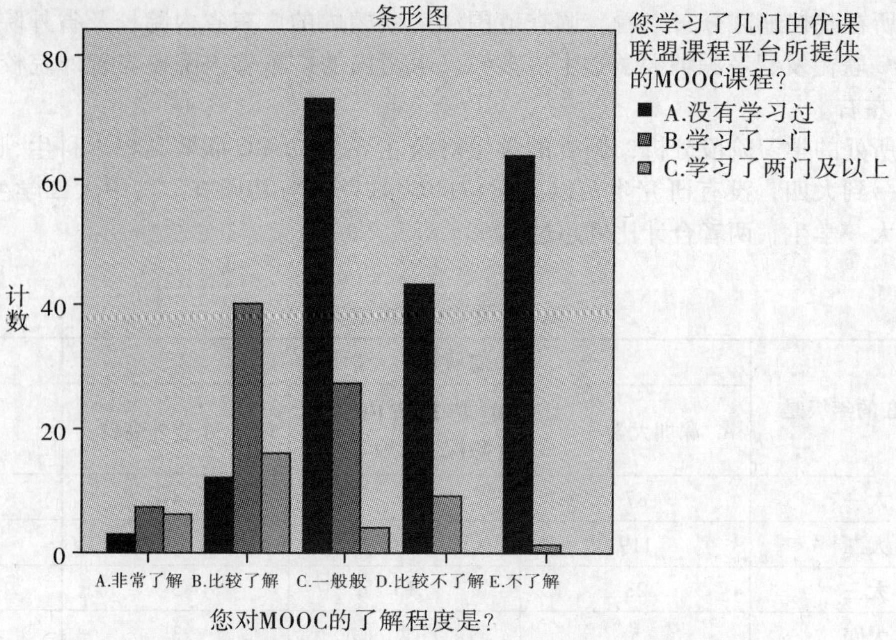

图1　受访者对 MOOC 了解程度与所学习课程数量关联

为了了解受访者的学习动机以及兴趣课程，问卷设置了三个方面的问题，分别是"什么原因会您激发起学习 MOOC 课程的兴趣？""MOOC 的优势有哪些？"以及"您最希望在优课联盟所提供的 MOOC 中学习哪种类型的课程？"

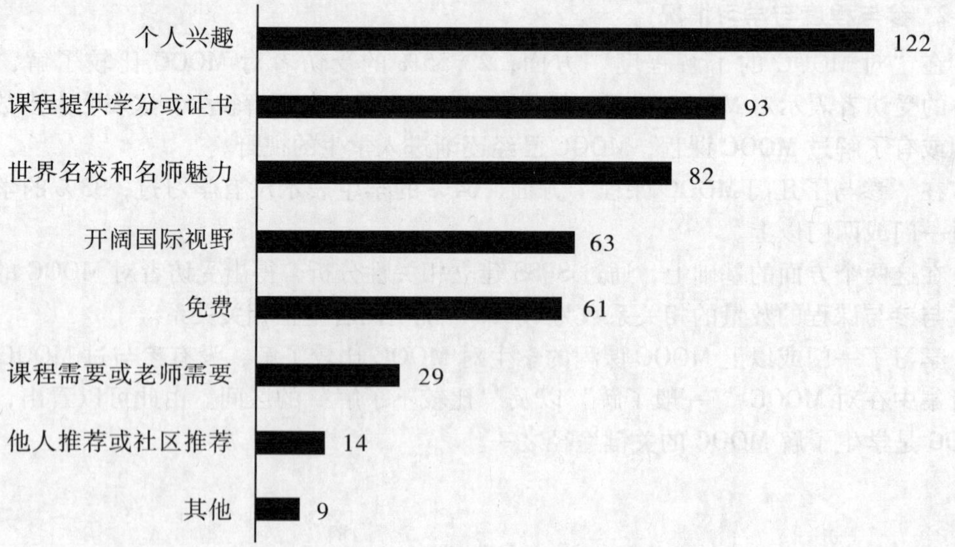

图2　受访者学习动机

对于兴趣方面，在我们给出了如"学分认可""名校课程吸引力""个人兴趣""开阔视野"等选项中，排名前三的选项及概率依次为：个人兴趣（25.8%）、课程提供学分或证书（19.7%）、名校和名师魅力（17.3%）。此项结果显示，个人的学习兴趣仍是学生自发学习 MOOC 的主要动机，其次学生也需要来自课程评估对自身的认可，这也给了 MOOC 教学设计一定的启发。

关于 MOOC 的优势方面，38%的受访者选择“自由选择课程与上课时间”，即使是没有参与过 MOOC 的学生也认为此点是 MOOC 的优势。19%认为“学习资源丰富”17.8%认为“操作简易方便”。自由的上课时间意味着打破了传统课堂对课程时间以及空间方面的限制，符合大学生的生活多样化以及时间安排紧凑的特点，由此也受到同学的青睐。

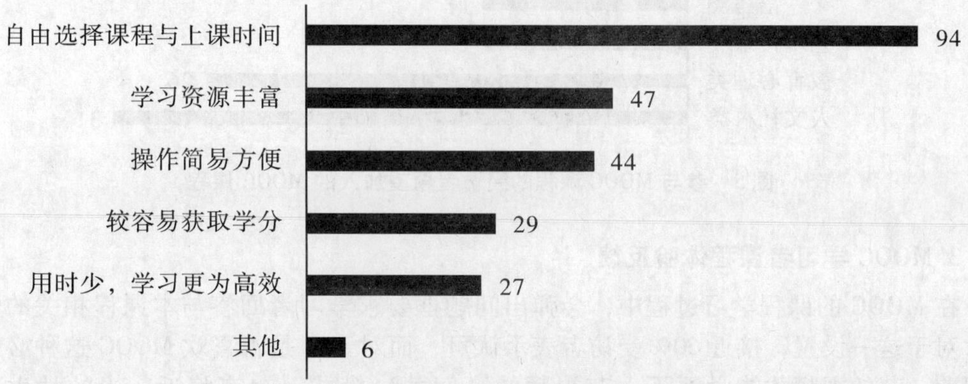

图3　受访者所认可的 MOOC 优势

在课程选择方面，无论是学习 MOOC 课程或者是未学习过 MOOC 的受访者都偏好于人文社科类、经管类、语言类等课程。此项结果与受访者的所在专业类型不无关系，但更为突出的是学生比较青睐通识性普及性较强的文科类的课程，而理工科等专业课程则稍逊一筹。

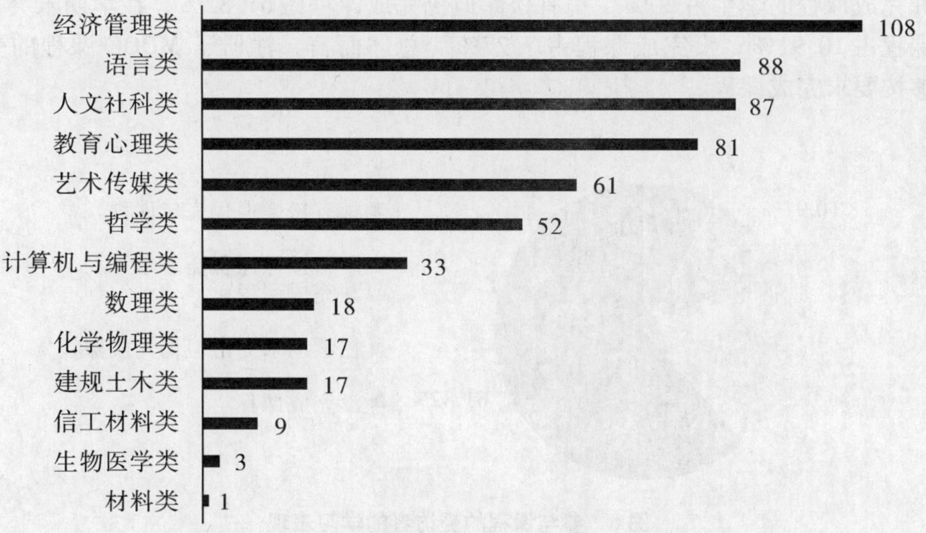

图4　未参与 MOOC 课程的受访者希望加入的 MOOC 课程

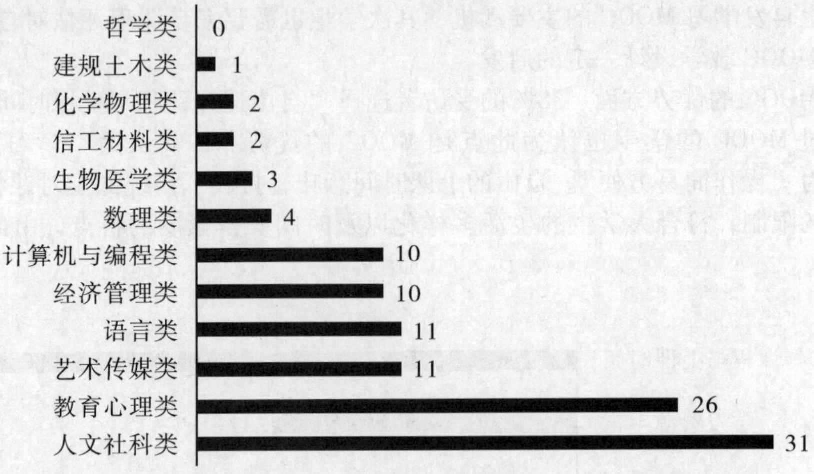

图5　参与MOOC课程的受访者希望加入的MOOC课程

3. MOOC学习者课程体验反馈

在MOOC的课程学习过程中，会弹出问题框要求学习者回答与本课程相关的知识点，对于这一设置，接近60%受访者表示认可，而对于“是否喜欢MOOC这种必须要学习前一节的视频才能学习下一节视频的‘闯关’模式”也有将近一半的学生表示“喜欢”，一半的学生表示“不确定”或者“不喜欢”。由此看出，挑战性也是MOOC中特别考量的因素，在看视频的过程中，学生必须要回答出问题，也即发出已经理解的信号才能继续学习课程。在研究者对费跃农老师的访谈中也提到，回答问题的形式有助于保证学生学习理科课程的逻辑思维连贯性。但对于文科课程而言，有些同学也表示问题框有些多余，打断了学习的连贯性，因此持观望态度。

在学习风格方面，我们对受访者的学习行为表现做出了统计，严格按照课程要求学习并完成课程的学生占20%，稍有松懈但仍完成课程占61.82%，在学期末突击但仍完成课程占10.91%，没完成课程占7.27%。总体而言，注册了MOOC课程的受访者都能够按要求完成课程。

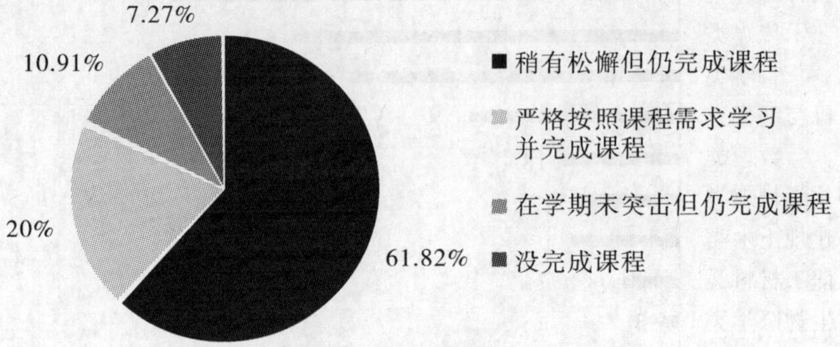

图6　参与课程的受访者的学习表现

在体验的基础上，问卷也对 UOOC 课程平台所提供的课程不足之处进行了提问，所列问题的大致比例如下：网络讨论区水分太多，问题反馈不及时（52.73%）；缺乏与老师的沟通（48.18%）；现阶段课程选择少（47.27%）；督促作用有待提高（36.36%）；课程内容知识点密集，缺乏生动诠释（32.73%）。各选项的频率比较平均，以上的问题在 UOOC 平台运营初期存在的情况也需要循序渐进的改进过程。

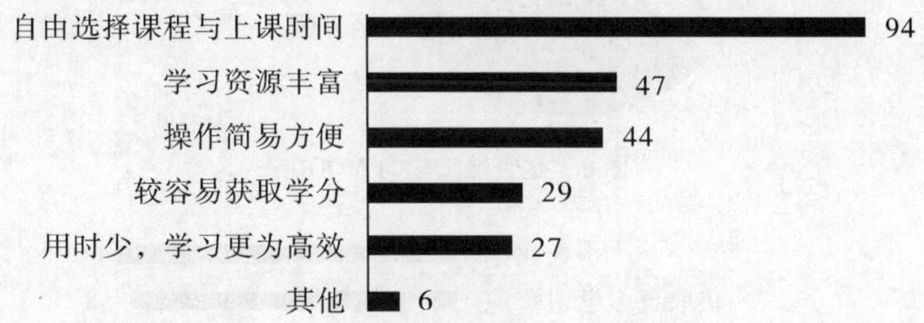

图7　参与的受访者的所认为的不足之处

在 MOOC 课程设置举措提升学习效率方面，“可重复观看课程视频”最受认可（68.18%），其次是“可用零碎时间登陆学习”（53.64%），而选择“观看视频的同时回答弹出问题”（28.18%）与“课程记录学习曲线图反馈”（24.55%）相对较少。对于 MOOC 学习者，MOOC 课程中的硬性规定仅仅只是必须完成的任务，而当学习自主性适度提高则有助于提升学习效果；值得一提的是，在本问卷的开放题中，受访者普遍提出希望能设置课程自动提醒，“希望可以设置每日课程提醒”考虑到部分学习者学习自主性较弱，设置课程提醒或能提升其学习效率。

在学习问题解决路径方面，“自己钻研”所占比重最大，“在优课联盟网络讨论区提问”稍低于“自己钻研”，而“在课程线下咨询会提问”比重最低（13.64%），也有相当一部分选择“不解决”。这从侧面反映在 MOOC 课程平台中的学习者的绝大部分拥有一定的学习自主性。

在学生未来学习计划方面，绝大部分的受访者（63.64%）选择今后继续学习 MOOC 课程，这意味着大学生对于 MOOC 是持有积极态度的，且受访大学生的学习目的较为明确直接，“个人兴趣”（58.25%）与“获取更多学习资源”（56.31%）成为受访者继续进修 MOOC 课程的主要原因，“是教育趋势”（33.98%）亦受认可，或与学生为适应今后教育方式更新所做出的主动决策有关。

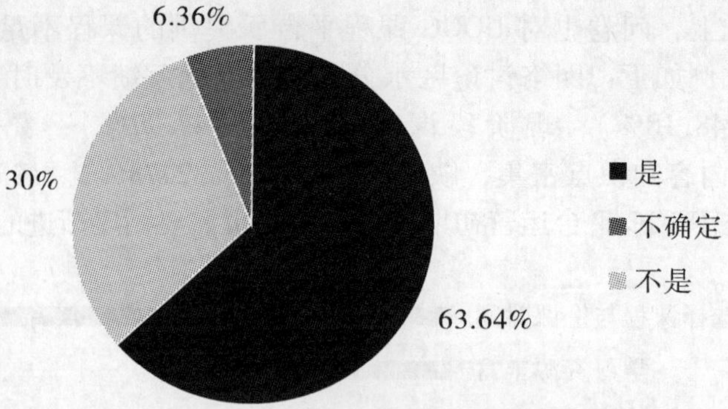

图 8　是否继续学习 MOOC

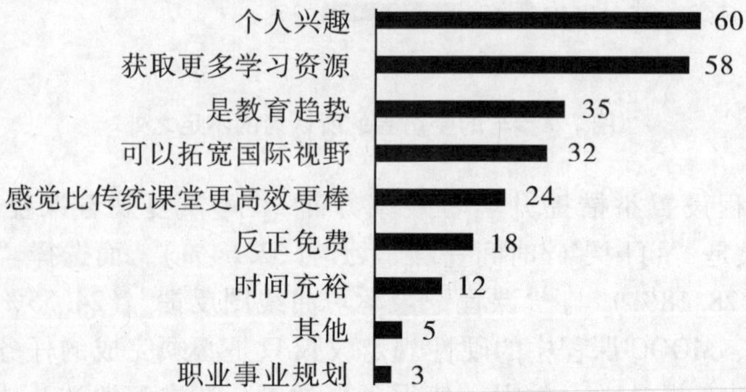

图 9　继续学习 MOOC 的动机

此问题的结果侧面反映 MOOC 课程作为新式教育方式的一个显著特征，即要求学生具有更高的学习自主性，而仅仅为了尝鲜与消磨时间所参与学习的学习者，他们仅仅为课程带来大量的数据泡沫，并没有从中获得优质的学习体验。

另一方面，一定比率的（30%）受访者选择今后不继续学习 MOOC 课程，少量受访者（7%）无法做出决断，“教学平台不完善”，“缺乏时间”与“个人兴趣丧失”成为受访者放弃继续 MOOC 学习的原因，其中“教学平台不完善”占重为（25.3%）。一方面可能在于现阶段 UOOC 课程平台功能任不完善，如在课程学习方面缺少线上笔记及文件互传功能，在期末考核方面缺少互评自评等环节，答案部分不公开等功能尚不完善；另一方面在于 UOOC 课程平台在现阶段需要更为高质量的技术支持，使系统更为稳定。例如，在受访者建议中，一位受访者提及在学习中时常出现的掉线问题：“上一节课掉两次还要重新看……系统做好点，不要老是出问题就行”此外，也有系统重复登陆，无法登陆，无法注册等问题。“缺乏时间”与“个人兴趣丧失”也占有很大比重，这一方面与在校大学生学习自主性受很多因素（如学业，家庭，就业等）牵制有关，另一方面，对于大学生而言，对学习者学习自主性要求较高的 MOOC 学习模式在缺乏限定、监督以及激励的情况下很难敦促学生完成课程。也有受访者认为“认识的学习 MOOC 的人太少”“课程质量下降”等原因使其放弃学习，或许意味着在建立学习小组与提升课程质量亦是激励学生学习的举措。

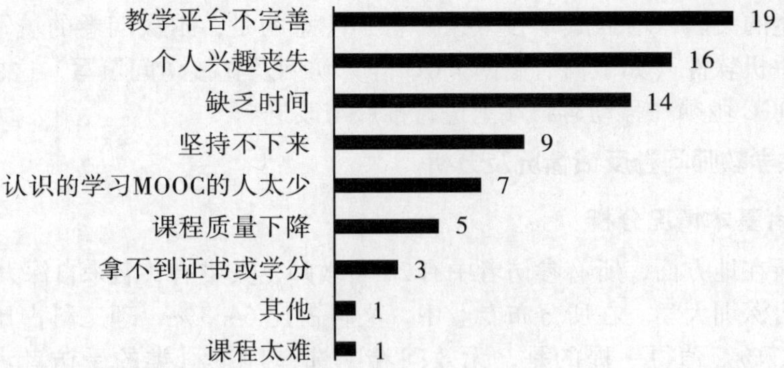

图 10　放弃继续学习 MOOC 的动机

4. 受访者对 MOOC 在校园推广举措的看法与建议

在 MOOC 校园推广方面，有 66 名受访者认为其所在大学应在校园官方网站进行推广，有 65 名受访者认为其所在大学应在校园媒体中加大推广力度，这两项是为绝大部分受访者认可的。其次值得注意的是，有 55 名受访者选择“教师与优秀学生推荐”。在开放题中，不少受访者反映在校内所了解的 MOOC 宣传力度太弱，学生缺乏基本认知，更多是通过网络了解以及身边亲友推荐，且了解深度较浅，仅仅是了解基本概念，缺乏系统性的认知。这也从侧面说明了此次研究的效度，现阶段的 MOOC 迫切需要进行更为深入的推广，这对 MOOC 的课程完善，效用发挥甚至是对中国教育方式优化也具有在战略上较大的必要性。但是，在推广的具体操作上，仍需要根据此次调查之后更针对性的设计出问卷并分析研究。

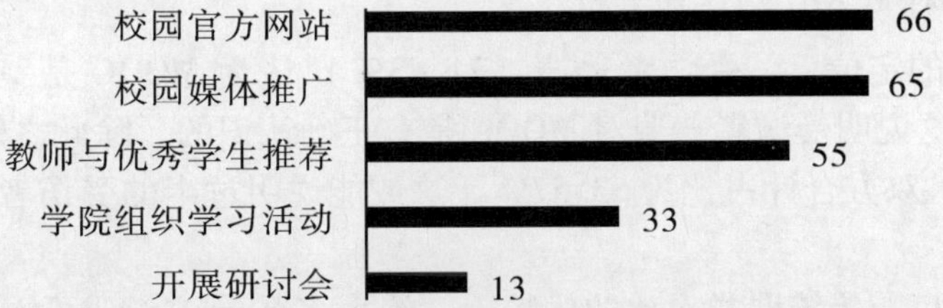

图 11　受访者认为校方应用何种方式推广 MOOC

在组建学习社团方面，设立专项奖学金等方面通过调查结果可以很明显地看到受访者普遍的态度是积极而正向的，对这两项举措也都表现了较大的兴趣。组建 MOOC 学习社团，即为创建协作小组，学习者在学习过程中要做出对他人或社会有价值的贡献。致力于校内外的学习者实现集体学习。[3] 而奖学金无疑会对学习者起到激励作用。

在翻转课堂态度方面，绝大部分受访者（68.6%）肯定翻转课堂的概念并愿意尝试，“非常不愿意”与“比较不愿意”仅占 9.8%，结果一定程度上说明，就学习者参与意愿而言，翻转课堂是具有可行性的，且在我国就已有一定的实践经验及相关研究[4]。在增强移动客户端的关联上，仅有少量受访者（3.26%）持否定态度，部分受访者持观望态度，表示无法确定（18.95%），而绝大多数受访者相信此举措能促使

MOOC 与学生的关联，增强其学校效果。特别注意的是，本次问卷的填写来源渠道有97%来自于手机软件（如微信、微博、QQ 等）访问及直接访问填写，这也进一步说明了现阶段 MOOC 亟须在移动客户端上进行推广与改进。

（二）大学教师问卷反馈情况及分析

1. 受访者基本情况分析

在教师所在地方面，所有参访者中有28 名教师，其中有9 名来自深大之外的高校，而其余皆来自深圳大学。在所分布专业中，文科占比64.3%，理工科占比25%，其他专业占比10.7%。值得一提的是，无效问卷中选择理工科类的受访者占比最大，为57%，语言类，教育类也占有一定的比值。这或也从侧面反映出部分理工科类教师对MOOC 了解较少，缺乏一定的普及。

表2　受访者基本情况

您所在的大学是	您所教授的专业是			合计
	A. 文科	B. 理工科	C. 其他	
A. 深圳大学	13	4	2	19
B. 深圳大学之外的高校	5	3	1	9
合计	18	7	3	28

受访者年龄集中在30 到50 之间，仅有1 名在30 岁以下，4 名在50 岁以上。几乎所有受访者教龄都在五年以上，其中53.57%为五到十年，42.86%为十年以上。

2. 大学教师对 MOOC 的认知分析

在对 MOOC 的定位上，受访者普遍（71.43%）认为 MOOC 是一种区别于传统课堂的教学方式，这说明受访者普遍对 MOOC 是有正确认识的。除此之外，“教学辅助工具”“视频教材”双方合计占比为53.57%，这或能说明过半的受访者认为 MOOC 能与自身教学相结合。

在探讨 MOOC 与传统课堂对比的优势上，绝大多数受访者认可 MOOC 的优势主要在于“课程与上课时间可供学生自由选择”，共23 人选择此项。传统课堂一般具有固定的上课时间地点规定，这在某种程度上将学生束缚，影响其学习积极性，而如“能使学生根据喜好灵活的完善知识储备”“更易通过学习数据获得个性化教学”这些强调学习自由灵活性的选项亦被认可，或能体现 MOOC 的自主性是优于传统教学的教学性质。

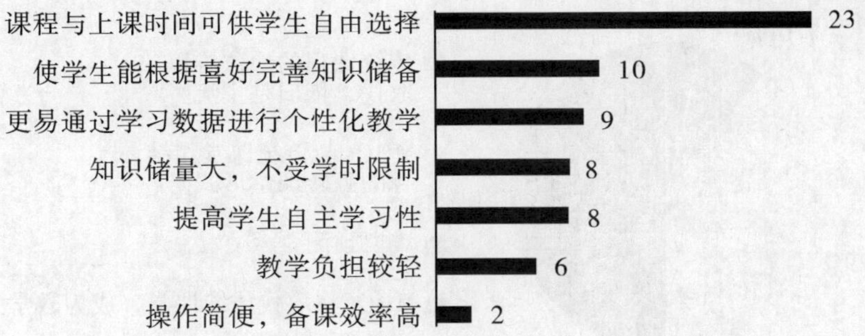

图 12　与传统教学的对比优势

在探讨 MOOC 与传统课堂对比的劣势上，受访者在所有选项中选择较为平均，选择最多的为“现阶段课程的普及率不高，课程覆盖范围小”，而“学生与教师之间沟通较少”与“前期投入过大，课程准备任务繁重 ”紧接其后，这个结果在一定程度上说明受访者对 MOOC 的问题还是比较了解与关注的，这或说明教师对 MOOC 仍保持较为冷静分析的态度。

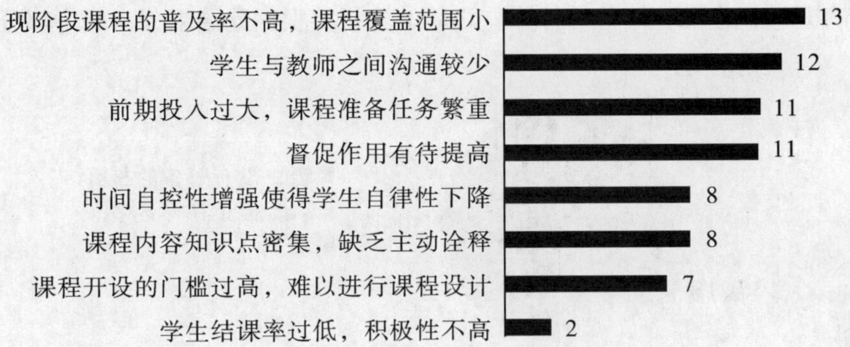

图 13　与传统教学的对比劣势

在对翻转课堂方面受访者，大部分受访者（46. 43%）都认为翻转课堂比较符合其教学设计，而 35. 71% 受访者对此持不确定态度，仅有 10. 71% 认为其不符合。翻转课堂作为一个将 MOOC 课程与传统课堂相结合的教学形势，虽是一种相互结合相互吸收的教学模式，但这是否能大范围推广与实践仍需根据授课内容、教学优化程度来决定。

在未来教育趋势预测上，我们调查结果显示：一方面，50% 的受访者认为 MOOC 难以撼动传统课堂地位，传统课堂仍然是主流；另一方面，39. 29% 的受访者认为 MOOC 可以发挥更大的作用，未来翻转课堂将会在教育形式中占有越来越重要的作用，这或能说明 MOOC 在今后在教育领域更多发挥的是辅助作用，难以取代传统课堂或与传统课堂并驾齐驱。

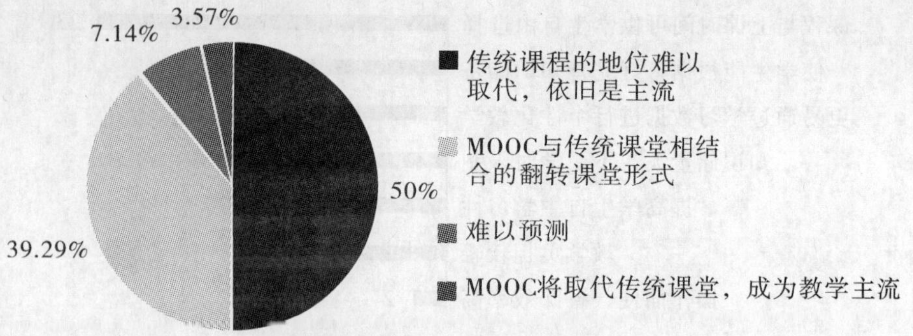

图 14　受访者对未来教育趋势的看法

3. 教师作为 MOOC 参与者的参与体验及评价

这一板块将会对开设过 MOOC 课程的受访者、尚在筹备开设 MOOC 课程的受访者与未开设 MOOC 课程的受访者进行选择动机、课程情况、对未来是否开设 MOOC 课程的态度及制定动机进行调查。

在所有受访者中，14.29% 开设了 MOOC 课程，而 35.71% 正在筹备课程，剩下 50% 并没有开课，也没有筹备的打算。之后的分析将根据此结果分为两个部分。

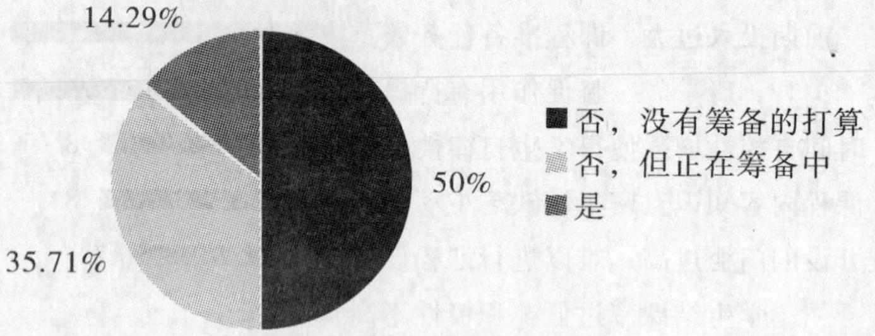

图 15　受访者开授课程情况

对于开设 MOOC 课程的受访者，他们的动机不尽相同，但仍有相似的表现，受访者中选择“想尝试 MOOC 课程机制”有 9 位，选择“重新整合教学资源”有 6 位，也有存在课程原因，如“所教学生太多”和“所授课程符合 MOOC 授课形式”也有 2 位选择“学校教学任务”。

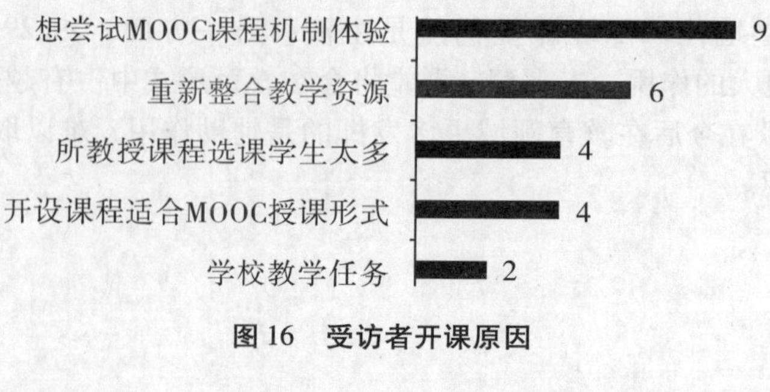

图 16　受访者开课原因

对于不开设 MOOC 课程的受访者，他们主要的顾虑一是“课程任务太重”，二是“所授课程不符合 MOOC 课程形式”，除此之外，亦有人因“个人不感兴趣”和“认为 MOOC 仍存在许多不足”而不开设课程。

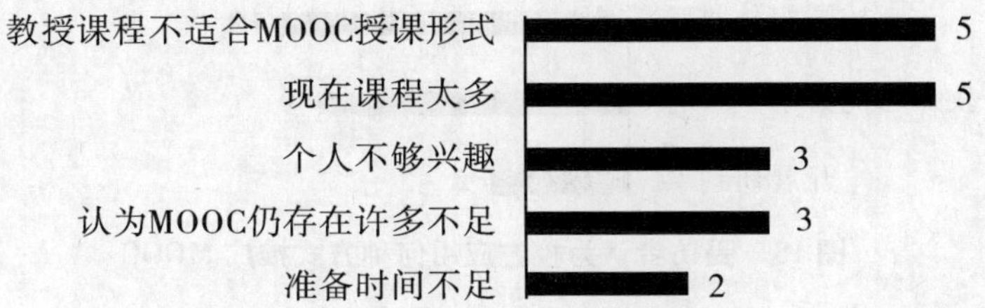

图 17　受访者不开课的原因

在学生课程参与度和积极性方面，四位受访者中有三位认为其学生“参与度与积极性都不高”，另一位选择“参与度较高，但不够积极”。由于问题样本较少，调查结果缺乏信度，但仍反映一些问题，MOOC 因过于灵活自由，或使学生缺乏有效督促，以至于出现怠惰现象。

此外，对于开设 MOOC 课程与正在筹备的受访者，认为在课程筹备中最为困难的是课程设计与课程录制，其次是整合教学资源与教材设计。对于教师而言，除了课程设计是每一个教师都必须考虑的问题之外，在课程录制上若无教学团队与相应技术指导，制作 MOOC 课程会存在一定的困难，所以学校应进行相关培训。

在询问到今后是否开设 MOOC 课程时，受访者表达的态度更多是不确定的，有 11 位受访者选择了不确定，而选择在未来开课和不开课的人数相当。

在动机分析上，选择开设 MOOC 课程的受访者更多是为了“优化教学设计”与“个人兴趣”，也有人选择“解决学生太多的问题”“时间较充裕”与“争取学校评优”等。

此外，选择不开设 MOOC 课程的受访者更多是因为“课程任务繁重”“保持观望态度，暂不行动”与“个人不感兴趣”。也有人因为“有其他科研项目”等原因选择不继续开设课程。

是否继续开课，对于教师而言是需要仔细考量的，由于 MOOC 的教学力度、精力投入较大，因此需要教师进行多方面的顾虑。

4. 对推广手段的态度及评价

在问卷的最后，我们对受访者进行了两个问题，“是否愿意向学生与同事推广 MOOC?”与“您认为您所处的大学应该使用什么方式去推广 MOOC?”

在向学生与同事推广方面，受访者普遍持积极态度，占 60. 72% 表示同意，不确定的为 28. 57%，而仅有 10. 71% 不愿意进行推广，这表示大多数教师还是支持并鼓励学生去了解并学习 MOOC。

在大学具体推广措施上，受访者选择最多的是校园官方网站（60. 71%），其次是由学院组织学习活动（39. 29%），也有受访者选择“校园媒体推广”“教师与优秀学生推荐”等（如图 18）。在这里要特殊提出的是，由于教师更多与学院衔接更为紧密，学院增强教师的推广或能起到更好的效果。

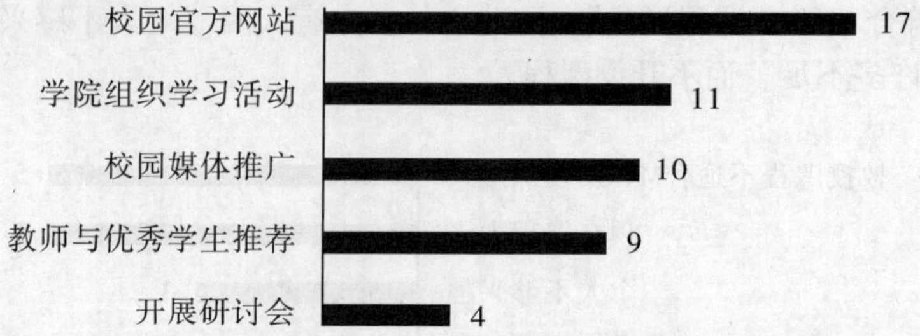

图 18　受访者认为校方应用何种方式推广 MOOC

四、分析与结论

（一）基于 SMCR 模式的 MOOC 优化

SMCR 是由贝罗基于对社会学、心理学领域相关理论的应用，在香农·韦弗提出的“信源—编码—信道—译码—信宿”传播模式基础上发展而成的一种广受研究者关注的信息传播模式。SMCR 模式的重要贡献主要体现在：一是清晰地界定了信息传播过程内涵的四个基本要素，二是从不同的要素维度系统地分析信息传播过程与效果的关键因素。而经过应用改良后的 SMCR 信息传播模式是包含了信源（source）、信息（message）、通道（channel）、信宿（receiver）这四个方面对教育系统进行分析并得出有效的发展意见与建议。信源是信息传递的起点，它代表了信息的出发方，在信源维度影响传播过程与效果的因素包括信源的传播技能（skills）、态度（attitude）、知识（knowledge）、社会系统（social system）与文化（culture）。信息是传播内容，在信源维度影响传播过程与效果的因素主要包括信息本身所含的内容（content）、成分（elements）、处理（treatment）、结构（structure）、符号编码方式（code）。信道是传播内容的通道包括听觉通道、视觉通道、触觉通道、味觉通道、嗅觉通道。信宿则是信息的接收方，信宿自身的传播技能、态度、知识、社会文化背景等因素也会影响传播的过程与效果。因此，在教育系统中研究者们通过这四个维度研究如何让教育更是适应于现在的发展并为未来做良好的铺垫。[5]

对于以 UOOC 联盟为依托的 MOOC 课程研究过程中，我们将 SMCR 模式的四个构成要素分别对应 MOOC 主讲教师、MOOC 教学内容、MOOC 所利用的技术通道、MOOC 学习者，通过对于四个要素之间的结合及补充从而建立一个能够充分发挥学生积极性，运行稳定且安全的优质课程集合平台。根据本次调查结果，笔者认为，基于以上目标，UOOC 平台的课程优化需要做到以下几点：第一，专业化的教师选拔及培训。第二，优质丰富教学的资源的打造。第三，技术改善达到的人性化体验的提高。第四，MOOC 学习者的学习积极性的激励。

1. 专业化的教师队伍培训

通过对教师队伍进行课程设计、MOOC 录制以及后期维护及技术指导的培训，一方面对教师参与 MOOC 的积极性及专业性有所建设。另一方面也让 MOOC 的质量及教学内容呈现的完整性及准确性得以提高。

在采访中，笔者发现对于教师参与度造成阻碍的因素包括时间成本过高、课程设计经验不足两个问题。由于课程内容的确定性以及课程改动成本过高，前期课程准备过程中教师需要花费很多时间，因此通过培训提高录制的水平及效率，减少时间成本，利用专业化的队伍辅助技术支持也能够帮助教师打破“技术壁垒”，从而更轻易地接触 MOOC 课程，提高教师的积极性；在课程准备阶段能够更好地结合本课程的特点及教学设计的要求高效的设计出课程脚本及录制方案；在课程录制过程中掌握好课程重心，详略得当，突出重点；在课程后期运作中能够及时解决线上问题，以及对于学生学习情况有及时的跟进了解及改善，从而提高教师设计运作的专业化。

教学内容的设计直接影响到最终 MOOC 课程的呈现形式，通过更专业的培训使得在课程设计中更加注重知识呈现的形式。一方面，要分析特定的 MOOC 教学内容适合于用何种符号来表达。另一方面，需要应用符号的呈现方式与学习者认知负载的关系。Mayer 的多媒体学习原则，文本（包括书面文本与声音）和画面（包括静止画面与由多张连续播放的静止画面构成的动态画面）适合于组合呈现；文本与画面适宜于邻近呈现、同步出现[6]。通过以上认知使得对于教学内容的完整性及准确性得以提高。

2. 优质且丰富的教学资源的打造

打造优质且丰富的教学资源，既是 MOOC 追求的目标，也是线下传统课程追求的目标。与线下课程建设相同的是对于打造优质 MOOC 课程资源同样包含教学内容以及教学形式两个方面：做到教学内容的丰富化、精品化以及教学形式的多样化。

从量的层面上看，吸引更多教师队伍投入 MOOC 课程建设中，实现课程覆盖范围广、涉及领域多，提升学生对于课程选择空间，增加课程的丰富度。从质的层面上看，增加课程评价机制，让学生和教师一起参与课程评价，综合 UOOC 联盟中其他课程评价，对于得分较高的课程给予更多资源的推广，扩大优质课程覆盖范围，通过对优质课程的打造增加平台的影响力。

教学形式的改进则是根据不同的课程模式采取不同的教学形式。传统教学过程通常包括知识传授和知识内化两个阶段。知识传授是通过教师在课堂中的讲授来完成，知识内化则需要学生在课后通过作业、操作或者实践来完成。在翻转课堂中这种形式被颠覆，知识传授通过信息技术的辅助在课后完成。知识内化在课堂中经老师的帮助与同学的协助一起完成，从而形成了翻转课堂。[4]现阶段形式的改良作为一种尝试可以运用到 UOOC 联盟中的课程中来，在采访中，费跃农教授也坦言这种形式对于学生的要求非常高，需要高度的学习热情及充足的学习时间和良好的学习习惯，在现阶段尝试会有一定的风险，但是形式的改进和创新的确对于学习者的学习效率会产生巨大影响。学生从之前的知识的被动接受者，变成了主动探求者，形式的改变使得对于知识点理解更加深刻，形式的多样化也在一定程度上激发学生的求知热情。

3. 技术改善对于人性化体验的提高

UOOC 联盟中对于技术的发展应该考虑到两个方面，一是技术中介 MOOC 学习者感觉通道的有效与舒适性，二是充分考虑到技术在中介 MOOC 涉及的各种教学活动时的有用性与易用性。

首先是学习者对于技术通道的有效性与舒适性。这一点要求在做平台设计时更要人性化的考量，在处理学生问卷的过程中我们发现现阶段中 MOOC 课程平台会有视频卡顿、作业无法提交、系统不稳定等问题。基于此，我们可以在平台优化中优化视频播放器，做到首次播放可快进、可停顿等人性化的操作，在需要思考或者操作的地方停顿或者不懂的地方反复播放以增强学生的用户体验；对于作业无法提交这一情况需要技术部改善作业提交系统，为学者提供一个稳定的作业提交系统；对与老师的沟通可以增加于类似 QQ 群的交流平台，可以做到学习过程中不懂就问，当下与学生老师的沟通，有效学习避免疑问的滞后与遗忘；页面的设计可以依据学生视觉通道对内容空间的临近性、形状相似性、连续性与视觉特点的自动闭合性等因素[7]作出改善；系统的稳定需要工作人员长期对系统进行测试与监控，及时发现问题并解决问题，这里可以设置一个学生用户体验反馈机制，让学生提供用户体验，方便后台工作人员及时的为不足做出调整和完善。

其次是 MOOC 设计的各种教学活动时的有用性与易用性。这要求对于学生和老师两方面操作的简便与快捷。繁复的操作会降低学生和老师对于 MOOC 课程的好感，此时需要技术通道提供操作简单、上传与播放视频高效的系统。与第一点相契合，通过实现对于老师和学生的用户体验反馈，做出人性化的设计，从而解决技术通道带来的壁垒。

4. MOOC 学习者学习积极性的激励

奖赏机制的完善能提高学生的学习积极性及学习热情。根据分析结果我们推测：如果 MOOC 奖学金的形式能够增加他们的学习动力，现阶段 UOOC 采用与学分挂钩的形式同样能有效对学生形成激励。奖赏机制的完善不仅有助于对不了解 MOOC 的同学进行推广，对已经选入 MOOC 课程学习者来说也是一种有效的学习动力。

淘汰机制的引入能增加学习危机感及学习积极性。MOOC 平台的三大特点就是面向所有人开放，所以学习者呈现出来源多样化、学习目标多样性、学习期望的同一性。[8]由于来源多样以及涉及范围广，教师对于学习者的管理限于线上的在线时长监督，UOOC 联盟的本校见面课，以及最终期末考核。很难主动去要求学生去学习，也因此学生的学习的自主性和积极性在 MOOC 课程学习的过程中扮演重要角色，大规模的开放造成的结果是极低的结课率。edX 公司发布了一个有关网络公开课的统计报告，在该公司全部 85 万名注册用户中，结课率为 5%。[9]学习的自主性是在 MOOC 学习中影响结课率的关键因素，通过对于淘汰机制的引入，未结课的学生限选之后的 MOOC 课程、期末集中刷视频的学生取消成绩等一系列措施能够学习者在学习过程中形成危机感，激发学习热情。这种方式在面向全社会开放的 MOOC 显然不被认可，因为有违 MOOC 公开开放课程的本意，但是对于地方高校组件的 UOOC 联盟来说，想确保学生的最终学习效果，就有必要采取淘汰机制从而提高学生积极性。

（二）MOOC 在大学的推广

1. 面向学生的推广

尽管官方已经通过设置 MOOC 课程与学分制度挂钩等相关措施向学生进行推广，但根据我们的调查结果，仍有学生没有学习过由 UOOC 提供的 MOOC 课程，并且平台中仍有许多课程并不受热捧。从问卷分析的结果来看，尽管学分挂钩制度有所成效，但要从根本上向学生推广 MOOC，并保证学生的结课率及学习效果，仍要对推广形式进行优化。

（1）从学生层面进行推广。

根据笔者的学生问卷调查研究，我们或能推测，多数学生经过教师及学生的推荐去推广 MOOC 课程都能够取得一定的效果，这些数据体现了口碑传播对学生决策行为的影响。对于学生而言，身边学习过 MOOC 课程或将要学习 MOOC 课程学生的推荐将对其学习决策行为产生较大影响，所以可以为 MOOC 的学习者对身边学生进行推广的角度制定相关推广策略。

①以小组形式开课学习。

根据柯瑟林在 1998 年提出的网络学习参与理论，它的核心思想是创建协作小组，学习者以小组为单位，共同完成相关的学习项目。这一思想体现了相互协作、项目导向及真实性的原则，使得学习者以小组形式完成课程学习时能够加深对课程的理解，调动学生的学习积极性，在推广和提高结课率方面具有深远的作用。[10]对于前一期开课效果良好、理论与实践相结合的课程，可以在选课阶段加入小组合作形式进行学习、完成作业或完成期末考核的说明。该项措施能够增加已选课学生在网络课程平台上与其他同学的交流互动，深入课程的实践与理解。在选课期间，能够通过学生自身的推广力量，以“组队上课”的形式，对熟悉的群体产生学习决策行为的影响。

②结课学生分享课程体验。

选课页面中设置留言区域，展示结课学生对该项课程的学习感受。一方面可使学生更全面地了解该项课程并进行选择，另一方面可充分发挥学生口碑传播的作用，对 MOOC 的推广产生一定效果。根据另一份针对中国人民大学网络教育在籍生的问卷调查显示，在包括接受者专业水平、功能风险等 7 个因素中，学习者口碑偏好得分较高，这说明学习者倾向于选择更为熟悉的群体的意见，愿意以他人的学习体验作为学习参考。而身边的同学则属于学习者所熟悉的群体，故使用口碑营销在选课期间内进行推广，是十分有必要并且需要尽快进行的。[11]

③组建 MOOC 学习社团。

除此之外，落实 MOOC 课程在高校中的推广，可通过组建学习型社团形式进行推广，促进选课学生相互交流，共同进步，同时也能对 MOOC 选课学生起到一定的监督作用。通过社团形式能够更好地组织见面会、交流会等相关活动。在此方面，中国已有许多大学诸如浙工大、北师大、华南理工等大学已建立 MOOC 社团，并且得到了较好的反响。浙工大 MOOC 社团是全国第一个高校 MOOC 社团，是影响力最大的 MOOC 社团。在成立的第一天，就有超过 100 人加入学习组。至今为止，浙工大 MOOC 组已经帮助了校内上千名学生了解 MOOC，当然，还帮助了更多的校外学生。微博粉丝数接近 2 000，浙工大 MOOC 组与浙工大 MOOC 讲坛两个 QQ 群的人数接近 1 000，对于一所没有 MOOC 课程的高校来说，这是一个震惊的数字。2014 年 1 月 6 日，浙工大 MOOC 组接受《今日中国》*China Daily*（英文版）的采访，并对这工大 MOOC 组对于将 MOOC 引入大学成立最具规模最具影响力的社团的专题报道。[12]由此看来，MOOC

社团的成立是学生最大程度发挥自主学习性的助力器，也是推广 MOOC 的有力手段。组建 MOOC 社团可借鉴文章《我们如何以学生之力推动学校 MOOC 建设》。[13]

(2) 从官方层面进行推广。

根据分析结果，笔者可以得出结论：除了从学生层面进行自发推广形式之外，校方及学院的推广策略亦不可忽视。

①学校推广与学院推广结合。

增加 MOOC 课程在校园官方网站的版面，原有介绍中独立增设 MOOC 课程介绍链接及体验链接。此外，在学院下发的修读指引中增加对 MOOC 课程介绍，学院开设的专业选修课程可定期组织相关学习活动，向学院学生进行推广。将校方推广与院级推广相结合，提高 MOOC 课程推广的目标群体准确度。由于学生所属专业不同，所选课程的学习偏好也不同，故将学校推广与学院推广相结合，能够增加用户体验的灵活性，有针对性的向目标人群进行推广，提高推广的准确度。同时学生在学习生涯中与学院的交流较多，学院组织向学生进行推广能够更有效率地进行。

②翻转课堂形式运用。

教师将课堂所需讲述的理论内容制作成 MOOC 课程形式，供选课学生修读，课堂则成为教师与学生，学生与学生之间互动讨论及课程实践的场所。此外，还能优化教学设计，增加课堂互动，提高学生的课堂参与度与学习效率，同时 MOOC 视频课程作为课程内容巩固，能够增强学习效果。教师应积极参与，并促使学生与学生之间尽可能更多地交流，这不仅为网络课程中小组交流机制提供参考，也为翻转课堂中在现实课堂上教师与学生，学生与学生的更多互动提供理论依据。[14]

在支持翻转课堂方面，一是应支持视音频会话和文字讨论，解决师生的互动交流问题；二是应具备灵活的课程管理工具，方便教师开设在线课程，添加课程资料和设定教学任务；三是应具备完善的作业系统、测试系统和题库系统，并能实现多元化评价。现阶段互联网技术的发展，为实行翻转课堂提供了技术条件。

(3) 从媒体层面进行推广。

①增加 MOOC 试听课程机制。

MOOC 课程与线下课程相比在选课阶段缺少试听环节，导致一些同学有中途放弃的可能，或导致一些同学因犹豫课程内容是否符合自身学习情况而错失选课良机，从而使 MOOC 推广与结课陷入困境。从与课程老师的访谈资料中得知，为了学生熟悉课程认识课程，他们所开设的 MOOC 已增加了旁听班的设置，并且旁听班的注册学生数量也可观。因此，保留上一期 MOOC 课程的部分精华视频，作为试听链接发布于选课页面中，供选课学生试听并了解课程基本设计及内容，一方面会使课程信息能够更全面细致地向学生展示，另一方面向未作出决策的学生提供了课程体验的机会，从而增加选课人数，深化 MOOC 在学生群体中的影响。

②改进 UOOC 联盟的 MOOC 公众平台。

在中国，不少 MOOC 课程学习平台已开设相关微信公众平台，用于发布相关课程信息供学习者了解，UOOC 联盟所开设 MOOC 微信公众平台，应进一步增强学生与 MOOC 管理者的交流互动，对课程推广与平台优化有所作用。因此在新媒体平台加强传播，定期发布 UOOC 最新资讯及 MOOC 课程信息，增强媒体与关注者的互动，设置每日提醒并与高校现有媒体进行合作推广是有效的方法。

2. 面向教师的推广

从分析结果中，我们得知 MOOC 在教师群体中的知名度虽然较大，但仍有许多教师对其缺乏了解，较多教师并未学习过 MOOC 课程。考虑到教师是 MOOC 课程的开设主体，而学生大多愿意配合或听取教师意见，故如何向教师推广 MOOC 课程对 MOOC 在大学中的推广普及尤为重要。与此同时，面向教师的推广也是 MOOC 课程推广的一大难题。

（1）加深教师对 MOOC 的了解，寻求观念的转变。

分析结果表明，大部分教师没有学习过 MOOC 也没有筹备开课的打算，在与老师的交流中我们也了解到许多教师并不看好 MOOC 的发展，也有许多教师表示没有时间和精力去了解和筹备，但最重要的原因是网络课程 MOOC 的崛起必然会对传统教师的价值带来冲击，技术进步带来的教育变革迫使教师必须认真思考自身面临的困境，寻求脱困的工具、途径与方法。

据 AP（Academic Partnership）首席学术官查尔斯·格林（Charles Green）估计，现在有 1/3 到 l/4 的大学教师从事在线教学。事实上，在那些从来没有教过在线课程的教职人员中，超过 80% 的人认为，在线课程不如面对面的授课。如果这样故步自封，查尔斯·格林认为高等教育将日趋瓦解。[15]但实际上，可汗学院的创始人萨尔曼·可汗认为在线免费教育服务不会使教师们失业，相反，利用这种服务的教师比以往感到更有自主权。例如，除了视频教程，电脑上也有能够让学生应用所学知识的练习题。正如其他的在线教学系统一样，可汗学院的软件能够使教师看到学生哪儿做错了，哪儿出了什么问题，以及他们的学生花费了多长时间来解决问题[17]。观念的转变带来的更多是双赢的结果，老师不仅能从 MOOC 的技术应用中了解学生的反馈及教学数据，同时也将提高自身的教学水平，学生也能从教师的对 MOOC 的应用教学中增进对教学内容的理解。

（2）积极利用 MOOC 实现“翻转课堂”。

从调查中得知，近一半的教师认为“翻转课堂”符合其教学设计，同时也有一半的教室持观望或觉得不符合的态度。台湾大学的叶丙成曾在出席北京大学 MOOC 教师交流会上说“Lecture at home，homework at class”这种观念才是正确的翻转课堂。[16]“翻转课堂”能够使教师从单纯的知识传授者转变为学生的学习引导者与激励者，老师可以从传统的“Lecture in class”解放出来，针对学生自身在课堂上进行更多深入的讨论与研究。从某种意义上，这将改变多数学生临时考试抱佛脚却到头来什么都不懂的局面。通过课堂上的讨论与交流，“授业、解惑”的过程才真正得到落实。斯坦福大学做了一个实验，用这种方式，学生的出勤率从 30% 激增到 80%。[17]结合我们已有的调查数据来看，也有将近 80% 的学生认可“翻转课堂”的概念并表示愿意尝试，由此可看出“翻转课堂”的可行性。

同时，叶丙成教授指出，老师不一定要自己开课才能翻转课堂，也可以利用如今平台上的名校名师课程资源进行翻转课堂。翻转课堂的核心是围绕学生的学习成果，因此在这方面教师应当有所考虑。

（3）名师效应推广。

在起立鼓掌模型中，坐在前排的观众起身鼓掌更能带动全场鼓掌。同样，通过学术界名人或者国际知名学校名师亲身说法，讲述从 MOOC 中收获的东西以及对教学过程中的帮助和对运用 MOOC 进行针对性的培训，对于老师方面的推广就更有信服力。

同时，也可以通过 UOOC 联盟中的 MOOC 课程，组建各大高校教师之间资源分享与获取及学术交流的平台，增进各高校间教师对于 MOOC 的交流。

参考文献

［1］MOOC－维基百科．

［2］Tharindu Rekha Liyanagunawardena，Andrew Alexandar Adams，and Shirley Ann Williams. MOOCs：A Systematic Study of the Published Literature 2008—2012. *International Review of Research in Open & Distance Learning*. 2013，14（3）：202－227.

［3］马红亮，丁新．格雷格·柯瑟林的网络教育理论和实践的研究．中国电化教育，2004（7）．

［4］张金磊，王颖，张宝辉．翻转课堂教学模式研究．远程教育杂志，2012（4）：1～2.

［5］郑燕林，马诗婧，刘爽．SMCR 模式视角下 MOOC 建设的路径选择．中国电化教育，2014（10）．

［6］Mayer，R. E. *Multimedia Learning*. Cambridge：Cambridge University Press，2001.

［7］Johnson，J. *Designing with the Mind in Mind*. Massachusetts：Morgan Kaufmann Publisher，2010.

［8］Garwal，A. MOOC Learners：Who They Are，What Motivates Them. http：//www. huffingtonpost. com/anant－agarwal/，2014－06－05.

［9］网络公开课遭遇成长的烦恼：仅 5% 学员完成课程．http：//tech. qq. com/a/20140127/008161. html，2014－01－27.

［10］Kearsley G，Shneiderman B. Engagement Theory：A Framework for Technology－Based Teaching and Learning. *Educational technology*. 1998，38（5）：20～23.

［11］孙道金，岳俊芳．口碑传播对远程学习者决策行为的影响．中国远程教育（综合版），2014（10），52～56.

［12］全国最大高校 MOOC 社团——浙工大 MOOC 组．http：//www. caigou. com. cn/News/Detail/162210. shtml，2014－06－10.

［13］陈杭杰：我们如何以学生之力推动学校 MOOC 建设．http：//mooc. guokr. com/post/602258/，2014－01－31.

［14］Greg Kearsley. Online Education：Learning and Teaching. *Cyberspace*，2000.

［15］Charles Green. 拒绝变化，高等教育将日渐瓦解．中国远程教育，2013（2）．

［16］叶丙成．MOOC、翻转课堂、重塑教师价值．http：//mooc. guokr. com/post/609398/，2014－10－10.

［17］黎静．在线教育来潮：教师的困境与出路．高教探索，2013（5）．

国际商业模拟实践教学平台对新型管理人才培养模式的探讨*

李加彬　谭丽莹
指导老师：黄凯珊
（管理学院管理科学系、人力资源管理系）

【摘　要】企业国际化、经济全球化的步伐在加快，管理专业人才的国际视野及能力培养显得更加重要。然而，培养管理类专业人才的国际视野及能力需要根据管理学科特征及培养目标进行，做好能力培养定位，以及参考现在国际化的商业培养模式，运用国际化的教学平台，根据高校自身情况，建立起新型的管理人才的培养模式。

【关键词】管理　国际视野及能力　国际化教学平台　Cesim 平台

一、管理类学生的人才特征

1. 管理类学科特征

管理学是一门综合性的交叉学科，是系统研究管理活动的基本规律和一般方法的科学。管理学是适应现代社会化大生产的需要产生的，是一门融合多学科、多领域理论、方法和技术，系统研究营利性组织经营活动规律以及企业管理理论和实践的应用性学科，它的目的是：研究在现有的条件下，如何通过合理的组织和配置人、财、物等因素，提高生产力的水平。随着经济社会的发展，管理学科的知识和理论不断创新，以适应经济社会发展和市场需要。

2. 新时期管理人才特征分析

管理学科下的各专业与社会经济发展联系十分紧密，其本身就是应用性学科。因此，应用型管理人才的培养是经济全球化和市场经济对管理专业人才培养的基本要求。

我校的管理学门类下的一级学科，在它下面设置工商管理、市场营销、人力资源管理、电子商务管理、信息管理与信息系统和行政管理六个专业。在培养上必然要求学生有较宽的知识面和综合业务能力，接受企业等管理实践领域的方法与技术方面的基本训练，得到管理技能、管理思维和管理研究方法的锻炼，具有分析和解决企业管理问题的基本能力。管理类人才的培养要面向市场，满足企业全面运营管理的需要。

* 项目资助：广东省高等教育教学改革项目，面向应用型人才培养的校企协同育人模式及机制创新研究——以广东高校为例（GDJG20142278）。

随着经济领域的扩展和经济全球化发展，市场竞争在加剧，对现代企业的管理人才的能力要求越来越高，不仅要求其具备广博的知识和市场运作的能力，更需要其拥有对国际市场的了解及国际商务的运作能力，商务管理人才需要具备国际视野。

管理教育只有紧跟市场，了解行业发展特征，与时俱进，不断完善人才培养标准，才能培养出新型管理人才。经济全球化已成为我国经济的重要特征和主流，工商管理教育只有适应这一特征，才能提供具有实际意义的教育。

二、国际商业模拟教学平台的优势

1. 国际商业模拟教学平台概况

商业模拟游戏平台是系统动力学用到商业中的一种表现形式，背后的核心是数学建模，和战争模拟游戏类似。它具有将近50多年的历史，在西方发达国家已经到了一个比较成熟的阶段。几乎90%的学校都至少有一门课会用到商业模拟教学平台，95%以上的MBA学生至少上过一门用到商业模拟教学游戏的课程。

国外专业的商业模拟游戏平台提供商很多，但往往专业的厂商并不多，目前瑞典的一家上市公司BTS，是专业厂商中做得比较大的，它能够基于商业模拟游戏为客户提供深层次服务，根据其网站上的介绍，一个项目的费用可达800万美元左右。很多咨询公司同时提供商业模拟游戏平台服务，如埃森哲、麦肯锡等。

商业模拟游戏平台在国外已经进入一个比较成熟的阶段，在教学中应用广泛。如今计算机的计算能力大大增加，模拟游戏的发展也非常迅速。具有较强的建模能力的用户，可以利用一些通用的建模软件自己制做商业模型。

2. Cesim教学平台的概况

Cesim公司来自“千湖之国”芬兰，其开发的Cesim平台针对高等院校和企业研发一个在线的模拟实践平台。平台是通过网页登录，并且教师和学生有不同的用户入口，教师可以通过其页面对学生的进程进行掌握和引导。

Cesim平台属于实践教学教育软件的范畴，其课程是通过细化模拟现实中服务业以及制造业的企业的运作流程，包括一个企业的研发、生产、财务、销售渠道、广宣等，结合课程让学生沉浸到这个仿真的企业背景中，对企业的每一个流程制定战略、决策，运营这个模拟企业。

目前Cesim平台分为三大类：企业决策模拟Cesim Global Challenge、营销策略模拟Sim Brand、服务行业（酒店）管理模拟On Service。通过让学习者以团队形式进行学习，让学习者在模拟真实行业中的企业运作工作，让学生从被动学习化为主动探索，提高学生将理论知识运用到实际上的能力。

（1）Cesim平台的内容说明。

高校实践教学中经常应用Cesim平台进行互动体验式教学：教师将学习者分为一定数量的学习小组，每一个小组扮演一家公司。在Cseim平台创建的模拟真实环境下，小组成员共同协作，一起经营一家模拟公司，跟一定数量的其他组别在市场中进行激烈的角逐。

（2）Cesim 平台的操作环境。

Cesim 平台无需下载新的硬件和软件，学校或者企业只需要和 Cesim 公司购买账号，以网页的方式登录教师和学生入口。Cesim 平台由 7 大块构成：阅读（规则指南等）、论坛（小组成员内部、课程之间的交流平台）、小组成员信息、日程表、主页（课程信息等）、结果（模拟回合的结果）、小组决策。

（3）Cesim 平台的操作形式。

Cesim 平台通过设定相关日程，其中包括多少个回合和回合的持续时间，以“回合制”进行运作，让每个小组像现实生活的市场一样，和其他小组互相竞争。每一个回合，将会在结果页面公布小组的每一个回合的排名，一般按照模拟公司股价进行排名。

（4）Cesim 平台的公司模拟要素。

Cesim 平台结合现实公司经营过程的决策制定过程中需要考虑的相关参数，在 Cesim 平台进行设定，让学生填写这些关键参数的值，通过决策结果了解学生对决策的掌握程度。

以 Cesim Global Challenge 平台为例，设置的主要参数有：①市场预测：根据市场给出的市场前景，对市场需求进行预估，最终决定在未来几回合内需要运营哪几种技术产品。②生产：根据每一个回合的市场需求，调节需要生产那些产品，对工厂的合理投资，对产品进行产能分配，以达到利润最大化。③营销方案设计：根据市场预测中每一个产品在每一市场所需要售出的量，对营销手段进行策划。④物流调节：根据每个市场的利润，进行合理的利润转移。⑤财务管理：最终根据整个市场预计的净利润的预估，对财务的相关参数进行操作，如长短贷款、收购以及发放股数，发放股息。

3. CESIM 教学平台的运用状况

国际：Cesim 模拟商务课程是一门创新型实践教学课程，是全球第一家也是目前唯一一家被 AOM 会议认可的模拟课程供应商。Cesim 借助其平台中已拥有 10 门不同课程和背景案例可变化的优势，加之支持 IOS、安卓和 windows 系统，目前已为全球 700 多所院校所使用，著名的美国沃顿商学院、纽约 Stern 商学院、欧洲顶级管理学院法国 HEC、新加坡南洋理工大学、德国杜塞尔多夫大学、法国芬兰赫尔辛基大学、里昂大学等全球知名高校目前就使用 Cesim 平台中不同课程的案例进行教学。Cesim 平台在国外已经有相当多的高校运用，它与理论教学相结合，大大提高了欧洲教学质量。

笔者通过查阅外国文献发现，Cesim 平台应用于沃顿商学院等全球 270 家名校和世界 500 强企业，为企业和教育机构提供创新的在线商业模拟系统客户来自 15 个国家 300 多个组织，超过 10 万人借助 Cesim 平台。“尖峰时刻”商业模拟竞赛（PEAK TIME）已经成为欧洲最大的国际商业模拟赛事之一，每年都会吸引来自世界各大洲的学生参加，目前已经成为全球顶尖商学院学生进行交流合作的一项赛事。

4. 模拟实践教学的优势

学生作为公司经营者的角色模拟。在模拟课程平台中，学生不再是被动地接受理论知识，而是作为主角主动地真正地沉浸在整个过程当中，将之前学习积累的理论知识付诸实践，并且在任务驱动下不断主动地学习新的知识。作为模拟公司的经营者角色，学生需要体现的是综合的能力素质，它要求学生能全面灵活地运用管理知识，如生产管理、市场营销、财务会计等知识，并且能考查学生预测市场、分析具体问题、解决具体问题的能力，同时还培养了学生沟通与团队合作的能力。

三、国际化实践教学平台在管理类学生能力培养中的效果（以深大为例）

1. 高校的培养模式运用状况

在国际，美国沃顿商学院、纽约 Stern 商学院、欧洲顶级管理学院法国 HEC、新加坡南洋理工大学、德国杜塞尔多夫大学已开始应用，在国内虽然应用 Cesim 课程的院校数量少，但这些院校在高等院校排行榜中都比较靠前，不乏有一些应用 Cesim 平台并取得一定教学成果的高校，例如中国人民大学、对外经济贸易大学、华北电力大学等。

2. 深大 Cesim 实践教学的进展情况（现有模式）

接下来笔者将阐述 Cesim 平台在深圳大学的目前的应用效果。

深圳大学管理学院已经建立了现代管理教学实验中心，从经济管理人才的培养目标出发，针对经济管理学科的各个专业特点，按照“以能力培养为核心，把实验教学与理论教学有机结合，体现层次性和模块化结合”的思路，构建了课程设计、实习与调查、实验与实训、课外创新实验、毕业论文五个模块，通过认知—体验—感悟—探索四个阶段，细分为基础实验课程群、专业实验课程群、个性发展课程群三个层次的课程群，形成“五个模块、四个阶段、三个层次、两个结合、一个核心”的多专业情境感悟综合实验教学体系。并且确立了“以赛代训、以赛代教、以赛助学”的教学实践发展战略，形成教学课程—实践教学软件—商业竞赛相互结合，相辅相成的培养模式，《商业决策模拟》课程（利用 Cesim 平台作为实训教学载体）自开设以来，获得了学生广泛的认可及好评。授课三位老师具有丰富的模拟比赛带队经验及模拟课程授课经验，对模拟课程背景行业具有深度研究，选课学生在每年的商业比赛中屡获大奖。

在学校 ERP 社团中，学生自主兴起，有获奖经历、对 Cesim 平台有一定理解的学生充当“小教师”的角色，向更多想要学习 Cesim 的学生传授他们的见解，形成了良好的学习交流制。呈现出通过“课程、比赛、社团”三者结合，最终呈现出该种具有创新性的实践教学的模式的雏形。

3. 深大与 Cesim 平台相关的实践教学成果

笔者对参与 Cesim 平台教学的老师、同学进行访谈，并且收集关于 Cesim 平台教学的教学成果，以验证 Cesim 平台实践教学对学生的培养作用。

（1）教学成果。

①省级教学实践基地。

在硬件方面，我院实验中心总面积 780 平方米，设备总值 741.46 万元，已购置设备 560 台/套，软件 37 套，所购仪器设备很好地满足了本科教学需要。本院实验中心共设综合信息管理、电子商务创新创业、ERP 和商品学四个实验室，多次被评为校实验室与设备先进集体，2007 年被评为“深圳大学校级实验教学示范中心”，2012 年被评为“广东省高等学校实验教学示范中心”。

Cesim 的教学任务以及“尖峰时刻”商业模拟竞赛是在管院的实验中心内的 4 个实验室中进行，实验教学中心在 Cesim 的应用以及教学方面给予了支撑。

②教学论文。

学校的相关论文录中，收集了相关的对商业模拟教学，尤其是利用 Cesim 平台的教学的论文。如《教学方法改革探讨——“商业决策模拟实战”课程为例》《沙盘实训教学模式的构建于探索》，体现了学校对商业模拟教学的重视以及学校教师在商业模拟教学中有自己独特的见解。

（2）学生竞赛、项目成果。

①竞赛分类。

2015 年，学校通过的本科生学科竞赛项目有 32 个，包括 26 项 A 类项目（国际级、国家级），3 项 B 类项目（省级），3 项 C 类项目（校级）。管理学院具有 4 项 A 类项目，由 Cesim 技术支持的“尖峰时刻”全球商业模拟挑战赛则是其中一项，受到学校和学院的肯定。

②竞赛成绩。

自 2009 年到 2014 年，学校共参加五届“尖烽时刻”全球商业模拟挑战赛，获得以下成果：全球第五、亚洲第一；30 项全国奖项，其中 3 项全国特等奖、7 项一等奖、4 项二等奖、10 项优秀指导教师、4 项最佳团队奖、1 项最佳风采奖、1 项优胜奖。其中，以 2014 年为例，深圳大学“学术创新优等生”获奖学生共 162 人，其中管理学院占 33 人（占 1/5），其中基于 Cesim 平台竞赛的学生人数占 6 人。

表 1 深圳大学“尖峰时刻”历史获奖情况

获奖时间	项目名称	获奖等级
2015.03	第七届“尖峰时刻”全球商业决策模拟挑战赛中国区总决赛	本科组（二等奖）/MBA 全国亚军（一等奖），最佳指导教师
2014.03	第六届“尖峰时刻”全球商业决策模拟挑战赛中国区总决赛	本科组/MBA 全国亚军（一等奖），最佳指导教师
2013.03	第五届“尖峰时刻”全球商业决策模拟挑战赛中国区总决赛	本科组/MBA 全国冠军（特等奖）、最佳团队奖、优秀指导教师
2012.03	第四届“尖峰时刻”全球商业决策模拟挑战赛中国区总决赛	2 个优秀指导教师、1 个最佳风采奖、2 个一等奖、1 个二等奖
2011.04	第三届“尖峰时刻”全球商业决策模拟挑战赛总决赛	全球第五，亚洲第一
2011.03	第三届“尖峰时刻”全球商业决策模拟挑战赛中国区总决赛	本科特等奖、一等奖、最佳创意奖；MBA 2 个二等奖，最佳团队奖，优秀指导教师
2010.04	第二届“尖峰时刻”全球商业决策模拟挑战赛中国区总决赛	2 个最佳团队奖、全国 2 个亚军，1 个季军、1 个优胜奖

③实验室基金项目申报情况。

学生基于 Cesim 平台申报深圳大学实验室基金项目，每年都有学生以团队形式基于 Cesim 平台研究实训模拟系统的功能、与现实的联系等项目（如“尖峰时刻”商业模拟挑战赛实训系统实验），让学生从实验教学中受益。

其中，通过访谈得出学生在项目中的所感所想，他们表示，在项目实施中，颇有收获：“通过‘尖峰时刻’的比赛，使得我们大量运用书本上的理论知识，对理论知识更好地掌握，并且学会了坚持以及办事更加有效率，更加清楚团队的重要性”。

表 2　深圳大学关于 Cesim 平台的教学实践项目统计表

立项项目时间	项目名称
2014. 09	Cesim Global Challenge 软件中负债风险的探讨
2013. 09	管理决策模拟实训系统规则相关复杂问题集编写
2013. 09	管理决策模拟实训系统操作指南编写
2012. 09	管理决策模拟系统演练数据分析及答辩技巧
2012. 09	Cesim On Service 软件操作及策略实验
2011. 09	Cesim Global Challenge 4 软件操作及策略实验

（3）学生对实践教学的评价分析。

笔者通过对同学的访谈，整理了学生对基于 Cesim 平台的课程和竞赛的理解、看法和评价，总结出深圳大学 Cesim 平台的应用情况：①学生对 Cesim 平台实践教学课程“创业模拟”评价高。学生参与教学测评评分超过 90 分。②访谈学生对象都认为 Cesim 平台对自己学习帮助大，主要提升思维能力、数据分析能力、表达能力等。③Cesim 平台中的论坛让学生与老师、学生与学生之间能够快速沟通，起到很好地交流反馈效果。

4. 总结效果

目前，在 Cesim 国际化的教学平台的运用下，深大已经取得了一些教学成果，并且取得了同学以及教师的反响。学生普遍认为，课程与比赛本身具有趣味性，不同于老师讲学生听这种传统的教学模式，通过比赛以及亲身的参与，从行动中去学习是很有趣的事。并且，在商业思维和个人素质上，Cesim 平台给他们的提升提供了一个契机，让学生进步飞速。

使用过该平台的教师认为，这个平台对整个企业的实际情况模拟比较逼真。运用这个平台模拟课程，对学生的学习能力会有较大的提升。它改变老师灌输学生在课堂被动学习的教学模式，而转变成为学生主动探索、和老师主动交流的学习模式。

四、完善模拟实践教学的思考

1. 创新教学模式，实现“赛—课—社团”人才培养模式的深化

目前深大可继续采用“以赛代训、以赛代教、以学生助学”的教学实践发展战略，

进一步深化形成教学课程—商业竞赛—学生社团相互结合、相辅相成的培养模式。

开设商业决策模拟课程（利用 Cesim 平台作为实训教学载体），改变传统的教学模式，将 Cesim 平台与现有课程进行有机整合，建构有效的教学方式，促进教与学的最优化。Cesim 平台的有效应用根本体现就是师生的互动、师生的交流。

通过比赛让学生在课上学习到的知识运用到实践当中，并且将比赛中的资料与课程结合，可将资源库和学习素材放到校园网站上，不断进行更新和充实。比如学校历年来参与“尖烽时刻”商业模拟挑战赛的竞赛数据、演讲视频、学生竞赛总结等资料，让学生有途径了解 Cesim 平台，同时提高学生交流的频率。

据问卷调查显示，学生社团对 Cesim 平台比赛的宣传在校内起到很好地宣传效果，学校可以通过“尖烽时刻”商业模拟挑战赛的宣传和选拔赛的推广来吸引更多的学生参加，可借鉴深圳大学以学生社团运作方式宣传、实施基于 Cesim 平台的商业模拟竞赛，让更多的学生参与其中。也让在学校社团中、对 Cesim 平台有一定理解的学生充当“小教师”的角色，向更多想要学习 Cesim 的学生传授他们的见解，形成了良好的学习交流机制。通过“课程、比赛、社团”三者结合，最终呈现出该种具有创新性的实践教学的模式。

2. 培养学生国际化视野，加强英语语言的能力培养

国际视野的培养，需要打开眼界，不断地抓住各种机会，去接触国际上的人和事，除了工商管理知识技能的学习之外，学生还应该多参与实践活动、社会活动，只有在这样长期的活动中，学生才能学到沟通、管理的精髓，把课堂上学到的知识应用到实践之中。所以可以让学生参加运用 Cesim 平台的比赛，争取走向国际，参加国际赛。

国际型工商管理人才在处理国际业务时不可避免要用到外语，因此，加强外语能力教育是培育国际视野教育的重要前提。利用外语技能，个人可以增强国际信息获取能力，国际沟通交流能力，为培育国际视野奠定基础。

总之，培养工商管理人才的国际视野及能力，需要构建良好的国际化教学环境，做到国际化理念、知识、能力培养相结合，尤其要重视在教学过程和实践中培养学生处理国际业务的能力。

3. 基于实践模拟教学平台，开发校际交流平台

目前学校与学校之间，缺少学校交流机制。而培养新型的管理人才，需要更多智慧的融合，所以需要加深学校之间的沟通，教师与教师之间，学生与学生之间的沟通。

对于教师来说，Cesim 可以针对高校教师建立“Cesim 师资研修院”，从学习，到实践，再到合作开发，全程跟踪服务，提高高校 Cesim 平台的师资力量，也让不同高校的老师之间加深合作。

对于学生来说，在一些特殊的日子可以开通一些校级交流比赛，例如国内与国外的学生在线交流赛，进一步实现“烽迷全球”，提高用户的忠诚度。

参考文献

[1] Cesim Oy. 决策制定指南 . http：//Globalchallenge. Cesim. cn. Cesim 企业决策在线模拟系统 .

[2] 李瑾．Cesim 平台模拟学习环境评述．中国教育技术装备，2010（6）：93 ~94.

[3] 郭岩，王雷，孙昕．企业经营模拟实践教学对完善工商管理专业教学体系的分析．科教文汇（上旬刊），2013（7）：52 ~53.

[4] 李晓非，廉串德，梁栩凌．经营模拟软件评价指标体系设计．中国管理信息化，2013（16）：96 ~97.

[5] 曲立，陈元凤，金春华，刘伟．企业经营模拟教学方案设计与实施．实验室研究与探索，2012（9）：190 ~191.

商业模拟竞赛对学生实践创新的重要性

谢康强

指导教师：黄凯珊

（管理学院管理科学系）

【摘　要】本文通过问卷调查了全国各校106位商业模拟竞赛参赛选手，结合被调查者的参赛体会，探讨商业竞赛对学生高效学习及运用管理学科知识、完善学科知识体系、提升个人素质等方面的影响，以此思考商业模拟竞赛对学生实践创新的重要性。

【关键词】商业模拟竞赛　学科知识　实践创新　ERP

一、引言

随着经济的发展，教育的改革创新，高校对学生的培养突破了原始的纯理论教育，转变为“理论+实践”的形式，让学生更好地掌握并有效利用理论知识。源于此，商业模拟竞赛迎合了经济管理学科教育的需求。

商业竞赛发展至今，每年吸引全国各地超过十万名经济管理专业的师生参赛，商业模拟系统在全国各高校的推广中取得了巨大的成功。赛事的迅速发展，越来越多学生在参赛的同时，也开始思考商业模拟竞赛对学生实践创新的影响。

二、环境分析

1. 商业模拟竞赛发展现状

近年来，各类基于ERP系统进行的商业模拟竞赛风靡全国。“尖峰时刻”全球商业决策模拟挑战赛，“用友新道杯”全国大学生ERP沙盘模拟大赛，“挑战杯”全国大学生“网络虚拟运营”创业专项赛等，这些全国性或者全球性的商业模拟大赛，每年吸引了超过十万名学生参赛，在中国的学生群体中有着极高的评价。

为什么商业模拟竞赛在中国如此受欢迎？

2. 社会背景分析

随着中国经济的高速发展，传统的企业管理思想已很难满足企业的发展需求，为适应激烈的竞争，现实中的很多企业不得不寻求新的管理思想。事实上，随着管理科学的不断进步，无论是传统企业，抑或是新型企业，都逐渐向信息化管理的方向转型。目前，社会上的很多企业都已搭建适合自身企业的ERP系统，并从中受益。同时，众多企业也紧跟发展大流，朝着信息化管理的方向转型，搭建企业内部的ERP系统。

ERP 的思想是目前企业间最为热门的管理思想，而商业模拟竞赛使用的是 ERP 企业模拟仿真系统，是 ERP 理论与实践的产物。显然，各类商业模拟竞赛的兴起适应了社会的发展潮流。当然，从社会背景的角度来看，商业模拟竞赛对经济管理专业的学生实践创新的作用十分重要，学生可以通过商业模拟竞赛更好地与现实的商业环境接轨。

3. **教育背景分析**

众多企业的转型，意味着社会环境正在改变，高校教育也要适应新环境，必须更加注重学生的实践创新，以使学生更能适应社会的发展。

经济管理学科发展多年，高校教育主要以理论教育为主，学生难以把专业知识运用到实际生活中。但是，由于本科生阅历较浅，社会经验缺乏，往往会由于没有足够多的实践机会，而使学生在学习专业知识的过程中遇到阻碍，也让学生对经济管理学科知识的实用性产生怀疑。

调查显示，学生在学习过程中，因缺乏社会经验，对部分专业知识只能理解其字面意思，无法对知识点更深一层的含义进行学习。有的学生甚至只能靠死记硬背应付考试，很难将不同课程的知识融会贯通，形成一个较为完善的知识体系，这不仅降低了教学的质量，更影响学生学习经济管理专业知识的信心。

因此，在学生群体中，往往会形成“管理学专业学的知识很虚”的说法。同时，以往学生在高校中的纯理论化学习，让学生难以将专业知识运用到实践中，高校人才培训与社会人才需求存在断层现象（参见图 1）。

图 1　“纯理论”教学的不足

近年来，由于社会环境的变化，高校教育实行改革创新，经济管理学科的教育由纯理论形式改变为“理论 + 实践”的形式，学校在教学的过程中逐渐重视学生的实践创新能力。面对教育的改革，商业模拟竞赛为学生提供了实践的机会，让学生在实践的过程中学会创新。显然，商业模拟竞赛不仅顺应了社会的发展，也迎合了高校教育的主流。经济管理学科在高校教育的改革创新后，也更好地适应社会发展与需求（参见图 2）。

图 2　实践教学的枢纽作用

三、商业模拟竞赛对学生的作用

从宏观的角度看，商业模拟竞赛适应了新环境的需求，能更好地满足学生实践创新的要求。而商业模拟竞赛对学生实践创新的影响辐射到底有多大?

为了解商业模拟竞赛在学生群体中的想法，我们对全国各地的 106 名参加过商业模拟竞赛学生进行了问卷调查。调查结果显示，98% 的受访者对商业竞赛表示认可，认为参加竞赛给个人的学习或工作带来积极的影响。对于竞赛带来的好处，被调查者给出答案各有不同，统计数据如图 3 所示：

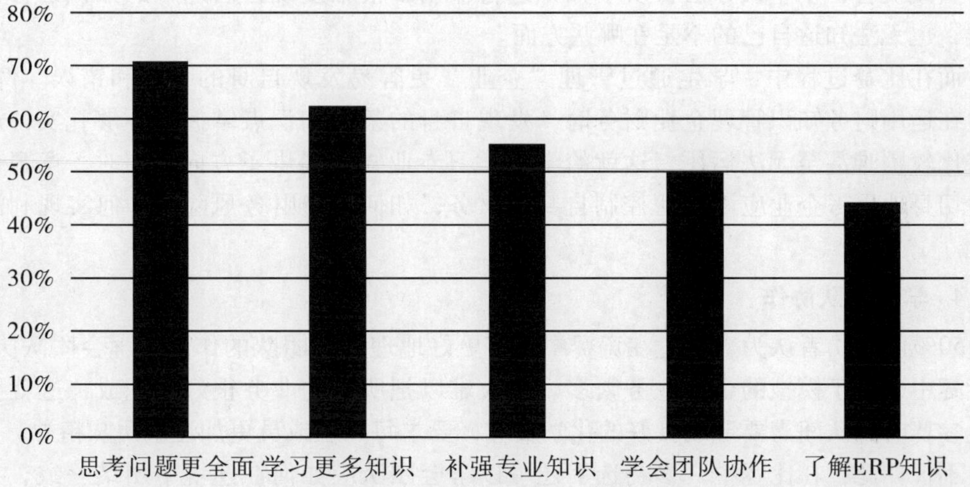

图 3　学生对商业模拟竞赛的观点

1. 学生学会更全面地看待问题

将近 70% 的受访者表示，在课堂上，学生以学习专业的理论知识为主，如果无法通过实践进行更深的体会，学生很难全面掌握各知识点的核心。并且，课堂上学生更多的是运用本门课程所学知识进行问题分析，要将各门课程所学知识融会贯通存在一定的难度。因此，学生在分析一个案例或者一间企业时，分析往往会比较片面，思想较为狭窄，无法从宏观的角度出发，进行更全面的分析和考虑。而实际上，学生学习理论知识是要解决实际问题，而不是为了应付考试，教育的发展并不符合最初目标。

在商业模拟竞赛中，参赛选手作为“企业”的高层管理者，想要成为行业龙头，就要求学生更加谨慎、认真地经营“企业”。这需要学生全面部署企业的战略，从多个方面思考企业的发展问题，综合利用各门课程的知识制定企业的战略目标和计划。显然，竞赛给学生提供了全面分析问题、综合利用专业知识的机会与平台。

2. 学习更多知识

62% 的受访者认为，在平常的状态下，学生在课余时间会很大程度上受到环境的影响。调查发现，学生在没有鞭策的情况下，会更多地把闲暇时间用于放松，只有在上课时才会更加认真地学习专业知识。

而受到竞赛的激励，学生会更主动地利用课余时间学习更多有关企业运作的知识，提前了解企业的业务流程。而且，在比赛过程中，学生也可体会到如资产回报率（ROA）、权益回报率（ROE）、速动比率和流动比率等指标对于企业的作用及其重要性，这让学生在步入社会前对企业的基本状况有基础的了解，也会让学生学习一些专业外的知识，拓宽了学生的知识面，为学生将来工作提供帮助。

3. 补强专业知识

55%的受访者认为，在竞赛中学生能够发现自身不足，查漏补缺，对学生进一步巩固专业知识起到指引作用。在课堂上，学生更多的是单方面的输入专业知识，由于缺少实践机会，学生没办法将所学知识进行输出，很难发现自己理解的知识是否存在错误，也无法知道自己的不足在哪些方面。

而在比赛过程中，学生通过管理“企业”更容易发现自身的不足和错误。例如：学生在运用财务知识管理企业财务时，发现自身的某个知识点掌握得不够扎实，运用起来比较困难甚至无法运用，这就给学生学习专业知识提供了方向。同时，竞赛也让学生切身地思考企业应该如何控制自身的财务，如何规避财务风险，如何实现利润最大化。

4. 学会团队协作

50%的受访者认为，学生在竞赛中能够更好地理解到团队的作用，学会团队协作。在竞赛中，由于模拟的企业业务繁多，个人难以把所有的业务很好地完成，这就要求学生参赛时团队间需要形成良好的化学反应，要求每一位成员更加注重团队精神。

不仅如此，在比赛中，参赛选手还可以学会团队应如何在逆境中团结一致、共渡难关。在比赛中，企业面临破产是十分常见的，而学生作为“企业”的高层应如何与员工一起携手共渡难关，这也让学生在另一个方面体会了团队的力量，而这些在课程的个人作业或团队作业中是很少有机会体会到的。学生形成一种良好的团队意识，提高了学生的素质，为今后的发展作铺垫。

5. 了解ERP知识

44%的受访者认为，ERP作为社会上较前卫的管理思想，具有较大的进步空间和发展前景。在学生时期能够接触到基于ERP系统开发的企业模拟系统，让自己在ERP系统及理论方面比别人了解更多，在就业上比他人更具竞争力。

调查数据的正向结果可看出，商业模拟竞赛对学生的专业学习、学术创新、专业实践等都具有重要的意义。竞赛不仅让学生巩固了专业知识，也为学生提供了很多的实践创新的机会，其对学生的创新实践影响极大。

在调查过程中，更有受访者表示自己在商业模拟竞赛中受益匪浅，在参加商业模拟竞赛的过程中，不断将理论实践化，从实践回归理论，经过长期的积累，使自己形成了一个较为完善的知识理论体系。在强大的知识体系的支撑下，更敢想，更敢创新，给将来的创业道路带来了极大的帮助。

而持反对意见的另外2%的被访者则认为，商业模拟竞赛占用个人太多课余时间，课余休息的时间太少。

综合正反双方的意见来看，商业模拟竞赛对学生的影响是积极的，虽然竞赛占用了学生课余的休息时间，但其为学生提供了专业知识实践的机会，同时也提高了学生的专业知识，拓宽了学生的思维，其对学生的影响是十分巨大的（参见图4）。

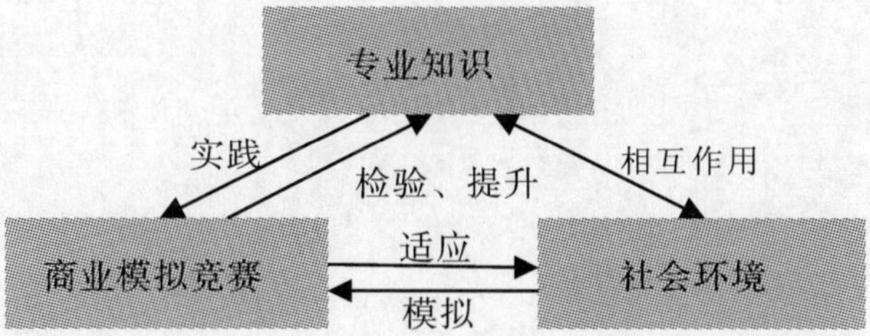

图4　“理论+实践+社会”的黄金三角形关系

四、结语

管理是一门科学，更是一种思想。它应与时俱进，而非一成不变。对同样的数据，管理者在不同的环境，用不同的分析手段都会做出不一样的决策。要制定一个完美的决策并非易事，它要求管理者有足够的经验、足够宽广的视野、足够灵活的思维去支撑每一个决策论点。而多与外界交流，进行思想上的交换，有利于拓宽管理者的视野，也有利于管理者提高管理者实践创新的能力。

商业模拟竞赛以ERP管理思想为基础，综合了人、财、物、信息、时间和空间等资源，要求学生协调企业各管理部门，围绕市场导向开展业务活动，提高企业的竞争力，从而取得更好的经济利益。

竞赛将理论与实践相结合，使学生从“企业”的运作中获得实践经验，支撑学生学习更多的专业理论知识；同时，借助竞赛平台，学生将专业知识实践化，运用所学知识进行“企业”管理，通过结果导向检验自身对知识理解的正确性。

在比赛过程中，学生可以与其他高校的学生进行思想上的交流，通过分析其他高校模拟经营的数据，实现拓宽视野、提升意识等目的，引导学生主动思考，主动发现，提高学生实践创新的能力。

同时，随着创业大潮的掀起，学生参加商业模拟竞赛时的主动思考为学生带来了更多发散思维，让学生敢于创新，对学生创新创业也是具有积极作用的。

综上，当下流行于全国各高校的商业模拟竞赛适应当前教育面对的挑战，符合当下环境的人才培养需求，能提高经济管理类专业学生“以变应变”的能力，对学生学习专业知识、实践创新、创新创业等都起到了极其重要的作用。

参考文献

[1] 狄寒梅．高校ERP沙盘模拟实验教学的应用分析．职业时空，2011（1）．

[2] 韩松，王涛，蔡剑，王其文．基于“Learning by Playing”的商学教育——利用仿真游戏培养学生商业管理技能的探索性研究．教育学术月刊，2014（7）．

[3] 聂小东，莫赞，刘彩燕，张军波．基于ERP沙盘模拟的教学探讨．广东科技，2008（2）．

深圳大学学生微信公众号平台创业实践的调研分析

黄美玲 江惠霞 林凌宇 黄 燕 陈泽嘉 吴晓俊
指导老师：刘雁妮
（管理学院市场营销系）

【摘 要】2012 年以来移动互联网迅猛发展，以微信为代表，朋友圈与粉丝的社交网络平台，成为创业的沃土。本研究旨在从校园市场的微信创业状况的视角来探讨大学生自主创业实践。综合管理学、社会学、教育学多学科理论对深圳大学微信公众平台的创业情况展开全面调研与实践，设计相关调查问卷；采取田野观察法、深度访谈和案例分析；采用实践研究法，组员亲手创立并亲身运营公众号。探究校园微信公众号平台创业的发展现状和特点，分析其所面临的困难与机遇，总结微信公众号的运营要点，归纳其成功与失败的原因，为深大学生微信公众平台创业，以及外部企业利用微信平台进入深大市场提供有益借鉴。

【关键词】微信 大学生创业 微信公众号平台 校园市场

一、概况

据工信部近日公布 2015 年 3 月份通信业经济运行情况，移动互联网用户总数近 9 亿。腾讯正是因为看到移动电话用户在移动互联网的高渗透率以及未来移动互联网用户会持续增长的事实，才在 2011 年 1 月 21 日推出一个为智能手机提供即时通讯服务的免费应用程序——“微信”。它是一款通过网络快速发送语音短信、视频、图片和文字，支持多人群聊的手机聊天软件，自推出以来受到了很多人的青睐。2011 年 5 月，微信通过 QQ 账号体系积累了约 500 万用户；2011 年 8 月，用户数达到 1 500 万。同年年底，用户超过 5 000 万；2012 年 3 月，微信注册用户过 1 亿；2015 年 6 月，微信用户数突破 5 亿。如果说互联网的奇迹造就了微信的奇迹，而微信的奇迹则造就了一种全新的营销方式——“微信营销”。正是基于如此庞大的用户群体以及微信本身特有功能和优势，如受众广、朋友圈内传播速度快、传播精准性、方便客户管理等，很多个人和企业开始做起了微信营销。而借助微信营销的特有优势：进入门槛低、风险小、低成本、技术要求低，以及庞大潜在客户群，新型的基于微信平台的学生创业模式迅速风靡国内高校，有着巨大的市场潜力，而深圳大学便是其中一个比较典型的例子。

深圳大学，作为国内最具创业氛围之一的高校，地处“最具硅谷气质的城市”——深圳，具备区域优势，位于中国最多风投创投机构、最具孵化能力的区域——南山区，与聚集高新技术企业、互联网公司的科技园相邻，具有完善的科技创新体制机制，形成了完善的产业链和良性循环；深大有着政府出台的相关措施，以及培育和扶持海量小微创新企业的政策支持；最重要的是学校重视学生的创业教育，通过多种政策和途径支持学生自主创业，如开设创业课程、组织创业社团、举办创业讲座、举行创业大赛、创办创业园等，并在资金上给予一定的资助。因而，深圳大学学生自主创业的氛围浓厚，在微信营销时代到来之后，自主创业更是如雨后春笋般蓬勃兴旺发展。学生利用微信自主创业的现象为我们研究学生微信公众平台创业提供了样本。

由于微信营销本身的快速发展，以及这个微信公众平台的巨大市场潜力，无论是外部企业或是学生，在进行微信营销时都需要考虑如何经营微信后台以及深大学生的许多特有的消费习惯。因此我们试图带着这些问题来研究：①当前深大微信公众号的运营模式以及盈利状况。②深大校园市场的消费特点 。以深人作为一个典例案例，旨在为高校学生微信公众平台创业，以及外部企业利用微信平台进入高校市场提供借鉴。

二、方案设计

我们的研究主要综合营销学、传播学等多学科理论对深大微信公众平台的创业情况展开全面调研与实践。首先，所采取的研究方法主要包括文献分析法，查阅了大量关于微信公众平台创业、需求分析等方面的论文和书籍。其次是问卷调查法，主要对象是深圳大学学生消费者，派发问卷一共680份，其中网上80份，其他600份问卷主要在学校各大饭堂、公选课堂上随机派发，主要调查个人信息、个人消费偏好、个人频率（消费频率以及微信使用频率）等内容。再次是田野观察法，小组成员参与了微信公众号“深大微城”创业的项目，并且在项目中负责市场推广，能更加清晰地观察到微信公众号的发展形势。最后是深度访谈法，又分为大学生创业者采访、消费者采访，通过对商家的采访可以得出微信平台的运营模式。

微信公众平台创业作为一种近年来兴起的新兴创业形式，我们对这方面的研究资料尚且还不是很多，已有研究多聚焦在微信公众平台的创业和营销模式上。基于此，本次课题的研究试图通过两大创新点来深入挖掘，首先是研究对象的创新，将消费者以及采访商家结合一起进行研究；其次是研究内容，我们将一般的微信公众平台创业及营销模式结合了校园市场的特点、深大市场的特点、学生需求的特点进行分析。在进行了消费者的调查之后，紧接着从创业者的角度出发进行调研。根据调查得出，深圳大学学生利用微信公众号创业的总共有70多个，由于公众号在运营上存在三种不同的特点，我们采用分层抽样的方法，把70多家公众号分为信息类、购物类和辅助类，在每一类的公众号中，抽取具有明显特征、运营较为成熟的公众号，分别是：作为信息类平台的“深大通”“深大哇晒”；作为购物类平台的“水果甜心”“水果姐姐”“深大跑跑”“猫屋”“鲜奶颂”；作为辅助类平台的“深大TALKER”“游购网”“深大微城”。

表 1 大学生微信公众号运营分类

公众号运营类型	主要用途	代表商家	技术难度	启动资金	是否有技术人员参与
信息类	提供校类信息及时事热点	“深大通”“深大哇晒”	中	低	前期没有 中后期有
购物类	用于产品信息查询及产品的订购	“水果甜心”“水果姐姐”“深大跑跑”“猫屋”“鲜奶颂”	高	高	有
辅助类	辅助企业发展（如粉丝的引流），提高销售业绩	“深大 TALKER”“游购网”“深大微城”	中	低	有或没有

我们认为有必要对微信公众号的创始团队进行深度访谈和长期跟踪调查，在这之中特别针对典型的失败和成功案例，从创业者的角度对微信公众平台创业及运营进行分析归纳，找出其中的一般共性。此外，我们小组成员还亲身参与了微信公众号“深大微城”的运营，通过整个从初始筹划成立到实际运营的全过程，得到确切的一手资料。最后结合高校消费者的需求特征，以及调查结果的深入分析，为微信平台创业过程中的问题提供对策，为高校创业者提供建议，以及为外部企业试图进入校园市场提供借鉴。

针对以上的思路，本文调研方案设计如下：

（1）深圳大学学生消费者调查，校内创业者学生调研和小组成员创业实践。

（2）分析微信公众号平台创业的调查结果。从需求导向出发，归纳出校内学生的消费者现状；分析微信公众平台的发展现状，当前深圳大学学生微信公众号创业的发展现状，包括竞争格局和市场份额，微信公众号创业运营要点，微信公众号创业层次最后结合对典型案例的深度分析，最后得出运营总结和建议。

三、调查结果分析

（一）校园消费者现状分析

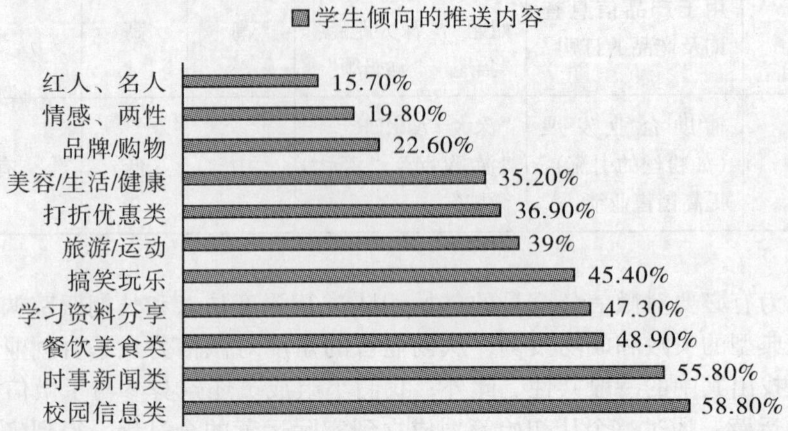

图 1　校园消费者需求

（1）消费者需求：根据 678 份调查问卷数据统计分析，消费的类型结合吸引深大学生关注的内容，占最大比例主要是饮食、书籍购买和娱乐休闲、真实有效且及时便捷的信息校园时讯以及查询服务。

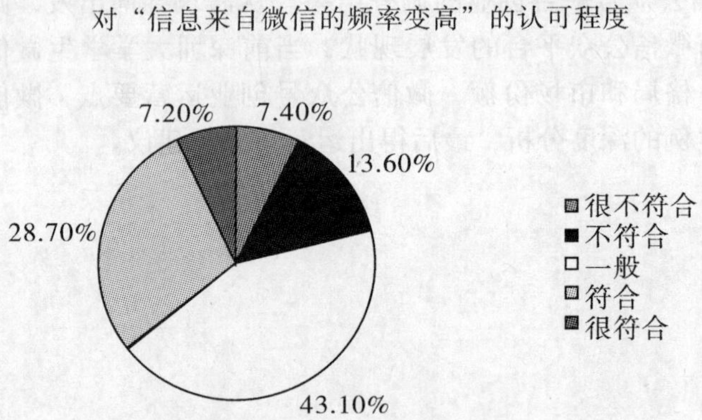

图 2　消费者的认知与态度

（2）消费者认知与态度：将微信作为主要社交工具的学生消费者将微信公众平台当作一种新型平台——能够利用零碎时间不定期关注，获取信息以及进行便捷式消费，能够与商家进行互动，及时对服务进行反馈。微信公众平台，符合大学生消费者图新鲜、好奇心重的心理，除了会将微信公众平台作为获取信息的一个主要途径，消费者也适应了这种“微消费”。

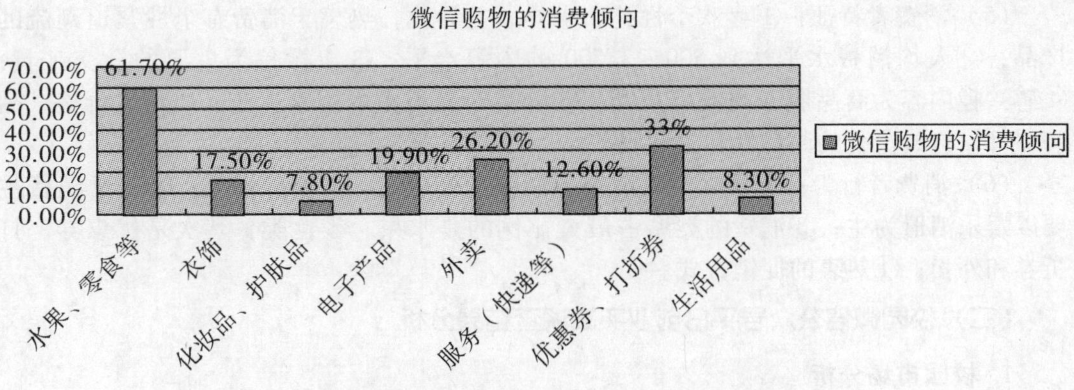

图3 有消费经历的大学生微信公众平台使用者购买类型

（3）消费者动机：分为享受性消费动机、生存性消费动机、发展性消费动机和心理性消费动机。微信公众平台体现新型 O2O 模式，很多学生用户使用或者在平台消费，是为了获得在线支付和线下提供的服务，如代取快递、鲜奶配送、出游等，这些均属于享受消费。为了基本生存需要的衣与食的消费属于生存性消费动机；满足消费个体的发展需求的是发展性消费动机。心理性消费动机分为感情动机——以朋友圈为特色宣传的平台，通过朋友的圈子内口碑宣传以及因“朋友”建立起的信任关系，理性动机——消费者对于同等咨询、商品等进行比较，选择价廉质优；惠顾动机——消费者基于感情和理智的经验，会产生特殊的信任与偏好进行重复性购买。

（4）消费者使用情况：现深大校园范围内超过 99% 的学生使用微信，并且绝大部分的人认为使用微信的频率越来越高。人均关注的微信公众平台 4～5 个，并且大多数消费者会不定时关注。有过在公众平台购买经历的学生比例也达到 33%，此比例还在上升。

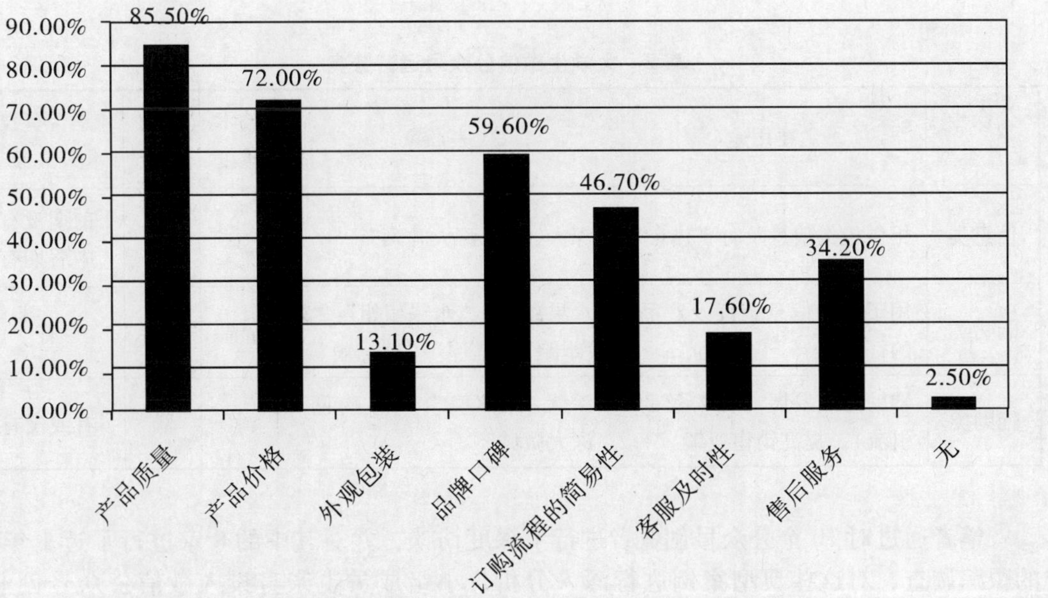

图4 微信上购买产品时更看重的因素

（5）消费者特征：①喜欢个性化、求异、差异化，热衷于消费有个性紧追潮流的产品；②人均消费水平达到500～1 500的中等水平；③以微信为主要的社交工具；④感兴趣内容为商品服务类或信息类；⑤购买产品看重的因素：产品质量、价格、品牌口碑、订购流程的简易性和售后服务。

（6）消费者行为：①日常生活消费金额幅度变化大，消费弹性大；②日常消费主要以娱乐消遣为主；③消费的类型占最大比例的是水果、零食类，其次是优惠券、打折券和外卖；④热衷的促销方式。

（二）校园微信公众号平台创业实践调查结果分析

1. 校园市场分析

微信上有不低于6亿的用户，而活跃用户数也是一个相当庞大的数目，现代人们越来越依赖手机，微信平台具有经营成本低，支付方便等优点适合校园创业。在校园市场，学生群体对新事物的接受能力较强，学习新的消费方式的能力较强。校园市场的主要组成人群——学生群体，这部分群体有着强烈的好奇心和贪鲜尝试心理，尤其是深大的学生，在商业较浓的环境下，对新型的消费模式的尝试心理也较强，培养在微信上购物的消费习惯的潜力也大。

2. 校园微信公众号的发展现状和特点

截至2015年4月，通过调查研究发现，深圳大学学生利用微信公众号创业的总共有70多个，其中粉丝量在5 000以下的有31个，粉丝量在5 000～15 000的有20个，粉丝量在15 000～25 000的有12个，粉丝量在25 000以上的有7个。根据在运营上存在三种不同的特点，可以把70多家公众号分为以“深大通”“深大哇晒”作为代表的信息类，以“水果甜心”“水果姐姐”作为代表的购物类和以“深大 TALKER”作为代表的辅助类。学生借助微信公众平台创业，因进入门槛低、风险小、低成本、技术要求低，以及庞大潜在客户等特点，有着巨大的市场潜力。

表2　大学生微信公众号运营分类

公众号运营类型	主要用途	代表商家	技术难度	启动资金	是否有技术人员参与
信息类	提供校类信息及时事热点	“深大通”“深大哇晒”	中	低	前期没有中后期有
购物类	用于产品信息查询及产品的订购	“水果甜心”“水果姐姐”“深大跑跑”“猫屋”“鲜奶颂”	高	高	有
辅助类	辅助企业发展（如粉丝的引流），提高销售业绩	“深大 TALKER”“游购网”“深大微城”	中	低	有或没有

笔者通过对70个公众号创业者进行了深度访谈，并对其中的8家进行了近1年多的跟踪调查，对这些典型案例进行深入分析，小组成员也亲身投入微信公众号创业，

得到了最确切的第一手资料，并总结分析了当前深圳微信公众号创业的发展现状、竞争格局和市场份额。深大微信公众号创业中，根据粉丝量（15 000 人以上为市场领导者，10 000 ~ 15 000 人为市场挑战者，5 000 ~ 10 000 人为市场追随者，5 000 人以下为市场利基者）和知名度、校园影响力展示了深大微信公众号的竞争格局，分别是：市场领导者、市场挑战者、市场跟随者、市场利基者。

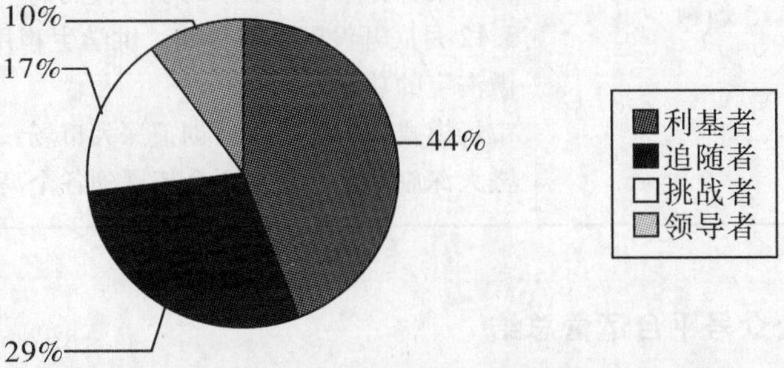

图 5　深圳大学公众号市场格局

为了深入体验微信公众平台创业的研究，本小组成员参与了一个深大微信公众号创业的项目——“深大微城”，成为该项目的核心成员，主要在市场部负责市场推广工作，亲身实验观察了微信公众平台创业的初期阶段。

表 3　“深大微城”项目市场部工作一览表

观察与实验	测度	说明
营销推广	粉丝	主要的粉丝迅速增长结点：校园热点
	增长量	1. 各院女神活动：三期 2.《土豪大学——舌尖上的深大》 以上图文发布后迅速增长 400 ~ 500 个粉丝，此外，在演唱会门票抽奖派送、舞蹈卡等福利派送时，粉丝会增长 100 ~ 200个
	图文阅读量	1. 图文《深大，中国传奇大学》阅读量 10 万以上 2. 各院女神活动：三期（每期阅读量达 2 万 ~ 3 万） 3.《土豪大学——舌尖上的深大》阅读量 3 万
	粉丝维持	注重粉丝互动： 1. 及时回复粉丝问题 2. 线上活动鼓励粉丝投稿参与 3. 持续热点活动
技术创新战略	自主研发	技术来源：设立总的技术开发团队进行后台技术开发
	技术引进	圈圈校园、酷方乐园

（续上表）

观察与实验	测度	说明
商业模式设计	新颖	在信息咨询平台上植入商城，盈利模式创新： 1. 新生用品售卖，公众号上预定，线下送达 2. 未来会开创深大代购平台，利用公众号的粉丝流量做入口，集齐深大大大小小的学生代购商 3. 12 月底开设网上格子铺，供学生租用线上开店，即深大微淘宝的功能 市场模式创新：不仅开创了深大市场，还同时覆盖了深职、暨大深旅高校，未来还会拓展到各个高校，开创微城品牌

3. 校园微信公众号平台运营总结

（1）微信平台的运营模式。

（2）校园微信平台的运营模式及盈利模式。

其业务模式包括三方面：内容推送；个性化功能；广告业务。

盈利模式包括两个方面：一是直接向用户收费，包括：①接单，如购买性微信平台“水果姐姐”“水果甜心”；②品牌广告，校园代购，学生代销品牌鞋子；③VIP服务。

二是向广告主收费，包括：①间接投放广告：如“深大通”与商家合作，派送商家福利；②植入广告：如“深大 TALKER”，直接在推送信息下粘贴商家信息。

（3）营销推广。

根据对微信公众号商家的深度访谈与观察实验，总结出公众号运营三个阶段的主要目标：初期增长粉丝、中期粉丝维护、后期粉丝变现和盈利。

初期：增长粉丝

①聚焦学生兴趣度较高的内容，融入校园元素进行创新。从各微信号粉丝迅速增长结点和图文阅读量较高的图文来看，与校园相关的内容普遍受关注程度较高。

②学生福利发放。人人都喜欢免费的礼品，福利发放，更容易在学生间引起口碑响应。还可以结合学生各阶段的需求，比如期末发放复习资料等，这也是粉丝暴涨的关键。

中期：粉丝维护

①做好信息推送，注重粉丝互动。推送语言有亲和力，风格休闲娱乐化，及时回答粉丝问题，让粉丝信任你。

②持续活动热点。粉丝有健忘性，需要公众号持续的热点活动，提醒粉丝关注。

后期：粉丝变现、赢利

粉丝变现赢利的方式主要有三种：一是广告，利用粉丝量和阅读量为商家做广告推送；二是销售平台产品，如“水果甜心”，可直接在公众号上预定购买平台销售的产品；三是商家、服务、产品接入，可将粉丝作为流量入口，将产品在平台上销售，接入进公众号服务中。

(4) 后台建设是关键。

后台建设关乎用户体验、订购流程、微信公众号发展的问题。微信的后台提供微信自带的后台和可供公众号运营者开发的后台。前者功能简单，但操作方便，技术要求较低；后者的自由度较大，可供接口开发，但是技术要求高。微信公众号创业者可根据平台用处和自身技术条件，选择后台模式，同时简化流程，增强用户体验。

4. 微信公众号平台创业失败原因总结

表4 微信公众号存在的问题

角色	特征	现存问题
市场领导者	粉丝量最多、市场份额大、影响力及知名度广	如何将粉丝变现、最大化盈利，又不影响平台服务
市场挑战者	粉丝量较多、市场份额较大、影响力和知名度较广	如何超过市场领导者，粉丝量增长和如何过渡到粉丝变现、盈利的问题
市场追随者	在学校拥有一定的知名度和市场份额、追求小众目标市场	如何增加粉丝量和持续经营
市场利基者	粉丝量较少、建立时间短、功能较为单一	如何增长粉丝数

我们深度调查了“深大 TALKER”“鲜奶颂”这两个曾经知名度大、粉丝量多但现在停止运营的失败案例，还调查了其他失败的案例，总结出了深圳大学学生微信公众号创业失败的四个主要原因：

一是创业团队内部问题：首先是内部成员的在工作上的分歧问题；其次是更替问题，当学生毕业时，能否正确地选出新的核心成员是影响公众号持续运营的重要因素。

二是同质化严重：一些微信公众号竞争日益强烈，提供的内容和服务同质化严重，引起消费者的麻木，从而未能取得竞争优势惨遭淘汰。

三是资金链的短缺：公众号运营需要一定的物力和人力成本支撑，而许多学生团队都没有足够的经验处理资金链的问题，在供应链中没有控制好成本与利润的关系甚至亏损，入不敷出，导致失败。

四是学生市场的不稳定性：学生市场偏好新鲜、有趣的事物，除非微信公众号不断地涌现新鲜的东西，否则学生容易取消关注。此外，校园附近便利的购物环境也使得购物类微信公众号的竞争优势降低。

四、结语

本文采取田野观察法、深度访谈和案例分析；采用实践研究法，组员亲手创立并亲身运营公众号将深大消费者以及采访商家结合进行研究，得到了第一手资料。通过调查分析发现校园微信平台创业，对于产品类平台适合做本地化、区域化、服务体验贴心化的产品，满足用户群的个性化需求，并且有轻决策、小而美的特点；信息类微信平台则聚焦兴趣度较高的内容，挖掘小众、个性化需求，融入校园元素进行创新。无论是购物类还是信息类平台的微信公众平台，后台建设是关键。运用多样化的营销推广模式，硬广与软广相结合，线上和线下结合是王道，注重校园地推力量。同时注重公众号互动，把握好精准营销。在运营微信平台时解决信誉问题，增强校园口碑，提高重复购买，建立建议反馈渠道。对于企业进入校园市场则要产品定位精准；根据学生的兴趣点和关注点整合资源，与校园里的社团活动合作推广，打响产品知名度与影响力。调查结果发现，由学生来运营公众号不仅能够迅速扩大公众号的影响力及保持其活跃度，还能够活跃公众号、集中校园资源、提高学生客户的粘连度。

参考文献

［1］乔孟涛，焦昆，董谦．基于高校科技转化平台的创业教育模式研究．河北农业科学，2012（1）：94～98.

［2］王美云．分层次递进式大学生创业教育模式构建．现代交际，2013（6）：203～205.

［3］刘芸．创业教育的产学研合作模式构想．黑龙江高教研究，2010（7）：61～63.

［4］任路瑶，杨增雄．创业教育：第三本教育护照——国外创业教育研究综述．教育学术月刊，2010（11）：17～20.

［5］郭宁，汪涛．我国创业教育现状与模式创新．高等工程教育研究，2010（1）：66～69.

［6］李远煦，黄兆信．从“融入”到“融合”：高校创业教育的社会融合模式研究．高等工程教育研究，2014（1）：76～80.

［7］李文琴．经管类跨专业综合实验平台服务大学生创业教育的思考．中国管理信息化，2014（13）：127～129.

［8］朱益新．长尾理论视角下的大学生创业项目选择．创新与创业教育，2014（6）：52～54.